部首(부수)이름

1 획

一	한 일
丨	뚫을 곤
丶	점 주
丿	삐침 별
乙(乚)	새 을
亅	갈고리 궐

2 획

二	두 이
亠	두돼지해밑 두
人(亻)	사람 인(사람인 변)
儿	어진 사람 인
入	들 입
八	여덟 팔
冂	먼데 경
冖	덮을 멱(민갓머리)
冫	얼음 빙(이수변)
几	안석 궤
凵	입 벌릴 감
刀(刂)	칼 도(선칼도방)
力	힘 력
勹	쌀 포
匕	비수 비
匚	상자 방
匸	감출 혜
十	열 십
卜	점 복
卩(㔾)	병부 절
厂	기슭 엄
厶	사사 사(마늘모)
又	또 우

3 획

口	입 구
囗	나라 국(큰입구몸)
土	흙 토
士	선비 사
夂	뒤져서 올 치
夊	천천히 걸을 쇠

夕	저녁 석
大	큰 대
女	계집 녀
子	아들 자
宀	집 면 (갓머리)
寸	마디 촌
小	작을 소
尢	절름발이 왕
尸	주검 시
屮	왼손 좌
山	뫼 산
巛(川)	개미허리(내 천)
工	장인 공
己	몸 기
巾	수건 건
干	방패 간
幺	작을 요
广	엄호 밑
廴	길게 걸을 인
廾	두손으로 받들 공
弋	주살 익
弓	활 궁
彐(彑)	고슴도치머리 계
彡	터럭 삼
彳	조금 걸을 척(두인변)

4 획

心(忄/㣺)	마음 심(심방변)
戈	창 과
戶	지게 호
手(扌)	손 수(재방변)
支	지탱할 지
攴(攵)	칠 복(등글월문방)
文	글월 문
斗	말 두
斤	도끼 근
方	모 방
无	없을 무(이미기방)
日	날 일
曰	가로 왈
月	달 월

木	나무 목
欠	하품 흠
止	그칠 지
歹	죽을 사
殳	창 수
毋	말 무
比	견줄 비
毛	터럭 모
氏	각시 씨
气	기운 기
水(氵/氺)	물 수(삼수변, 아래물수)
火(灬)	불 화(연화발)
爪(爫)	손톱 조
父	아비 부
爻	점괘 효
爿	나무조각 장
片	조각 편
牙	어금니 아
牛(牜)	소 우
犬(犭)	개 견(개사슴록 변)

5 획

玄	검을 현
玉(王)	구슬 옥(구슬옥 변)
瓜	오이 과
瓦	기와 와
甘	달 감
生	날 생
用	쓸 용
田	밭 전
疋	짝 필
疒	병들어 기댈 녁(병질)
癶	등질 발
白	흰 백
皮	가죽 피
皿	그릇 명
目	눈 목
矛	창 모
矢	화살 시
石	돌 석
示(礻)	보일 시

内	짐승 발자국 유
禾	벼 화
穴	구멍 혈
立	설 립

6 획

竹	대 죽
米	쌀 미
糸	실 사
缶(缶)	장군 부
网(罒/罓/网)	그물 망
羊(⺶)	양 양
羽	깃 우
老(⺹)	늙을 로
而	말이을 이
耒	쟁기 뢰
耳	귀 이
聿	붓 율
肉(月)	고기 육
臣	신하 신
自	스스로 자
至	이를 지
臼	절구 구
舌	혀 설
舛	어그러질 천
舟	배 주
艮	어긋날 간
色	빛 색
艸(⺾)	풀 초(초두)
虍	호피 무늬 호
虫	벌레 충
血	피 혈
行	갈 행
衣(⻂)	옷 의(옷의변)
襾(西)	덮을 아

7 획

見	볼 견
角	뿔 각
言	말씀 언
谷	골 곡
豆	콩 두

豕	돼지 시
豸	발 없는 벌레 치
貝	조개 패
赤	붉을 적
走	달릴 주
足(⻊)	발 족
身	몸 신
車	수레 거
辛	매울 신
辰	별 진
辵(辶)	쉬엄쉬엄 갈 착(책받침)
邑(⻏)	고을 읍(우부방)
酉	닭 유
釆	분별할 변
里	마을 리

8 획

金	쇠 금
長(镸)	길 장
門	문 문
阜(⻖)	언덕 부(좌부방)
隶	미칠 이
隹	새 추
雨	비 우
靑	푸를 청
非	아닐 비

9 획

面	낮 면
革	가죽 혁
韋	가죽 위
韭	부추 구
音	소리 음
頁	머리 혈
風	바람 풍
飛	날 비
食(飠)	밥 식
首	머리 수
香	향기 향

10 획

馬	말 마
骨	뼈 골

高	높을 고
髟	머리털 드리워질 표
鬥	싸울 투
鬯	울창주 창
鬲	막을 격(솥 력)
鬼	귀신 귀

11 획

魚	물고기 어
鳥	새 조
鹵	소금 로
鹿	사슴 록
麥	보리 맥
麻	삼 마

12 획

黃	누를 황
黍	기장 서
黑	검을 흑
黹	바느질할 치

13 획

黽	힘쓸 민
鼎	솥 정
鼓	북 고
鼠	쥐 서

14 획

鼻	코 비
齊	가지런할 제

15 획

齒	이 치

16 획

龍	용 룡
龜	거북 귀

17 획

龠	피리 약

教育用漢字

교육용 한자
쓰기교본

고등용

도서출판

이룸

초판 1쇄 인쇄 │ 2021년 1월 15일
초판 1쇄 발행 │ 2021년 1월 15일

편 저 │ 김형곤
펴낸이 │ 도서출판 풀잎
펴낸곳 │ 도서출판 풀잎
등 록 │ 제2-4858호
주 소 │ 서울시 중구 필동로 8길 61-16
전 화 │ 02-2274-5445/6
팩 스 │ 02-2268-3773

ISBN 979-11-85186-90-0 13710
정가 12,000원

• 이 도서의 국립중앙도서관 출판예정도서목록(CIP)은 서지정보유통지원시스템 홈페이지(http://seoji.nl.go.kr)와
  국가자료공동목록시스템(http://www.nl.go.kr/kolisnet)에서 이용하실 수 있습니다.
  (CIP제어번호 : CIP2020054592)

韓中日英

모든 취업준비와 대입논술 동시에 해결!
고등학생에서부터 일반인까지 꼭 필요한
부록으로 간자체와 정자체 비교표 완벽 표기

고등용
900字

교육용 한자 쓰기 교본

架 康 桂 宮 娘 髮 範 頻

한 권으로 고등 교육용 한자를 모두 해결!
교육용 한자 900자(8~2급) 수준의 한자 수록

정자(正字)와 간화자(簡化字)·약자(略字)까지 통합 학습
쉽게 따라 쓰는 현대인의 필수 학습 한자

❖ 완벽한 필순
❖ 해당 글자에 대한 고사성어 수록
❖ 글자마다 단어 채록
❖ 韓·英·日·中 4개 국어 동시 학습
❖ 글자마다 급수 표시

金炯坤 | 編著

도서출판

책 머리에

한자(漢字)는 우리 한글과는 다르게 범위가 너무 넓고 배우기가 매우 어려워서 어디서부터 배우기 시작해야 할지, 또 어떻게 해야 이 많은 글자들을 우리가 잘 활용할 수 있을까 하고 생각하다 보면 참으로 막연한 게 사실입니다. 그렇다고 우리 일상 용어 중에는 한자 용어가 상당수 포함되어 있는데, 그냥 안 배우고 넘어가자니 남의 말을 듣는데도 많은 어려움이 따릅니다. 어떤 한문학과 교수는 "한문을 배우는 것은 우리말을 더 잘 이해하기 위한 것"이라고까지 합니다.

옛날부터 우리나라에서는 어린 학동들을 교육시키기 위한 수단으로 처음 한자(漢字)를 배우기 시작할 때 천자문(千字文)이나 사자소학(四字小學), 동몽선습(童蒙先習)등 중에서 선택하여 배우기 시작했는데, 이러한 책들은 중국에서 저술한 것들이다 보니 우리나라 실정에는 맞지 않는 부분이 상당히 많습니다.

예를 들어 천자문의 경우 우리나라에서는 전혀 쓰지 않는 글자들이 상당수 들어 있는가 하면, 꼭 필요한 글자(교육용 기초한자 1800자 중)들이 상당수 빠졌다는 것은 실로 안타까운 일입니다.

이러한 애로사항을 없애기 위한 수단으로 1972년 문교부가 제정한 1800자에 2000년과 2007년 교육인적자원부가 약간의 수정을 거쳐 공표한 '한문 교육용 기초한자 1800자', 중학교용 900자와 고등학교용 900자로 나눠 『교육부 선정 교육용 기초한자』가 나오기는 했지만 모든 것이 해결된 것은 아닙니다.

　이 책에서는 한자능력시험이나 급수시험 등을 대비하여 글자마다 급수를 표시해 두었으며, 필순(筆順)을 정확하게 익히기 위해 아무리 많은 획(讚=26획)을 가진 글자라 할지라도 10획 미만만 표시한 책들과는 다르게 25획 전부를 표시하였고, 해당 글자에 대한 단어나 숙어 고사성어를 지면이 허용하는 한 많이 넣어 해당 글자가 어떤 때 쓰이는가를 알도록 하여 이 책을 읽는 독자들의 편의를 도모코자 하였습니다.

　지금은 글로벌 시대라서 이웃 한문권 나라들과 교류가 활발하기 때문에 중국 간화자(簡化字)를 배우려는 성인들이 많이 늘어나고 있어서, 이 책에서는 간화자(簡化字·簡體字)와 함께 일본에서 사용하는 약자(略字)도 함께 배울 수 있도록 엮었으니 공부에 많은 도움 되기를 바랍니다.

　우리나라도 한글 전용론을 앞세워 교과서에서 한자(漢字)를 배제할 것이 아니라, 지금 활발하게 움직이고 있는 초등학교용 기초한자도 빨리 만들어서 초등학교 때부터 교과서에 한자를 넣어 어릴 때부터 이웃나라들이 쓰고 있는 한자들을 조금씩이나마 익혀나가도록 할 날이 오기를 기대해 봅니다.

筆者 나이 80 되는 2021년 筆者 씀

목차 目次

이 책의 구성

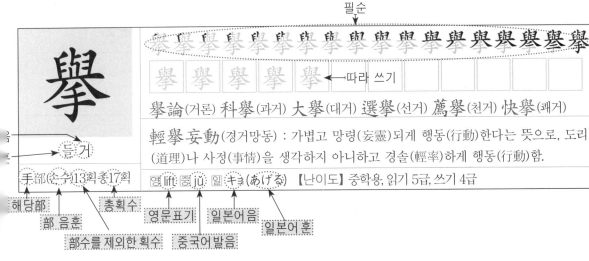

필순

따라 쓰기

擧論(거론) 科擧(과거) 大擧(대거) 選擧(선거) 薦擧(천거) 快擧(쾌거)

輕擧妄動(경거망동) : 가볍고 망령(妄靈)되게 행동(行動)한다는 뜻으로, 도리
(道理)나 사정(事情)을 생각하지 아니하고 경솔(輕率)하게 행동(行動)함.

영lift 중jǔ 일キョ(あげる) 【난이도】 중학용, 읽기 5급, 쓰기 4급

擧
들 거

手部(손수)13획총17획

해당部
部 음훈
部수를 제외한 획수
총획수
영문표기
중국어발음
일본어음
일본어훈

중국어 발음

성모(声母)
쌍순음 : b버 P퍼 m머
순치음 : f프어
설첨음 : d더 t터 n너 l러
설근음 : g거 k커 h허
설면음 : j지 q치 x시
권설음 : zh즈 ch츠 sh스 r르
설치음 : z쯔 c츠 s쓰
운모(韵母)
단운모 : a아 o오 e어 i이 u우 ü위
복운모 : ai아이 ei에이 ao아오 ou오우
부성운모 : an안 en언 ang앙 eng엉 ong옹
권설운모 : er얼
i u ü와 결합된 운모
i와 결합된 운모 : ia야 ie예 iao야오 iou요우 ian앤 in인 iang양 ing잉 iong용 ※ i가 단독으로 음절을 이룰 때는 [y]로 표기

u와 결합된 운모 :
ua와 uo워 uai와이 uei웨이 uan완 uen원
uang왕 ueng웡
※ u가 단독으로 음절을 이룰 때는 [w]로 표기

ü와 결합된 운모 :
üe위예 üan위앤 ün원
※ ü가 단독으로 음절을 이룰 때는 [yu]로 표기

성조(聲調)
ˉ제1성 : 높고 편안하게 발음
´제2성 : 낮은 음으로부터 단번에 올려 짧게 발음.
ˇ제3성 : 내렸다가 살짝 올려 발음.
`제4성 : 높은데서 뚝 떨어지게 짧게 발음.

한자병음법

엄마　성조
妈
n + a − mā
성모 운모　마

모 음(母音)

あ a	い i	う u	え e	お o	を wo
や ya	い i	ゆ yu	え e	よ yo	わ wa

자 음(子音)

か ka	き ki	く ku	け ke	こ ko
さ sa	し shi	す su	せ se	そ so
た ta	ち chi	つ tsu	て te	と to
な na	に ni	ぬ nu	ね ne	の no
は ha	ひ hi	ふ hu	へ he	ほ ho
ま ma	み mi	む mu	め me	も mo
ら ra	り ri	る ru	れ re	ろ ro
わ wa	い i	う u	え e	お o

탁 음(濁音)

が ga	ぎ gi	ぐ gu	げ ge	ご go
ざ za	じ zi	ず zu	ぜ ze	ぞ zo
だ da	ぢ di	づ du	で de	ど do
ば ba	び bi	ぶ bu	べ be	ぼ bo
ぱ pa	ぴ pi	ぷ pu	ぺ pe	ぽ po

요 음(拗音 : や ゆ よ)

きゃ kya	きゅ kyu	きょ kyo
しゃ sya	しゅ syu	しょ syo
ちゃ cha	ちゅ chu	ちょ cho
にゃ nya	にゅ nyu	にょ nyo
ひゃ hya	ひゅ hyu	ひょ hyo
みゃ mya	みゅ myu	みょ myo
りゃ rya	りゅ ryu	りょ ryo
りゃ rya	りゅ ryu	りょ ryo
ぎゃ gya	ぎゅ gyu	ぎょ gyo
じゃ ja	じゅ ju	ぢょ jo
びゃ bya	びゅ byu	びょ byo
ぴゃ pya	ぴゅ pyu	ぴょ pyo

한자(漢字) 쓰기의 원칙

◆ 글자의 맨위쪽 획부터 먼저 쓴다.
　高: 丶 亠 亠 亠 亠 高 高 高 高

◆ 왼쪽 획부터 먼저 쓴다.
　順: 丿 丿 丿 川 川 川 順 順 順 順 順
　口: 丨 冂 口　　甲: 丨 冂 曰 日 甲

◆ 가로 세로 교차되는 글자는 가로획 먼저 쓴다.
　士: 一 十 士　　井: 一 二 井 井
　左: 一 ナ ナ ナ 左　右: 一 ナ ナ 右 右

◆ 삐침(丿)과 파임(乀)은 삐침 획을 먼저 쓴다.
　人: 丿 人　入: 丿 入

◆ 좌우 대칭 글자는 중앙부터 먼저 쓴다.
　永: 丶 丿 永 永 永　小: 亅 小 小

◆ 둘러싸인 글자는 외곽부터 쓴다.
　周: 丿 冂 冂 冂 冃 周 周 周
　用: 丿 冂 月 月 用

◆ 글자 중앙을 관통하는 획은 나중에 쓴다.
　串: 丶 冂 口 口 吕 吕 串　中: 丨 冂 口 中
　申: 丨 冂 曰 日 申

◆ 글자를 가로지르는 획은 맨나중에 쓴다.
　母: ㄴ 囚 囚 母 母　冊: 丿 冂 冂 冊 冊
　女: 乆 乆 女

◆ 오른쪽 상단에 찍는 점은 맨나중에 쓴다.
　伐: 丿 亻 亻 伐 伐 伐　伏: 丿 亻 亻 仕 伏 伏
　犬: 一 ナ 大 犬

◆ 책받침(辶 廴)은 나중에 쓴다.
　道: 丶 丷 丷 丷 丷 首 首 首 首 渞 道 道
　廷: 丿 二 千 壬 任 廷 廷

◆ 받침이 있는 글자는 나중에 쓴다.
　題: 丨 冂 曰 旦 旦 早 早 是 是 是 題 題 題 題 題 題 題
　超: 一 十 土 耂 耂 走 走 起 起 起 超 超

영자(永字) 팔법(八法)

영자(永字) 팔법(八法)이란 모든 한자(漢字) 쓰는 데 공통되는 운필법(運筆法)을 말한다.
① 側(측) : 윗점(上點)
② 勒(늑) : 가로획(平橫)
③ 弩(노) : 가운데 내리획(中直)
④ 趯(적) : 갈고리(下句)
⑤ 策(책) : 짧은 가로획(左挑)
⑥ 掠(약) : 오른쪽에서 삐침(右拂)
⑦ 啄(탁) : 짧게 왼쪽에서 삐침(左丿)
⑧ 磔(책) : 파임(右捺)

교육용
한자

教育用漢字
高等用

架	架架架架架架架架架
	架 架 架 架 架
시렁 가	架空(가공) 架橋(가교) 間架(간가) 架設(가설) 高架(고가) 開架(개가) 橋架(교가)
	屋下架屋(옥하가옥) : 지붕 밑에 또 지붕을 만든다는 뜻으로, 독창성(獨創性) 없이 앞 시대(時代)의 것을 모방(模倣)만 함을 경멸(輕蔑)해 이르는 말.
木部(나무목) 5획 총9획	영shelf 중jià 일カ(かかる·かける) 【난이도】고등용, 읽기 3급II, 쓰기 2급

暇	暇暇暇暇暇暇暇暇暇暇暇暇暇
	暇 暇 暇 暇 暇
겨를 가	閑暇(한가) 休暇(휴가) 餘暇(여가) 公暇(공가) 年暇(연가) 求暇(구가) 暇隙(가극)
	席不暇暖(석불가난) : 자주 드나들어 방이 따뜻할 겨를이 없다는 뜻으로, 자리나 주소(住所)를 자주 옮기거나 매우 바쁘게 돌아다님을 일컫는 말.
日部(날일) 9획총13획	영leisure 중xiá 일カ(ひま) 【난이도】고등용, 읽기 4급, 쓰기 3급

却	却却却却却却却
	却 却 却 却 却
물리칠 각	棄却(기각) 賣却(매각) 却下(각하) 燒却(소각) 減價償却(감가상각) 冷却(냉각)
	心頭滅却(심두멸각) : 심두(마음)를 멸각(滅却)하면 불 또한 시원하다라는 뜻으로, 잡념을 버리고 무념무상의 경지에 이르면 불 속에서도 오히려 시원함을 느낀다는 말임.
卩部(병부절) 5획총7획	영reject 중què 일キャク(しりぞける) 【난이도】고등용, 읽기 3급, 쓰기 2급

刻	刻刻刻刻刻刻刻刻
	刻 刻 刻 刻 刻
새길 각	浮刻(부각) 時刻(시각) 深刻(심각) 一刻(일각) 彫刻(조각) 卽刻(즉각) 遲刻(지각)
	刻骨難忘(각골난망) : 입은 은혜(恩惠)에 대(對)한 고마운 마음이 뼈에까지 사무쳐 잊어지지 아니함. 刻骨銘心(각골명심) : 마음속 깊이 새겨 둠.
刂部(선칼도방) 6획총8획	영carve 중kè 일コク(きざむ) 【난이도】고등용, 읽기 4급, 쓰기 3급

閣	閣閣閣閣閣閣閣閣閣閣閣閣閣閣
	閣 閣 閣 閣 閣
누각 각	改閣(개각) 內閣(내각) 閣僚(각료) 入閣(입각) 傑閣(걸각) 閨閣(규각) 金閣(금각)
	沙上樓閣(사상누각) : 모래 위에 세운 다락집이라는 뜻으로, 기초(基礎)가 약하여 무너질 염려(念慮)가 있을 때나 실현(實現) 불가능한 일을 두고 이르는 말.
門部(문문) 6획총14획	영gate post 중阁[gé] 일カク(たかどの) 【난이도】고등용, 읽기 3급II, 쓰기 2급

覺	覺覺覺覺覺覺覺覺覺覺覺覺覺覺覺覺覺覺覺覺
	覺 覺 覺 覺 覺

깨달을 각

見部(볼견)13획총20획

覺悟(각오) 覺醒(각성) 視覺(시각) 感覺(감각) 觸覺(촉각) 幻覺(환각) 聽覺(청각)

大悟覺醒(대오각성) : 크게 깨달아서 번뇌(煩惱), 의혹(疑惑)이 다 없어짐.
大覺世尊(대각세존) : 불타(佛陀)의 존칭(尊稱).

영conscious 중觉[jué] 일覺[カク](おぼえる) 【난이도】 고등용, 읽기 4급, 쓰기 3급

刊	刊刊刊刊刊
	刊 刊 刊 刊 刊

새길 간

刂部(선칼도방)3획총5획

刊行(간행) 發刊(발간) 月刊(월간) 季刊(계간) 刊本(간본) 刊刻(간각) 出刊(출간)

萬世不刊(만세불간) : 만세(萬世)에 지우지 못한다는 뜻으로, 영원(永遠)히 전(傳)함의 뜻. 간(刊)은 삭(削)과 같음.

영carve·publish 중kān 일カン(きざむ) 【난이도】 고등용, 읽기 3급Ⅱ, 쓰기 2급

肝	肝月月月肝肝肝
	肝 肝 肝 肝 肝

간 간

月部(육달월)3획총7획

肝臟(간장) 肝炎(간염) 肝膽(간담) 肝癌(간암) 肝腸(간장) 肝臟炎(간장염)

九曲肝腸(구곡간장) : 아홉 번 구부러진 간과 창자라는 뜻으로, 굽이 굽이 사무친 마음속 또는 깊은 마음속.

영liver 중gān 일カン(きも) 【난이도】 고등용, 읽기 3급Ⅱ, 쓰기 2급

姦	乀乄女女姦姦姦姦姦
	姦 姦 姦 姦 姦

간사할 간

女部(계집녀)6획총9획

强姦(강간) 姦慝(간특) 鷄姦(계간) 劫姦(겁간) 姦非(간비) 輪姦(윤간) 姦臣(간신)

大姦似忠(대간사충) : 크게 간사(奸邪)한 사람은 그 아첨(阿諂)하는 수단(手段)이 매우 교묘(巧妙)하므로 흡사(恰似) 크게 충성(忠誠)된 사람과 같이 보임.

영adultery 중奸[jiān] 일カン(かしましい·みだら) 【난이도】 고등용, 읽기 3급, 쓰기 2급

幹	幹幹幹古古古直卓卓幹幹幹幹
	幹 幹 幹 幹 幹

줄기 간

干部(방패간)10획총13획

幹部(간부) 根幹(근간) 緊幹(긴간) 幹線(간선) 幹理(간리) 穀幹(곡간) 幹事(간사)

幹國之器(간국지기) : 국가(國家)를 다스릴 기량(器量)이 있음.
能手能幹(능수능간) 잘 해치우는 재간(才幹)과 익숙한 솜씨.

영trunk 중干[gàn] 일カン(みき) 【난이도】 고등용, 읽기 3급Ⅱ, 쓰기 2급

| 懇 | | | | |

| --- | --- | --- | --- | --- |

懇談會(간담회) 懇切(간절) 懇曲(간곡) 懇請(간청) 懇談(간담) 懇囑(간촉) 懇求(간구)

懇曲(간곡) : ① 간절(懇切)하고 곡진(曲盡)함. ② 간절(懇切)하고 마음과 정성(精誠)이 지극(至極)함.

정성 간

心部(마음심)13획총17획 | 영sincerity 중懇[kěn] 일コン(ねんごろ) 【난이도】고등용, 읽기 3급II, 쓰기 2급

| 簡 | | | | |

簡潔(간결) 簡單(간단) 簡牘(간독) 簡略(간략) 簡易(간이) 簡便(간편) 書簡(서간)

斷簡零墨(단간영묵) : 종이가 발명되기 전까지 종이 대신 썼던 대쪽과 먹 한 방울이라는 뜻으로, 종이 조각에 적힌 완전하지 못한 조각난 글월을 이르는 말.

편지 간

竹部(대죽)12획총18획 | 영letter 중简[jiǎn] 일カン(てかみ) 【난이도】고등용, 읽기 4급, 쓰기 3급

| 監 | | | | |

監督(감독) 監視(감시) 監査(감사) 監獄(감옥) 監査院(감사원) 監察(감찰) 收監(수감)

縣監(현감) : 고려(高麗)·조선(朝鮮) 시대(時代)에 현의 우두머리 벼슬아치. 종6품(從六品)으로 고려(高麗) 때의 감무에 해당(該當)함臣)을 봉(封)함.

볼 감 / 살필 감

皿部(그릇명)9획총14획 | 영oversee 중监[gǔ] 일カン(がみる) 【난이도】고등용, 읽기 4급II, 쓰기 3급II

| 鑑 | | | | |

鑑別(감별) 鑑賞(감상) 鑑識(감식) 鑑定(감정) 龜鑑(귀감) 惠鑑(혜감) 印鑑(인감)

殷鑑不遠(은감불원) : 은(殷)나라 왕(王)이 거울삼을 만한 것은 먼 데 있지 않다는 뜻으로, 본받을 만한 좋은 전례(前例)는 가까운 곳에 있다는 말.

거울 감

金部(쇠금)14획총22획 | 영mirror 중鉴[jiàn] 일カン(かんがみる) 【난이도】고등용, 읽기 3급II, 쓰기 2급

| 剛 | | | | |

金剛山(금강산) 剛勁(강경) 健剛(건강) 剛健(강건) 剛耿(강경) 剛塊(강괴)

外柔內剛(외유내강) : 겉으로 보기에는 부드러우나 속은 꿋꿋하고 강(强)함.
內柔外剛(내유외강) : 속은 부드럽고, 겉으로는 굳셈.

굳셀 강

刂部(선칼도방)8획총10획 | 영ferm 중剛[gāng] 일ゴウ(つよい) 【난이도】고등용, 읽기 3급II, 쓰기 2급

康康康康康康康康康康康

康 康 康 康 康

康健(강건) 康年(강년) 康寧(강녕) 健康(건강) 太康(태강) 健康保險(건강보험)

康衢煙月(강구연월) : 강구(康衢)는 사통오달의 큰길로서 사람의 왕래가 많은 거리, 연월(煙月)은 연기가 나고 달빛이 비친다는 뜻으로, 태평한 세상의 평화로운 풍경.

편안할 강

广部(엄호) 8획총11획 · 영healthy 중kāng 일コウ 【난이도】 고등용, 읽기 4급II, 쓰기 3급II

綱綱綱綱綱綱綱綱綱綱綱綱綱綱

綱 綱 綱 綱 綱

紀綱(기강) 乾綱(건강) 大綱(대강) 綱領(강령) 政綱(정강) 三綱(삼강) 要綱(요강)

夫爲婦綱(부위부강) : 남편은 아내의 벼리가 됨. 父爲子綱(부위자강) : 아버지는 자식의 벼리가 됨. 君爲臣綱(군위신강) : 임금은 그 신하의 벼리가 되어야 함.

벼리 강

糸部(실사)8획총14획 · 영outline 중纲[gāng] 일コウ(つな) 【난이도】 고등용, 읽기 3급II, 쓰기 2급

鋼鋼鋼鋼鋼鋼鋼鋼鋼鋼鋼鋼鋼鋼鋼鋼

鋼 鋼 鋼 鋼 鋼

鐵鋼(철강) 粗鋼(조강) 鋼鐵(강철) 製鋼(제강) 鋼玉(강옥) 鋼玉石(강옥석)

高速度鋼(고속도강) : 보통의 강철보다 단단하며 열에 견디는 성질(性質)이 강(强)하여 쇠붙이를 고속도(高速度)로 자르거나 깎는 공구(工具)로 쓰이는 강철(鋼鐵).

강철 강

金部(쇠금)8획총16획 · 영steel 중钢[gàng] 일コウ(はがね) 【난이도】 고등용, 읽기 3급II, 쓰기 2급

慨慨慨慨慨慨慨慨慨慨慨慨慨慨

慨 慨 慨 慨 慨

慨歎(개탄) 慨嘆(개탄) 憤慨(분개) 感慨(감개) 慨恨(개한) 慷慨(강개) 慨世(개세)

悲憤慷慨(비분강개) : 슬프고 분(憤)한 느낌이 마음속에 가득 차 있음.
感慨無量(감개무량) : 그지없도록 마음속 깊이 스며들어 느낌.

슬퍼할 개

忄部(심방변)11획총14획 · 영lament 중慨[kǎi] 일ガイ(なげく) 【난이도】 고등용, 읽기 3급, 쓰기 2급

介介介介

介 介 介 介 介

紹介(소개) 介入(개입) 媒介(매개) 一介(일개) 節介(절개) 仲介人(중개인)

少不介意(소불개의) : 조금도 개의하지 아니함.
一介之士(일개지사) : ① 보잘것없는 선비. ② 식견이 얕은 완고(頑固)한 사람.

끼일 개

人部(사람인) 2획총4획 · 영between 중jiè 일カイ(はさまる) 【난이도】 고등용, 읽기 3급II, 쓰기 2급

蓋

덮을 개

++部(초두머리)10획총14획

蓋蓋蓋蓋羊羊羊羊羊羊蓋

蓋 蓋 蓋 蓋 蓋

蓋然性(개연성) 蓋瓦(개와) 口蓋骨(구개골) 菌蓋(균개) 覆蓋(복개) 膝蓋骨(슬개골)

蓋棺事定(개관사정) : 관(棺) 뚜껑을 덮고 일을 정(定)한다는 뜻으로, 사람은 죽고 난 뒤에라야 올바르고 정당(正當)한 평가(評價)를 할 수 있다는 말.

영 cover 중 盖[gài] 일 蓋[ガイ](ふた) 【난이도】 고등용, 읽기 3급Ⅱ, 쓰기 2급

槪

대개 개

木部(나무목)11획총15획

槪槪槪槪槪枴枴枴枴椕椕椕椕槪槪

槪 槪 槪 槪 槪

槪念(개념) 節槪(절개) 大槪(대개) 槪括(개괄) 景槪(경개) 槪觀(개관) 氣槪(기개)

土地公槪念(토지공개념) : 토지(土地)의 소유(所有)와 처분(處分)은 공공(公共)의 이익(利益)을 위(爲)하여 적절(適切)히 제한(制限)할 수 있다는 개념(槪念).

영 generally 중 概[gài] 일 概[ガイ](おおむね) 【난이도】 고등용, 읽기 3급Ⅱ, 쓰기 2급

拒

막을 거

扌(手)部(재방변) 5획총8획

拒拒拒拒拒拒拒拒

拒 拒 拒 拒 拒

拒否(거부) 拒絶(거절) 抗拒(항거) 拒否權(거부권) 拒否感(거부감) 拒逆(거역)

螳螂拒轍(당랑거철) : 「사마귀가 수레바퀴를 막는다」는 뜻으로, 자기(自己)의 힘은 헤아리지 않고 강자(强者)에게 함부로 덤빔.

영 defend 중 jù 일 キョ(こばむ) 【난이도】 고등용, 읽기 4급, 쓰기 3급

距

떨어질 거

足部(발족) 5획총12획

距距距距距距距距距距距距

距 距 距 距 距

距離(거리) 長距離(장거리) 短距離(단거리) 近距離(근거리) 射距離(사거리)

可視距離(가시거리) : ① 육안으로 볼 수 있는 목표물까지의 수평 거리. ② 방송 전파(電波)가 방해(妨害)를 받지 않고 텔레비전 방송을 수상(受像) 할 수 있는 거리.

영 distant 중 jù 일 キョ(へだたる) 【난이도】 고등용, 읽기 3급Ⅱ, 쓰기 2급

據

의지할 거

扌(手)部(재방변)13획총16획

據據據據據據據據據據據據據據據據據

據 據 據 據 據

據點(거점) 根據(근거) 論據(논거) 依據(의거) 雄據(웅거) 占據(점거) 證據(증거)

群雄割據(군웅할거) : 많은 영웅(英雄)들이 각각(各各) 한 지방(地方)에 웅거(雄據)하여 세력(勢力)을 과시(誇示)하며 서로 다투는 상황(狀況)을 이르는 말.

영 dependent 중 据[jù] 일 拠[キョ·コ](よる) 【난이도】 고등용, 읽기 4급, 쓰기 3급

件

件 件 件 件 件 件

件 件 件 件 件

물건 건

亻部(사람인변) 4획 총6획

事件(사건) 條件(조건) 物件(물건) 與件(여건) 無條件(무조건) 要件(요건)

綏遠事件(수원사건) : 1936년 중국(中國) 수원성(綏遠省) 동부(東部)에서 일본(日本)의 관동군(關東軍)이 지도한 몽고인(蒙古人)의 반란(叛亂).

영case 중jiàn 일ケン(くだん) 【난이도】 고등용, 읽기 5급, 쓰기 4급

健

健 健 健 健 健 健 健 健 健 健 健

健 健 健 健 健

굳셀 건

亻部(사람인변) 9획 총11획

健康(건강) 健全(건전) 健康保險(건강보험) 保健福祉部(보건복지부) 健剛(건강)

春寒老健(춘한노건) : 봄 추위와 노인(老人)의 건강(健康)이라는 뜻으로, 모든 사물(事物)이 오래가지 않음을 이르는 말.

영strong 중jiàn 일ケン(すこやか) 【난이도】 고등용, 읽기 5급, 쓰기 4급

乞

乞 乞 乞

乞 乞 乞 乞 乞

빌 걸

乙部(새을) 2획 총3획

乞粒(걸립) 乞暇(걸가) 乞士(걸사) 乞食(걸식) 哀乞(애걸) 乞客(걸객) 乞求(걸구)

門前乞食(문전걸식) : 이 집 저 집 돌아다니며 빌어 먹음.
哀乞伏乞(애걸복걸) : 애처롭게 하소연하면서 빌고 또 빎.

영beg 중qǐ 일コウ 【난이도】 고등용, 읽기 3급, 쓰기 2급

傑

傑 傑 傑 傑 傑 傑 傑 傑 傑 傑

傑 傑 傑 傑

호걸 걸

亻部(사람인변)10획 총12획

傑作(걸작) 傑閣(걸각) 豪傑(호걸) 怪傑(괴걸) 俊傑(준걸) 女傑(여걸) 人傑(인걸)

英雄豪傑(영웅호걸) : 영웅(英雄)과 호걸(豪傑).
女中豪傑(여중호걸) : 호협(豪俠)한 기상(氣像)이 있는 여자(女子).

영eminent 중杰[jié] 일ケツ(すぐれる) 【난이도】 고등용, 읽기 4급, 쓰기 3급

劍

劍 劍 劍 劍 劍 劍 劍 劍 劍 劍 劍 劍 劍 劍 劍

劍 劍 劍 劍 劍

칼 검

刂部(선칼도방)13획 총15획

劍家(검가) 劍客(검객) 劍道(검도) 短劍(단검) 大劍(대검) 小劍(소검) 長劍(장검)

刻舟求劍(각주구검) : 칼을 강물에 떨어뜨리자 뱃전에 그 자리를 표시했다가 나중에 그 칼을 찾으려 한다는 뜻으로, 판단력이 둔하여 융통성이 없고 세상일에 어둡고 어리석다는 뜻.

영sword 중劍[jiàn] 일劍[ケン](つるぎ) 【난이도】 고등용, 읽기 3급Ⅱ, 쓰기 2급

儉儉儉儉儉儉儉儉儉儉儉

儉儉儉儉儉

儉約(검약) 儉素(검소) 勤儉貯蓄(근검저축) 檀君王儉(단군왕검) 勤儉節約(근검절약)

不侈不儉(불치불검) : 의식주(衣食住)에 있어서 사치(奢侈)하지도 검소(儉素)하지도
아니함. 곧 모든 면에 아주 수수함.

亻部(사람인변)13획총15획　영thrifty　중俭[jiǎn]　일倹[ケン](つましい)【난이도】고등용, 읽기 4급, 쓰기 3급

檢檢檢檢檢檢檢檢檢檢檢檢檢檢檢檢檢

檢檢檢檢檢

檢察(검찰) 檢討(검토) 檢查(검사) 檢證(검증) 點檢(점검) 檢事(검사) 檢索(검색)

檢擧旋風(검거선풍) : 휩쓸어서 검거(檢擧)하는 소동(騷動).
不審檢問(불심검문) : 수상(殊常)쩍게 여기어 검문(檢問)함.

木部(나무목)13획총17획　영inspect　중检[jiǎn]　일検[ケン](しらべる)【난이도】고등용, 읽기 4급II, 쓰기 3급II

格格格格格格格格格格

格格格格格

價格(가격) 資格(자격) 嚴格(엄격) 性格(성격) 規格(규격) 合格(합격) 格差(격차)

格物致知(격물치지) : 사물(事物)의 이치(理致)를 구명(究明)하여 자기(自己)의
지식(知識)을 확고(確固)하게 함.

木部(나무목) 6획총10획　영formality　중gé　일カク·コウ【난이도】고등용, 읽기 5급II, 쓰기 4급II

隔隔隔隔隔隔隔隔隔隔隔隔隔

隔隔隔隔隔

隔差(격차) 間隔(간격) 遠隔(원격) 隔離(격리) 隔週(격주) 隔意(격의) 懸隔(현격)

隔世之感(격세지감) : 아주 바뀐 다른 세상(世上)이 된 것 같은 느낌 또는 딴
세대(世代)와 같이 많은 변화(變化)가 있었음을 비유하는 말.

阝(阜)部(좌부방)10획총13획　영separate　중隔[gé]　일カク(へだたる)【난이도】고등용, 읽기 3급II, 쓰기 2급

激激激激激激激激激激激激激激激激

激激激激激

急激(급격) 激勵(격려) 過激(과격) 激烈(격렬) 激化(격화) 激昂(격앙) 激減(격감)

自激之心(자격지심) : 자기가 일을 해놓고 그 일에 대하여 스스로 미흡하게 여기는 마음.
激化一路(격화일로) : ① 다만 격화하여 갈 뿐. ② 격렬하게 되는 과정.

氵部(삼수변)13획총16획　영flow　중jī　일ゲキ(はげしい)【난이도】고등용, 읽기 4급, 쓰기 3급

擊

칠 격

擊擊擊擊擊擊車車車車擊擊擊擊擊擊

擊擊擊擊擊

衝擊(충격) 攻擊(공격) 衝擊的(충격적) 打擊(타격) 電擊(전격) 目擊(목격)

鼓腹擊壤(고복격양) : 배를 두드리고 흙덩이를 친다는 뜻으로, 배불리 먹고 흙덩이를 치는 놀이를 한다, 즉 매우 살기 좋은 시절(時節)을 말함.

手部(손수)13획총17획 | 영hit 중击[jī] 일擊[ゲキ](うつ) 【난이도】 고등용, 읽기 4급, 쓰기 3급

肩

어깨 견

肩肩肩肩肩肩肩肩

肩肩肩肩肩

比肩(비견) 肩章(견장) 肩骨(견골) 肩頭(견두) 打肩(타견) 竝肩(병견) 肩等(견등)

比肩隨踵(비견수종) : 「어깨를 나란히 하고, 발뒤꿈치를 따른다」는 뜻으로, 차례(次例)로 이어져서 끊이지 않음을 이르는 말.

月部(육달월) 4획총8획 | 영shoulder 중肩[jiān] 일ケン(かた) 【난이도】 고등용, 읽기 3급, 쓰기 2급

牽

이끌 견

牽牽牽牽牽玄玄玄牽牽牽牽牽

牽牽牽牽牽

牽制(견제) 牽引車(견인차) 牽制球(견제구) 牽引(견인) 牽牛星(견우성) 牽馬(견마)

牽強附會(견강부회) : 이치(理致)에 맞지 않는 말을 억지로 끌어 붙여 자기(自己) 주장(主張)의 조건(條件)에 맞도록 함.

牛部(소우) 7획총11획 | 영draw 중牵[qiān] 일ケン(つらなる・ひく)【난이도】 고등용, 읽기 3급, 쓰기 2급

絹

비단 견

絹絹絹絹絹絹絹絹絹絹絹絹絹

絹絹絹絹絹

絹織物(견직물) 絹絲(견사) 絹綿(견면) 絹織(견직) 生絹(생견) 絹毛(견모)

隻紙斷絹(척지단견) : 글을 쓴 얼마 안 되는 종이와 비단(緋緞).
零絹殘墨(영견잔묵) : 아주 낡은 글씨나 그림 따위.

糸部(실사)7획총13획 | 영silk 중绢[juàn] 일ケン(きぬ) 【난이도】 고등용, 읽기 3급, 쓰기 2급

遣

보낼 견

遣遣遣遣遣遣遣遣遣遣遣遣遣遣

遣遣遣遣遣

遣使(견사) 遣奠祭(견전제) 發遣(발견) 分遣所(분견소) 派遣(파견) 派遣隊(파견대)

消遣歲月(소견세월) : ① 하는 일없이 세월을 보냄. ② 어떤 것에 마음을 붙이고 세월을 보냄.
情恕理遣(정서이견) : 잘못이 있으면 온정으로 참고 이치에 비추어 용서함.

辶部(책받침)10획총14획 | 영send 중遣[qiǎn] 일遣[ケン](つかわす)【난이도】 고등용, 읽기 3급, 쓰기 2급

缺	缺缺缺缺缺缺缺缺缺缺缺
	缺缺缺缺缺
이지러질 결	缺陷(결함) 缺乏(결핍) 缺如(결여) 欠缺(흠결) 缺席(결석) 缺禮(결례) 缺點(결점)
	陶者用缺盆(도자용결분) : 도공은 깨진 동이만 사용한다는 뜻으로, 남을 위해서는 하지만 자기를 위해서는 하지 못함을 두고 비유해 이르는 말.
缶部(장군부)4획총10획	영wane 중què 일欠[ケツ](かける) 【난이도】고등용, 읽기 4급Ⅱ, 쓰기 3급Ⅱ

兼	兼兼兼兼兼兼兼兼兼兼
	兼兼兼兼兼
겸할 겸	兼備(겸비) 兼任(겸임) 兼營(겸영) 兼職(겸직) 兼史(겸사) 兼業(겸업) 兼帶(겸대)
	文武兼全(문무겸전) : 문식과 무략을 다 갖추고 있음. 文武兼備(문무겸비) : 문식(文識)과 무략(武略)을 모두 갖추고 있음.
八部(여덟팔) 8획총10획	영combine 중兼[jiān] 일兼[ケン](かねる) 【난이도】고등용, 읽기 3급Ⅱ, 쓰기 2급

謙	謙謙謙謙謙謙謙謙謙謙謙謙謙謙謙謙謙
	謙謙謙謙謙
겸손할 겸	謙廉(겸렴) 謙謝(겸사) 謙遜(겸손) 謙巽(겸손) 謙讓(겸양) 謙稱(겸칭) 謙虛(겸허)
	謙讓之德(겸양지덕) : 겸손(謙遜)하게 사양(辭讓)하는 미덕(美德). 慢招損謙受益(만초손겸수익) : 거만하면 손해를 보며, 겸손하면 이익을 본다는 뜻.
言部(말씀언)10획총17획	영humble 중谦[qiān] 일謙[ケン](かねる) 【난이도】고등용, 읽기 3급Ⅱ, 쓰기 2급

徑	徑徑徑徑徑徑徑徑徑徑
	徑徑徑徑徑
지름길 경	捷徑(첩경) 徑易(경이) 直徑(직경) 徑輪(경륜) 半徑(반경) 三徑(삼경) 徑道(경도)
	徑先啓下(경선계하) : 정(定)해진 절차(節次)를 밟지 않고 먼저 임금에게 아뢰어 재가를 받음. 원칙적(原則的)으로 금지(禁止)되어 있음.
彳部(두인변)7획총10획	영short cut 중径[jìng] 일径[ケイ](てみち) 【난이도】고등용, 읽기 3급Ⅱ, 쓰기 2급

竟	竟竟竟竟竟竟竟竟竟竟竟
	竟竟竟竟竟
마침내 경	竟境(경경) 畢竟(필경) 竟夜(경야) 究竟(구경) 究竟願(구경원) 究竟卽(구경즉)
	究竟不淨(구경부정) : 사람이 죽으면 그 육신(肉身)은 땅에 묻히어 흙이 되고, 벌레가 먹으면 똥이 되는 등 신체(身體)의 종말(終末)이 깨끗하지가 못하다는 말.
立部(설립) 6획총11획	영finish 중jìng 일キョウ・ケイ(ついに) 【난이도】고등용, 읽기 3급, 쓰기 2급

頃	頃頃頃頃頃頃頃頃頃頃頃
	頃 頃 頃 頃 頃
잠깐 경	頃刻(경각) 食頃(식경) 頃日(경일) 頃者(경자) 萬頃(만경) 頃步(경보) 少頃(소경)
	命在頃刻(명재경각) : 목숨이 경각(頃刻)에 달렸다는 뜻으로, 숨이 곧 끊어질 지경(地境)에 이름, 거의 죽게 됨.
頁部(머리혈)2획총11획	영for a while 중顷[qǐng] 일ケイ(ころ) 【난이도】 고등용, 읽기 3급II, 쓰기 2급

硬	硬硬硬硬硬硬硬硬硬硬硬硬
	硬 硬 硬 硬 硬
굳을 경	強硬(강경) 強硬派(강경파) 硬直(경직) 硬直性(경직성) 硬度(경도) 強硬策(강경책)
	動脈硬化(동맥경화) : ① 동맥벽이 두꺼워지고 굳어져서 탄력을 잃은 상태. 고혈압증·비만증·당뇨병 따위가 이를 촉진(促進)함. 동맥경화증(動脈硬化症).
石部(돌석) 7획총12획	영hard 중yìng 일コウ(かたい) 【난이도】 고등용, 읽기 3급II, 쓰기 2급

卿	卿卿卿卿卿卿卿卿卿卿卿卿
	卿 卿 卿 卿 卿
벼슬 경	卿相(경상) 卿尹(경윤) 卿爵(경작) 卿宰(경재) 公卿(공경) 樞機卿(추기경)
	公卿大夫(공경대부) : 삼공과 구경과 대부, 곧 벼슬이 높은 사람들. 名公巨卿(명공거경) : 정승(政丞), 판서(判書) 따위 이름난 높은 벼슬아치들.
卩部(병부절)10획총12획	영government job 중卿[qīng] 일卿[キョウ・ケイ](きみ・くげ) 【난이도】 고등용, 읽기 3급, 쓰기 2급

傾	傾傾傾傾傾傾傾傾傾傾傾傾傾
	傾 傾 傾 傾 傾
기울어질 경	傾斜(경사) 傾心(경심) 傾注(경주) 傾聽(경청) 傾向(경향) 右傾化(우경화)
	傾國之色(경국지색) : 나라를 기울일 만한 여자(女子)라는 뜻으로, ① 첫눈에 반할 만큼 매우 아름다운 여자(女子). ② 나라를 위태(危殆)롭게 한다는 말.
亻部(사람인변)11획총13획	영incline, tilt 중倾[qīng] 일ケイ(かたむく・かたむける) 【난이도】 고등용, 읽기 4급, 쓰기 3급

境	境境境境境境境境境境境境境境
	境 境 境 境 境
지경 경	境遇(경우) 環境(환경) 地境(지경) 境界(경계) 困境(곤경) 心境(심경) 國境(국경)
	漸入佳境(점입가경) : 가면 갈수록 경치(景致)가 더해진다는 뜻으로, 일이 점점 더 재미있는 지경(地境)으로 돌아가는 것을 비유(比喩·譬喩)하는 말로 쓰임.
土部(흙토)11획총14획	영baundary 중jìng 일キョウ・ケイ(さかい) 【난이도】 고등용, 읽기 4급II, 쓰기 3급II

鏡	鏡鏡鏡鏡鏡鏡鏡鏡鏡鏡鏡鏡鏡鏡鏡鏡鏡鏡
	鏡 鏡 鏡 鏡 鏡
	顯微鏡(현미경) 望遠鏡(망원경) 眼鏡(안경) 鏡架(경가) 龜鏡(귀경) 掛鏡(괘경)
거울 경	明鏡止水(명경지수) : 맑은 거울과 고요한 물이라는 뜻으로, 사념(邪念)이 전혀 없는 깨끗한 마음을 비유(比喩·譬喩)해 이르는 말.
金部(쇠금)11획총19획	영mirror 중镜[jìng] 일キョウ(かがみ) 【난이도】고등용, 읽기 4급, 쓰기 3급

警	警警警警警苟苟苟苟敬敬敬敬敬警警警警警警
	警 警 警 警 警
	警察(경찰) 警告(경고) 警戒(경계) 警備艇(경비정) 警察廳(경찰청) 警備(경비)
경계할 경	警世訓民(경세훈민) : 세상(世上)을 깨우치고 사람들을 타이름. 羽書之警(우서지경) : 전쟁(戰爭) 발발(勃發)의 경보(警報).
言部(말씀언)13획총20획	영warn 중jiān 일ケイ(いましめる) 【난이도】고등용, 읽기 4급II, 쓰기 3급II

系	系系系系系系系
	系 系 系 系 系
	體系(체계) 系統(계통) 生態系(생태계) 世系(세계) 體系的(체계적) 系列社(계열사)
이을 계	直系(직계) : ① 혈연(血緣)이 친자(親子) 관계에 의하여 직접 이어져 있는 계통. ② 사제·단체(團體) 등(等)의 관계(關係)에서, 직접(直接) 잇는 계통(系統).
糸部(실사)1획총7획	영connect 중xì 일ケイ(つなぐ) 【난이도】고등용, 읽기 4급, 쓰기 3급

戒	戒戒戒戒戒戒戒
	戒 戒 戒 戒 戒
	警戒(경계) 懲戒(징계) 訓戒(훈계) 警戒心(경계심) 戒嚴令(계엄령) 鏡戒(경계)
경계할 계	斷機之戒(단기지계) : 베를 끊는 훈계(訓戒)란 뜻으로, 학업을 중도(中途)에 폐(廢)함은 짜던 피륙의 날을 끊는 것과 같아 아무런 이익이 없다는 훈계(訓戒).
戈部(창과)3획총7획	영warning 중jiè 일カイ(いましめる) 【난이도】고등용, 읽기 4급, 쓰기 3급

係	係係係係係係係係係
	係 係 係 係 係
	關係(관계) 係長(계장) 係屬(계속) 係關(계관) 係數(계수) 關係國(관계국)
맬 계	利害關係(이해관계) : 서로 사이에 이해(利害)가 걸려 있는 관계(關係). 關係者(관계자) : 어떤 일에 관계(關係)되는 사람.
亻部(사람인변)7획총9획	영tie 중xì 일ケイ(かかり·かかる) 【난이도】고등용, 읽기 4급II, 쓰기 3급II

契	契契契契契契契契契
	契 契 契 契 契

契機(계기) 契約(계약) 契約書(계약서) 隨意契約(수의계약) 甲契(갑계) 契丹(글안)

金蘭契(금란계) : ① 친목(親睦)의 뜻으로 친(親)한 친구(親舊)끼리 모은 계.
② 금란지계(金蘭之契).

맺을 계

大部(큰대) 6획 총9획 | 영sign 중qì 일ケイ(ちぎる) 【난이도】 고등용, 읽기 3급Ⅱ, 쓰기 2급

桂	桂桂桂桂桂桂桂桂桂桂
	桂 桂 桂 桂 桂

月桂樹(월계수) 官桂(관계) 月桂冠(월계관) 桂冠詩人(계관시인) 桂陽琴(계양금)

桂林一枝(계림일지) : 계수나무 숲의 한 가지라는 뜻으로, ① '사람됨이 비범(非凡)
하면서도 겸손(謙遜)함'의 비유. ② '대수롭지 않은 출세(出世)'의 비유.

계수나무 계

木部(나무목) 6획 총10획 | 영cassia 중guì 일ケイ(かつら) 【난이도】 고등용, 읽기 3급Ⅱ, 쓰기 2급

械	械械械械械械械械械械械
	械 械 械 械 械

機械(기계) 機械的(기계적) 器械(기계) 兵械(병계) 捲揚機械(권양기계)

機械之心(기계지심) : 책략(策略)을 꾸미는 마음.
機械人形(기계인형) : 움직일 수 있게 기계(機械) 장치(裝置)로 된 인형(人形).

기계 계

木部(나무목) 7획 총11획 | 영machine 중xiè 일カイ 【난이도】 고등용, 읽기 3급Ⅱ, 쓰기 2급

啓	啓啓啓啓啓啓啓啓啓啓啓
	啓 啓 啓 啓 啓

啓蒙(계몽) 啓發(계발) 啓蟄(계칩) 啓導(계도) 啓明星(계명성) 啓明(계명)

徑先啓下(경선계하) : 정(定)해진 절차(節次)를 밟지 않고 먼저 임금에게 아뢰어 재
가를 받음. 원칙적(原則的)으로 금지(禁止)되어 있음.

열 계

口部(입구) 8획 총11획 | 영open 중启[qǐ] 일ケイ(ひらく) 【난이도】 고등용, 읽기 3급Ⅱ, 쓰기 2급

階	階階階階階階階階階階階階
	階 階 階 階 階

階級(계급) 階段(계단) 段階(단계) 階層(계층) 段階的(단계적) 層階(층계)

下流階級(하류계급) : 신분(身分), 생활(生活) 수준(水準) 따위로 계층(階層)을
나눌 때 제일(第一) 낮은 계층(階層).

섬돌 계

阝(阜)部(좌부방) 9획 총12획 | 영stairs, steps 중阶[jiē] 일カイ 【난이도】 고등용, 읽기 4급, 쓰기 3급

繋	繋繋亞亞車東東東東繋繋繋繋繋繋繋繋
	繋 繋 繋 繋 繋
	連繋(연계) 繋留(계류) 繋屬(계속) 繋縛(계박) 聯繋(연계) 連繋性(연계성)
	繋頸以組(계경이조) : ① 갓이나 머리에 매는 끈을 목에 맴. ② 목을 매어 죽여 달라는 말로 항복(降伏)한다는 뜻.
맬 계 糸部(실사)13획총19획	영tie 중系[xi] 일ケイ(かかる・きずな)【난이도】고등용, 읽기 3급, 쓰기 2급

繼	繼繼幺糸糸糸糸糸糸糸繼繼繼繼繼繼繼繼繼
	繼 繼 繼 繼 繼
	繼續(계속) 中繼(중계) 繼父(계부) 家繼(가계) 後繼(후계) 繼母(계모) 繼子(계자)
	夜以繼晝(야이계주) : 「밤에 시작(始作)하여 낮까지 계속(繼續)함」의 뜻으로, 「어떤 일을 밤낮으로 쉬지 않고 함」의 형용(形容).
이을 계 糸部(실사)14획총20획	영connect 중继[ji] 일継[ケイ](つぐ)【난이도】고등용, 읽기 4급, 쓰기 3급

孤	孤了子孤孤孤孤孤
	孤 孤 孤 孤 孤
	孤獨(고독) 孤立(고립) 孤峰(고봉) 孤兒(고아) 孤雲(고운) 孤掌(고장) 孤寂(고적)
	孤城落日(고성낙일) : 성(城)이 해가 지려고 하는 곳에 있다는 뜻으로, ① 도움 이 없이 고립된 상태(狀態). ② 남은 삶이 얼마 남지 않은 쓸쓸한 심경(心境).
외로울 고 子部(아들자)5획총8획	영lonely 중gū 일コ(みなしご)【난이도】고등용, 읽기 4급, 쓰기 3급

姑	姑姑女女姑姑姑姑
	姑 姑 姑 姑 姑
	姑舅(고구) 姑母(고모) 姑母夫(고모부) 姑婦(고부) 姑息(고식) 姑從(고종)
	姑息之計(고식지계) : ① 근본(根本) 해결책(解決策)이 아닌 임시(臨時)로 편한 것을 취(取)하는 계책(計策). ② 당장의 편안함만을 꾀하는 일시적(一時的)인 방편(方便).
시어미 고 女部(계집녀)5획총8획	영mother in law 중gū 일コ(しばらく・しゅうと)【난이도】고등용, 읽기 3급Ⅱ, 쓰기 2급

枯	枯枯枯枯枯枯枯枯枯
	枯 枯 枯 枯 枯
	枯渴(고갈) 枯死(고사) 乾枯(건고) 枯葉(고엽) 枯花(고화) 枯木(고목) 枯草(고초)
	榮枯盛衰(영고성쇠) : 영화(榮華)롭고 마르고 성(盛)하고 쇠함이란 뜻으로, 개인(個 人)이나 사회(社會)의 성(盛)하고 쇠함이 서로 뒤바뀌는 현상(現象).
마를 고 木部(나무목)5획총9획	영wither 중kū 일コ(からす・かれる)【난이도】고등용, 읽기 3급, 쓰기 2급

庫	庫庫庫庫庀庀庀庙庙庫
	庫 庫 庫 庫 庫

倉庫(창고) 國庫(국고) 庫間(곳간) 府庫(부고) 在庫(재고) 庫舍(고사) 寶庫(보고)

九經庫(구경고) : '아홉 가지 경서(經書)에 정통(精通)함'이란 뜻으로, '많은 경서(經書)에 밝고 통(通)함'이라는 말.

곳집 고

广部(엄호)7획총10획 | 영warehouse 중庫[shè] 일コク(くら)【난이도】 고등용, 읽기 4급, 쓰기 3급

鼓	鼓十鼓吉吉吉吉吉壴壴헗헗鼓
	鼓 鼓 鼓 鼓 鼓

鼓膜(고막) 鼓舞(고무) 鼓舞的(고무적) 鼓手(고수) 鼓吹(고취) 申聞鼓(신문고)

鼓腹擊壤(고복격양) : 배를 두드리고 흙덩이를 친다는 뜻으로, 배불리 먹고 흙덩이를 치는 놀이를 한다, 즉 매우 살기 좋은 시절(時節)을 말함.

북 고

鼓部(북고) 0획총13획 | 영drum 중gǔ 일コ(つづみ)【난이도】 고등용, 읽기 3급Ⅱ, 쓰기 2급

稿	稿稿千禾稿稿稆稆稆稆稿稿稿稿
	稿 稿 稿 稿 稿

原稿(원고) 改稿(개고) 草稿(초고) 玉稿(옥고) 原稿紙(원고지) 拙稿(졸고)

寄稿(기고) : ① 신문(新聞), 잡지(雜誌) 따위에 싣기 위(爲)하여 원고(原稿)를 보냄. ② 또는 그 보낸 원고(原稿).

볏짚 고

禾部(벼화) 10획총15획 | 영straw 중gǎo 일コウ(わら・したがき)【난이도】 고등용, 읽기 3급Ⅱ, 쓰기 2급

顧	顧顧顧戶戶戶戶雇雇雇雇雇雇顧顧顧顧顧顧顧
	顧 顧 顧 顧 顧

顧客(고객) 顧命(고명) 顧問(고문) 四顧(사고) 枉顧(왕고) 主顧(주고) 回顧(회고)

三顧草廬(삼고초려) : 유비(劉備)가 제갈공명(諸葛孔明)을 세 번이나 찾아가 군사(軍師)로 초빙(招聘)한 데서 유래한 말로, 임금의 두터운 사랑을 입다라는 뜻.

돌아볼 고

頁部(머리혈)12획총21획 | 영look back 중顾[gù] 일コ(かえりみる)【난이도】 고등용, 읽기 3급, 쓰기 2급

哭	哭哭哭哭哭哭哭哭哭哭
	哭 哭 哭 哭 哭

痛哭(통곡) 哭婢(곡비) 鬼哭(귀곡) 慟哭(통곡) 哭聲(곡성) 哭泣(곡읍) 止哭(지곡)

失性痛哭(실성통곡) : 정신(精神)에 이상(異常)이 생길 정도(程度)로 슬피 통곡(痛哭)함.

울 곡

口部(입구) 7획총10획 | 영weep 중kū 일コク(なく)【난이도】 고등용, 읽기 4급, 쓰기 3급

孔 구멍 공 子部(아들자) 1획 총4획	孔孔孔孔 孔 孔 孔 孔 孔 孔子(공자) 氣孔(기공) 骨多孔症(골다공증) 毛孔(모공) 鼻孔(비공) 穿孔(천공) 孔子穿珠(공자천주) : 공자(孔子)가 구슬을 꿴다는 뜻으로, 어진 사람도 남에게 배울 점이 있다는 말. 孔子(공자) : 중국 춘추시대의 대철학자(哲學者)·사상가. 영hole 중kǒng 일コウ(あな) 【난이도】 고등용, 읽기 4급, 쓰기 3급
攻 칠 공 攴部(등글월문) 3획총7획	攻攻攻攻攻攻攻 攻 攻 攻 攻 攻 攻擊(공격) 攻勢(공세) 攻防(공방) 專攻(전공) 侵攻(침공) 攻駁(공박) 攻掠(공략) 遠交近攻(원교근공) : 먼 나라와 친하고 가까운 나라를 쳐서 점차로 영토를 넓힘, 중국 전국시대에 범저(范雎)가 진왕(秦王)에게 진언(進言)한 외교 정책. 영attack 중gōng 일コウ(せめる) 【난이도】 고등용, 읽기 4급, 쓰기 3급
供 이바지할 공 亻部(사람인변) 6획총8획	供供供供供供供供 供 供 供 供 供 提供(제공) 供給(공급) 供述(공술) 供養(공양) 供與(공여) 供覽(공람) 法供(법공) 惟正之供(유정지공) : 해마다 의례(儀禮)로 궁중(宮中) 및 서울의 고관(高官)에게 바치던 공물(貢物). 佛供(불공) : 부처의 앞에 공양(供養)하는 일. 영offer 중gòng 일キョウ·ク(そなえる·とも) 【난이도】 고등용, 읽기 3급Ⅱ, 쓰기 2급
恐 두려울 공 心部(마음심) 6획총10획	恐恐恐恐恐恐恐恐恐恐 恐 恐 恐 恐 恐 恐喝(공갈) 恐怖(공포) 恐龍(공룡) 恐迫(공박) 恐怖心(공포심) 恐慌(공황) 恐喝(공갈) : ① 남으로 하여금 공포심(恐怖心)을 자아내게 하려고 을러서 무섭게 함. ② 거짓말. 영afraid 중kǒng 일キョウ(おそれる·おそろしい) 【난이도】 고등용, 읽기 3급Ⅱ, 쓰기 2급
恭 공손할 공 心(㣺)部(마음심)6획총10획	恭恭恭恭恭共恭恭恭恭 恭 恭 恭 恭 恭 恭敬(공경) 恭遜(공손) 恭惟(공유) 恭虔(공건) 恭儉(공검) 謙恭(겸공) 恭順(공순) 恭賀新年(공하신년) : 삼가 새해를 축하(祝賀)함. 恭賀新禧(공하신희) : ☞ 근하신년(謹賀新年). 영respectful 중gōng 일キョウ(うやうやしい) 【난이도】 고등용, 읽기 3급Ⅱ, 쓰기 2급

貢

바칠 공

貝部(조개패) 3획 총10획

貢貢貢貢貢貢貢貢貢貢

貢 貢 貢 貢 貢

貢納(공납) 貢物(공물) 貢獻(공헌) 年貢(연공) 歲貢(세공) 子貢(자공) 朝貢(조공)

朝貢(조공) : 옛날 종주국(宗主國)에 속국(屬國)이 때맞추어 예물(禮物)로 물건을 바치는 일. 惟正之貢(유정지공) : ☞ 유정지공(惟正之供).

영tribute 중贡[gòng] 일コウ・ク(みつぐ) 【난이도】 고등용, 읽기 3급II, 쓰기 2급

誇

자랑할 과

言部(말씀언) 6획 총13획

誇誇誇誇誇誇誇誇誇誇誇誇誇

誇 誇 誇 誇 誇

誇張(과장) 誇示(과시) 誇大(과대) 誇矜(과긍) 矜誇(긍과) 浮誇(부과) 自誇(자과)

誇大妄想(과대망상) : 턱없이 과장(誇張)하여 엉뚱하게 생각함.
自誇自尊(자과자존) : 제 스스로를 자랑하고 높임.

영pride 중夸[kuā] 일コ(ほこる) 【난이도】 고등용, 읽기 3급II, 쓰기 2급

寡

적을 과

宀部(갓머리) 11획 총14획

寡寡寡寡寡寡寡寡寡寡寡寡寡寡

寡 寡 寡 寡 寡

寡默(과묵) 寡婦(과부) 寡宅(과택) 多寡(다과) 獨寡占(독과점) 衆寡(중과)

衆寡不敵(중과부적) : ① 적은 수효(數爻)로 많은 수효(數爻)를 대적(對敵)하지 못한다는 뜻. ② 적은 사람으로는 많은 사람을 이기지 못함.

영few 중guǎ 일カ(すない) 【난이도】 고등용, 읽기 3급II, 쓰기 2급

郭

외성 곽

阝(邑)部(우부방) 8획 총11획

郭郭郭郭郭郭郭郭郭郭郭

郭 郭 郭 郭 郭

郭內(곽내) 外郭(외곽) 城郭(성곽) 郭公(곽공) 玄風郭(현풍곽) 清州郭(청주곽)

南郭濫吹(남곽남취) : 남곽(南郭)이 함부로 분다는 뜻으로, 학예(學藝)에 전문(專門) 지식(知識)도 없이 함부로 날뜀을 두고 이르는 말.

영outer wall 중guō 일カク(くるみ) 【난이도】 고등용, 읽기 3급, 쓰기 2급

冠

갓 관

冖部(민갓머리) 7획 총9획

冠冠冠冠冠冠冠冠冠

冠 冠 冠 冠 冠

冠根(관근) 冠禮(관례) 冠帽(관모) 冠詞(관사) 冠岳區(관악구) 冠婚(관혼)

李下不整冠(이하부정관) : 오얏(자두)나무 밑에서 갓을 고쳐 쓰면 오얏 도둑으로 오해받기 쉬우므로 그런 곳에서는 갓을 고쳐 쓰지 말라는 뜻으로, 남에게 의심받을 만한 일은 아예 하지 말라는 말.

영crown 중guàn 일カン(かんむり) 【난이도】 고등용, 읽기 3급II, 쓰기 2급

貫	貫 貫 貫 貫 貫 貫 貫 貫 貫 貫 貫
꿸 관	貫 貫 貫 貫 貫
	貫徹(관철) 本貫(본관) 貫通(관통) 貫鄕(관향) 貫籍(관적) 貫流(관류) 鄕貫(향관)
	始終一貫(시종일관) : 처음부터 끝까지 한결같이 관철(貫徹)함. 初志一貫(초지일관) : 처음에 세운 뜻을 이루려고 끝까지 밀고 나감.
貝部(조개패)4획 총11획	영pierce 중貫[guàn] 일カン(つらぬく) 【난이도】 고등용, 읽기 3급II, 쓰기 2급

管	管 管 管 管 管 管 管 管 管 管 管 管 管 管
대롱 관	管 管 管 管 管
	管理(관리) 保管(보관) 管轄(관할) 主管(주관) 移管(이관) 血管(혈관) 雷管(뇌관)
	管鮑之交(관포지교) : 옛날 중국의 관중(管仲)과 포숙(鮑叔)처럼 친구 사이가 다 정(多情)함을 이르는 말로, 친구 사이의 매우 다정하고 허물없는 교제(交際).
竹部(대죽) 8획총14획	영pipe, manage 중guǎn 일カン(くだ) 【난이도】 고등용, 읽기 4급, 쓰기 3급

慣	慣 慣 慣 慣 慣 慣 慣 慣 慣 慣 慣 慣 慣 慣
익숙할 관	慣 慣 慣 慣 慣
	慣行(관행) 習慣(습관) 慣習(관습) 慣性(관성) 慣例(관례) 習慣性(습관성)
	習慣成自然(습관성자연) : 습관(習慣)은 종내 타고난 천성(天性)과 같이 됨을 이름. 習慣若自然(습관약자연) : 습관(習慣)은 종내 타고난 천성(天性)과 같이 됨을 이름.
忄部(심방변)11획총14획	영accustomed 중慣[guàn] 일カン(ならす・なれる)【난이도】고등용,읽기3급II,쓰기 2급

寬	寬 寬 寬 寬 寬 寬 寬 寬 寬 寬 寬 寬 寬 寬 寬
너그러울 관	寬 寬 寬 寬 寬
	寬大(관대) 寬容(관용) 寬弘(관홍) 寬待(관대) 寬政(관정) 寬仁(관인) 寬厚(관후)
	寬大長者(관대장자) : 너그럽고 덕망이 있어 여러 사람의 위에 설 수 있는 사람. 水寬魚大(수관어대) : 깊고 넓은 물에는 큰 고기가 깃듦.
宀部(갓머리)12획총15획	영generous 중寬[kuān] 일寬[カン] 【난이도】고등용, 읽기 3급II, 쓰기 2급

館	館 館 館 館 館 館 館 館 館 館 館 館 館 館 館 館
객사 관	館 館 館 館 館
	博物館(박물관) 大使館(대사관) 白堊館(백악관) 圖書館(도서관) 公館(공관)
	國會圖書館(국회도서관) : 국회의원들이 직무 수행(遂行)에 필요(必要)한 조사(調査) 연구(研究)를 위(爲)하여 설립(設立)한 도서관(圖書館).
食部(밥식) 8획총17획	영lodge 중馆[guǎn] 일カン(やかた) 【난이도】 고등용, 읽기 3급II, 쓰기 2급

狂

狂狂狂狂狂狂狂

狂 狂 狂 狂 狂

熱狂(열광) 狂風(광풍) 狂氣(광기) 狂奔(광분) 狂犬(광견) 狂歌(광가) 狂畵(광화)

狂夫之言(광부지언) : ① 미친 사내의 말. ② 미친 사람의 말.
狂蕩之人(광탕지인) : 방탕함으로써 예의 범절을 무시하는 사람.

미칠 광

犭部(개사슴록변)4획총7획 | 영mad 중kuáng 일キョウ(くるう・くるおしい) 【난이도】 고등용, 읽기 3급II, 쓰기 2급

鑛

鑛鑛鑛⺬⺬年年年金金鈩鈩鉱鉱鉱鉱鑛鑛鑛鑛鑛鑛

鑛 鑛 鑛 鑛 鑛

鑛物(광물) 炭鑛(탄광) 鑛石(광석) 磁鐵鑛(자철광) 鑛區(광구) 廢鑛(폐광)

鑛區(광구) : 광업권자(鑛業權者)가 관청(官廳)의 허가(許可)를 얻어 광물(鑛物)을
채굴(採掘)할 수 있는 구역(區域).

쇳돌 광

金部(쇠금) 15획총23획 | 영mineral 중矿[kuàng] 일鉱[コウ](あらがね) 【난이도】 고등용, 읽기 4급, 쓰기 3급

掛

掛掛掛扌扌扌扌挂掛掛

掛 掛 掛 掛 掛

掛金(괘금) 掛鏡(괘경) 掛竿(괘간) 掛念(괘념) 掛圖(괘도) 掛鐘(괘종) 掛書(괘서)

牛角掛書(우각괘서) : 소의 뿔에 책을 걸어 놓는다는 뜻으로, 소를 타고 독서함을
이르는 말. 즉, 시간을 아껴 오로지 공부하는 데 힘쓰는 태도를 비유함.

걸 괘

扌(手)部(재방변)8획총11획 | 영hang 중挂[guà] 일ケ・カイ(かける) 【난이도】 고등용, 읽기 3급, 쓰기 2급

怪

怪怪怪怪怪怪怪怪

怪 怪 怪 怪 怪

怪傑(괴걸) 怪疾(괴질) 迂怪(우괴) 駭怪(해괴) 奇怪(기괴) 怪常(괴상) 怪漢(괴한)

駭怪罔測(해괴망측) : 헤아릴 수도 없을 만큼 몹시 괴이(怪異)함.
駭遁(해둔) : 놀라서 달아남.

괴이할 괴

忄部(심방변) 5획총8획 | 영strange 중guài 일カイ(あやしい・あやしむ) 【난이도】 고등용, 읽기 3급II, 쓰기 2급

塊

塊塊塊塊塊塊塊塊塊塊塊塊塊

塊 塊 塊 塊 塊

剛塊(강괴) 團塊(단괴) 大塊(대괴) 塊莖(괴경) 金塊(금괴) 氷塊(빙괴) 山塊(산괴)

礫塊(역괴) : 자갈과 흙덩이라는 뜻으로, 아무 가치(價値)도 없는 물건(物件)의
비유(比喩・譬喩).

덩어리 괴

土部(흙토) 10획총13획 | 영lump of earth 중kuài 일カイ(かたまり) 【난이도】 고등용, 읽기 3급, 쓰기 2급

愧 부끄러워할 괴 忄部(심방변) 10획 총13획	愧愧愧愧愧愧愧愧愧愧愧愧愧 愧 愧 愧 愧 愧 慙愧(참괴) 自愧(자괴) 感愧(감괴) 面愧(면괴) 愧死(괴사) 愧心(괴심) 愧汗(괴한) 恬不爲愧(염불위괴) : 올바르지 못한 일을 하고도 조금도 부끄러워하지 않음. 恬而不知怪(염이부지괴) : 평범(平凡)히 보아 넘겨 이상히 여기지 아니함. 영bashful 중kuì 일キ(はじる) 【난이도】고등용, 읽기 3급, 쓰기 2급
壞 무너질 괴 土部(흙토) 16획 총19획	壞壞壞壞壞壞壞壞壞壞壞壞壞壞壞壞 壞 壞 壞 壞 壞 崩壞(붕괴) 破壞(파괴) 壞苦(괴고) 壞決(괴결) 壞滅(괴멸) 壞廢(괴폐) 損壞(손괴) 壞汝萬里長城(괴여만리장성) : 「스스로 만리장성(萬里長城)을 허물어 버린다」 는 뜻으로, 어리석은 생각에서 일을 그르치게 한다는 뜻. 영collapse 중坏[huài] 일壞[カイ](こわれる)【난이도】고등용, 읽기 3급II, 쓰기 2급
巧 공교로울 교 工部(장인공) 2획총5획	巧巧巧巧巧 巧 巧 巧 巧 巧 巧妙(교묘) 巧辯(교변) 巧言(교언) 工巧(공교) 技巧(기교) 精巧(정교) 慧巧(혜교) 巧言令色(교언영색) : 남의 환심(歡心)을 사기 위(爲)해 교묘(巧妙)히 꾸며서 하 는 말과 아첨(阿諂)하는 얼굴빛. 영skilful 중qiǎo 일コウ(たくみ) 【난이도】고등용, 읽기 3급II, 쓰기 2급
郊 들 교 阝(邑)部(우부방)6획총9획	郊郊郊郊郊郊郊郊郊 郊 郊 郊 郊 郊 郊外(교외) 郊里(교리) 江郊(강교) 近郊(근교) 郊野(교야) 郊祭(교제) 郊原(교원) 近郊農業(근교농업) : 도시에 내다 팔기 위하여 도시 가까운 들에서 이루어지는 집약 적(集約的)인 농업(農業). 주(主)로 채소(菜蔬), 과실(果實), 꽃 따위를 심어 가꿈. 영suburb 중jiāo 일コウ(はずれ) 【난이도】고등용, 읽기 3급, 쓰기 2급
較 비교할 교 車部(수레거)6획총13획	較較較較較較較較較較較較較 較 較 較 較 較 比較(비교) 比較的(비교적) 比較測定器(비교측정기) 比較生勿學(비교생물학) 長短相較(장단상교) : 길고 짧음은 상대적(相對的) 관계(關係)에서 비교(比較)할 수 있음을 이르는 말. 영compare 중较[jiào] 일カク (らべる)【난이도】고등용, 읽기 3급II, 쓰기 2급

矯	矯矯矯矯矯矯矯矯矯矯矯矯矯矯矯
	矯 矯 矯 矯 矯

矯導(교도) 矯監(교감) 矯導所(교도소) 矯正(교정) 矯直(교직) 矯革(교혁)

矯角殺牛(교각살우) : '쇠뿔을 바로 잡으려다 소를 죽인다'라는 뜻으로, 결점(缺點)이나 흠을 고치려다 수단(手段)이 지나쳐 도리어 일을 그르침.

바로잡을 교

矢部(화살시)12획총17획 | 영reform 중矫[jiáo] 일キョウ(ためる) 【난이도】고등용, 읽기 3급, 쓰기 2급

丘	丘丘丘丘丘
	丘 丘 丘 丘 丘

殘丘(잔구) 丘陵(구릉) 三丘(삼구) 蓬丘(봉구) 丘墳(구분) 丘塚(구총) 丘墓(구묘)

首丘初心(수구초심) : 여우는 죽을 때 구릉을 향해 머리를 두고 초심으로 돌아간다라는 뜻으로, ① 근본을 잊지 않음. ② 또는 죽어서라도 고향 땅에 묻히고 싶어하는 마음.

언덕 구

一部(한일) 4획총5획 | 영hill 중qiū 일キュウ(おか) 【난이도】고등용, 읽기 3급II, 쓰기 2급

狗	狗狗狗狗狗狗狗狗
	狗 狗 狗 狗 狗

狗加(구가) 畜狗(축구) 狗肉(구육) 狗黃(구황) 堂狗(당구) 狗耶(구야) 海狗(해구)

兎死狗烹(토사구팽) : 「사냥하러 가서 토끼를 잡으면, 사냥하던 개는 쓸모가 없게 되어 삶아 먹는다」는 뜻으로, ①필요할 때 요긴하게 써 먹고 쓸모가 없어지면 가혹하게 버린다는 뜻.

개 구

犭部(개사슴록변) 5획 총8획 | 영dog 중gǒu 일ク·コウ(いぬ) 【난이도】고등용, 읽기 3급, 쓰기 2급

拘	拘拘拘拘拘拘拘拘
	拘 拘 拘 拘 拘

拘束(구속) 不拘(불구) 拘留(구류) 不拘束(불구속) 拘置所(구치소) 拘禁(구금)

拘束令狀(구속영장) : (법률(法律)·법학) 피의자의 신체(身體)를 구속(拘束)하는 명령서(命令書). 검사(檢事)의 신청(申請)으로 판사(判事)가 발부(發付)함.

잡을 구

扌(手)部(재방변) 5획 총8획 | 영catch 중jū 일コウ(かかわる) 【난이도】고등용, 읽기 3급II, 쓰기 2급

具	具具具具具具具具
	具 具 具 具 具

具備(구비) 具現(구현) 家具(가구) 器具(기구) 茶具(다구) 道具(도구) 不具(불구)

拜具(배구) : '삼가 글월을 갖춘다'는 뜻으로, 편지(便紙)의 끝에 써서 받을이에게 경의(敬意)를 표(表)하는 말.

갖출 구

八部(여덟팔) 6획총8획 | 영equipped 중jù 일グ(そなえる) 【난이도】고등용, 읽기 5급II, 쓰기 4급II

苟 苟 苟 苟 苟 苟 苟 苟 苟

苟 苟 苟 苟 苟

苟
진실로 구

苟且(구차) 苟安(구안) 苟生(구생) 苟合(구합) 艱苟(간구) 苟充(구충) 苟活(구활)

苟命圖生(구명도생) : 구차스럽게 겨우 목숨만을 보전하며 부질없이 살아감을 이르는 말.
苟全性命(구전성명) : 구차(苟且)하게 생명(生命)을 보전(保全)함.

++部(초두머리)5획총9획　영lame　중苟[gǒu]　일苟[コウ](いやしくも)【난이도】고등용, 읽기 3급, 쓰기 2급

俱 俱 俱 俱 俱 俱 俱 俱 俱 俱

俱 俱 俱 俱 俱

俱
함께 구

俱慶下(구경하) 俱現(구현) 俱備(구비) 俱存(구존) 俱樂部(구락부) 俱沒(구몰)

不俱戴天之讐(불구대천지수) : 한 하늘을 이고 살 수 없을 만큼 깊은 원수(怨讐). 원래(原來)는 아버지의 원수(怨讐)를 의미(意味).

亻部(사람인)8획총10획　영together　중jù　일ク・グ(ともに)【난이도】고등용, 읽기 3급, 쓰기 2급

區 區 區 區 區 區 區 區 區 區 區

區 區 區 區 區

區
구분할 구

區域(구역) 區分(구분) 區別(구별) 區間(구간) 區民(구민) 區劃(구획) 區廳(구청)

區區不一(구구불일) : 제각기 달라서 일치(一致)하지 아니함.
名區勝地(명구승지) : 이름난 지구(地區)와 경치(景致) 좋은 곳.

匚部(감출혜)9획총11획　영separately　중区[qū]　일区[ク](まち)【난이도】고등용, 읽기 6급, 쓰기 5급

球 球 球 球 球 球 球 球 球 球 球

球 球 球 球 球

球
공 구

地球(지구) 蹴球(축구) 地球村(지구촌) 卓球(탁구) 牽制球(견제구) 野球(야구)

全力投球(전력투구) : ① (어떤 일에) 모든 힘을 다 기울임. ② 야구(野球)에서, 투수(投手)가 타자(打者)를 상대(相對)로 모든 힘을 기울여 공을 던지는 것.

王部(구슬옥)7획총11획　영beads　중qiú　일キュウ(たま)【난이도】고등용, 읽기 6급II, 쓰기 5급II

構 構 構 構 構 構 構 構 構 構 構 構 構 構

構 構 構 構 構

構
얽을 구

構造(구조) 構成(구성) 構築(구축) 機構(기구) 構成員(구성원) 構想(구상)

構造調整(구조조정) : 기업(企業)이나 산업(産業)의 구조적(構造的)인 불합리(不合理)한 점(點)을 해결(解決)하거나 조정(調整)하는 일.

木部(나무목)10획총14획　영frame　중构[gòu]　일コウ(かまう・かまえる)【난이도】고등용, 읽기 4급, 쓰기 3급

龜 龜 龜 龜 龜 龜 龜 龜 龜 龜 龜 龜 龜 龜 龜

거북 구/귀/균

龜部(거북구)0획 총16획

龜裂(균열) 龜坼(균탁) 龜裂(균렬) 龜鏡(귀경) 龜鑑(구감) 龜坼(귀탁) 龜船(구선)

盲龜遇木(맹귀우목) : 눈먼 거북이 물에 뜬 나무를 만났다는 뜻으로, 어려운 지경(地境)에 뜻밖의 행운(幸運)을 만나 어려움을 면하게 됨을 이르는 말.

영 tortoise 중 龟[jūn] 일 亀[キ](かめ) 【난이도】고등용, 읽기 3급, 쓰기 2급

懼 懼 懼 懼 懼 懼 懼 懼 懼 懼 懼 懼 懼 懼 懼 懼 懼 懼 懼 懼

두려워할 구

忄部(심방변)18획 총21획

懼憂(구우) 恐懼(공구) 傀懼(괴구) 兢懼(긍구) 悚懼(송구) 畏懼(외구) 疑懼(의구)

多男多懼(다남다구) : 아들을 많이 두면 여러 가지로 두려움과 근심 걱정이 많음.
喜懼之心(희구지심) : 한편으로는 기쁘면서 한편으로는 두려운 마음.

영 fear 중 惧[jù] 일 ク・グ(おそれる・おどろく) 【난이도】고등용, 읽기 3급, 쓰기 2급

驅 驅

몰 구

馬部(말마)11획 총21획

驅迫(구박) 驅使(구사) 驅逐艦(구축함) 驅逐(구축) 驅蟲(구충) 先驅者(선구자)

爲叢驅雀(위총구작) : 자기(自己)를 이롭게 하려다가 도리어 남을 이롭게 하는 일을 이르는 말. 驅馳(구치) : 말이나 수레를 몰아 빨리 달림.

영 drive 중 驱[qū] 일 驅[ク](かける・かる) 【난이도】고등용, 읽기 3급, 쓰기 2급

局 局 局 局 局 局 局

판 국

尸部(주검시) 4획 총7획

結局(결국) 當局(당국) 局長(국장) 局限(국한) 政局(정국) 破局(파국) 藥局(약국)

局面(국면) : ① 일이 되어 나가는 상태(狀態) 또는 그 장면(場面). ② 승패(勝敗)를 겨루기 위(爲)한 바둑, 장기판(將棋板)의 형세(形勢).

영 bureau 중 jú 일 キョク(つぼね) 【난이도】고등용, 읽기 5급Ⅱ, 쓰기 4급Ⅱ

菊 菊 菊 菊 菊 菊 菊 菊 菊 菊 菊 菊

국화 국

++部(초두머리)8획 총12획

菊花(국화) 黃菊(황국) 楓菊(풍국) 甘菊(감국) 霜菊(상국) 觀菊(관국) 大菊(대국)

梅蘭菊竹(매란국죽) : 매화(梅花)·난초(蘭草)·국화(菊花)·대나무(竹), 즉 사군자(四君子)를 말함.

영 chrysanthemum 중 jú 일 キク(きく) 【난이도】고등용, 읽기 3급Ⅱ, 쓰기 2급

群

群舞(군무) 群山(군산) 群像(군상) 群衆(군중) 群花(군화) 出群(출군) 學群(학군)

群鷄一鶴(군계일학) : 무리 지어 있는 닭 가운데 있는 한 마리의 학이라는 뜻으로, 여러 평범(平凡)한 사람들 가운데 있는 뛰어난 한 사람을 이르는 말.

무리 군

羊部(양양)7획총13획 　영crowd　중qún　일グン(むら·むれ·むれる)【난이도】고등용, 읽기 4급, 쓰기 3급

屈

屈伏(굴복) 屈服(굴복) 屈辱(굴욕) 屈原(굴원) 屈折(굴절) 屈强(굴강) 屈曲(굴곡)

不撓不屈(불요불굴) : 휘지도 않고 굽히지도 않는다는 뜻으로, 어떤 난관도 꿋꿋이 견디어 나감을 이르는 말.

굽힐 굴

尸部(주검시)5획총8획 　영stooped　중qū　일クツ(かがむ)【난이도】고등용, 읽기 4급, 쓰기 3급

宮

宮闕(궁궐) 宮女(궁녀) 宮殿(궁전) 宮中(궁중) 景福宮(경복궁) 尙宮(상궁)

月宮姮娥(월궁항아) : ① 전설에서, 달에 있는 궁(宮)에 산다는 선녀(仙女).
② 견줄 만한 사람이 없을 정도로 아름다운 여자를 비유적으로 이르는 말.

집 궁

宀部(갓머리)7획총10획 　영palace　중gōng　일キュウ·グウ·ク(みや)【난이도】고등용, 읽기 4급II, 쓰기 3급II

窮

窮極的(궁극적) 無窮花(무궁화) 窮理(궁리) 困窮(곤궁) 追窮(추궁) 窮塞(궁색)

窮鼠齧猫(궁서설묘) : 궁지(窮地)에 몰린 쥐가 기를 쓰고 고양이를 물어 뜯는다는 뜻으로, 곧 사지(死地)에 몰린 약자가 강적에게 필사적으로 반항함을 비유해 이르는말.

다할 궁

穴部(구멍혈)10획총15획 　영finish　중穷[qióng]　일キュウ(きわまる)【난이도】고등용, 읽기 4급, 쓰기 3급

券

債券(채권) 福券(복권) 證券(증권) 旅券(여권) 高額券(고액권) 乘車券(승차권)

商品券(상품권) : 액면에 상당(相當)하는 상품(商品)과 교환(交換)할 수 있는, 상점(商店)이 발행(發行)하는 무기명(無記名) 유가증권(有價證券).

문서 권

刀部(칼도)6획총8획 　영document　중券[quàn]　일券[ケン](てがた)【난이도】고등용, 읽기 4급, 쓰기 3급

拳拳拳拳半半米券券拳

| 拳 | 拳 | 拳 | 拳 | 拳 | | | | | |

跆拳道(태권도) 拳銃(권총) 拳鬪(권투) 跆拳(태권) 蓮花拳印(연화권인) 鐵拳(철권)

赤手空拳(적수공권) : 맨손과 맨주먹이란 뜻으로, 곧 아무 것도 가진 것이 없음.
鐵拳(철권) : 쇠뭉치같이 단단한 주먹.

주먹 권

手部(손수)6획총10획 | 영fist 중拳[quán] 일拳(ケン)(こぶし) 【난이도】고등용, 읽기 3급Ⅱ, 쓰기 2급

厥厥厥厥厥厥厥厥厥厥厥厥

| 厥 | 厥 | 厥 | 厥 | 厥 | | | | | |

厥角(궐각) 厥公(궐공) 厥女(궐녀) 厥明(궐명) 厥也(궐야) 厥者(궐자) 突厥(돌궐)

突厥語(돌궐어) : 고대 튀르크어의 방언(方言)의 하나. 튀르크어의 가장 오래 된 비문(碑文)인 8세기 경의 오르콘 비문의 언어. 돌궐(突厥) 문자(文字)로 새겨져 있음.

그 궐

厂部(민엄호)10획총12획 | 영that 중jué 일ケツ(それ) 【난이도】고등용, 읽기 3급, 쓰기 2급

軌軌軌軌軌軌車軌軌

| 軌 | 軌 | 軌 | 軌 | 軌 | | | | | |

軌道(궤도) 常軌(상궤) 本軌道(본궤도) 軌迹(궤적) 軌跡(궤적) 範軌(범궤)

同文同軌(동문동궤) : 각 나라의 문자(文字)가 같고 수레 만드는 법이 같다는 뜻으로, 천하(天下)가 통일(統一)되어 한 임금에게 충성(忠誠)함을 이르는 말.

수레바퀴 궤

車部(수레거)2획총9획 | 영track 중軌[guǐ] 일キ(わだち) 【난이도】고등용, 읽기 3급, 쓰기 2급

鬼鬼鬼鬼鬼鬼鬼鬼鬼鬼

| 鬼 | 鬼 | 鬼 | 鬼 | 鬼 | | | | | |

魔鬼(마귀) 鬼神(귀신) 鬼哭(귀곡) 惡鬼(악귀) 瘟鬼(온귀) 餓鬼(아귀) 疫鬼(역귀)

神出鬼沒(신출귀몰) : 귀신(鬼神)처럼 자유자재(自由自在)로 나타나기도 하고, 숨기도 한다는 뜻으로, 날쌔게 나타났다 숨었다 하는 모양(模樣)을 이르는 말.

귀신 귀

鬼部(귀신귀)0획 총10획 | 영ghost 중guǐ 일キ(おに) 【난이도】고등용, 읽기 3급Ⅱ, 쓰기 2급

叫叫叫叫叫

| 叫 | 叫 | 叫 | 叫 | 叫 | | | | | |

絶叫(절규) 叫彈(규탄) 叫喚地獄(규환지옥) 叫聲(규성) 聽叫(청규) 叫騷(규소)

阿鼻叫喚(아비규환) : 아비 지옥과 규환 지옥이라는 뜻으로, 여러 사람이 비참한 지경에 처하여 그 고통에서 헤어나려고 비명을 지르며 몸부림침을 형용해 이르는 말.

부르짖을 규

口部(입구)2획총5획 | 영cry 중jiào 일キョウ(さけぶ) 【난이도】고등용, 읽기 3급, 쓰기 2급

糾

얽힐 규

糸部(실사) 2획총8획

糾 糾 糾 糾 糾 糾 糾 糾

糾 糾 糾 糾 糾

糾明(규명) 紛糾(분규) 糾彈(규탄) 糾合(규합) 糾錯(규착) 糾問(규문) 監糾(감규)

監察糾正(감찰규정) : 고려시대, 감찰사(監察司)의 종6품 벼슬. 또는 그 벼슬아치. 공민왕 11년(1362)에 감찰어사(監察御史)를 고친 이름이다. "監察司"를 참고하라.

영entangled 중纠[jiū] 일キュウ(ただす) 【난이도】고등용, 읽기 3급, 쓰기 2급

規

법 규

見部(볼견) 4획총11획

規 規 規 規 規 規 規 規 規 規 規

規 規 規 規 規

規格(규격) 規範(규범) 規定(규정) 規制(규제) 規則(규칙) 大規模(대규모)

過失相規(과실상규) : 잘못을 서로 고쳐 줌.

切磨箴規(절마잠규) : 열심히 닦고 배워서 사람으로서의 도리(道理)를 지켜야 함.

영rule 중規[guī] 일キ(のり) 【난이도】고등용, 읽기 5급, 쓰기 4급

菌

버섯 균

艹部(초두머리)8획총12획

菌 菌 菌 菌 菌 菌 菌 菌 菌 菌 菌 菌

菌 菌 菌 菌 菌

細菌(세균) 殺菌(살균) 病菌(병균) 菌蓋(균개) 滅菌(멸균) 病原菌(병원균)

菌交代症(균교대증) : 항생 물질 등을 사용함으로 해서, 약을 쓰면 없애려고 하는 세균(細菌)은 줄거나 죽지만 다른 세균이 도리어 성하게 되어 생기는 병(病).

영mushroom 중菌[jūn] 일菌[キン](きのこ) 【난이도】고등용, 읽기 3급Ⅱ, 쓰기 2급

克

이길 극

儿部(어진사람인발)5획총7획

克 克 克 克 克 克 克

克 克 克 克 克

克服(극복) 金克己(김극기) 克明(극명) 克家(극가) 永川克(영천극) 克孝(극효)

克己復禮(극기복례) : 욕망(慾望)이나 사(詐)된 마음 등(等)을 자기자신(自己自身)의 의지력(意志力)으로 억제(抑制)하고 예의(禮儀)에 어그러지지 않도록 함.

영overcome 중克[kè] 일コク(かつ) 【난이도】고등용, 읽기 3급Ⅱ, 쓰기 2급

劇

심할 극

刂部(선칼도방)13획총15획

劇 劇 劇 劇 劇 劇 劇 劇 劇 劇 劇 劇 劇 劇 劇

劇 劇 劇 劇 劇

演劇(연극) 悲劇(비극) 劇的(극적) 諷刺劇(풍자극) 劇藝術(극예술) 劇場(극장)

輕歌劇(경가극) : 오페라, 뮤지컬 플레이 등(等)과 같이 가벼운 희극(喜劇) 속에 통속적(通俗的)인 노래나 춤을 넣은 오락성(娛樂性)이 풍부한 음악극(音樂劇).

영violent 중剧[jù] 일ゲキ(はげしい) 【난이도】고등용, 읽기 4급, 쓰기 3급

斤斤斤斤

千斤 (천근) 斤兩 (근량) 萬斤 (만근) 斤量 (근량) 半斤 (반근) 作斤 (작근) 解斤 (해근)

千斤萬斤 (천근만근) : 무게가 천 근이나 만 근이 된다는 뜻으로, '아주 무거움'을 뜻하는 말. 千斤力士 (천근역사) : 천 근을 들어올릴 만한 장사. 곧, 힘이 썩 센 사람.

도끼 근

斤部(도끼근) 0획 총4획

영axe, pound 중jīn 일キン(おの) 【난이도】 고등용, 읽기 3급, 쓰기 2급

僅僅僅僅僅僅僅僅僅僅僅僅僅

僅少 (근소) 僅僅 (근근) 幾死僅生 (기사근생) 捉頭僅捉尾 (착두근착미)

僅具人形 (근구인형) : ① 겨우 사람의 형상(形象·形像)을 갖춤.
② 인간의 모습만 갖추고 속이 빈 철없는 사람을 비유적(比喩的)으로 이르는 말.

겨우 근

亻部(사람인변) 11획 총13획

영recently 중仅[jǐn] 일キン(わずか) 【난이도】 고등용, 읽기 3급, 쓰기 2급

謹謹謹謹謹謹謹謹謹謹謹謹謹謹謹謹謹

謹告 (근고) 謹悼 (근도) 謹封 (근봉) 謹愼 (근신) 謹呈 (근정) 謹弔 (근조) 兼謹 (겸근)

謹封 (근봉) : ① 사주단자 등을 싼 보자기에 끼우는 근봉이라는 두 글자를 쓴 종이.
② 삼가 봉한다는 뜻으로, 편지(便紙)나 소포(小包)의 겉을 봉한 자리에 쓰는 말.

삼갈 근

言部(말씀언) 11획 총18획

영refain, respectful 중謹[jǐn] 일キン(つつしむ) 【난이도】 고등용, 읽기 3급, 쓰기 2급

琴徽 (금휘) 伽倻琴 (가야금) 心琴 (심금) 奚琴 (해금) 彈琴臺 (탄금대) 徽琴 (휘금)

琴瑟之樂 (금슬지락) : 거문고와 비파(琵琶)의 조화로운 소리라는 뜻으로, 부부(夫婦) 사이의 다정(多情)하고 화목(和睦)한 즐거움.

거문고 금

王部(구슬옥) 8획 총12획

영harp 중qín 일キン(こと) 【난이도】 고등용, 읽기 3급II, 쓰기 2급

禽禽禽禽禽禽禽禽禽禽禽禽禽

禽獲 (금획) 家禽 (가금) 露禽 (노금) 猛禽 (맹금) 仙禽 (선금) 胎禽 (태금) 寒禽 (한금)

禽獸 (금수) : 날짐승과 길짐승이라는 뜻으로, ① 즉 모든 짐승을 말함. ② 무례(無禮)하고 추잡(醜雜)한 행실(行實)을 하는 사람을 빗대어 하는 말.

새 금

内部(짐승발자국유) 8획 총13획

영birds 중qíno 일キン(とらえる·とり) 【난이도】 고등용, 읽기 3급II, 쓰기 2급

錦	錦錦錦錦錦錦錦錦錦錦錦錦錦錦錦錦
	錦 錦 錦 錦 錦
	錦衣(금의) 錦江(금강) 錦繡(금수) 反錦(반금) 錦還(금환) 錦袈(금가) 錦山(금산)
비단 금	錦衣還鄉(금의환향) : 「비단옷(緋緞—) 입고 고향(故鄉)에 돌아온다」는 뜻으로, 출세(出世)하여 고향(故鄉)에 돌아옴을 이르는 말.
金部(쇠금)8획총16획	영silk 중锦[jǐn] 일キン(にしき) 【난이도】 고등용, 읽기 3급II, 쓰기 2급

級	級級級級級級級級級級
	級 級 級 級 級
	階級(계급) 等級(등급) 上級(상급) 高級(고급) 各級(각급) 下級審(하급심)
차례 급	下流階級(하류계급) : 신분(身分), 생활(生活) 수준(水準) 따위로 계층(階層)을 나눌 때 제일(第一) 낮은 계층(階層).
糸部(실사)4획총10획	영grade 중级[jí] 일キュウ(しな) 【난이도】 고등용, 읽기 6급, 쓰기 5급

肯	肯肯肯肯肯肯肯肯
	肯 肯 肯 肯 肯
	肯定的(긍정적) 首肯(수긍) 肯定(긍정) 肯可(긍가) 肯志(긍지) 不肯(불긍)
즐길 긍	肯構肯堂(긍구긍당) : 아버지가 업을 시작(始作)하고 자식(子息)이 이것을 이음. 不肯底意(불긍저의) : 마음에 즐기지 아니함.
月部(육달월)4획총8획	영enjoy 중kěn 일コウ(うなずく) 【난이도】 고등용, 읽기 3급, 쓰기 2급

企	企企企企企企
	企 企 企 企 企
	企業(기업) 企待(기대) 企劃(기획) 大企業(대기업) 企圖(기도) 公企業(공기업)
꾀할 기	中小企業(중소기업) : 자본금(資本金)이나 시설(施設)・종업원(從業員)의 수 등(等)이 중소(中小) 규모(規模)인 기업(企業).
人部(사람인)4획총6획	영scheme 중qǐ 일キ(くわだてる) 【난이도】 읽기 3급II, 쓰기 2급

忌	忌忌忌忌忌忌忌
	忌 忌 忌 忌 忌
	忌避(기피) 禁忌(금기) 猜忌(시기) 妬忌(투기) 忌諱(기휘) 忌憚(기탄) 忌妬(기투)
꺼릴 기	入山忌虎(입산기호) : 「산에 들어가 놓고 범 잡기를 꺼린다」는 뜻으로, 막상 일을 당하면 처음과 달리 뒤로 꽁무니를 뺌을 이르는 말.
心部(마음심)3획총7획	영avoid 중jì 일キ(いまわしい・いむ) 【난이도】 고등용, 읽기 3급, 쓰기 2급

奇	奇奇奇奇奇奇奇奇
	奇奇奇奇奇
	奇跡(기적) 神奇(신기) 奇拔(기발) 奇妙(기묘) 奇襲(기습) 奇異(기이) 奇迹(기적)
기이할 기	晴好雨奇(청호우기) : 갠 날에는 좋은 경치를 보이고, 비 오는 날에는 기이(奇異)한 경관(景觀)을 보인다는 뜻으로, 산수(山水)의 경관이 언제나 좋음을 이르는 말.
大部(큰대) 5획총8획	영strange 중qí 일キ(くし・めずらしぃ) 【난이도】 읽기 4급, 쓰기 3급

祈	祈祈祈祈祈祈祈祈祈
	祈祈祈祈祈
	祈願(기원) 祈禱(기도) 默祈禱(묵기도) 祈雨祭(기우제) 祈晴祭(기청제)
빌 기	三鐘祈禱(삼종기도) : 천주 성자(聖子)의 강생(降生)과 성모 마리아를 공경(恭敬)하는 뜻으로, 날마다 아침·점심·저녁에 종을 세 번 칠 때마다 드리는 기도(祈禱).
示部(보일시) 4획총9획	영pray 중祈[qí] 일祈[キ](いのる) 【난이도】 고등용, 읽기 3급Ⅱ, 쓰기 2급

紀	紀紀紀紀紀紀紀紀紀
	紀紀紀紀紀
	紀綱(기강) 世紀(세기) 紀念(기념) 半世紀(반세기) 紀元(기원) 西紀(서기)
	風紀紊亂(풍기문란) : ☞ 문란(紊亂)
벼리 기	罔有紀極(망유기극) : 기율(紀律)에 어그러짐이 몹시 심(甚)함.
糸部(실사)3획총9획	영discipline 중紀[jì] 일キ(のり) 【난이도】 고등용, 읽기 4급, 쓰기 3급

豈	豈豈豈豈豈豈豈豈豈豈
	豈豈豈豈豈
	豈敢(기감) 豈不(기불) 豈弟(개제) 雖有他親豈能如此(수유타친기능여차)
어찌 기/개	積功之塔豈毀乎(적공지탑기훼호) : '공을 들인 탑이 어찌 무너지랴'라는 뜻으로, 정성(精誠)을 기울여 이룩해 놓은 일은 그리 쉽게 무너지지 않는다는 말.
豆部(콩두) 3획총10획	영how 중qǐ 일キ(あに) 【난이도】 고등용, 읽기 3급, 쓰기 2급

飢	飢飢飢飢飢飢飢飢飢飢飢
	飢飢飢飢飢
	飢渴(기갈) 飢饉(기근) 飢死(기사) 飢色(기색) 飢餓(기아) 虛飢(허기)
주릴 기	飢不擇食(기불택식) : 굶주린 사람은 먹을 것을 가리지 않는다는 뜻으로, '빈곤(貧困)한 사람은 대수롭지 않은 은혜(恩惠)에도 감격함'의 비유(比喩·譬喩).
食部(밥식) 2획총11획	영hunger 중饥[jī] 일キ(うえる) 【난이도】 고등용, 읽기 3급, 쓰기 2급

寄	寄寄寄寄寄寄寄寄寄寄寄
	寄 寄 寄 寄 寄

寄與(기여) **寄贈**(기증) **寄附**(기부) **寄稿**(기고) **寄附金**(기부금) **寄生蟲**(기생충)

生寄死歸(생기사귀) : 삶은 잠깐 머무르는 것이고, 죽음은 돌아간다는 뜻으로, 사람이 이 세상에 사는 것은 잠깐 동안 머물러 있음에 지나지 않는 것이고, 죽는 것은 본래의 곳으로 되돌아가는 것이라는 말.

부칠 기

宀部(갓머리)8획총11획 　영send　중jì　일キ(よせる・よる)　【난이도】고등용, 읽기 4급, 쓰기 3급

欺	欺欺欺欺欺其其其欺欺欺欺
	欺 欺 欺 欺 欺

階級(계급) **等級**(등급) **上級**(상급) **高級**(고급) **各級**(각급) **下級審**(하급심)

下流階級(하류계급) : 신분(身分), 생활(生活) 수준(水準) 따위로 계층(階層)을 나눌 때 제일(第一) 낮은 계층(階層).

속일 기

欠部(하품흠)8획총12획 　영cheat　중qī　일ギ(あざむく)　【난이도】고등용, 읽기 6급, 쓰기 5급

棄	棄棄棄棄棄寽亝章章棄棄棄
	棄 棄 棄 棄 棄

抛棄(포기) **廢棄**(폐기) **棄却**(기각) **遺棄**(유기) **破棄**(파기) **放棄**(방기) **棄權**(기권)

自暴自棄(자포자기) : 자신(自身)을 스스로 해(害)치고 버린다는 뜻으로, 몸가짐이나 행동(行動)을 되는 대로 취(取)함.

버릴 기

木部(나무목)8획총12획 　영abandon　중弃[qì]　일キ(すてる)　【난이도】고등용, 읽기 3급, 쓰기 2급

旗	旗旗旗旗旗旗旗旗旗旗旗旗旗旗
	旗 旗 旗 旗 旗

旗幟(기치) **太極旗**(태극기) **白旗**(백기) **國旗**(국기) **軍旗**(군기) **旗手**(기수)

星旗電戟(성기전극) : 별처럼 많은 군기(軍旗)와 번개처럼 번쩍이는 창이라는 뜻으로, 군용(軍容)이 대단함의 비유(比喩・譬喩).

기 기

方部(모방)10획총14획 　영flag　중qí　일キ(はた)　【난이도】고등용, 읽기 7급, 쓰기 6급

畿	畿畿畿畿畿畿畿畿畿畿畿畿畿畿
	畿 畿 畿 畿 畿

京畿(경기) **京畿道**(경기도) **畿甸**(기전) **畿近**(기근) **畿伯**(기백) **畿湖**(기호)

畿湖學派(기호학파) : 조선 선조 이후 율곡 이이를 조종으로 하여 이루어진 성리학의 한 파(派). 조헌, 김상헌, 김장생, 송시열, 권상하, 김창집 등이 이에 속한다.

경기 기

田部(밭전)10획총15획 　영subuebs　중jì　일キ　【난이도】고등용, 읽기 3급Ⅱ, 쓰기 2급

器

그릇 기

口部(입구)13획총16획

器具(기구) 器官(기관) 茶器(다기) 武器(무기) 食器(식기) 樂器(악기) 凶器(흉기)

大器晚成(대기만성) : 큰 그릇은 늦게 이루어진다는 뜻으로, ① 크게 될 인물은 오랜 공적을 쌓아 늦게 이루어짐. ② 또는, 만년이 되어 성공하는 일을 이름.

영vessel 중qì 일キ(うつわ)【난이도】고등용, 읽기 4급II, 쓰기 3급II

機

베틀 기

木部(나무목)12획총16획

機關(기관) 機構(기구) 機能(기능) 機智(기지) 機會(기회) 契機(계기) 危機(위기)

斷機之戒(단기지계) : 베를 끊는 훈계(訓戒)란 뜻으로, 학업(學業)을 중도(中途)에 폐(廢)함은 짜던 피륙의 날을 끊는 것과 같아 아무런 이익(利益)이 없다는 훈계(訓戒).

영machine 중机[jī] 일キ(はた)【난이도】고등용, 읽기 4급, 쓰기 3급

騎

말탈 기

馬部(말마)8획총18획

騎馬(기마) 騎士(기사) 輕騎兵(경기병) 騎兵(기병) 騎士戰爭(기사전쟁)

騎驢覓驢(기려멱려) : 나귀를 타고 나귀를 찾아다닌다는 뜻으로, 가까이에 있는 것을 도리어 먼 데서 구(求)하는 어리석음을 비유(比喩·譬喩)해 이르는 말.

영ride a horse 중骑[qí] 일キ【난이도】고등용, 읽기 3급II, 쓰기 2급

緊

긴요할 긴

糸部(실사)8획총14획

緊張(긴장) 緊急(긴급) 緊要(긴요) 緊密(긴밀) 要緊(요긴) 緊幹(긴간) 緊簡(긴간)

緊縮(긴축) : ① 바싹 줄임. ② 재정(財政) 상(上)의 기초(基礎)를 단단하게 하기 위(爲)해 지출(支出)을 줄임.

영urgent 중緊[jǐn] 일キン(ひきしめる)【난이도】고등용, 읽기 3급II, 쓰기 2급

那

어찌 나

阝(邑)部(우부방) 4획총7획

刹那(찰나) 那落(나락) 那落迦(나락가) 徐那伐(서나벌) 夫乙那(부을나)

禪那波羅密(선나바라밀) : 육바라밀(六波羅密)의 하나. 진리(眞理)를 올바로 사유(思惟)하며, 조용히 생각하여 마음을 한곳에 모으는 일.

영how 중nà 일ナ【난이도】고등용, 읽기 3급, 쓰기 2급

諾	諾諾諾諾諾諾諾諾諾諾諾諾諾諾諾諾 諾 諾 諾 諾 諾
허락할 낙	許諾(허락) 受諾(수락) 承諾(승낙) 受諾(수낙) 快諾(쾌락) 唯諾(유락) 感諾(감낙)
	季布一諾(계포일낙) : 계포가 한 번 한 약속이라는 뜻으로, 초나라의 계포(季布)는 한 번 승낙한 일이면 꼭 실행하는 약속을 잘 지키는 사람이었음에서 비롯하여, 틀림없이 승낙함을 뜻함.
言部(말씀언)9획총16획	영respond 중诺[nuò] 일ダク(うべなう) 【난이도】 고등용, 읽기 3급II, 쓰기 2급

納	納納納納納納納納納納 納 納 納 納 納
들일 납	納得(납득) 容納(용납) 納付(납부) 納品(납품) 上納(상납) 返納(반납) 納幣(납폐)
	瓜田不納履(과전불납리) : 「오이 밭에서는 신을 고쳐 신지 않는다」는 뜻으로, 의심(疑心)받을 짓은 처음부터 하지 말라는 말.
糸部(실사)4획총10획	영receive 중纳[nà] 일ノウ(おさまる·おさめる) 【난이도】 고등용, 읽기 4급, 쓰기 3급

娘	娘娘娘娘娘娘娘娘娘娘 娘 娘 娘 娘 娘
아가씨 낭	令娘(영랑) 娘子(낭자) 娘家(낭가) 姑娘菜(고랑채) 靑娘子(청낭자) 女娘(여랑)
	娘子軍(낭자군) : 여자(女子)로 조직(組織)한 군대(軍隊), 부인(婦人) 또는 소녀(少女)의 단체(團體).
女部(계집녀)7획총10획	영girl 중niáng 일ロウ(むすめ) 【난이도】 고등용, 읽기 3급II, 쓰기 2급

奈	奈奈奈奈奈奈奈奈 奈 奈 奈 奈 奈
어찌 나/내	奈落(나락) 無可奈(무가내) 奈落迦(나락가) 奈率(내솔) 羅州奈(나주내)
	莫無可奈(막무가내) : 도무지 어찌할 수 없음. 無可奈何(무가내하) : 몹시 고집(固執)을 부려 어찌할 수가 없음.
大部(큰대) 5획총8획	영how 중nài 일ナ(いかん) 【난이도】고등용, 읽기 3급, 쓰기 2급

耐	耐耐耐耐耐耐耐耐耐 耐 耐 耐 耐 耐
견딜 내	堪耐(감내) 忍耐(인내) 忍耐力(인내력) 耐性(내성) 耐久性(내구성) 耐忍(내인)
	耐怨害忍(내원해인): 삼인의 하나. 남의 해(害)침을 받고도 앙갚음할 마음을 내지 않는 일. 忍耐心(인내심) : 참고 견디는 마음.
寸部(마디촌) 6획총9획	영andure 중nài 일タイ(たえる) 【난이도】고등용, 읽기 3급II, 쓰기 2급

寧	寧寧寧寧寧寧寧寧寧寧寧寧寧寧	
	寧 寧 寧 寧 寧	
	寧歲(영세) 康寧(강녕) 安寧(안녕) 晏寧(안녕) 宜寧(의령) 丁寧(정녕) 寧暇(영가)	
편안할 녕/영	壽福康寧(수복강녕) : 오래 살고 복되며 건강(健康)하고 편안(便安)함. 載寧(재령) : 황해도(黃海道) 재령군의 군청(郡廳) 소재지(所在地).	
宀部(갓머리)11획총14획	영peaceful 중宁[níng] 일ネイ(むしろ) 【난이도】 고등용, 읽기 3급Ⅱ, 쓰기 2급	

奴	奴奴奴奴奴	
奴	奴 奴 奴 奴 奴	
	奴隷(노예) 奴婢(노비) 賣國奴(매국노) 奴隷化(노예화) 匈奴(흉노) 雇奴(고노)	
종 노	騎馬欲率奴(기마욕솔노) : 말을 타면 노비(奴婢)를 거느리고 싶다라는 뜻으로, '말 타면 경마 잡히고 싶다'라는 속담과 같은 말로, 곧 사람의 욕심은 끝이 없다는 말.	
女部(계집녀) 2획총5획	영servant 중nú 일ド(やつこ)【난이도】 고등용, 읽기 3급Ⅱ, 쓰기 2급	

努	努努努努努努努	
努	努 努 努 努 努	
	努力家(노력가) 努目(노목) 努肉(노육) 水努(수노) 瑚努呼河(호노호하)	
힘쓸 노	奮鬪努力(분투노력) : 힘을 다하여 노력(努力)함. 努力家(노력가) : 무엇을 이루려고 끈질기게 애를 쓰고 힘을 들이는 사람.	
力部(힘력) 5획총7획	영andeavor 중nǔ 일ド(つとめる)【난이도】 고등용, 읽기 4급Ⅱ, 쓰기 3급Ⅱ	

惱	惱惱惱惱惱惱惱惱惱惱惱惱	
惱	惱 惱 惱 惱 惱	
	苦惱(고뇌) 煩惱(번뇌) 惱殺(뇌쇄) 懊惱(오뇌) 困惱(곤뇌) 煩惱道(번뇌도)	
괴로워할 뇌	百八煩惱(백팔번뇌) : 불교에서 나온 말로 인간(人間)의 과거(過去), 현재(現在), 미래 (未來)에 걸친 108가지의 번뇌(煩惱), 즉 사람의 마음속에 엄청난 번뇌를 이름.	
忄部(심방변) 9획 총12획	영vexed 중恼[nǎo] 일悩[ノウ](なやます・なやむ) 【난이도】 고등용, 읽기 3급, 쓰기 2급	

腦	腦腦腦腦腦腦腦腦腦腦腦腦腦	
腦	腦 腦 腦 腦 腦	
	首腦部(수뇌부) 腦卒中(뇌졸중) 頭腦(두뇌) 大腦(대뇌) 腦裡(뇌리) 腦出血(뇌출혈)	
뇌 뇌	肝腦塗地(간뇌도지) : 「간과 뇌장(腦漿)을 땅에 쏟아낸다」는 뜻으로, 나라를 위하 여 목숨을 돌보지 않고 힘을 다함.	
月部(육달월)9획총13획	영brain 중脑[nǎo] 일脳[ノウ](のう)【난이도】 고등용, 읽기 3급Ⅱ, 쓰기 2급	

泥

진흙 니

氵部(삼수변) 5획 총8획

泥泥泥泥泥泥泥泥

泥犁(이리) 印泥(인니) 泥鰍(이추) 亂泥流(난니류) 沙泥(사니) 泥丘(이구)

泥田鬪狗(이전투구) :「진탕에서 싸우는 개」라는 뜻으로, ① 강인(强靭)한 성격의 함경도 사람을 평한 말. ② 또는 명분이 서지 않는 일로 몰골 사납게 싸움.

영mud 중nì 일デイ(どろ·なずむ) 【난이도】고등용, 읽기 3급Ⅱ, 쓰기 2급

茶

차 다/차

++部(초두머리)6획총10획

茶茶茶茶茶茶茶茶茶茶

茶禮(차례) 茶母(다모) 甘茶(감차) 茶飯事(다반사) 茶菓(다과) 茶器(다기)

恒茶飯事(항다반사) : 항다반(恒茶飯)으로 있는 일. 곧, 예사(例事)로운 일.
茶具(다구) : 차(茶)에 관(關)한 여러 가지 기물. 찻종·찻숟가락 등(等).

영tea plant 중茶[chá] 일茶[チャ·サ](ちやのき) 【난이도】고등용, 읽기 3급Ⅱ, 쓰기 2급

旦

아침 단

日部(날일) 1획총5획

旦口日日旦

旦旦旦旦旦

旦暮(단모) 旦夕(단모) 旦晝(단주) 歲旦(세단) 元旦(원단) 一旦(일단) 正旦(정단)

枕戈待旦(침과대단) : '창을 베고 자면서 아침을 기다린다'라는 뜻으로, 항상(恒常) 전투태세(戰鬪態勢)를 갖추고 있는 군인의 자세(姿勢)를 비유(比喩·譬喩)하는 말.

영morning 중dàn 일タン·ダン 【난이도】고등용, 읽기 3급Ⅱ, 쓰기 2급Ⅱ

段

조각 단

殳部(칠수) 5획총9획

段段段段段段段段段

段階(단계) 手段(수단) 段階的(단계적) 階段(계단) 一段落(일단락) 特段(특단)

分段同居(분단동거) : 부처와 보살(菩薩)이 중생(衆生)을 교화(敎化)하기 위(爲)해 분단(分段) 생사(生死)의 세계(世界)에서 범부(凡夫)와 함께 사는 일.

영stairs 중duàn 일タン·ダン 【난이도】고등용, 읽기 3급, 쓰기 2급

團

둥글 단

□部(큰입구몸)11획총14획

團團團團圓圓圓團團團團團團團

團團團團團

團體(단체) 集團(집단) 團束(단속) 團地(단지) 代表團(대표단) 財團(재단)

大同團結(대동단결) : 여러 단체나 정당(政黨)·당파(黨派)가 서로 대립하는 작은 문제(問題)를 무시(無視)하고, 큰 목적(目的)을 위해서 일치 단결(團結)함을 이르는 말.

영round 중团[tuán] 일団[ダン](あつまり) 【난이도】고등용, 읽기 5급Ⅱ, 쓰기 4급Ⅱ

壇

제단 단

土部(흙토)13획총16획

壇 壇 壇 壇 壇 壇 壇 壇 壇 壇 壇 壇 壇

壇 壇 壇 壇 壇

講壇(강단) 敎壇(교단) 老姑壇(노고단) 獎忠壇(장충단) 壇上(단상) 祭壇(제단)

社稷壇(사직단) : 임금이 백성을 위하여 토신(土神)과 곡신(穀神)을 제사하던 제단.
우리나라에서는 신라 선덕왕 4(873)년에 처음으로 사직단을 세웠다.

영altar 중坛[níng] 일タン・ダン 【난이도】고등용, 읽기 5급, 쓰기 4급

檀

박달나무 단

木部(나무목)13획총17획

檀 檀 檀 檀 檀 檀 檀 檀 檀 檀 檀 檀 檀

檀 檀 檀 檀 檀

檀君(단군) 檀施(단시) 神檀樹(신단수) 檀紀(단기) 檀君朝鮮(단군조선)

檀君王儉(단군왕검) : ① 제사(祭祀)와 정사(政事)를 맡은 지도자(指導者).
② 우리 겨레의 시조(始祖)로 받드는 태초(太初)의 임금.

영birch 중檀[tán] 일檀[タン・ダン](まゆみ)【난이도】고등용, 읽기 4급Ⅱ, 쓰기 3급Ⅱ

斷

끊을 단

斤部(도끼근)14획총18획

斷 斷 斷 斷 斷 斷 斷 斷 斷 斷 斷 斷 斷 斷 斷

斷 斷 斷 斷 斷

判斷(판단) 遮斷(차단) 斷乎(단호) 診斷(진단) 中斷(중단) 裁斷(재단) 決斷(결단)

斷章取義(단장취의) : 남의 시문(詩文) 중(中)에서 전체(全體)의 뜻과는 관계(關係)
없이 자기(自己)가 필요(必要)한 부분(部分)만을 따서 마음대로 해석(解釋)하여 씀.

영cut off 중断[duàn] 일断[ダン](たつ)【난이도】고등용, 읽기 4급Ⅱ, 쓰기 3급Ⅱ

淡

맑을 담

氵部(삼수변) 8획총11획

淡 淡 淡 淡 淡 淡 淡 淡 淡 淡 淡

淡 淡 淡 淡 淡

淡淡(담담) 淡味(담미) 淡白(담백) 淡水(담수) 冷淡(냉담) 濃淡(농담) 雅淡(아담)

淡水之交(담수지교) : 맑은 물의 사귐이라는 뜻으로, 담박(淡泊)하고 변(變)함
없는 우정(友情). 교양(敎養)이 있는 군자(君子)의 교제(交際)를 이르는 말.

영clear 중dàn 일タン(あわい)【난이도】고등용, 읽기 3급Ⅱ, 쓰기 2급

擔

멜 담

扌(手)部(재방변)13획총16획

擔 擔 擔 擔 擔 擔 擔 擔 擔 擔 擔 擔 擔 擔

擔 擔 擔 擔 擔

負擔(부담) 擔當(담당) 擔保(담보) 分擔(분담) 加擔(가담) 擔當者(담당자)

家無擔石(가무담석) : 「석(石)은 한 항아리, 담(擔)은 두 항아리」의 뜻으로, 집에 조
금도 없다는 말로, 집에 재물(財物)의 여유(餘裕)가 조금도 없음.

영bear 중担[dàn] 일担[タン](かつぐ・になう)【난이도】고등용, 읽기 4급Ⅱ, 쓰기 3급Ⅱ

畓

논 답

田部(밭전) 4획총9획

小 氺 氺 氺 畓 畓 畓 畓 畓

畓 畓 畓 畓 畓

沃畓(옥답) 田畓(전답) 安全畓(안전답) 天水畓(천수답) 反畓(번답) 天奉畓(천봉답)

門前沃畓(문전옥답) : 집 앞 가까이에 있는 좋은 논이라는 뜻으로, 곧 많은 재산(財産)을 일컫는 말.

영rice field 중tà 일トウ【난이도】고등용, 읽기 3급, 쓰기 2급

踏

밟을 답

足部(발족) 8획총15획

踏 踏 踏 踏 踏 踏 踏 踏 踏 踏 踏 踏 踏 踏 踏

踏 踏 踏 踏 踏

踏襲(답습) 踏步(답보) 踏査(답사) 踏靑節(답청절) 洗踏房(세답방) 踐踏(천답)

前人未踏(전인미답) :「이전(以前) 사람이 아직 밟지 않았다」는 뜻으로, 지금까지 아무도 손을 대거나 발을 디딘 일이 없음.

영tread 중tà 일トウ(ふまえる・ふむ)【난이도】고등용, 읽기 3급Ⅱ, 쓰기 2급

唐

당나라 당

口部(입구) 7획총10획

唐 唐 唐 唐 唐 唐 唐 唐 唐 唐

唐 唐 唐 唐 唐

唐突(당돌) 唐本(당본) 唐書(당서) 唐冊(당책) 唐惶(당황) 唐慌(당황) 荒唐(황당)

荒唐無稽(황당무계) : '허황(虛荒)되고 근거(根據)가 없다'라는 뜻으로, 말이나 행동(行動)이 터무니 없고 근거(根據)가 없음.

영tang(state) 중táng 일トウ(から)【난이도】고등용, 읽기 3급Ⅱ, 쓰기 2급

糖

사탕 당

米部(쌀미)10획총16획

糖 糖 糖 糖 糖 糖 糖 糖 糖 糖 糖 糖 糖 糖 糖

糖 糖 糖 糖 糖

屑糖(설탕) 葡萄糖(포도당) 糖尿(당뇨) 果糖(과당) 糖類(당류) 雪糖(설탕)

糖尿病(당뇨병) : 당뇨가 오래 계속되는 병. 인슐린 부족에 의한 대사 장애로, 유전적 소인(小人)에 비만(肥滿)·감염(感染)·임신(姙娠) 따위의 유인이 겹쳐 일어남.

영sugar 중táng 일トウ【난이도】고등용, 읽기 3급Ⅱ, 쓰기 2급

黨

무리 당

黑部(검을흑) 8획총20획

黨 黨 黨 黨 黨 黨 黨 黨 黨 黨 黨 黨 黨 黨 黨 黨 黨 黨 黨 黨

黨 黨 黨 黨 黨

與黨(여당) 野黨(야당) 政黨(정) 脫黨(탈당) 黨政(당정) 黨派(당파) 黨籍(당적)

黨同伐異(당동벌이) : 옳고 그름을 가리지 않고 같은 의견(意見)의 사람끼리 한패가 되고 다른 의견(意見)의 사람은 물리친다는 말.

영company 중党[dǎng] 일党[トウ]【난이도】고등용, 읽기 4급Ⅱ, 쓰기 3급Ⅱ

帶	帶帶帶帶帶帶帶帶帶帶帶
	帶 帶 帶 帶 帶

共感帶(공감대) 連帶(연대) 紐帶(유대) 携帶(휴대) 携帶電話(휴대전화)

一衣帶水(일의대수) : 옷의 띠와 같은 물이라는 뜻으로, ① 좁은 강, 해협(海峽), 또는 그와 같은 강을 사이에 두고 가까이 접해 있음을 이르는 말. ② 겨우 냇물 하나를 사이에 둔 가까운 이웃.

띠 대

巾部(수건건)8획총11획 · 영belt 중帶[dài] 일帶[タイ](おび・おびる) 【난이도】고등용, 읽기 4급II, 쓰기 3급II

隊	隊隊隊隊隊隊隊隊隊隊隊隊
	隊 隊 隊 隊 隊

部隊(부대) 軍隊(군대) 示威隊(시위대) 隊列(대열) 隊員(대원) 豫備隊(예비대)

隨衆逐隊(수중축대) : 자기(自己)의 뚜렷한 주견(主見)이 없이 여러 사람의 틈에 끼어 덩달아 행동(行動)을 함.

떼 대

阝(阜)部(좌부방)9획총12획 · 영band 중队[duì] 일隊[タイ] 【난이도】고등용, 읽기 4급II, 쓰기 3급II

貸	貸貸貸貸代代貸貸貸貸貸貸
	貸 貸 貸 貸 貸

貸出(대출) 賃貸(임대) 貸出金(대출금) 貸與(대여) 賃貸料(임대료) 貸借(대차)

東西貸取(동서대취) : 이곳저곳에서 빚을 짐.
東推西貸(동추서대) : 이곳저곳에서 빚을 짐.

빌릴 대

貝部(조개패)5획총12획 · 영lend 중贷[dài] 일タイ(かす) 【난이도】고등용, 읽기 3급II, 쓰기 2급

臺	臺臺臺臺臺臺臺臺臺臺臺臺臺臺
	臺 臺 臺 臺 臺

靑瓦臺(청와대) 土臺(토대) 臺灣(대만) 舞臺(무대) 五臺山(오대산) 寢臺(침대)

高臺廣室(고대광실) : 높은 누대(樓臺)와 넓은 집이라는 뜻으로, 크고도 좋은 집을 이르는 말. 廣大無邊(광대무변) : 너르고 커서 끝이 없음.

돈대 대

至部(이를지) 8획총14획 · 영height 중tái 일台[ダイ](だいうてな) 【난이도】고등용, 읽기 3급II, 쓰기 2급

挑	挑挑挑挑挑挑挑挑挑
	挑 挑 挑 挑 挑

挑戰(도전) 挑發(도발) 挑發的(도발적) 挑出(도출) 挑戰狀(도전장) 挑戰者(도전자)

挑戰(도전) : ① 싸움을 걸거나 돋움. ② 비유적(比喩的)으로, 어려운 사업(事業)이나 기록(記錄) 경신(更新)에 맞섬.

돋울 도

扌(手)部(재방변)6획총9획 · 영incite 중tiāo 일チョウ(いどむ) 【난이도】고등용, 읽기 3급, 쓰기 2급

倒	倒倒倒倒倒倒倒倒倒倒
	倒 倒 倒 倒 倒
넘어질 도	罵倒(매도) 壓倒(압도) 倒着(도착) 壓倒的(압도적) 顚倒(전도) 一邊倒(일변도)
	冠履顚倒(관리전도) : 관(冠)과 신발을 놓는 장소(場所)를 바꾼다는 뜻으로, 상하(上下)의 순서(順序)가 거꾸로 됨을 두고 이르는 말.
亻部(사람인변) 8획 총10획	영fall 중dào 일トウ(たおす·たおれる)【난이도】고등용, 읽기 3급Ⅱ, 쓰기 2급

桃	桃桃桃桃桃桃桃桃桃桃
	桃 桃 桃 桃 桃
복숭아나무 도	桃花(도화) 扁桃腺(편도선) 山櫻桃(산앵도) 桃李(도리) 天桃(천도) 桃毛(도모)
	桃園結義(도원결의) : 도원에서 의형제(義兄弟)를 맺다는 뜻으로, ① 의형제를 맺음. ② 서로 다른 사람들이 사욕을 버리고 목적을 향해 합심할 것을 결의함.
木部(나무목) 6획 총10획	영peach 중táo 일トウ(もも)【난이도】고등용, 읽기 3급Ⅱ, 쓰기 2급

逃	逃逃兆兆兆逃逃逃逃逃
	逃 逃 逃 逃 逃
달아날 도	逃亡(도망) 逃避(도피) 逃走(도주) 逃避性(도피성) 逃避處(도피처) 逃亡者(도망자)
	夜半逃走(야반도주) : 한밤중에 몰래 도망(逃亡)함. 背夫逃走(배부도주) : 남편(男便)을 배반(背反)하고 도망(逃亡)감.
辶部(책받침) 6획 총10획	영escape 중逃[táo] 일逃[トウ](にがす·にげる)【난이도】고등용, 읽기 4급, 쓰기 3급

	陶陶陶陶陶陶陶陶陶陶陶
	陶 陶 陶 陶 陶
질그릇 도	陶山書院(도산서원) 陶冶(도야) 陶瓷器(도자기) 陶潛(도잠) 陶醉(도취)
	陶犬瓦鷄(도견와계) : 흙으로 구워 만든 개와 기와로 만든 닭이라는 뜻으로, 외모(外貌)만 훌륭하고 실속이 없어 아무 쓸모도 없는 사람을 비웃어 하는 말.
阝部(좌부방) 8획 총11획	영earthenware 중táo 일トウ(すえやの)【난이도】고등용, 읽기 3급Ⅱ, 쓰기 2급

途	途途途途途途途途途途途
	途 途 途 途 途
길 도	途中(도중) 開途國(개도국) 方途(방도) 別途(별도) 用途(용도) 中途(중도)
	日暮途遠(일모도원) : 날은 저물었는데 갈 길은 멀다는 뜻으로, 이미 늙어 앞으로 목적(目的)한 것을 쉽게 달성(達成)하기 어렵다는 말.
辶部(책받침) 7획 총11획	영road 중途[tú] 일途[ト·ズ](みち)【난이도】중고등용, 읽기 3급Ⅱ, 쓰기 2급

盜盜盜盜盜盜盜盜盜盜盜盜

盜盜盜盜盜

盜難(도난) 盜伐(도벌) 盜用(도용) 盜賊(도적) 盜聽(도청) 强盜(강도) 竊盜(절도)

鷄鳴狗盜(계명구도) : 닭의 울음소리를 잘 내는 사람과 개의 흉내를 잘 내는 좀도둑이라는 뜻으로, 천한 재주를 가진 사람도 때로는 요긴하게 쓸모가 있음을 비유하여 이르는 말.

도둑 도

皿部(그릇명)7획총12획 | 영thief 중盜[dào] 일盜[トウ](ぬすむ) 【난이도】고등용, 읽기 4급, 쓰기 3급

塗塗塗塗塗塗塗塗塗塗塗塗塗

塗塗塗塗塗

三塗(삼도) 塗料(도료) 塗裝(도장) 塗飾(도식) 道塗(도도) 戒塗(계도) 塗漆(도칠)

道聽塗說(도청도설) : 길거리에서 들은 이야기를 곧 그 길에서 다른 사람에게 말한다는 뜻으로, ① 거리에서 들은 것을 남에게 아는 체하며 말함. ② 깊이 생각 않고 예사로 듣고 말함.

진흙 도

土部(흙토)10획총13획 | 영mud 중涂[tú] 일ト(ぬる) 【난이도】고등용, 읽기 3급, 쓰기 2급

渡渡渡渡渡渡渡渡渡渡渡渡

渡渡渡渡渡

讓渡(양도) 賣渡(매도) 讓渡稅(양도세) 不渡(부도) 過渡(과도) 引渡(인도)

無面渡江東(무면도강동) : 강동으로 건너갈 면목(面目)이 없다는 뜻으로, 일에 실패(失敗)하여 고향(故鄕)에 돌아갈 면목(面目)이 없는 형편(形便)을 이르는 말.

건널 도

氵部(삼수변)9획총12획 | 영cross over 중dù 일ト(わたす・わたる) 【난이도】고등용, 읽기 3급II, 쓰기 2급

跳跳跳跳跳跳跳跳跳跳跳跳跳

跳跳跳跳跳

跳躍(도약) 跳梁(도량) 跳躍臺(도약대) 高跳(고도) 跳舞(도무) 高跳臺(고도대)

千里一跳(천리일도) : 큰 새가 단번에 천 리를 난다는 뜻으로, 먼 길을 짧은 시간(時間)에 가거나 갑자기 성공(成功)함을 이르는 말.

뛸 도

足部(발족) 6획총13획 | 영jump 중tiào 일チョウ(とぶ・はねる) 【난이도】고등용, 읽기 3급, 쓰기 2급

稻稻稻稻稻稻稻稻稻稻稻稻稻稻稻

稻稻稻稻稻

水稻(수도) 山稻(산도) 陸稻(육도) 穫稻(확도) 稻植(도식) 稻熱病(도열병) 稻作(도작)

稻孫(도손) : 벼를 베고 난 뒤에 그 그루터기에서 다시 돋아 자란 벼.
立稻賣買(입도매매) : ☞ 입도선매(立稻先賣).

벼 도

禾部(벼화)10획총15획 | 영rice plant 중稻[dào] 일稻[トウ](いな・いね) 【난이도】고등용, 읽기 3급, 쓰기 2급

| | 導 | 導 | 導 | 導 | 首 | 道 | 道 | 道 | 道 | 道 | 道 | 導 | 導 |
| 導 | 導 | 導 | 導 | 導 | | | | | | | | | |

인도할 도

寸部(마디촌)13획총16획

導入(도입) 誘導(유도) 主導(주도) 指導(지도) 半導體(반도체) 指導者(지도자)

當來導師(당래도사) : 내세(來世)에 출현하는 도사. 지금으로부터 56억 7천만 세(歲)를 지나 이 세계에 출현, 성도(成道)하여 중생을 화도(化導) 한다는 미륵보살.

영guide 중두[dǎo] 일ドウ(みちびく) 【난이도】 고등용, 읽기 4급Ⅱ, 쓰기 3급Ⅱ

| 毒 | 毒 | 毒 | 毒 | 毒 | 毒 | 毒 | 毒 | 毒 |
| 毒 | 毒 | 毒 | 毒 | 毒 | | | | |

독 독

毋部(말무) 4획총9획

酷毒(혹독) 毒素(독소) 毒感(독감) 毒性(독성) 至毒(지독) 解毒(해독) 毒杯(독배)

以毒制毒(이독제독) : 「독을 없애는 데 다른 독을 쓴다」는 뜻으로, 악인(惡人)을 물리치는 데 다른 악인으로써 함.

영poison 중dú 일ドク(どく) 【난이도】 고등용, 읽기 4급Ⅱ, 쓰기 3급Ⅱ

| 督 | 督 | 督 | 才 | 卡 | 未 | 督 | 叔 | 督 | 督 | 督 | 督 | 督 |
| 督 | 督 | 督 | 督 | 督 | | | | | | | | |

살필 독

目部(눈목)8획총13획

監督(감독) 督勵(독려) 基督敎(기독교) 督促(독촉) 監督者(감독자) 總督(총독)

星火督促(성화독촉) : (별똥이 떨어지듯이) 몹시 심(甚)하고 급(急)하게 재촉함.
監督官(감독관) : 감독(監督)하는 직무(職務)를 맡은 관리(官吏).

영supervise 중dū 일トク(みる・ただす) 【난이도】 고등용, 읽기 4급Ⅱ, 쓰기 3급Ⅱ

| 篤 | 篤 | 篤 | 篤 | 篤 | 篤 | 篤 | 篤 | 篤 | 篤 | 篤 | 篤 | 篤 | 篤 | 篤 | 篤 |
| 篤 | 篤 | 篤 | 篤 | 篤 | | | | | | | | | | | |

도타울 독

竹部(대죽)10획총16획

篤友(독우) 篤志(독지) 篤志家(독지가) 篤行(독행) 敦篤(돈독) 危篤(위독)

溫厚篤實(온후독실) : ① 성격(性格)이 온화(溫和)하고 착실(着實)함.
② 인품(人品)이 따뜻하고 성실(誠實)함이 넘침.

영kind, generous 중笃[dǔ] 일トク(あつい) 【난이도】 고등용, 읽기 3급, 쓰기 2급

| 豚 | 月 | 豚 | 月 | 豚 | 豚 | 豚 | 豚 | 豚 | 豚 | 豚 |
| 豚 | 豚 | 豚 | 豚 | 豚 | | | | | | |

돼지 돈

豕部(돼지시) 4획총11획

江豚(강돈) 養豚(양돈) 海豚(해돈) 豚肉(돈육) 豚毛(돈모) 豚油(돈유) 河豚(하돈)

迷豚(미돈) : 남에게 대(對)한 자기 아들의 낮춤말. 豚兒(돈아) : 어리석고 철이 없는 아이라는 뜻으로, 남에게 자기(自己)의 아들을 낮추어 부르는 겸사말.

영pig 중tún 일トン(ぶた) 【난이도】 고등용, 읽기 3급, 쓰기 2급

敦

도타울 돈

攵部(등글월문) 8획 총12획

敦敦敦敦敦敦享享敦敦敦

敦 敦 敦 敦 敦

敦篤(돈독) 敦睦(돈목) 敦實(돈실) 敦義門(돈의문) 敦化門(돈화문) 敦厚(돈후)

溫柔敦厚(온유돈후) : 부드럽고 온화(溫和)하며 성실한 인품(人品)이나 시를 짓는 데 기묘(奇妙)하기보다 마음에서 우러난 정취(情趣)가 있음을 두고 이르는 말.

영cordial 중dūn 일トン(あつい) 【난이도】 고등용, 읽기 3급, 쓰기 2급

突

부딪칠 돌

穴部(구멍혈) 4획 총9획

突突突突突突突突突

突 突 突 突 突

衝突(충돌) 突入(돌입) 突破口(돌파구) 突然變異(돌연변이) 突出(돌출) 突然(돌연)

左衝右突(좌충우돌) : ① 이리저리 닥치는대로 부딪침.
② 아무사람이나 구분(區分)하진 않고 함부로 맞딱뜨림.

영collide 중突[tū] 일トツ(つく) 【난이도】 고등용, 읽기 3급Ⅱ, 쓰기 2급

凍

얼 동

冫部(이수변) 8획 총10획

凍凍凍凍凍凍凍凍凍凍

凍 凍 凍 凍 凍

凍結(동결) 凍梨(동리) 凍傷(동상) 解凍(해동) 冷凍(냉동) 凍害(동해) 凍裂(동렬)

凍足放尿(동족방뇨) : 언 발에 오줌 누기라는 뜻으로, 잠시의 효력이 있을 뿐, 그 효력은 없어지고 마침내는 더 나쁘게 될 일을 함. 앞을 내다보지 못하는 고식지계를 비웃는 말.

영freeze 중冻[dòng] 일トウ(こおる・こごえる) 【난이도】 고등용, 읽기 3급Ⅱ, 쓰기 2급

銅

구리 동

金部(쇠금) 6획 총14획

銅銅銅銅銅銅銅銅銅銅銅銅銅銅

銅 銅 銅 銅 銅

銅錢(동전) 銅像(동상) 銅貨幣(동화폐) 銅貨(동화) 赤銅貨(적동화) 靑銅(청동)

銅頭鐵額(동두철액) : 구리로 만든 머리와 쇠로 만든 이마라는 뜻으로, 성질(性質)이 모질고 거만(倨慢)한 사람을 비유(比喩·譬喩)해 이르는 말.

영copper 중铜[tóng] 일ドウ(あかがね) 【난이도】 고등용, 읽기 4급Ⅱ, 쓰기 3급Ⅱ

屯

진칠 둔

屮部(왼손좌) 1획 총4획

屯屯屯屯

屯 屯 屯 屯 屯

駐屯(주둔) 大屯山(대둔산) 駐屯地(주둔지) 雲屯(운둔) 臨屯(임둔) 屯卦(둔괘)

屯田(둔전) : 고려(高麗)·조선(朝鮮) 시대(時代) 때 지방(地方)에 주둔(駐屯)한 군대(軍隊)의 군량이나 관청(官廳)의 경비(經費)에 쓰도록 지급(支給)된 토지(土地).

영assemble 중tún 일トン 【난이도】 고등용, 읽기 3급, 쓰기 2급

鈍	鈍 鈍 鈍 鈍 鈍 鈍 鈍 鈍 鈍 鈍 鈍 鈍
	鈍 鈍 鈍 鈍 鈍
둔할 둔	鈍化(둔화) 愚鈍(우둔) 遲鈍(지둔) 鈍濁(둔탁) 鈍感(둔감) 鈍角(둔각) 鈍器(둔기)
	聰明不如鈍筆(총명불여둔필) : 총명(聰明)은 둔필만 못하다는 뜻으로, 아무리 기억력(記憶力)이 좋다 해도 그때그때 적어 두어야 한다는 말.
金部(쇠금) 4획총12획	영dull 중鈍[dùn] 일ドン(にぶい·にぶる) 【난이도】 고등용, 읽기 3급, 쓰기 2급

騰	騰 騰 騰 騰 騰 騰 騰 騰 騰 騰 騰 騰 騰 騰 騰 騰 騰 騰 騰 騰
	騰 騰 騰 騰 騰
오를 등	騰貴(등귀) 騰落(등락) 急騰(급등) 反騰(반등) 沸騰(비등) 昂騰(앙등) 暴騰(폭등)
	怒氣騰騰(노기등등) : 몹시 성이나서 노한 기색(氣色)이 얼굴에 가득함.
	殺氣騰騰(살기등등) : 살기가 얼굴에 잔뜩 올라 있음.
馬部(말마)10획총20획	영ascend 중腾[téng] 일トウ 【난이도】 고등용, 읽기 3급, 쓰기 2급

羅	羅 羅 羅 羅 羅 羅 羅 羅 羅 羅 羅 羅 羅 羅 羅 羅 羅 羅 羅
	羅 羅 羅 羅 羅
벌릴 라	歐羅巴(구라파) 馬羅島(마라도) 網羅(망라) 新羅(신라) 全羅道(전라도)
	門前雀羅(문전작라) : 문 밖에 새 그물을 쳐놓을 만큼 손님들의 발길이 끊어짐을 뜻하는 말로, 권세(權勢)가 약(弱)해지면 방문객(訪問客)들이 끊어진다는 뜻.
▨部(그물망머리)14획총19획	영spread, net 중罗[luó] 일ラ 【난이도】 고등용, 읽기 4급II, 쓰기 3급II

絡	絡 絡 絡 絡 絡 絡 絡 絡 絡 絡 絡 絡 絡
	絡 絡 絡 絡 絡
이을 락	連絡(연락) 脈絡(맥락) 籠絡(농락) 聯絡(연락) 經絡(경락) 絡脈(낙맥) 絡車(낙거)
	脈絡貫通(맥락관통) : 조리(條理)가 일관(一貫)하여 계통이 서 있음을 이르는 말.
	連絡不絕(연락부절) : 자주 오고 가서 끊이지 아니함.
糸部(실사) 6획총12획	영connect 중络[luò] 일ラク(からまる) 【난이도】고등용, 읽기 3급II, 쓰기 2급

亂	亂 亂 亂 亂 亂 亂 亂 亂 亂 亂 亂 亂 亂
	亂 亂 亂 亂 亂
어지러울 란	混亂(혼란) 搖亂(요란) 攪亂(교란) 淫亂(음란) 騷亂(소란) 紊亂(문란) 亂離(난리)
	亂臣賊子(난신적자) : 나라를 어지럽게 하는 신하(臣下)와 어버이를 해(害)치는 자식(子息) 또는 불충(不忠)한 무리.
乙部(새을)12획총13획	영confuse 중乱[luàn] 일乱[ラン](みだれる) 【난이도】 고등용, 읽기 4급, 쓰기 3급

蘭

蘭蘭蘭蘭蘭蘭蘭蘭蘭蘭蘭蘭蘭蘭蘭蘭蘭蘭

蘭 蘭 蘭 蘭 蘭

난초 난/란

蘭契(난계) 蘭草(난초) 金蘭(금란) 梅蘭(매란) 春蘭(춘란) 寒蘭(한란) 和蘭(화란)

金蘭之誼(금란지의) : 사이 좋은 벗끼리 마음을 합치면 단단한 쇠도 자를 수 있고, 우정의 아름다움은 난의 향기와 같다는 뜻으로, 아주 친밀한 친구 사이를 이름.

++部(초두머리)17획총21획 ｜영orchid ｜중兰[lán] ｜일ラン(あららぎ) 【난이도】 고등용, 읽기 3급Ⅱ, 쓰기 2급

欄

一十才木木杆杆杆杆棚棚棚棚棚棚棚棚棚欄欄

欄 欄 欄 欄 欄

막을 난/란

本欄(본란) 空欄(공란) 欄杆(난간) 欄檻(난함) 經濟欄(경제란) 懸欄(현란)

欄干(난간) : 누각(樓閣)이나 층계(層階)나 다리 등(等)에서 떨어지지 않도록 가장자리를 막은 부분(部分).

木部(나무목)17획총21획 ｜영rail ｜중栏[lán] ｜일欄[ラン](てすり) 【난이도】 고등용, 읽기 3급Ⅱ, 쓰기 2급

濫

濫濫濫濫濫濫濫濫濫濫濫濫濫濫濫濫濫濫

濫 濫 濫 濫 濫

넘칠 람/남

濫用(남용) 濫發(남발) 汎濫(범람) 氾濫(범람) 濫費(남비) 濫讀(남독) 濫獲(남획)

南郭濫吹(남곽남취) : 남곽(南郭)이 함부로 분다는 뜻으로, 학예(學藝)에 전문(專門) 지식(知識)도 없이 함부로 날뜀을 두고 이르는 말.

氵部(삼수변)14획총17획 ｜영over flow ｜중滥[làn] ｜일ラン(あふれ) 【난이도】 고등용, 읽기 3급, 쓰기 2급급

覽

覽覽覽覽覽覽覽覽覽覽覽覽覽覽覽覽覽覽

覽 覽 覽 覽 覽

볼 람

觀覽(관람) 閱覽(열람) 觀覽客(관람객) 博覽會(박람회) 遊覽(유람) 笑覽(소람)

乙夜之覽(을야지람) : 천자(天子)의 독서(讀書). 천자(天子)가 정무(政務)를 끝내고 취침하기 전 열 시경에 독서(讀書)를 하므로 이르는 말임.

見部(볼견)14획총21획 ｜영view ｜중览[lǎn] ｜일覽[ラン](あかがね) 【난이도】 고등용, 읽기 4급, 쓰기 3급

廊

廊廊廊廊廊廊廊廊廊廊廊廊廊

廊 廊 廊 廊 廊

행랑 랑/낭

廊下(낭하) 舍廊(사랑) 斜廊(사랑) 行廊(행랑) 畵廊(화랑) 廻廊(회랑) 回廊(회랑)

行廊(행랑) : 대문간에 붙어 있는 방. 옛날 대문 안에 죽 벌여 있어 하인들이 거처(居處)하는 방. 고려(高麗)와 조선 시대에, 각기 수도(首都)에 세운 어용 상가.

厂部(엄호)10획총13획 ｜영carridor ｜중láng ｜일ロウ(ひなし) 【난이도】 고등용, 읽기 3급Ⅱ, 쓰기 2급

掠掠掠掠掠掠掠掠掠掠掠

| 掠 | 掠 | 掠 | 掠 | 掠 | | | | | | |

侵掠(침략) 劫掠(겁략) 攻掠(공략) 殺掠(살략) 鹵掠(노략) 奪掠(탈략) 拷掠(고략)

掠奪(약탈) : 폭력(暴力)을 써서 무리하게 빼앗음.
擄掠(노략) : 떼를 지어 돌아다니며 사람과 재물(財物)을 약탈(掠奪)함.

노략질할 략/약

扌(扌)部(재방변)8획총11획　영plunder　중lüè　일リャク·リョウ(かすめる)　【난이도】고등용, 읽기 3급, 쓰기 2급

略略略略略略略略略略略

| 略 | 略 | 略 | 略 | 略 | | | | | | |

戰略(전략) 侵略(침략) 戰略的(전략적) 省略(생략) 政略(정략) 略字(약자)

中傷謀略(중상모략) : 터무니없는 말로 헐뜯거나 남을 해치려고 속임수를 써서 일을 꾸밈.
謀略中傷(모략중상) : 남을 모략(謀略)하여 명예(名譽)를 손상(損傷)시키는 일.

생략할 략/약

田部(밭전) 6획총11획　영govern　중lüè　일リャク(はかる)　【난이도】고등용, 읽기 4급, 쓰기 3급

梁梁梁梁梁梁梁梁梁梁梁

| 梁 | 梁 | 梁 | 梁 | 梁 | | | | | | |

橋梁(교량) 梁山(양산) 脊梁(척량) 跳梁(도량) 梁山市(양산시) 梁部(양부)

梁上君子(양상군자) : 대들보 위에 있는 군자(君子)라는 뜻으로, ① 집안에 들어온
도둑. ② 도둑을 미화(美化)하여 점잖게 부르는 말.

대들보 량/양

木部(나무목)7획총11획　영beam　중liáng　일リョウ(うつばり·はし)　【난이도】고등용, 읽기 3급Ⅱ, 쓰기 2급

諒諒諒諒諒諒諒諒諒諒諒諒諒諒諒

| 諒 | 諒 | 諒 | 諒 | 諒 | | | | | | |

諒解(양해) 諒陰(양음) 諒知(양지) 諒會(양회) 體諒(체량) 下諒(하량) 默諒(묵량)

惠諒(혜량) : 살펴서 이해(理解)함의 뜻으로, 편지에서 쓰는 말. 겸손(謙遜)한 표현
(表現)임. 부디 저의 간청(懇請)을 혜량(惠諒)하여 주시기 바랍니다의 뜻.

살필 양/량

言部(말씀언)8획총15획　영credible　중谅[liàng]　일リョウ(さとる·まこと)　【난이도】고등용, 읽기 3급, 쓰기 2급

糧糧糧糧糧糧糧糧糧糧糧糧糧糧糧糧糧

| 糧 | 糧 | 糧 | 糧 | 糧 | | | | | | |

糧穀(양곡) 糧食(양식) 看糧(간량) 乾糧(건량) 食糧(식량) 食糧難(식량난)

壓縮糧食(압축양식) : 가치(價値), 품질, 입맛에는 별 차이(差異) 없이 하되, 작고
간단(簡單)한 용기 안에 들어갈 수 있도록 부피를 농축(濃縮)시킨 양식(樣式).

양식 량

米部(쌀미)12획총18획　영food　중粮[liáng]　일リョウ·ロウ(かて)　【난이도】고등용, 읽기 4급, 쓰기 3급

慮慮慮慮慮慮慮慮慮慮慮慮慮慮慮

생각할 려/여

心部(마음심)11획총15획

考慮(고려) 無慮(무려) 配慮(배려) 思慮(사려) 念慮(염려) 憂慮(우려)

千慮一失(천려일실) : 천 가지 생각 가운데 한 가지 실책(失策)이란 뜻으로, 지혜로운 사람이라도 많은 생각을 하다 보면 하나쯤은 실수(失手)가 있을 수 있다는 말.

영consider 중慮[lǜ] 일リョ(おもんぱかり) 【난이도】 고등용, 읽기 4급, 쓰기 3급

勵勵勵勵勵勵勵勵勵勵勵勵勵勵勵勵勵

힘쓸 려/여

力部(힘력)15획총17획

激勵(격려) 督勵(독려) 獎勵(장려) 勸勵(권려) 獎勵金(장려금) 激勵金(격려금)

刻苦勉勵(각고면려) : ① 심신(心身)을 괴롭히고 노력(努力)함. ② 대단히 고생(苦生)하여 힘써 정성(精誠)을 들임.

영encourage 중励[lì] 일励[レイ](はげます) 【난이도】 고등용, 읽기 3급II, 쓰기 2급

麗

麗麗麗麗麗麗麗麗麗麗麗麗麗麗麗麗麗

고울 려/여

鹿部(사슴록)8획총19획

麗水(여수) 高句麗(고구려) 高麗(고려) 高麗葬(고려장) 美麗(미려) 秀麗(수려)

美辭麗句(미사여구) : 아름다운 말과 글귀(─句)라는 뜻으로, ① 아름다운 문장(文章).② 아름다운 말로 꾸민 듣기 좋은 글귀(─句).

영beautiful 중丽[lì] 일レイ(うるわしい) 【난이도】 고등용, 읽기 4급II, 쓰기 3급II

曆

曆曆曆曆曆曆曆曆曆曆曆曆曆曆曆曆

책력 력/역

日部(날일)12획 총16획

陽曆(양력) 陰曆(음력) 太陽曆(태양력) 還曆(환력) 舊曆(구력) 新曆(신력)

夏扇冬曆(하선동력) : 여름철의 부채와 겨울철의 책력, 곧 선사품이 철에 맞음.
天之曆數(천지역수) : 제왕(帝王)이 될 천운. 제왕이 될 자연의 순서.

영calendar 중历[lì] 일曆[レキ](こよみ) 【난이도】 고등용, 읽기 3급II, 쓰기 2급

蓮

蓮蓮蓮蓮蓮蓮蓮蓮蓮蓮蓮蓮蓮蓮蓮

연꽃 연/련

艹部(초두머리)11획총15획

木蓮(목련) 蓮根(연근) 心蓮(심련) 蓮荷(연하) 蓮花(연화) 蓮座(연좌) 蓮池(연지)

蓮花世界(연화세계) : 아미타불(阿彌陀佛)의 극락정토(極樂淨土)가 있는 세계(世界). 지극(至極)히 안락(安樂)하고 아무 걱정이 없다고 하는 곳.

영lotus 중莲[lián] 일蓮[レン](はす・はちす) 【난이도】 고등용, 읽기 3급II, 쓰기 2급

| 憐 | 憐 | 憐 | 憐 | 憐 | 憐 | 憐 | 憐 | 憐 | 憐 | 憐 | 憐 | 憐 | 憐 | 憐 |
| 憐 | 憐 | 憐 | 憐 | 憐 | | | | | | | | | | |

불쌍히여길 련/연

憐憫(연민) 憐愍(연민) 可憐(가련) 哀憐(애련) 憐惜(연석) 慈憐(자련) 憫憐(민련)

同病相憐(동병상련) : 같은 병자(病者)끼리 가엾게 여긴다는 뜻으로, 어려운 처지(處地)에 있는 사람끼리 서로 불쌍히 여겨 동정(同情)하고 서로 도움.

㣺部(심방변)12획총15획 영pity 중怜[lián] 일レン(あわれみ·あわれむ)【난이도】고등용, 읽기 3급, 쓰기 2급

| 鍊 | 鍊 | 鍊 | 鍊 | 鍊 | 鍊 | 鍊 | 鍊 | 鍊 | 鍊 | 鍊 | 鍊 | 鍊 | 鍊 | 鍊 | 鍊 |
| 鍊 | 鍊 | 鍊 | 鍊 | 鍊 | | | | | | | | | | | |

단련할 련/연

訓鍊(훈련) 洗鍊(세련) 老鍊(노련) 鍛鍊(단련) 試鍊(시련) 鍊磨(연마) 鍊習(연습)

精金百鍊(정금백련) : 쇠붙이가 충분(充分)히 단련(鍛鍊)되었다는 뜻으로, 충분(充分)히 숙련(熟練)되고 많은 경험(經驗)을 쌓음을 비유(比喩·譬喩)해 이르는 말.

金部(쇠금) 9획총17획 영temper 중炼[liàn] 일鍊[レン](ねる)【난이도】고등용, 읽기 3급Ⅱ, 쓰기 2급

| 聯 | 聯 | 聯 | 聯 | 聯 | 聯 | 聯 | 聯 | 聯 | 聯 | 聯 | 聯 | 聯 | 聯 | 聯 | 聯 |
| 聯 | 聯 | 聯 | 聯 | 聯 | | | | | | | | | | | |

잇닿을 련/연

關聯(관련) 聯合(연합) 聯關(연관) 蘇聯(소련) 聯邦(연방) 全經聯(전경련)

聯合軍(연합군) : 공동(共同)의 목적(目的) 아래, 한 통수(統帥)의 지휘(指揮)를 받는, 두 나라 이상(以上)의 군대(軍隊). 연합국(聯合國)의 군대(軍隊).

耳部(귀이)11획총17획 영adjoin 중联[lián] 일レン(つらなる·つらねる)【난이도】고등용, 읽기 3급Ⅱ, 쓰기 2급

| 戀 | 戀 | 戀 | 戀 | 戀 | 戀 | 戀 | 戀 | 戀 | 戀 | 戀 | 戀 | 戀 | 戀 | 戀 | 戀 | 戀 | 戀 | 戀 | 戀 |
| 戀 | 戀 | 戀 | 戀 | 戀 | | | | | | | | | | | | | | | |

사모할 련/연

戀戀(연연) 戀慕(연모) 戀歌(연가) 戀人(연인) 戀愛(연애) 戀病(연병) 悲戀(비련)

籠鳥戀雲(농조연운) : 새장에 갇힌 새가 구름을 그리워한다는 뜻으로, 몸이 속박(束縛)당(當)한 사람이 자유(自由)를 얻기를 바람을 비유해 이르는 말.

心部(마음심)19획총23획 영love 중恋[liàn] 일恋[レン](こい·こいしい)【난이도】고등용, 읽기 3급Ⅱ, 쓰기 2급

| 劣 | 劣 | 劣 | 劣 | 劣 | 劣 |
| 劣 | 劣 | 劣 | 劣 | 劣 | |

용렬할 렬/열

優劣(우열) 劣惡(열악) 卑劣(비열) 劣等感(열등감) 拙劣(졸렬) 庸劣(용렬)

優勝劣敗(우승열패) : ① 나은 자는 이기고 못한 자는 패함. 강(强)한 자는 번성(蕃盛·繁盛)하고 약한 자는 쇠멸(衰滅)함. ② 적자(適者) 생존(生存).

力部(힘력) 4획총6획 영inferior 중liè 일レツ(おとる)【난이도】고등용, 읽기 3급, 쓰기 2급

裂 裂 裂 裂 裂 裂 裂 裂 裂 裂 裂 裂

| 裂 | 裂 | 裂 | 裂 | 裂 | | | | | |

龜裂(균열) 分裂(분열) 決裂(결렬) 分裂(분렬) 龜裂(구렬) 龜裂(균렬) 破裂(파열)

四分五裂(사분오열) : 네 갈래 다섯 갈래로 나눠지고 찢어진다는 뜻으로, ① 이리저리 갈기갈기 찢어짐. ② 천하가 심히 어지러움. ③ 질서 없이 몇 갈래로 뿔뿔이 헤어지거나 떨어짐.

찢어질 렬/열

衣部(옷의) 6획총12획

영 be torn 중 liè 일 レツ(さく·さける) 【난이도】 고등용, 읽기 4급, 쓰기 3급

廉 廉 廉 廉 廉 廉 廉 廉 廉 廉 廉 廉 廉

| 廉 | 廉 | 廉 | 廉 | 廉 | | | | | |

低廉(저렴) 廉恥(염치) 淸廉(청렴) 廉價(염가) 沒廉恥(몰염치) 廉探(염탐)

破廉恥(파렴치) : ① 수치(羞恥)를 수치(羞恥)로 알지 아니함. ② 염치(廉恥)를 모름. 몰염치(沒廉恥). ③ 뻔뻔스러움.

청렴할 렴/염

广部(엄호)10획총13획

영 upright 중 廉[lián] 일 廉[レン](かど) 【난이도】 고등용, 읽기 3급, 쓰기 2급

獵 獵 獵 獵 獵 獵 獵 獵 獵 獵 獵 獵 獵 獵 獵 獵 獵 獵

| 獵 | 獵 | 獵 | 獵 | 獵 | | | | | |

獵奇的(엽기적) 涉獵(섭렵) 密獵(밀렵) 獵酒(엽주) 獵奇(엽기) 獵銃(엽총)

見獵心喜(견렵심희) : 「사냥하는 모습을 보니 마음이 기쁘다」는 뜻으로, 어렸을 때를 그리워하는 마음을 비유하는 말.

사냥 렵/엽

犭部(개사슴록변)15획총18획

영 hunting 중 猎[liè] 일 猟[リョウ](かり) 【난이도】 고등용, 읽기 3급, 쓰기 2급

零 零 零 零 零 零 零 零 零 零 零 零 零

| 零 | 零 | 零 | 零 | 零 | | | | | |

零細(영세) 零下(영하) 零上(영상) 零點(영점) 丁零(정령) 零落(영락) 零時(영시)

斷簡零墨(단간영묵) : 종이가 발명되기 전까지 종이 대신 썼던 대쪽과 먹 한 방울이라는 뜻으로, 종이 조각에 적힌 완전(完全)하지 못한 조각난 글월을 이르는 말.

떨어질 령/영

雨部(비우) 5획총13획

영 drizzle 중 零[líng] 일 レイ(こぼれる) 【난이도】 고등용, 읽기 3급, 쓰기 2급

靈 靈

| 靈 | 靈 | 靈 | 靈 | 靈 | | | | | |

靈感(영감) 靈魂(영혼) 高感(고감) 妄靈(망령) 心靈(심령) 神靈(신령) 幽靈(유령)

虛靈不昧(허령불매) : 사심(私心)이 없고 영묘(靈妙)하여 어둡지 않다는 뜻으로, 마음의 실체(實體)와 작용(作用)을 비유(比喩·譬喩)해 이르는 말.

신령 령/영

雨部(비우)16획총24획

영 spirit 중 灵[líng] 일 靈[レイ·リョウ](たま) 【난이도】 고등용, 읽기 3급Ⅱ, 쓰기 2급

嶺

재 령/영

山部(뫼산)14획총17획

嶺嶺嶺嶺嶺嶺嶺嶺嶺嶺嶺嶺嶺嶺嶺嶺嶺

嶺 嶺 嶺 嶺 嶺

嶺南(영남) 大關嶺(대관령) 陳富嶺(진부령) 秋風嶺(추풍령) 梨花嶺(이화령)

高峯峻嶺(고봉준령) : 높이 솟은 산봉우리와 험한 산마루.
泰山峻嶺(태산준령) : 큰 산과 험한 고개.

영ridge 중岭[lǐng] 일リョウ・レイ(みね)【난이도】고등용, 읽기 3급Ⅱ, 쓰기 2급

隷

종 예/례

隶部(미칠이)8획총16획

隷隷隷隷隷隷隷隷隷隷隷隷隷隷隷隷

隷 隷 隷 隷 隷

隷書(예서) 隷屬(예속) 隷屬物(예속물) 隷臣(예신) 隷下(예하) 奴隷(노예)

隷書(예서) : 한자(漢字) 서체 종류의 하나. 전서(篆書)의 번잡함을 생략하여 만들었음. 노예와 같이 천한 일을 하는 사람도 이해하기 쉽도록 한 글씨라는 뜻에서 붙은 이름.

영slave 중隶[lì] 일レイ(ねる)【난이도】고등용, 읽기 3급, 쓰기 2급

爐

화로 로/노

火部(불화)16획총20획

爐爐爐爐爐爐爐爐爐爐爐爐爐爐爐爐爐爐

爐 爐 爐 爐 爐

鎔鑛爐(용광로) 輕水爐(경수로) 熔鑛爐(용광로) 乾燥爐(건조로) 火爐(화로)

冬扇夏爐(동선하로) : 겨울의 부채와 여름의 화로(火爐)라는 뜻으로, 시기(時期)에 맞지 아니하여 쓸모 없이 된 사물(事物)을 비유(比喩・譬喩)해 이르는 말.

영fireplace 중炉[lián] 일炉[ロ](いろり)【난이도】고등용, 읽기 3급Ⅱ, 쓰기 2급

鹿

사슴 록/녹

鹿部(사슴록)0획총11획

鹿鹿鹿鹿鹿鹿鹿鹿鹿鹿鹿鹿

鹿 鹿 鹿 鹿 鹿

白鹿潭(백록담) 鹿茸(녹용) 小鹿島(소록도) 鹿骨(녹골) 馬鹿(마록) 鹿角(녹각)

指鹿爲馬(지록위마) : 사슴을 가리켜 말이라고 한다라는 뜻으로, ① 사실이 아닌 것을 사실로 만들어 강압으로 인정하게 함. ② 윗사람을 농락(籠絡)하여 권세를 마음대로 함.

영deer 중lù 일ロウ(か・しか)【난이도】고등용, 읽기 3급, 쓰기 2급

祿

복 록/녹

示部(보일시)8획총13획

祿祿祿祿祿祿祿祿祿祿祿祿

祿 祿 祿 祿 祿

俸祿(봉록) 國祿(국록) 越祿(월록) 祿俸(녹봉) 光祿(광록) 家祿(가록) 爵祿(작록)

天不生無祿之人(천불생무록지인) : 하늘은 녹(祿) 없는 사람을 낳지 않는다는 뜻으로, 사람은 누구나 태어나면서 자기가 먹을 것은 가지고 태어남을 이르는 말.

영fortune 중禄[lù] 일禄[ロク](さいわい・ふち)【난이도】고등용, 읽기 3급Ⅱ, 쓰기 2급

錄

기록할 록/녹

金部(쇠금) 8획 총16획

錄錄錄錄錄錄錄錄錄錄錄錄錄錄錄

錄 錄 錄 錄 錄

記錄(기록) 登錄(등록) 目錄(목록) 收錄(수록) 錄音(녹음) 登錄金(등록금)

磻溪隨錄(반계수록) : 실학파의 선구자인 유형원(柳馨遠)이 지은 책. 제도(制度)에 관한 고증을 하고 그 개혁(改革)의 경위 등(等)을 기록(記錄)했음.

영record 중录[lù] 일録[ロク](しるす) 【난이도】 고등용, 읽기 4급II, 쓰기 3급II

弄

희롱할 롱/농

廾部(두손으로받들공) 4획 총7획

弄弄弄弄弄弄弄

弄 弄 弄 弄 弄

弄談(농담) 嘲弄(조롱) 才弄(재롱) 愚弄(우롱) 戲弄(희롱) 弄奸(농간) 弄璋(농장)

假弄成眞(가롱성진) : 농담(弄談)이나 실없이 한일이 나중에 진실(眞實)로 한 것처럼 됨.

영mock 중nòng 일ロウ(もてあそぶ) 【난이도】 고등용, 읽기 3급, 쓰기 2급

雷

우레 뢰/뇌

雨部(비우) 5획 총13획

雷雷雷雷雷雷雷雷雷雷雷雷雷

雷 雷 雷 雷 雷

雷管(뇌관) 地雷(지뢰) 雷聲(뇌성) 魚雷(어뢰) 落雷(낙뢰) 雷雨(뇌우) 雷芝(뇌지)

附和雷同(부화뇌동) : 우레 소리에 맞춰 함께한다는 뜻으로, 자신(自身)의 뚜렷한 소신 없이 그저 남이 하는 대로 따라가는 것을 의미(意味)함.

영thunder 중léi 일ライ(かみなり) 【난이도】 고등용, 읽기 3급II, 쓰기 2급

賴

의지할 뢰

貝部(조개패) 9획 총16획

賴賴賴賴賴東東賴賴賴賴賴賴賴賴

賴 賴 賴 賴 賴

無賴輩(무뢰배) 無賴漢(무뢰한) 信賴(신뢰) 信賴性(신뢰성) 依賴(의뢰)

賴及萬方(뇌급만방) : 만방(萬方)이 극(極)히 넓으나 어진 덕(德)이 고루 미치게 됨.
無賴之輩(무뢰지배) : ☞ 부랑배(浮浪輩).

영trust to 중赖[lài] 일賴[ライ](たのむ・たのもしい) 【난이도】 고등용, 읽기 3급II, 쓰기 2급

了

마칠 료/요

亅部(갈고리궐) 1획 총2획

了了

了 了 了 了 了

終了(종료) 完了(완료) 滿了(만료) 了解(요해) 修了(수료) 了勘(요감) 魅了(매료)

三世了達(삼세요달) : 모든 부처의 지혜(智慧・知慧)가 과거(過去)・현재(現在)・미래(未來)의 삼세를 달관하여 환하게 되어 있음을 이르는 말.

영finish 중le 일リョウ(おわる) 【난이도】 고등용, 읽기 3급, 쓰기 2급

僚 동료 료/요

僚僚僚僚僚僚僚僚僚僚僚僚僚僚

同僚(동료) 官僚(관료) 閣僚(각료) 黨僚(당료) 職僚(직료) 屬僚(속료) 僚屬(요속)

布射僚丸(포사요환) : 한(漢)나라 여포(呂布)는 화살을 잘 쐈고, 웅의료(熊宜僚)는 탄자(彈子)를 잘 던졌음.

亻部(사람인변)12획총14획　영comrade　중liáo　일リョウ　【난이도】고등용, 읽기 3급, 쓰기 2급

龍 용 룡/용

龍龍龍龍龍龍龍龍龍龍龍龍龍龍龍龍
龍龍龍龍龍

龍駕(용가) 龍馬(용마) 龍車(용거) 龍門(용문) 龍壽(용수) 恐龍(공룡) 伏龍(복룡)

龍頭蛇尾(용두사미) : 머리는 용이고 꼬리는 뱀이라는 뜻으로, ① 시작은 좋았다가 갈수록 나빠짐의 비유. ② 처음 출발은 야단스러운데, 끝장은 보잘것없이 흐지부지되는 것.

龍部(용룡) 0획총16획　영dragon　중龙[lóng]　일竜[リュウ](たつ)　【난이도】고등용, 읽기 4급, 쓰기 3급

淚 눈물 루/누

淚淚淚淚淚淚淚淚淚淚淚
淚淚淚淚淚

催淚彈(최루탄) 垂淚(수루) 鬼淚(귀루) 墮淚(타루) 落淚(낙루) 別淚(별루)

花笑聲未聽鳥啼淚難看(화소성미청조제루난간) : 꽃은 웃으나 소리는 들리지 않고, 새는 우나 눈물은 보기가 어렵다.

氵部(삼수변) 8획총11획　영tears　중泪[mì]　일ルイ(なみだ)　【난이도】고등용, 읽기 3급, 쓰기 2급

累 여러 루/누

累累累累累累累累累累累
累累累累累

累計(누계) 累積(누적) 累次(누차) 連累(연루) 緣累(연루) 瑕累(하루) 累月(누월)

累卵之勢(누란지세) : 포개어 놓은 알의 형세(形勢)라는 뜻으로, 몹시 위험(危險)한 형세(形勢)를 비유적(比喩的)으로 이르는 말.

糸部(실사) 5획총11획　영tie　중累[lèi]　일ルイ(かさなる)　【난이도】고등용, 읽기 3급Ⅱ, 쓰기 2급

漏 샐 루/누

漏漏漏漏漏漏漏漏漏漏漏漏漏漏
漏漏漏漏漏

漏落(누락) 漏泄(누설) 脫漏(탈루) 漏出(누출) 漏水(누수) 遺漏(유루) 漏洩(누설)

天機漏洩(천기누설) : 하늘의 비밀(秘密)이 새어 나간다는 뜻으로, 중대(重大)한 기밀(機密)이 외부로 새어나감.

氵部(삼수변)11획총14획　영leak　중lòu　일ロウ(もらす·もる·もれる)　【난이도】고등용, 읽기 3급Ⅱ, 쓰기 2급

屢	屢屢屢屢屢屢屢屢屢屢屢屢屢屢
	屢 屢 屢 屢 屢
여러 루/누	屢次(누차) 屢回(누회) 屢年(누년) 屢屢(누누) 屢空(누공) 屢歲(누세) 屢日(누일)
	屢見不鮮(누견불선) : 자주 대하니 신선함이 없다는 뜻으로, 너무 자주 보아 전혀 새롭지 않음. 屢典郡邑(누전군읍) : 여러 고을의 원(수령(首領))을 지냄.
尸部(주검시)11획총14획	영frequently 중屢[lǚ] 일屢[ル](しぼしぼ) 【난이도】 고등용, 읽기 3급, 쓰기 2급

樓	樓樓樓樓樓樓樓樓樓樓樓樓樓樓樓
	樓 樓 樓 樓 樓
다락 루/누	樓閣(누각) 樓門(누문) 樓上(누상) 慶會樓(경회루) 望樓(망루) 門樓(문루)
	摩天樓(마천루) : '하늘에 닿는 집'이라는 뜻으로, 아주 높게 지은 고층 건물(建物). 특(特)히, 미국(美國) 뉴욕의 같은 곳의 수십 층 되는 건물(建物).
木部(나무목)11획총15획	영loft 중楼[lóu] 일楼[ロウ](たかどの) 【난이도】 고등용, 읽기 3급II, 쓰기 2급

類	類類類類類類類類類類類類類類類類類類類
	類 類 類 類 類
무리 류/유	類似(유사) 種類(종류) 書類(서류) 人類(인류) 類例(유례) 分類(분류) 鳥類(조류)
	類類相從(유유상종) : 사물(事物)은 같은 무리끼리 따르고, 같은 사람은 서로 찾아 모인다는 뜻.
頁部(머리혈)10획총19획	영crowd 중类[lèi] 일類[ルイ](たぐい) 【난이도】 고등용, 읽기 5급II, 쓰기 4급II

輪	輪輪輪輪輪輪輪輪輪輪輪輪輪輪輪
	輪 輪 輪 輪 輪
바퀴 륜/윤	輪廓(윤곽) 輪彩(윤채) 日輪(일륜) 輪廻(윤회) 輪疾(윤질) 輪姦(윤간) 徑輪(경륜)
	五輪成身(오륜성신) : 5대가 육체(肉體)를 이룬다는 뜻으로, 진언종(眞言宗)에서 말하는 부모(父母)로부터 물려받은 몸.
車部(수레거) 8획총15획	영wheel 중轮[lún] 일リン(わ) 【난이도】 고등용, 읽기 4급, 쓰기 3급

栗	栗栗栗栗栗栗栗栗栗栗
	栗 栗 栗 栗 栗
밤 률/율	栗谷(율곡) 生栗(생률) 棗栗(조율) 栗谷集(율곡집) 栗木洞(율목동) 黃栗(황률)
	棗栗梨柿(조율이시) : 제사(祭祀)의 제물(祭物)을 진설(陳設)할 때, 동편에서부터 대추, 밤, 배, 감 순으로 놓으며 그 외의 과일은 순서(順序)가 없음.
木部(나무목)6획총10획	영chestnut tree 중lì 일リ・リツ(おののく・くり) 【난이도】 고등용, 읽기 3급II, 쓰기 2급

隆	隆隆隆隆隆隆隆隆隆隆隆
	隆 隆 隆 隆 隆
높을 륭/융	隆起(융기) 隆盛(융성) 隆興(융흥) 汚隆(오륭) 隆替(융체) 隆熙(융희) 隆昌(융창)
	三五之隆(삼오지륭) : ① 삼황(三皇) 오제(五帝) 때의 융성(隆盛)했던 세상. ② 한(漢)나라 삼세(三世) 문제와 오세(五世) 무제의 융성(隆盛)했던 시대(時代).
阝(阜)部(좌부방)9획총12획	영eminent 중lóng 일隆[リョウ]【난이도】고등용, 읽기 3급II, 쓰기 2급

陵	陵陵陵陵陵陵陵陵陵陵陵
	陵 陵 陵 陵 陵
언덕 릉/능	江陵(강릉) 陵園(능원) 丘陵(구릉) 徽陵(휘릉) 陵侮(능모) 泰陵(태릉) 王陵(왕릉)
	武陵桃源(무릉도원) : 이 세상(世上)을 떠난 별천지(別天地)를 이르는 말. 陵遲處斬(능지처참) : 머리, 몸, 손, 발을 자르는 극형(極刑).
阝(阜)部(좌부방)8획총11획	영hill 중陵[líng] 일リョウ(みささぎ)【난이도】고등용, 읽기 3급II, 쓰기 2급

吏	吏吏吏吏吏吏
	吏 吏 吏 吏 吏
아전 리/이	官吏(관리) 吏讀(이두) 吏頭(이두) 胥吏(서리) 小吏(소리) 吏胥(이서) 下吏(하리)
	貪官汚吏(탐관오리) : 탐욕(貪慾)이 많고 부정(不正)을 일삼는 벼슬아치. 清白吏(청백리) : 청백한 관리(官吏).
口部(입구) 3획총6획	영official 중lì 일リ(つかさ)【난이도】고등용, 읽기 3급II, 쓰기 2급

梨	梨梨梨梨梨梨梨梨梨梨梨
	梨 梨 梨 梨 梨
배나무 리/이	梨花(이화) 梨花嶺(이화령) 黃梨(황리) 生梨(생리) 山梨(산리) 梨子(이자)
	烏飛梨落(오비이락) : '까마귀 날자 배 떨어진다' 는 속담의 한역으로, 아무런 관계도 없이 한 일이 공교롭게 다른 일과 때가 일치해 혐의(嫌疑)를 받게 됨을 이르는 말.
木部(나무목) 7획총11획	영pear 중lí 일リ(なし)【난이도】고등용, 읽기 3급, 쓰기 2급

裏	裏裏裏裏裏裏裏裏裏裏
	裏 裏 裏 裏 裏
속 리/이	裏面(이면) 禁裏(금리) 內裏(내리) 心裏(심리) 表裏(표리) 宮裏(궁리) 腦裏(뇌리)
	笑裏藏刀(소리장도) : 웃음 속에 칼을 감춘다는 뜻으로, 말은 좋게 하나 마음속 으로는 해칠 뜻을 가진 것을 비유(比喩·譬喩)하여 일컫는 말.
衣部(옷의) 7획총13획	영inside 중里[lǐ] 일リ(うち·うら)【난이도】고등용, 읽기 3급II, 쓰기 2급

履

신 리/이

尸部(주검시) 12획 총15획

履 履 履 履 履 履 履 履 履 履 履 履 履 履

履 履 履 履 履

履歷(이력) 履歷書(이력서) 履修(이수) 履行(이행) 不履行(불이행) 木履(목리)

冠履顚倒(관리전도) : 관(冠)과 신발을 놓는 장소(場所)를 바꾼다는 뜻으로, 상하(上下)의 순서(順序)가 거꾸로 됨을 두고 이르는 말.

영step on, shoes 중lǚ 일リ(はく·ふむ) 【난이도】 고등용, 읽기 3급II, 쓰기 2급

離

떠날 리/이

隹部(새추) 11획 총19획

離 離 離 離 離 離 離 離 離 離 離 離 離 離 離 離

離 離 離 離 離

離別(이별) 離脫(이탈) 離婚(이혼) 距離(거리) 隔離(격리) 分離(분리) 亂離(난리)

會者定離(회자정리) : 만나면 언젠가는 헤어지게 되어 있다는 뜻으로, 인생의 무상(無常)함을 인간의 힘으로는 어찌 할 수 없는 이별의 아쉬움을 일컫는 말.

영leave 중离[lí] 일リ(はなす·はなれる) 【난이도】 고등용, 읽기 4급, 쓰기 3급

隣

이웃 린/인

阝(阜)部(좌부방) 12획 총15획

隣 隣 隣 隣 隣 隣 隣 隣 隣 隣 隣 隣 隣 隣 隣

隣 隣 隣 隣 隣

隣近(인근) 隣接(인접) 善隣(선린) 隔隣(격린) 交隣(교린) 近隣(근린) 隣家(인가)

德不孤必有隣(덕불고필유린) : 덕이 있으면 따르는 사람이 있으므로 외롭지 않다는 뜻.
德必有隣(덕필유린) : 덕이 있으면 따르는 사람이 있어 외롭지 않음을 이르는 말.

영neighbor 중邻[lín] 일リン(となり·となる) 【난이도】 고등용, 읽기 3급, 쓰기 2급

臨

임할 림/임

臣部(신하신) 11획 총17획

臨 臨 臨 臨 臨 臨 臨 臨 臨 臨 臨 臨 臨 臨 臨 臨

臨 臨 臨 臨 臨

臨床(임상) 臨迫(임박) 臨時(임시) 臨終(임종) 降臨(강림) 君臨(군림) 枉臨(왕림)

臨戰無退(임전무퇴) : 삼국 통일의 원동력이 된 화랑(花郎)의 세속오계의 하나. 싸움에 임하여 물러섬이 없음. 사군이충(事君以忠), 사친이효(事親以孝), 교우이신(交友以信).

영confront 중临[lín] 일リン(のぞむ) 【난이도】 고등용, 읽기 3급II, 쓰기 2급

麻

삼 마

麻部(삼마) 0획 총11획

麻 麻 麻 麻 麻 麻 麻 麻 麻 麻 麻

麻 麻 麻 麻 麻

麻衣(마의) 麻姑(마고) 大麻(대마) 麻袋(마대) 麻黃(마황) 麻布(마포) 麻浦(마포)

快刀亂麻(쾌도난마) : 헝클어진 삼을 잘 드는 칼로 자른다는 뜻으로, 복잡(複雜)하게 얽힌 사물이나 비꼬인 문제들을 솜씨 있고 바르게 처리함을 비유해 이르는 말.

영hemp 중麻[mā] 일麻[マ](あさ) 【난이도】 고등용, 읽기 3급II, 쓰기 2급

磨	磨磨磨麻磨麻磨麻麻麻麻磨磨磨磨
	磨 磨 磨 磨 磨

갈 마

石部(돌석)11획총16획

磨滅(마멸) 磨耗(마모) 減磨(감마) 講磨(강마) 不磨(불마) 硏磨(연마) 鍊磨(연마)

磨斧爲針(마부위침) : '도끼를 갈아 바늘을 만든다'는 뜻으로, 아무리 이루기 힘든 일도 끊임없는 노력(努力)과 끈기 있는 인내(忍耐)로 성공(成功)하고야 만다는 뜻.

영grind 중磨[mó] 일磨[マ](みがく) 【난이도】등용, 읽기 3급Ⅱ, 쓰기 2급

幕	幕幕幕幕幕幕幕莫莫莫莫莫幕幕
	幕 幕 幕 幕 幕

장막 막

巾部(수건건)11획총14획

開幕(개막) 閉幕(폐막) 帳幕(장막) 天幕(천막) 幕後(막후) 幕間(막간) 內幕(내막)

煙幕作戰(연막작전) : 적이 볼 수 없도록 연막을 치는 전술. 교묘하고 능청스러운 수단(手段)으로 상대방에게 문제의 핵심을 숨기어 갈피를 못 잡게 하는 일.

영curtain 중幕[mù] 일幕[バク・マク] 【난이도】고등용, 읽기 3급Ⅱ, 쓰기 2급

漠	漠漠漠漠漠漠漠漠漠漠漠漠漠漠
	漠 漠 漠 漠 漠

사막 막

氵部(삼수변)11획총14획

漠然(막연) 廣漠(광막) 漠漠(막막) 渺漠(묘막) 沙漠(사막) 砂漠(사막) 索漠(삭막)

漠然不知(막연부지) : 막연(漠然)하여 알 수 없음.
漠漠大海(막막대해) : ☞ 망망대해(茫茫大海).

영desert 중漠[mò] 일漠[バク](ひろい) 【난이도】고등용, 읽기 3급Ⅱ, 쓰기 2급

漫	漫漫漫漫漫漫漫漫漫漫漫漫漫漫
	漫 漫 漫 漫 漫

질펀할 만

氵部(삼수변)11획총14획

放漫(방만) 漫畵(만화) 漫然(만연) 漫談家(만담가) 散漫(산만) 漫評(만평)

爛漫同歸(난만동귀) : 옳지 않은 일에 부화뇌동(附和雷同)함을 이르는 말.
百花爛漫(백화난만) : 온갖 꽃이 활짝 피어 아름답게 흐드러짐.

영flood 중màn 일マン(そぞろ) 【난이도】고등용, 읽기 3급, 쓰기 2급

慢	慢慢慢慢慢慢慢慢慢慢慢慢慢慢
	慢 慢 慢 慢 慢

게으를 만

忄部(심방변)11획총14획

傲慢(오만) 怠慢(태만) 慢性(만성) 驕慢(교만) 倨慢(거만) 緩慢(완만) 自慢(자만)

傲慢不遜(오만불손) : 잘난 체하고 방자(放恣)하여 제 멋대로 굴거나 남 앞에 겸손(謙遜)하지 않음.

영idle 중màn 일マン(あなどる) 【난이도】고등용, 읽기 3급, 쓰기 2급

妄 妄 妄 妄 妄 妄

| 妄 | 妄 | 妄 | 妄 | 妄 | | | | |

妄言(망언) 妄靈(망령) 妄想(망상) 輕妄(경망) 迂妄(우망) 妄發(망발) 妄說(망설)

輕擧妄動(경거망동) : 가볍고 망령(妄靈)되게 행동(行動)한다는 뜻으로, 도리(道理)나 사정(事情)을 생각하지 아니하고 경솔(輕率)하게 행동(行動)함.

망령될 망

女部(계집녀) 3획 총6획

영 be silly 중 wàng 일 ボウ・モウ(わすれる) 【난이도】 고등용, 읽기 3급II, 쓰기 2급

罔 罔 罔 罔 罔 罔 罔 罔

| 罔 | 罔 | 罔 | 罔 | 罔 | | | | |

欺罔(기망) 誣罔(무망) 罔夜(망야) 罔測(망측) 罔民(망민) 罔象(망상) 罔然(망연)

駭怪罔測(해괴망측) : 헤아릴 수도 없을 만큼 몹시 괴이(怪異)함.
駭遁(해둔) : 놀라서 달아남.

그물 망/이

罒部(그물망) 4획 총8획

영 net 중 wǎng 일 ホウ・モウ(なし) 【난이도】 고등용, 읽기 3급, 쓰기 2급

茫 茫 茫 茫 茫 茫 茫 茫 茫 茫

| 茫 | 茫 | 茫 | 茫 | 茫 | | | | |

茫漠(망막) 茫茫(망망) 滄茫(창망) 茫洋(망양) 茫蒼(망창) 茫然(망연) 蒼茫(창망)

茫然自失(망연자실) : 제 정신(精神)을 잃고 어리둥절한 모양(模樣)을 이르는 말.
茫茫大海(망망대해) : 한없이 넓고 큰 바다.

아득할 망

艹部(초두머리) 6획 총10획

영 remote 중 máng 일 ボウ・モウ(とおい・はるか) 【난이도】 고등용, 읽기 3급, 쓰기 2급

埋 埋 埋 埋 埋 埋 埋 埋 埋

| 埋 | 埋 | 埋 | 埋 | 埋 | | | | |

埋沒(매몰) 埋立地(매립지) 埋葬(매장) 埋立(매립) 埋名(매명) 埋伏(매복)

耕田埋春色汲水斗月光(경전매춘색급수두월광) : 밭을 가니 봄빛을 묻고, 물을 길으니 달빛을 되질함.

묻을 매

土部(흙토) 7획 총10획

영 bury 중 mái 일 マイ(うまる・うめる) 【난이도】 고등용, 읽기 3급, 쓰기 2급

梅 梅 梅 梅 梅 梅 梅 梅 梅 梅

| 梅 | 梅 | 梅 | 梅 | 梅 | | | | |

梅實(매실) 梅天(매천) 梅毒(매독) 梅瓶(매병) 雪中梅(설중매) 梅香(매향)

梅蘭菊竹(매란국죽) : 매화(梅花)·난초(蘭草)·국화(菊花)·대나무(竹), 즉 사군자(四君子)를 말함.

매화나무 매

木部(나무목) 7획 총11획

영 plum 중 méi 일 バイ(うめ) 【난이도】 고등용, 읽기 3급II, 쓰기 2급

媒	媒媒媒媒媒媒媒媒媒媒媒媒
	媒 媒 媒 媒 媒
	媒體(매체) 媒介(매개) 觸媒(촉매) 媒介物(매개물) 觸媒劑(촉매제) 仲媒(중매)
중매 매	媒子(매자) : 중매(仲媒)하는 사람.
	媒合容止(매합용지) : 남녀(男女)를 매합시키어서 자기(自己) 집에 머무르게 함.
女部(계집녀)9획총12획	영match-making 중méi 일バイ(なかだち) 【난이도】 고등용, 읽기 3급II, 쓰기 2급

脈	脈脈脈脈脈脈脈脈脈脈
	脈 脈 脈 脈 脈
	脈絡(맥락) 山脈(산맥) 血脈(혈맥) 文脈(문맥) 亂脈(난맥) 經脈(경맥) 絡脈(낙맥)
맥 맥	一脈相通(일맥상통) : 생각·성질(性質)·처지(處地) 등(等)이 어느 면에서 한 가지로 서로 통(通)함, 서로 비슷함.
月部(육달월) 6획총10획	영pulse 중脉[mài] 일脈[ミャク](すじ)【난이도】 고등용, 읽기 4급II, 쓰기 3급II

盲	盲盲盲盲盲盲盲盲
	盲 盲 盲 盲 盲
	盲目的(맹목적) 盲人(맹인) 盲腸(맹장) 盲點(맹점) 盲動(맹동) 文盲(문맹)
소경 맹	群盲撫象(군맹무상) : 여러 맹인(盲人)이 코끼리를 더듬는다는 뜻으로, 즉 자기(自己)의 좁은 소견(所見)과 주관(主觀)으로 사물(事物)을 그릇 판단(判斷)함.
目部(눈목) 3획총8획	영blind 중máng 일漢[モウ](めくら)【난이도】 고등용, 읽기 3급II, 쓰기 2급

孟	孟子子子孟孟孟孟
	孟 孟 孟 孟 孟
	孟嘗君(맹상군) 孟子(맹자) 孟秋(맹추) 孟春(맹춘) 孟夏(맹하) 孔孟學(공맹학)
맏 맹	孟母斷機(맹모단기) : 맹자(孟子)의 어머니가 베를 끊었다는 뜻으로, 학업(學業)을 중도(中途)에서 그만둠을 훈계(訓戒)하는 말.
子部(아들자) 5획총8획	영first 중mèng 일モウ(はじめ)【난이도】 고등용, 읽기 3급II, 쓰기 2급

猛	猛猛猛猛猛猛猛猛猛猛猛
	猛 猛 猛 猛 猛
	猛烈(맹렬) 猛獸(맹수) 猛威(맹위) 勇猛(용맹) 猛虎(맹호) 猛勇(맹용) 猛敵(맹적)
사나울 맹	苛政猛於虎(가정맹어호) :「가혹(苛酷)한 정치(政治)는 호랑이 보다 더 사납다」는 뜻으로, 가혹(苛酷)한 정치(政治)의 폐해(弊害)를 비유(比喩·譬喩)하는 말.
犭部(개사슴록변) 8획총11획	영fierce 중màn 일モウ(たけし)【난이도】 고등용, 읽기 3급II, 쓰기 2급

	盟盟盟盟盟盟盟盟盟盟盟盟盟
盟	盟 盟 盟 盟 盟
	盟邦(맹방) 盟誓(맹서) 盟約(맹약) 盟兄(맹형) 加盟(가맹) 同盟(동맹) 聯盟(연맹)
	城下之盟(성하지맹) : 수도의 성 밑까지 적군의 공격을 받아 할 수 없이 강화(講和)를 맹세하고 굳게 약속한다는 뜻으로, 대단히 굴욕적인 강화나 항복을 이르는 말.
맹세 맹	
皿部(그릇명)8획총13획	영oath 중méng 일メイ(ちかう) 【난이도】 고등용, 읽기 3급II, 쓰기 2급

	綿綿綿綿綿綿綿綿綿綿綿綿綿綿
綿	綿 綿 綿 綿 綿
	綿代(면대) 絹綿(견면) 綿綿(면면) 綿密(면밀) 綿棒(면봉) 綿絲(면사) 綿山(면산)
	周到綿密(주도면밀) : 주의(注意)가 두루 미쳐 자세하고 빈틈이 없음.
	綿紡織(면방직) : 목화(木花)를 원료(原料)로 하는 방직(紡織).
솜 면	
糸部(실사) 8획총14획	영cotton 중绵[mián] 일メン(わた) 【난이도】 고등용, 읽기 3급II, 쓰기 2급

滅	滅滅滅滅滅滅滅滅滅滅滅滅滅
	滅 滅 滅 滅 滅
	滅菌(멸균) 滅亡(멸망) 滅種(멸종) 潰滅(궤멸) 不滅(불멸) 消滅(소멸) 湮滅(인멸)
	生者必滅(생자필멸) : 생명(生命)이 있는 것은 반드시 죽게 마련이라는 뜻으로, 불교(佛敎)에서 세상만사(世上萬事)가 덧없음을 이르는 말.
멸망할 멸	
氵部(삼수변)10획총13획	영ruin 중灭[miè] 일メツ(ほろびる・ほろぼす)【난이도】 고등용, 읽기 3급II, 쓰기 2급

冥	冥冥冥冥冥冥冥冥冥冥
	冥 冥 冥 冥 冥
	冥界(명계) 冥福(명복) 冥府(명부) 冥想(명상) 冥王星(명왕성) 幽冥(유명)
	冥冥之中(명명지중) : 듣거나 볼 수 없이 은연 중에 느껴지는 가운데. 어두운 저승.
	冥冥之志(명명지지) : 마음속에 깊이 간직하여 외부에 드러내지 않고 힘쓰는 뜻.
어두울 명	
冖部(민갓머리)8획총10획	영dark 중míng 일メイ(くらい) 【난이도】 고등용, 읽기 3급, 쓰기 2급

	銘銘銘銘銘銘銘銘銘銘銘銘銘銘
銘	銘 銘 銘 銘 銘
	銘記(명기) 銘念(명념) 銘文(명문) 銘心(명심) 銘佩(명패) 感銘(감명) 碑銘(비명)
	刻骨銘心(각골명심) : 마음속 깊이 새겨 둠.
	座右銘(좌우명) : 늘 자리 옆에 적어놓고 자기(自己)를 경계(警戒)하는 말.
새길 명	
金部(쇠금) 6획 총14획	영engrave 중铭[míng] 일メイ 【난이도】 고등용, 읽기 3급II, 쓰기 2급

侮 侮 侮 侮 侮 侮 侮 侮

侮 侮 侮 侮 侮

엽신여길 모

亻部(사람인변) 7획 총9획

侮辱(모욕) 受侮(수모) 侮蔑(모멸) 陵侮(능모) 侮蔑感(모멸감) 凌侮(능모)

非我言侮惟聖之謨(비아언모유성지모) : 내가 늙은이의 망령(妄靈)으로 말하는 것이 아니라, 오직 성인(聖人)이 하신 말씀인 것임.

영despice 중wǔ 일侮[ブ](あなどる) 【난이도】 고등용, 읽기 3급, 쓰기 2급

冒 冒 冒 冒 冒 冒 冒 冒 冒

冒 冒 冒 冒 冒

무릅쓸 모

冂部(멸경몸)7획 총9획

冒瀆(모독) 冒險(모험) 冒頭(모두) 感冒(감모) 冒險家(모험가) 冒嫉(모질)

冒沒廉恥(모몰염치) : 염치 없는 줄 알면서도 이를 무릅쓰고 일을 행함을 이르는 말.
冒萬死(모만사) : 만 번 죽기를 무릅쓴다는 뜻으로, 온갖 어려움을 무릅씀.

영risk 중mào 일ボウ(おかす) 【난이도】 고등용, 읽기 3급, 쓰기 2급

某 某 某 某 某 某 某 某 某

某 某 某 某 某

아무 모

木部(나무목) 5획 총9획

某氏(모씨) 某種(모종) 某年(모년) 某處(모처) 某樣(모양) 某事(모사) 某某(모모)

某月某日(모월모일) : 어느 달, 어떤 날.
誰也某也(수야모야) : 아무아무. 누구누구.

영someone 중mǒu 일ボウ(それがし) 【난이도】 고등용, 읽기 3급, 쓰기 2급

募 募 募 募 募 募 募 募 募 募 募 募 募

募 募 募 募 募

모을 모

力部(힘력) 11획 총13획

募集(모집) 募金(모금) 公募(공모) 私募(사모) 召募(소모) 募集人(모집인)

間接募集(간접모집) : 국가(國家) 기관(機關)에 의(依)하지 아니하고 자치단체(自治團體)에 의(依)하여 행(行)해지는 국가(國家) 행정(行政),

영collect 중募[mù] 일募[ボ](つのる) 【난이도】 고등용, 읽기 3급, 쓰기 2급

貌 貌 貌 貌 貌 貌 貌 貌 貌 貌 貌 貌 貌 貌

貌 貌 貌 貌 貌

모양 모

豸部(갖은돼지시변)7획 총14획

貌樣(모양) 面貌(면모) 美貌(미모) 變貌(변모) 容貌(용모) 外貌(외모) 全貌(전모)

以貌取人(이모취인) : 생김새로 사람을 취한다는 뜻으로, 사람이 어질고 어질지 않음을 보는데 그 사람의 덕의 여하는 고려하지 않고, 다만 용모의 미추만을 보고 정하는 행위.

영appearance 중mào 일ボウ(つのる) 【난이도】 고등용, 읽기 3급Ⅱ, 쓰기 2급

慕	慕慕慕慕慕慕慕慕莫莫莫莫慕慕慕
	慕 慕 慕 慕 慕
사모할 모	敬慕(경모) 思慕(사모) 愛慕(애모) 哀慕(애모) 戀慕(연모) 欽慕(흠모) 追慕(추모)
	戀慕之情(연모지정) : 사랑하여 그리워하는 정. 思慕不忘(사모불망) : 사모(思慕)해 잊지 않음.
忄部(마음심밑)11획총15획	영yearn for 중慕[mù] 일慕[ボ](したう) 【난이도】 고등용, 읽기 3급, 쓰기 2급

模	模模模模模模模模模模模模模模模
	模 模 模 模 模
본뜰 모	規模(규모) 模樣(모양) 大規模(대규모) 模糊(모호) 模範(모범) 模倣(모방)
	曖昧模糊(애매모호) : 사물(事物)의 이치(理致)가 희미(稀微)하고 분명(分明)치 않음. 模造品(모조품) : 딴 물건(物件)을 본떠서 만든 물건(物件).
木部(나무목)11획총15획	영form 중模[mú] 일模[ボ·モ](のり) 【난이도】 고등용, 읽기 4급, 쓰기 3급

謀	謀謀謀謀謀謀謀謀謀謀謀謀謀謀謀謀
	謀 謀 謀 謀 謀
꾀할 모	謀免(모면) 圖謀(도모) 陰謀(음모) 參謀(참모) 無謀(무모) 謀反(모반) 共謀(공모)
	權謀術數(권모술수) : 목적 달성을 위해서는 인정이나 도덕을 가리지 않고 권세 (權勢)와 모략(謀略) 중상(中傷) 등 갖은 방법과 수단(手段)을 쓰는 술책(術策).
言部(말씀언)9획총16획	영plot 중谋[móu] 일ボウ·ム(はかる) 【난이도】 고등용, 읽기 3급Ⅱ, 쓰기 2급

牧	牧牧牧牧牧牧牧牧
	牧 牧 牧 牧 牧
칠 목	牧師(목사) 牧場(목장) 牧丹(목단) 遊牧(유목) 牧使(목사) 遊牧民(유목민)
	牧民之官(목민지관) : 백성(百姓)을 기르는 벼슬아치라는 뜻으로, 원이나 수령(守令) 등(等) 외직 문관(文官)을 통칭(通稱)하는 말.
牛部(소우) 4획총8획	영pasture 중mù 일ボク(まき) 【난이도】 고등용, 읽기 4급Ⅱ, 쓰기 3급Ⅱ

睦	睦睦睦睦睦睦睦睦睦睦睦睦睦
	睦 睦 睦 睦 睦
화목할 목	睦友(목우) 睦族(목족) 敦睦(돈목) 不睦(불목) 輯睦(집목) 親睦(친목) 和睦(화목)
	上下和睦(상하화목) : 윗사람과 아랫사람이 서로 화목(和睦)하게 지냄. 一家和睦(일가화목) : 한집안 식구(食口)가 서로 뜻이 맞아 정다움.
目部(눈목)8획총13획	영in harmony 중睦[mù] 일ボク(むつましい) 【난이도】 고등용, 읽기 3급Ⅱ, 쓰기 2급

没 没 没 没 没 没 没

| 没 | 没 | 没 | 没 | 没 | | | | |

汨沒(골몰) 沒頭(몰두) 埋沒(매몰) 沒落(몰락) 日沒(일몰) 沈沒(침몰) 陷沒(함몰)

神出鬼沒(신출귀몰) : 귀신(鬼神)처럼 자유자재(自由自在)로 나타나기도 하고, 숨기도 한다는 뜻으로, 날쌔게 나타났다 숨었다 하는 모양(模樣)을 이르는 말.

빠질 몰

氵部(삼수변) 4획총7획 　영sink 중mò 일ボツ(しずむ·かくれる) 【난이도】 고등용, 읽기 3급, 쓰기 2급

蒙 蒙 蒙 蒙 蒙 蒙 蒙 蒙 蒙 蒙 蒙 蒙 蒙 蒙

| 蒙 | 蒙 | 蒙 | 蒙 | 蒙 | | | | |

蒙古(몽고) 蒙求(몽구) 蒙利(몽리) 蒙昧(몽매) 啓蒙(계몽) 童蒙(동몽) 朱蒙(주몽)

蒙塵(몽진) : 머리에 티끌을 뒤집어 쓴다는 뜻으로, 나라에 난리(亂離)가 있어 임금이 나라 밖으로 도주(逃走)함을 말함.

어릴 몽

艹部(초두머리)10획총14획 　영benighted, ignorant 중蒙[méng] 일蒙[モウ](こうむる) 【난이도】 고등용, 읽기 3급Ⅱ, 쓰기 2급

夢 夢 夢 夢 夢 夢 夢 夢 夢 夢 夢 夢 夢 夢

| 夢 | 夢 | 夢 | 夢 | 夢 | | | | |

惡夢(악몽) 夢寐(몽매) 夢遊病(몽유병) 吉夢(길몽) 夢兆(몽조) 夢寐間(몽매간)

莊周之夢(장주지몽) : ① 자아(自我)와 외계(外界)와의 구별(區別)을 잊어버린 경지(境地)를 말함. ② 사물(事物)과 자신(自身)이 한 몸이 된 경지(境地).

꿈 몽

夕部(저녁석)11획총14획 　영dream 중梦[mèng] 일夢[ム](ゆめ) 【난이도】 고등용, 읽기 3급Ⅱ, 쓰기 2급

苗 苗 苗 苗 苗 苗 苗 苗 苗

| 苗 | 苗 | 苗 | 苗 | 苗 | | | | |

種苗(종묘) 苗木(묘목) 育苗(육묘) 苗族(묘족) 苗脈(묘맥) 禾苗(화묘) 痘苗(두묘)

助長拔苗(조장발묘) : 빨리 자라라고 모를 뽑는다는 뜻으로, 빠른 성과(成果)를 보려고 무리하게 다른 힘을 더하여 도리어 그것을 해(害)치게 됨을 이르는 말.

모 묘

艹部(초두머리) 5획총9획 　영sprout 중苗[miáo] 일苗[ビョウ](なえ·なわ) 【난이도】 고등용, 읽기 3급, 쓰기 2급

墓 墓 墓 墓 墓 墓 墓 墓 墓 墓 墓 墓 墓 墓

| 墓 | 墓 | 墓 | 墓 | 墓 | | | | |

省墓(성묘) 墓域(묘역) 墓碑(묘비) 墓地(묘지) 墳墓(분묘) 墓所(묘소) 參墓(참묘)

墓碣銘(묘갈명) : 묘갈에 새겨 놓은 글.
丘墓之鄕(구묘지향) : 조상(祖上)의 묘가 있는 고향(故鄕).

무덤 묘

土部(흙토)11획총14획 　영grave 중墓[mù] 일墓[ボ](はか) 【난이도】 고등용, 읽기 4급, 쓰기 3급

廟

사당 묘

廟廟廟廟廟廟廟廟廟廟廟廟廟廟廟

廟 廟 廟 廟 廟

廟堂(묘당) 家廟(가묘) 大廟(대묘) 文廟(문묘) 宗廟(종묘) 太廟(태묘)

廟堂公論(묘당공론) : 조정(朝廷)의 군신(君臣)들이 모여 나라일을 논의(論議)하는 일.
廊廟之志(낭묘지지) : 재상(宰相)이나 대신이 되어 국사(國事)를 맡아 볼 뜻.

广部(엄호)12획총15획 　영shrine　중庙[miào]　일ビョウ(たまや·みたまや)　【난이도】고등용, 읽기 3급, 쓰기 2급

貿

무역할 무

貿貿貿貿貿貿貿貿貿貿貿貿

貿 貿 貿 貿 貿

自由貿易(자유무역) 加工貿易(가공무역) 國際貿易(국제무역) 外國貿易(외국무역)

貿首之讐(무수지수) : 서로 상대(相對)의 목을 베고자 하는 깊은 원수(怨讐), 특(特)히 아버지를 죽인 원수(怨讐).

貝部(조개패) 5획총12획　영trade　중贸[mào]　일ボウ(あきなう)　【난이도】고등용, 읽기 3급II, 쓰기 2급

霧

안개 무

霧霧霧霧霧霧霧霧霧霧霧霧霧霧霧霧霧霧霧

霧 霧 霧 霧 霧

霧散(무산) 霧集(무집) 噴霧器(분무기) 氷霧(빙무) 濃霧(농무) 雲霧(운무)

五里霧中(오리무중) : 짙은 안개가 5리나 끼어 있는 속에 있다는 뜻으로, ① 무슨 일에 대하여 방향이나 상황을 알 길이 없음을 이르는 말. ② 일의 갈피를 잡기 어려움.

雨部(비우)11획총19획　영 fog　중雾[wù]　일ム(きり)　【난이도】고등용, 읽기 3급, 쓰기 2급

默

잠잠할 묵

默默默默默默默默默默默默默默默默

默 默 默 默 默

默念(묵념) 默禱(묵도) 默默(묵묵) 默殺(묵살) 默想(묵상) 默認(묵인) 沈默(침묵)

默默不答(묵묵부답) : 입을 다문 채 아무 대답(對答)도 하지 아니함.
默然不答(묵연부답) : 잠자코 대답(對答)하지 아니함.

黑部(검을흑)4획총16획　영quiet, still　중默[mò]　일默[モク](だまる)　【난이도】읽기 3급II, 쓰기 2급

眉

눈썹 미

眉眉眉眉眉眉眉眉眉

眉 眉 眉 眉 眉

鬚眉(수미) 愁眉(수미) 頭眉(두미) 眉間(미간) 眉宇(미우) 曲眉(곡미) 眉目(미목)

焦眉之急(초미지급) :「눈썹이 타게 될 만큼 위급한 상태(狀態)」란 뜻으로, 그대로 방치(放置)할 수 없는 매우 다급(多急)한 일이나 경우(境遇)를 비유한 말.

目部(눈목) 4획 총9획　영eyebrow　중méi　일ミ·ビ(まゆ)　【난이도】고등용, 읽기 3급, 쓰기 2급

迷	迷迷迷迷迷迷迷迷迷迷
	迷 迷 迷 迷 迷

迷惑(미혹) 迷兒(미아) 昏迷(혼미) 迷信(미신) 迷路(미로) 迷途(미도) 迷宮(미궁)

金迷紙醉(금미지취) : 「금종이에 정신이 미혹(迷惑)되고 취한다」는 뜻으로, 사치스런 생활(生活)을 비유(比喩·譬喩)하는 말.

미혹할 미

辶部(책받침) 6획총10획 | 영confused 중迷[mí] 일迷[メイ](まよう) 【난이도】 고등용, 읽기 3급, 쓰기 2급

微	微微微微微微微微微微微微微
	微 微 微 微 微

微妙(미묘) 微生物(미생물) 微細(미세) 微笑(미소) 輕微(경미) 幾微(기미)

拈華微笑(염화미소) : '꽃을 집어 들고 웃음을 띠다'란 뜻으로, 말로 하지 않고 마음에서 마음으로 전하는 일을 이르는 말. 불교에서 이심전심의 뜻으로 쓰이는 말.

가늘 미

彳部(두인변)10획총13획 | 영tiny 중wēi 일ビ(こうむる) 【난이도】 고등용, 읽기 3급Ⅱ, 쓰기 2급

敏	敏敏敏敏敏敏每每敏敏敏
	敏 敏 敏 敏 敏

敏感(민감) 銳敏(예민) 敏捷(민첩) 機敏(기민) 英敏(영민) 敏速(민속) 過敏(과민)

訥言敏行(눌언민행) : 「더듬는 말과 민첩(敏捷)한 행동」이라는 뜻으로, 말하기는 쉬워도 행하기는 어려우므로, 군자는 말은 둔하여도 행동은 민첩해야 함을 이름.

민첩할 민

攵部(등글월문)7획총11획 | 영quick 중mǐn 일敏[ビン](さとい) 【난이도】 고등용, 읽기 3급, 쓰기 2급

憫	憫憫憫憫憫憫憫憫憫憫憫憫憫
	憫 憫 憫 憫 憫

憐憫(연민) 憫憫(민민) 不憫(불민) 憫憐(민련) 憫笑(민소) 憫然(민연) 憫情(민정)

憫燥(민조) : 고려(高麗) 때 육조(六曹)의 하나. 충렬왕(忠烈王) 24(1298)년 판도사(版圖司)를 고친 이름으로 그 34(1308)년에 민부로 고침.

근심할 민

忄部(심방변)12획총15획 | 영pity 중憫[mǐn] 일ビン·ミン(あわれむ) 【난이도】 고등용, 읽기 3급, 쓰기 2급

蜜	蜜蜜蜜蜜蜜蜜蜜蜜蜜蜜窚蜜蜜蜜
	蜜 蜜 蜜 蜜 蜜

蜜蠟(밀랍) 蜜語(밀어) 木蜜(목밀) 蜜蜂(밀봉) 蜜月(밀월) 糖蜜(당밀) 蜂蜜(봉밀)

口蜜腹劍(구밀복검) : 입으로는 달콤함을 말하나 뱃속에는 칼을 감추고 있다는 뜻으로, 겉으로는 친절(親切)하나 마음속은 음흉(陰凶)한 생각을 품고 있는 것.

꿀 밀

虫部(벌레충)8획총14획 | 영honey 중mì 일ミツ(みつ) 【난이도】 고등용, 읽기 3급, 쓰기 2급

拍 拍 拍 拍 拍 拍 拍 拍

拍 拍 拍 拍 拍

拍手(박수) 拍車(박차) 拍子(박자) 拍掌(박장) 四拍子(사박자) 拍賣(박매)

拍掌大笑(박장대소) : 손뼉을 치면서 크게 웃음. 拍笑(박소) : 손뼉을 치며 크게 웃음.
拍案大叫(박안대규) : 책상(冊床)을 치며 큰 소리를 지름.

칠 박

扌(手)部(재방변)5획 총8획

영strike 중pāi 일ハク・ヒョウ(うつ) 【난이도】 고등용, 읽기 4급, 쓰기 3급

泊 泊 泊 泊 泊 泊 泊 泊

泊 泊 泊 泊 泊

宿泊(숙박) 漂泊(표박) 憩泊(게박) 碇泊(정박) 民泊(민박) 淡泊(담박) 船泊(선박)

流離漂泊(유리표박) : 일정한 직업을 가지지 아니하고 정처 없이 이리저리 떠돌아
다니는 일. 轉轉漂泊(전전표박) : 여기저기로 돌아다니거나 옮겨 다니면서 삶.

배댈 박

氵部(삼수변) 5획총8획

영anchor 중bó 일ハク(とまる・とめる) 【난이도】 고등용, 읽기 3급, 쓰기 2급

迫 迫 迫 迫 迫 迫 迫 迫 迫

迫 迫 迫 迫 迫

切迫(절박) 臨迫(임박) 迫害(박해) 逼迫(핍박) 緊迫(긴박) 促迫(촉박) 急迫(급박)

迫不得已(박부득이) : 일이 매우 급박(急迫)하여 어떻게 할 수가 없음.
優遊不迫(우유불박) : 느긋하고 침착(沈着)하여 서둘지 않음.

핍박할 박

辶部(책받침) 5획 총9획

영urgency 중迫[pò] 일迫[ハク](せまる) 【난이도】 고등용, 읽기 3급II, 쓰기 2급

博 博 博 博 博 博 博 博 博 博 博 博

博 博 博 博 博

博士(박사) 賭博(도박) 博物館(박물관) 博愛(박애) 該博(해박) 博覽會(박람회)

博學詳說(박학상설) : 군자가 박학함으로써 상세히 풀이하는 것은 세인(世人)에게
학문을 자랑하려 함이 아니라, 요점(要點)을 알아듣도록 설명하기 위함이라는 말.

넓을 박

十部(열십)10획총12획

영wide, broad 중bó 일博[ハク](ひろい) 【난이도】 고등용, 읽기 4급II, 쓰기 3급II

薄 薄 薄 薄 薄 薄 薄 薄 薄 薄 薄 薄 薄 薄 薄 薄 薄

薄 薄 薄 薄 薄

薄命(박명) 薄氷(박빙) 薄弱(박약) 薄土(박토) 野薄(야박) 淺薄(천박) 薄情(박정)

紅顔薄命(홍안박명) : 얼굴에 복숭아빛을 띤 예쁜 여자는 팔자가 사납다는 뜻으로
이르는 말. 如履薄氷(여리박빙) : 얇은 얼음을 밟듯 몹시 위험함을 가리키는 말.

엷을 박

艹部(초두머리)13획총17획

영thin 중薄[báo] 일薄[ハク](うすい・うすまる) 【난이도】 고등용, 읽기 3급II, 쓰기 2급

伴

伴伴伴伴伴伴伴

伴	伴	伴	伴	伴					

짝 반

隨伴(수반) 同伴(동반) 同伴者(동반자) 伴侶者(반려자) 伴侶(반려) 伴星(반성)

伴食宰相(반식재상) : 곁에 모시고 밥을 먹는 재상(宰相)이라는 뜻으로, 무위도식(無爲徒食)으로 자리만 차지하고 있는 무능(無能)한 대신(大臣)을 비꼬아 이르는 말.

亻部(사람인변) 5획총7획 ｜ 영companion 중bàn 일ハン・バン(ともなう) 【난이도】 고등용, 읽기 3급, 쓰기 2급

返

返返返返返返返返

返	返	返	返	返					

돌이킬 반

返戾(반려) 返還(반환) 返納(반납) 返送(반송) 返濟(반제) 返品(반품) 返路(반로)

覆水不返盆(복수불반분) : 「한번 쏟은 물은 다시 그릇에 담을 수 없다」는 뜻으로, ① 한번 헤어진 부부가 다시 결합할 수 없음을 비유한 말. ② 한번 끝난 일은 되풀이 못함.

辶部(책받침) 4획총8획 ｜ 영return 중返[fǎn] 일返[ヘン](かえす・かえる) 【난이도】 고등용, 읽기 3급, 쓰기 2급

叛

叛叛叛叛叛叛叛叛

叛	叛	叛	叛	叛					

배반할 반

叛徒(반도) 叛逆(반역) 叛亂(반란) 謀叛(모반) 背叛(배반) 委叛(위반) 離叛(이반)

叛服無常(반복무상) : 언행(言行)이 배반(背反)했다 복종(服從)했다 하며 일정(一定)하지 않거나 그 태도(態度)가 한결같지 아니함.

又部(또우)7획총9획 ｜ 영betrayal 중叛[pàn] 일叛[ビン](さとい) 【난이도】 고등용, 읽기 3급, 쓰기 2급

般

般般般般般般般般般

般	般	般	般	般					

일반 반

一般(일반) 全般(전반) 今般(금반) 一般的(일반적) 全般的(전반적) 諸般(제반)

金剛般若波羅密經(금강반약파라밀경) : 대승(大乘)의 반야의 경지에서, 공혜로써 체를 삼고 일체법(一體法) 무아(無我)의 이치(理致)를 말한 경문(經文).

舟部(배주) 4획총10획 ｜ 영turn 중bān 일ハン(ついで) 【난이도】고등용, 읽기 3급Ⅱ, 쓰기 2급

班

班班班班班班班班班

班	班	班	班	班					

나눌 반

首班(수반) 班長(반장) 兩班(양반) 虎班(호반) 西班(서반) 東班(동반) 武班(무반)

兩班踏橋(양반답교) : 예전에, 양반(兩班)들이 서민(庶民)과 뒤섞이기를 꺼리어, 하루 앞당겨 음력(陰曆) 정월(正月) 14일에 다리 밟기를 하던 일.

王部(구슬옥)6획총10획 ｜ 영devide 중bān 일ハン 【난이도】 고등용, 읽기 6급Ⅱ, 쓰기 5급Ⅱ

盤

소반 반

皿部(그릇명)10획총15획

盤 刀 刀 舟 舟 舟 般 般 般 般 般 盤 盤 盤

盤石(반석) 基盤(기반) 音盤(음반) 中盤(중반) 地盤(지반) 初盤(초반) 茶盤(다반)

盤根錯節(반근착절) : 구부러진 나무뿌리와 울퉁불퉁한 나무의 마디란 뜻으로, ① 얽히고 설켜 처리하기에 곤란한 사건. ② 세상일에 난관이 많음의 비유.

영tray 중盘[pán] 일バン(さら) 【난이도】고등용, 읽기 3급Ⅱ, 쓰기 2급

拔

뺄 발

扌(手)部(재방변) 5획총8획

拔 拔 拔 拔 拔 拔 拔 拔

選拔(선발) 拔萃(발췌) 拔擢(발탁) 奇拔(기발) 海拔(해발) 拔群(발군) 拔本(발본)

拔本塞源(발본색원) : 근본(根本)을 빼내고 원천(源泉)을 막아 버린다는 뜻으로, 사물(事物)의 폐단(弊端)을 없애기 위해서 그 뿌리째 뽑아 버림을 이르는 말.

영full out 중bá 일バツ(ぬかす・ぬかる) 【난이도】고등용, 읽기 3급Ⅱ, 쓰기 2급

髮

터럭 발

髟部(머리털표)5획총15획

髮 髮 髮 髮 髮 髮 髮 髮 髮 髮 髮 髮 髮 髮 髮

假髮(가발) 頭髮(두발) 毛髮(모발) 白髮(백발) 散髮(산발) 理髮(이발) 削髮(삭발)

危機一髮(위기일발) : 머리털 하나로 천균(千鈞)이나 되는 물건(物件)을 끌어당긴다는 뜻으로, 당장에라도 끊어질 듯한 위험한 순간(瞬間)을 비유해 이르는 말.

영hair 중发[fā] 일髮[ハツ](かみ)【난이도】고등용, 읽기 4급, 쓰기 3급

邦

나라 방

阝(邑)部(우부방) 4획총7획

邦 邦 邦 邦 邦 邦 邦

殊邦(수방) 聯邦(연방) 外邦(외방) 他邦(타방) 盟邦(맹방) 劉邦(유방) 友邦(우방)

父母之邦(부모지방) : 내가 태어난 나라.

禮儀之邦(예의지방) : 예의(禮儀)를 숭상(崇尙)하며 잘 지키는 나라.

영nation 중bāng 일ホウ(くに) 【난이도】고등용, 읽기 3급, 쓰기 2급

妨

방해할 방

女部(계집녀) 4획총7획

妨 妨 妨 妨 妨 妨 妨

妨害(방해) 自然妨害(자연방해) 妨碍(방애) 無妨(무방) 安眠妨害(안면방해)

也自不妨(야자불방) : 괜찮음. 해(害)롭잖음.

妨工害事(방공해사) : 남의 일에 해살을 놓아 해(害)롭게 함.

영obstruct 중fáng 일ボウ(さまたげる) 【난이도】고등용, 읽기 4급, 쓰기 3급

芳

꽃다울 방

艹部(초두머리) 4획 총8획

芳芳芳芳芳芳芳芳

芳	芳	芳	芳	芳					

芳薰(방훈) 芳春(방춘) 芳紀(방기) 芳齡(방령) 芳名錄(방명록) 芳名(방명)

綠陰芳草(녹음방초) : 나무가 푸르게 우거진 그늘과 꽃다운 풀이라는 뜻으로, 여름의 아름다운 경치(景致).

영flowery 중芳[fāng] 일ホウ(かんばしい) 【난이도】고등용, 읽기 3급Ⅱ, 쓰기 2급

倣

본뜰 방

亻部(사람인변)8획 총10획

倣倣倣倣倣倣倣倣倣倣

倣	倣	倣	倣	倣					

摸倣(모방) 模倣(모방) 摹倣(모방) 模倣色(모방색) 模倣說(모방설) 倣製鏡(방제경)

模倣本能(모방본능) : 예술(藝術)·문화(文化)의 발생(發生) 또는, 발달(發達) 요인(要因)으로서 본을 뜨는 인간의 본능. 유행, 전통, 습관(習慣) 등(等)을 형성(形成)함.

영imitate 중仿[fǎng] 일ホウ(ならう) 【난이도】고등용, 읽기 3급, 쓰기 2급

傍

곁 방

亻部(사람인변)10획 총12획

傍傍傍傍傍傍傍傍傍傍傍傍

傍	傍	傍	傍	傍					

傍系(방계) 傍觀(방관) 傍點(방점) 傍助(방조) 傍證(방증) 傍聽(방청) 傍系(방계)

傍若無人(방약무인) : 곁에 아무도 없는 것처럼 여긴다는 뜻으로, 주위(周圍)에 있는 다른 사람을 전혀 의식하지 않고 제멋대로 행동(行動)하는 것을 이르는 말.

영beside 중bàng 일ホウ(かたわら) 【난이도】고등용, 읽기 3급, 쓰기 2급

背

등 배

月部(육달월) 5획총9획

背背背背背背背背背

背	背	背	背	背					

背景(배경) 背反(배반) 背信(배신) 背恩(배은) 背馳(배치) 違背(위배) 背後(배후)

二律背反(이율배반) : 두 가지 규율(規律)이 서로 반대(反對)된다는 뜻으로, 동일(同一) 법전(法典)에 포함(包含)되는 개개 법문(法文) 간(間)의 모순(矛盾).

영back 중bèi 일ハイ(せ·せい·そむく) 【난이도】고등용, 읽기 4급Ⅱ, 쓰기 3급Ⅱ

倍

곱 배

亻部(사람인변)8획 총10획

倍倍倍倍倍倍倍倍倍倍

倍	倍	倍	倍	倍					

倍加(배가) 倍前(배전) 加倍(가배) 倍率(배율) 倍達(배달) 倍數(배수) 公倍數(공배수)

倍達民族(배달민족) : ① 우리 민족(民族)을 달리 부르는 말. ② 우리나라의 상고(上古) 시대(時代) 이름. ③ '배달(倍達) 겨레'가 이루고 있는 나라.

영double 중bèi 일バイ 【난이도】고등용, 읽기 5급, 쓰기 4급

配

짝 배

酉部(닭유) 3획 총10획

配配配配配配配配配配

| 配 | 配 | 配 | 配 | 配 | | | | | |

支配(지배) 配慮(배려) 分配(분배) 配置(배치) 配達(배달) 配定(배정) 配分(배분)

天生配匹(천생배필) : 하늘에서 미리 전(傳)해 준 배필(配匹).
天定配匹(천정배필) : 하늘에서 정(定)해진 배필(配匹).

영couple 중pèi 일ハイ(くばる) 【난이도】 고등용, 읽기 4급II, 쓰기 3급II

培

북돋울 배

土部(흙토)8획 총11획

培培培培培培培培培培

| 培 | 培 | 培 | 培 | 培 | | | | | |

栽培(재배) 培養(배양) 培材學堂(배재학당) 栽培植物(재배식물) 促成栽培(촉성재배)

培養(배양) : ① 식물(植物)이나 미생물(微生物) 따위를 인공적으로 가꾸어 기름.
② 인격(人格), 사상(思想), 역량(力量) 따위가 발전(發展)하도록 가르쳐 기름.

영nourish 중péi 일バイ(つちかう) 【난이도】 고등용, 읽기 3급II, 쓰기 2급

排

물리칠 배

扌(手)部(재방변)8획 총11획

排排排排排排排排排排

| 排 | 排 | 排 | 排 | 排 | | | | | |

排除(배제) 排出(배출) 排斥(배척) 排定(배정) 按排(안배) 排泄(배설) 排布(배포)

排滿復明(배만복명) : 만주족(滿洲族)이 세운 청(淸)나라를 물리치고 명(明)나
라를 도와 부흥시키려던 주장. 병자호란 뒤에 일어나 효종(孝宗) 때 성(盛)했음.

영reject 중pái 일ハイ(おす) 【난이도】 고등용, 읽기 3급II, 쓰기 2급

輩

무리 배

車部(수레거) 8획 총15획

輩輩輩輩輩輩輩輩輩輩輩輩輩輩輩

| 輩 | 輩 | 輩 | 輩 | 輩 | | | | | |

先輩(선배) 後輩(후배) 輩出(배출) 暴力輩(폭력배) 我輩(아배) 政商輩(정상배)

當今無輩(당금무배) : 이 세상(世上)에서는 어깨를 겨눌 사람이 없음.
奸細之輩(간세지배) : 간사(奸邪)한 짓을 하는 못된 사람의 무리.

영party 중輩[bèi] 일ハイ(ともがら) 【난이도】 고등용, 읽기 3급II, 쓰기 2급

伯

맏 백

亻部(사람인변) 5획 총7획

伯伯伯伯伯伯伯

| 伯 | 伯 | 伯 | 伯 | 伯 | | | | | |

伯叔(백숙) 伯氏(백씨) 伯爵(백작) 伯兄(백형) 河伯(하백) 畵伯(화백) 伯叔(백숙)

伯仲之勢(백중지세) : 누구를 형이라 아우라 하기 어렵다는 뜻으로, 형제(兄弟)인
장남(長男)과 차남(次男)의 차이(差異)처럼 큰 차이(差異)가 없는 형세(形勢).

영eldest 중bó 일ハク 【난이도】 고등용, 읽기 3급II, 쓰기 2급

煩

괴로워할 번

火部(불화) 9획 총13획

煩 煩 煩 煩 煩 煩 煩 煩 煩 煩 煩 煩

煩 煩 煩 煩 煩

煩惱(번뇌) 煩悶(번민) 頻煩(빈번) 煩雜(번잡) 煩忙(번망) 煩劇(번극) 耐煩(내번)

要言不煩(요언불번) : 요긴(要緊)한 말은 번잡(煩雜)하지 않다는 뜻으로, 중요(重要)한 말은 긴 이야기를 듣지 않아도 그 뜻을 알 수 있음을 이르는 말.

영annoy 중烦[fán] 일ハン・ボン(わずらう) 【난이도】 고등용, 읽기 3급Ⅱ, 쓰기 2급

繁

번성할 번

糸部(실사)11획 총17획

繁 繁 繁 繁 繁 繁 繁 繁 繁 繁 繁 繁 繁 繁 繁 繁 繁

繁 繁 繁 繁 繁

繁榮(번영) 繁殖(번식) 頻繁(빈번) 繁昌(번창) 繁盛(번성) 農繁期(농번기) 繁華(번화)

繁華盛滿(번화성만) : 번성(蕃盛・繁盛)하고 화려(華麗)함이 가득함.

繁華之期(번화지기) : 번화(繁華)스러운 시기(時期).

영prosper 중繁[fán] 일ハン(しげる) 【난이도】 고등용, 읽기 3급Ⅱ, 쓰기 2급

飜

뒤칠 번

飛部(날비)12획 총21획

飜 飜 飜 飜 飜 飜 飜 飜 飜 飜 飜 飜 飜 飜 飜 飜 飜 飜 飜

飜 飜 飜 飜 飜

飜譯(번역) 飜覆(번복) 飜案(번안) 飜文(번문) 飜刻(번각) 飜曲(번곡) 飜葉(번엽)

飜譯小學(번역소학) : 조선(朝鮮) 중종(中宗) 12(1517)년 임금의 명으로, 김 전, 최 숙생 등이 『소학(小學)』을 한글로 번역(飜譯)해 펴낸 책(冊). 10권 10책.

영translate 중fān 일ホン(ひるがえす) 【난이도】 고등용, 읽기 3급, 쓰기 2급

罰

죄 벌

罒部(그물망)9획 총14획

罰 罰 罰 罰 罰 罰 罰 罰 罰 罰 罰 罰 罰 罰

罰 罰 罰 罰 罰

處罰(처벌) 罰金(벌금) 刑罰(형벌) 罰則(벌칙) 懲罰(징벌) 嚴罰(엄벌) 賞罰(상벌)

一罰百戒(일벌백계) : 한 사람을 벌주어 백 사람을 경계(警戒)한다는 뜻으로, 한 가지 죄와 또는 한 사람을 벌(罰)줌으로써 여러 사람의 경각심을 불러일으킴.

영punish 중罚[bèi] 일バチ・バツ(つみ) 【난이도】 고등용, 읽기 4급Ⅱ, 쓰기 3급Ⅱ

犯

범할 범

部(개사슴록변) 2획 총5획

犯 犯 犯 犯 犯

犯 犯 犯 犯 犯

犯罪(범죄) 侵犯(침범) 輕犯罪(경범죄) 犯罪者(범죄자) 犯法(범법) 輕犯(경범)

干名犯義(간명범의) : 명분(名分)을 어기고 은혜(恩惠)를 배반(背反)하는 짓. 이를테면, 아들이 대역(大逆) 죄인(罪人)도 아닌 아버지를 고소(告訴)하는 따위.

영violate 중fān 일ハン(おかす) 【난이도】 고등용, 읽기 4급, 쓰기 3급

範範範範範範範範範範範範範範範
範 範 範 範 範

範圍(범위) 示範(시범) 模範(모범) 規範(규범) 廣範圍(광범위) 師範(사범)

樂學軌範(악학궤범) : 조선(朝鮮) 성종(成宗) 때 성현(成俔) 등(等)이 임금의 명을 받들어 편찬(編纂)한 음악책(音樂冊).

竹部(대죽) 9획총15획　　영rule 중范[fàn] 일ハン(のり) 【난이도】 고등용, 읽기 4급, 쓰기 3급

법 범

碧碧碧碧碧碧碧碧碧碧碧碧碧碧
碧 碧 碧 碧 碧

碧空(벽공) 丹碧(단벽) 碧眼(벽안) 碧海(벽해) 碧溪水(벽계수) 碧溪(벽계)

桑田碧海(상전벽해) : 뽕나무밭이 푸른 바다가 되었다라는 뜻으로, 세상(世上)이 몰라 볼 정도(程度)로 바뀐 것. 세상(世上)의 모든 일이 엄청나게 변해버린 것.

石部(돌석) 9획총14획　　영blue 중bì 일ヘキ(あお·あおい) 【난이도】 고등용, 읽기 3급Ⅱ, 쓰기 2급

푸를 벽

壁壁壁壁壁壁壁壁壁壁壁壁壁壁壁
壁 壁 壁 壁 壁

壁畵(벽화) 防火壁(방화벽) 城壁(성벽) 岸壁(안벽) 障壁(장벽) 赤壁賦(적벽부)

金城鐵壁(금성철벽) : 쇠로 된 성과 철로 만든 벽이라는 뜻으로, ① 방비(防備)가 매우 견고(堅固)한 성. ② 사물(事物)이 대단히 견고하여 치기 어려움을 이르는 말.

土部(흙토)13획총16획　　영 wall 중bì 일ヘキ(かべ) 【난이도】 고등용, 읽기 4급Ⅱ, 쓰기 3급Ⅱ

벽 벽

辨辨辨辨辨辨辨辨辨辨辨辨辨辨辨
辨 辨 辨 辨 辨

辨明(변명) 辨別力(변별력) 辨償(변상) 辨濟(변제) 分辨(분변) 思辨(사변)

魚魯不辨(어로불변) : 어(魚)자와 노(魯)자를 구별(區別)하지 못한다는 뜻으로, 몹시 무식(無識)함을 비유(比喩·譬喩)해 이르는 말.

辛部(매울신) 9획총16획　　영distinguish 중biàn 일ベン(わきまえる) 【난이도】 고등용, 읽기 3급, 쓰기 2급

분별할 변

邊邊邊邊邊邊邊邊邊邊邊邊邊邊邊邊邊邊
邊 邊 邊 邊 邊

周邊(주변) 一邊倒(일변도) 邊方(변방) 周邊人(주변인) 底邊(저변) 江邊(강변)

廣大無邊(광대무변) : 너르고 커서 끝이 없음.　爐邊談話(노변담화) : 화롯가에 둘러앉아 서로 부드럽게 주고받는 세상(世上) 이야기.

辶部(책받침)15획총19획　　영edge, side 중边[biān] 일辺[ヘン](ほとり) 【난이도】 고등용, 읽기 4급Ⅱ, 쓰기 3급Ⅱ

가 변

辯	
판별할 변	辯護士(변호사) 雄辯(웅변) 答辯(답변) 强辯(강변) 代辯人(대변인) 詭辯(궤변)
辛部(매울신)14획총21획	雄辯(웅변) : ① 조리(條理) 있고, 힘차고 거침없는 변설. ② 화술(話術)이 뛰어나며 설득력(說得力)이 있는 말솜씨. ③ 또 그 모양(模樣).
	영speaker 중辩[biàn] 일弁[ベン](わきまえる) 【난이도】 고등용, 읽기 4급, 쓰기 3급

竝	
아우를 병	竝行(병행) 竝設(병설) 竝肩(병견) 竝用(병용) 竝列(병렬) 竝木(병목) 竝作(병작)
立部(설립) 5획총10획	竝州故鄕(병주고향) : ① 오래 살던 타향(他鄕)을 고향(故鄕)에 견주어 이르는 말. ② 제2의 고향(故鄕).
	영encompass 중并[bìng] 일並[ヘン](なみ・ならびに) 【난이도】 고등용, 읽기 3급, 쓰기 2급

屛	
병풍 병	屛障(병장) 屛風(병풍) 畵屛(화병) 屛居(병거) 門屛(문병) 屛間(병간) 屛帳(병장)
尸部(주검시) 8획총11획	屛風石(병풍석) : 능의 봉분(封墳) 둘레에 병풍(屛風) 같이 돌려 세운 긴네모꼴의 넓적한 돌들. 겉에는 십이신이나 꽃무늬 따위를 새김.
	영screen 중屏[píng] 일屛[ヘイ](へい) 【난이도】 고등용, 읽기 3급, 쓰기 2급

普	
넓을 보	普通(보통) 普及(보급) 普遍的(보편적) 普遍(보편) 普及版(보급판) 普遍化(보편화)
	普遍妥當性(보편타당성) : 모든 사물이나 생각 등에 두루 알맞거나 옳은 성질.
	普遍性(보편성) : 모든 것에 두루 미치게 통(通)하는 성질(性質).
日部(날일) 8획총12획	영wide 중pǔ 일フ(あまねれ) 【난이도】 고등용, 읽기 4급, 쓰기 3급

補	
도울 보	候補(후보) 補完(보완) 補償(보상) 補塡(보전) 補助(보조) 補充(보충) 補佐(보좌)
	絶長補短(절장보단) : 긴 것을 잘라서 짧은 것에 보태어 부족(不足)함을 채운다는 뜻으로, 좋은 것으로 부족(不足)한 것을 보충(補充)함을 이르는 말.
衣部(옷의) 7획총12획	영repair 중补[bǔ] 일ホ(おぎなう) 【난이도】 고등용, 읽기 3급Ⅱ, 쓰기 2급

譜

계보 보

言部(말씀언)12획총19획

譜譜譜譜譜譜譜譜譜譜譜譜譜譜譜譜譜譜譜
譜 譜 譜 譜 譜

族譜(족보) 系譜(계보) 譜系(보계) 樂譜(악보) 歌曲譜)가곡보) 字譜(자보)

茲山魚譜(자산어보) : 조선 순조(純祖) 15(1815)년에 정약전(丁若銓)이 펴낸 책.
勝戰譜(승전보) : 승전(勝戰)의 결과(結果)를 적은 기록(記錄).

영genealogy 중谱[pǔ] 일フ(しるす) 【난이도】고등용, 읽기 3급II, 쓰기 2급

寶

보배 보

宀部(갓머리)17획총20획

寶寶寶寶寶寶寶寶寶寶寶寶寶寶寶寶寶寶
寶 寶 寶 寶 寶

寶庫(보고) 寶物(보물) 寶貨(보화) 家寶(가보) 國寶(국보) 大寶(대보) 寶刀(보도)

傳家寶刀(전가보도) : 대대로 집안에 전해지는 보검의 뜻으로, 전가(傳家)는 '조상 때부터 대대(代代)로 집안에 전(傳)해지다'의 뜻이고, 보도(寶刀)는 '보배로운 칼'임.

영treasure 중宝[bǎo] 일宝[ホウ](たから) 【난이도】고등용, 읽기 4급II, 쓰기 3급II

卜

점 복

卜部(점복) 0획총2획

卜卜
卜 卜 卜 卜 卜

卜術(복술) 占卜(점복) 卜居(복거) 考卜(고복) 吉卜(길복) 卜占(복점) 結卜(결복)

弱馬卜重(약마복중) : 「약한 말에 무거운 짐을 싣는다」는 뜻으로, 재주와 힘이 넉넉하지 못한 사람이 크나큰 일을 맡음을 비유(比喩·譬喩)하는 말.

영divination 중bǔ 일ホク·ボク(うらない·うらなう)【난이도】고등용, 읽기 3급, 쓰기 2급

腹

배 복

月(肉)部(육달월)9획총13획

腹腹腹腹腹腹腹腹腹腹腹腹腹
腹 腹 腹 腹 腹

飽腹(포복) 腹痛(복통) 腹案(복안) 腹部(복부) 心腹(심복) 内腹(내복) 腹腔(복강)

口蜜腹劍(구밀복검) : 「입으로는 달콤함을 말하나 뱃속에는 칼을 감추고 있다」는 뜻으로, 겉으로는 친절(親切)하나 마음속은 음흉(陰凶)한 것.

영belly 중fù 일フク(はら) 【난이도】고등용, 읽기 3급II, 쓰기 2급

複

겹칠 복

衣部(옷의) 9획총14획

複複複複複複複複複複複複複複
複 複 複 複 複

複雜(복잡) 重複(중복) 複製(복제) 複數(복수) 複合(복합) 複道(복도) 複式(복식)

複雜多端(복잡다단) : 일이 얽히고 설키다 갈피를 잡기 어려움.
微妙複雜(미묘복잡) : 미묘(微妙)하고 복잡(複雜)함.

영double 중复[fù] 일フク 【난이도】고등용, 읽기 4급, 쓰기 3급

覆
덮을 복/부

覆 覆 覆 覆 覆 覆 覆 覆 覆 覆 覆 覆 覆 覆 覆 覆 覆

覆蓋(복개) 覆審(복심) 檢覆(검복) 反覆(반복) 飜覆(번복) 顚覆(전복) 覆面(복면)

前車覆轍(전거복철) : 앞 수레가 엎어진 바퀴 자국이란 뜻으로, ① 앞사람의 실패. 실패의 전례(前例). ② 앞사람의 실패를 거울삼아 주의(注意)하라는 교훈(敎訓).

襾部(덮을아)12획총18획

영overturn 중fù 일フク(おおう・くつがえす) 【난이도】 고등용, 읽기 3급II, 쓰기 2급

封
봉할 봉

封 封 封 封 封 封 封 封 封

封墳(봉분) 封書(봉서) 封鎖(봉쇄) 封套(봉투) 封合(봉합) 開封(개봉) 密封(밀봉)

比屋可封(비옥가봉) : 집마다 가히 표창(表彰)할 만한 인물이 많다는 뜻으로, 백성이 모두 성인(聖人)의 덕에 교화(敎化)되어 어진 사람이 많음을 이르는 말.

寸部(마디촌)6획총9획

영seal up 중fēng 일フウ・ホウ(ほおずる) 【난이도】 고등용, 읽기 3급II, 쓰기 2급

峯
봉우리 봉

峯 峯 峯 峯 峯 峯 峯 峯 峯 峯

道峯山(도봉산) 高峯(고봉) 毘盧峯(비로봉) 觀音峯(관음봉) 天皇峯(천황봉)

最高峯(최고봉) : ① 어느 지방(地方)이나 산맥(山脈) 중에서 가장 높은 봉우리. 주봉(主峰). ② 어떤 분야에서 가장 뛰어난 사람이나 수준(水準). 비유적인 말임.

山部(뫼산) 7획총10획

영peak 중峰[fēng] 일ホウ(はち) 【난이도】 고등용, 읽기 3급II, 쓰기 2급

蜂
벌 봉

蜂 蜂 蜂 蜂 蜂 蜂 蜂 蜂 蜂 蜂 蜂 蜂 蜂

蜂起(봉기) 養蜂(양봉) 蜜蜂(밀봉) 蜂蝶(봉접) 蜂蜜(봉밀) 黃蜂(황봉) 蜂聲(봉성)

蜂房水渦(봉방수와) : 벌의 집과 물의 소용돌이라는 뜻으로, 건물(建物)이 꽉 들어차 있는 모양(模樣)을 형용(形容)해 이르는 말.

虫部(벌레충)7획총13획

영bee 중fēng 일ホウ(はち) 【난이도】 고등용, 읽기 3급, 쓰기 2급

鳳
봉황새 봉

鳳 鳳 鳳 鳳 鳳 鳳 鳳 鳳 鳳 鳳 鳳 鳳 鳳 鳳

鳳駕(봉가) 鳳車(봉거) 鳳輦(봉련) 鳳城(봉성) 鳳鳥(봉조) 鳳凰(봉황) 鳳鳥(봉조)

龍味鳳湯(용미봉탕) : 용 고기로 맛을 낸 요리와 봉새로 끓인 탕이라는 뜻으로, 맛이 매우 좋은 음식(飮食)을 가리키는 말.

鳥部(새조) 3획총14획

영phoenix 중凤[fēng] 일ブウ・ホウ(おおとり) 【난이도】 고등용, 읽기 3급II, 쓰기 2급

付	付付什付付
	付 付 付 付 付
줄 부	當付(당부) 納付(납부) 付託(부탁) 發付(발부) 貼付(첩부) 付着(부착) 配付(배부)
	付諸洪橋(부제홍교) : 홍교(洪喬)에게 부탁(付託)한다는 뜻으로, 편지(便紙)가 유실(遺失)된 것을 비유하는 말.
亻部(사람인변) 3획총5획	영give 중fù 일フ(つく・つける) 【난이도】고등용, 읽기 3급Ⅱ, 쓰기 2급

府	府府府府府府府府
	府 府 府 府 府
관청 부	府庫(부고) 司法府(사법부) 議政府(의정부) 政府(정부) 行政府(행정부)
	府夫人(부부인) : ① 조선 시대(時代)에, 정1품(正一品) 대군(大君)의 아내에게 주는 봉작(封爵). ② 왕비(王妃)의 어머니에게 주던 봉작(封爵).
广部(엄호) 5획총8획	영government office 중fǔ 일フ(やくしょ) 【난이도】고등용, 읽기 4급Ⅱ, 쓰기 3급Ⅱ

附	附附阝附阝附阝附附
	附 附 附 附 附
붙을 부	附與(부여) 附近(부근) 寄附(기부) 添附(첨부) 回附(회부) 寄附金(기부금)
	附和雷同(부화뇌동) : 우레 소리에 맞춰 함께한다는 뜻으로, 자신(自身)의 뚜렷한 소신 없이 그저 남이 하는 대로 따라가는 것을 의미(意味)함.
阝(阜)部(좌부방) 5획총8획	영attach 중fù 일フ(つく) 【난이도】고등용, 읽기 3급Ⅱ, 쓰기 2급

赴	赴赴赴赴赴赴赴赴赴
	赴 赴 赴 赴 赴
나아갈 부	赴任(부임) 赴古(부고) 赴告(부고) 赴尊(부존) 直赴(직부) 赴試人(부시인)
	赴湯蹈火(부탕도화) : 끓는 물이나 뜨거운 불도 헤아리지 않고 뛰어든다 함이니, 목숨을 걸고 하는 아주 어렵고 힘든 고욕이나 수난(受難)을 이르는 말.
走部(달릴주) 2획총9획	영get to 중fù 일フ(おもむく) 【난이도】고등용, 읽기 3급, 쓰기 2급

負	負負負負負負負負負
	負 負 負 負 負
짐질 부	負擔(부담) 負債(부채) 勝負(승부) 抱負(포부) 自負心(자부심) 負傷(부상)
	男負女戴(남부여대) :「남자는 짐을 등에 지고, 여자는 짐을 머리에 인다」는 뜻으로, 가난한 사람이나 재난을 당한 사람들이 살 곳을 찾아 이리저리 떠돌아다니는 것을 이르는 말.
貝部(조개패) 2획총9획	영bear 중負[fù] 일フ(おう・まかす) 【난이도】고등용, 읽기 4급, 쓰기 3급

副

버금 부

刂部(선칼도방) 9획 총11획

副副副副副副副副副副副

副副副副副

副作用(부작용) 副總理(부총리) 副會長(부회장) 副應(부응) 副次的(부차적)

副題(부제) : 서적(書籍), 논문(論文), 문예(文藝) 작품(作品) 따위에서 주가 되는 제목(題目)에 덧붙여 그것을 보충(補充)하는 제목(題目).

영second 중fù 일フク(わける) 【난이도】고등용, 읽기 4급II, 쓰기 3급II

符

부신 부

竹部(대죽) 5획 총11획

符符符符符符符符符符符

符符符符符

符合(부합) 免罪符(면죄부) 符號(부호) 符籍(부적) 發音符(발음부) 天符印(천부인)

名實相符(명실상부) : ① 이름과 실상(實相)이 서로 들어맞음. ② 알려진 것과 실제(實際)의 상황(狀況)이나 능력에 차이(差異)가 없음.

영tally 중fú 일フ 【난이도】고등용, 읽기 3급II, 쓰기 2급

賦

구실 부

貝部(조개패)8획총15획

賦賦賦賦賦賦賦賦賦賦賦賦賦賦賦

賦賦賦賦賦

賦課(부과) 賦與(부여) 割賦(할부) 天賦的(천부적) 赤壁賦(적벽부) 賦役(부역)

天賦(천부) : 하늘이 주었다는 뜻으로, 선천적(先天的)으로 타고남을 이르는 말.
登高能賦(등고능부) : 군자는 높은 산에 오르면 반드시 시를 지어 회포를 품.

영taxes 중賦[fú] 일フ(みつき) 【난이도】고등용, 읽기 3급II, 쓰기 2급

腐

썩을 부

肉部(고기육)8획총14획

腐腐腐腐腐腐腐腐腐腐腐腐腐

腐腐腐腐腐

腐敗(부패) 陳腐(진부) 豆腐(두부) 腐蝕(부식) 腐史(부사) 防腐劑(방부제)

切齒腐心(절치부심) : 이를 갈고 마음을 썩히다는 뜻으로, 대단히 분(憤)하게 여기고 마음을 썩임.

영rotten 중fǔ 일フ(くさらす·くさる) 【난이도】고등용, 읽기 3급II, 쓰기 2급

簿

문서 부

竹部(대죽)13획총19획

簿簿簿簿簿簿簿簿簿簿簿簿簿簿簿簿簿簿簿

簿簿簿簿簿

置簿(치부) 帳簿(장부) 家計簿(가계부) 名簿(명부) 學生簿(학생부) 學籍簿(학적부)

公簿(공부) : 국가(國家) 기관(機關)이나 공공단체(公共團體) 등(等)에서 공식(公式)으로 작성(作成)하는 장부(帳簿).

영book·keeping 중bù 일ボ(ちょうめん) 【난이도】고등용, 읽기 3급II, 쓰기 2급

奔 달릴 분 大部(큰대) 5획총8획	夲 大 夻 夲 本 夲 夲 夲 夲 夲 夲 夲 夲 奔走(분주) 奔忙(분망) 狂奔(광분) 奔告(분고) 奔騰(분등) 奔馬草(분마초) 見奔獐放獲兔(견분장방획토) :「달아나는 노루 보다가 잡은 토끼 놓친다는 속담」의 한역으로, 큰 것에 욕심을 내다가 도리어 자기가 가진 것마저 잃어버린다는 말. 영run away 중bēn 일ホン(はしる) 【난이도】 고등용, 읽기 3급Ⅱ, 쓰기 2급
墳 무덤 분 土部(흙토)12획총15획	墳 墳 墳 墳 墳 墳 墳 墳 墳 墳 墳 墳 墳 墳 墳 墳 墳 墳 墳 墳墓(분묘) 墳塋(분영) 古墳(고분) 封墳(봉분) 成墳(성분) 雙墳(쌍분) 大墳(대분) 旣集墳典(기집분전) : 이미 분(墳)과 전(典)을 모았으니, 삼황(三皇)의 글은 삼분(三墳)이요, 오제(五帝)의 글은 오전(五典)임. 영grave 중坟[fén] 일フン(はか) 【난이도】 고등용, 읽기 3급, 쓰기 2급
紛 어지러울 분 糸部(실사)4획총10획	紛 紛 紛 紛 紛 紛 紛 紛 紛 紛 紛 紛 紛 紛 紛 紛糾(분규) 紛亂(분란) 紛紛(분분) 紛失(분실) 紛擾(분요) 紛爭(분쟁) 紛然(분연) 諸說紛紛(제설분분) : 여러 가지 의견이 뒤섞여 혼란(混亂)함. 內紛(내분) : 내부에서 서로 의견이 맞지 않아 저희 끼리 일으킨 다툼질. 집안이나 나라 안의 싸움. 영dizzy 중纷[fēn] 일フン(まぎらす) 【난이도】 고등용, 읽기 3급Ⅱ, 쓰기 2급
粉 가루 분 米部(쌀미)4획총10획	粉 粉 粉 粉 粉 粉 粉 粉 粉 粉 粉 粉 粉 粉 粉 粉飾會計(분식회계) 粉塵(분진) 粉末(분말) 粉碎(분쇄) 粉筆(분필) 粉乳(분유) 粉骨碎身(분골쇄신) : 뼈가 가루가 되고 몸이 부서진다는 뜻으로, 있는 힘을 다해 노력(努力)함, 또는 남을 위(爲)하여 수고를 아끼지 않음. 영powder 중fēn 일フン(こ·こな) 【난이도】 고등용, 읽기 4급, 쓰기 3급
憤 분할 분 忄部(심방변)12획총15획	憤 憤 憤 憤 憤 憤 憤 憤 憤 憤 憤 憤 憤 憤 憤 憤 憤 憤 憤 憤怒(분노) 公憤(공분) 憤慨(분개) 激憤(격분) 憤心(분심) 鬱憤(울분) 憤痛(분통) 發憤忘食(발분망식) : 일을 이루려고 끼니조차 잊고 분발(奮發) 노력(努力)함. 憤氣衝天(분기충천) : 분(憤)한 마음이 하늘을 찌를 듯이 북받쳐 오름. 영indignant 중愤[fèn] 일フン(いきどおる) 【난이도】 고등용, 읽기 4급, 쓰기 3급

奮															

奮 奮 奮 奮 奮

興奮(흥분) 奮發(분발) 奮鬪(분투) 奮戰(분전) 發奮(발분) 奮怒(분노) 激奮(격분)

孤軍奮鬪(고군분투) : ① 후원(後援)이 없는 외로운 군대(軍隊)가 힘에 벅찬 적군(敵軍)과 맞서 온힘을 다하여 싸움. ② 또는 홀로 여럿을 상대(相對)로 싸움.

떨칠 분

大部(큰대)13획총16획 　영rouse　중奮[fèn]　일フン(ふるう)【난이도】고등용, 읽기 3급Ⅱ, 쓰기 2급

拂								

拂 拂 拂 拂 拂

支拂(지불) 拂拭(불식) 滯拂(체불) 受拂(수불) 換拂(환불) 拂入(불입) 拂出(불출)

拂鬚塵(불수진) : 수염의 먼지를 털어 준다는 뜻으로, 윗사람의 환심을 사려고 아첨하거나 윗사람에 대한 비굴한 태도(態度)를 비유하는 말.

떨칠 불

扌(手)部(재방변)5획총8획 　영be wielded　중fú　일フツ(はらう)【난이도】고등용, 읽기 3급Ⅱ, 쓰기 2급

崩											

崩 崩 崩 崩 崩

崩壞(붕괴) 崩御(붕어) 崩潰(붕궤) 崩頹(붕퇴) 崩落(붕락) 崩壞熱(붕괴열)

天崩之痛(천붕지통) : 「하늘이 무너지는 듯한 고통(苦痛)」이라는 뜻으로, 임금이나 아버지를 잃은 슬픔을 이르는 말.

무너질 붕

山部(뫼산) 8획총11획 　영collapse　중bēng　일ホウ(くずす・くずれる)【난이도】고등용, 읽기 3급, 쓰기 2급

妃						

妃 妃 妃 妃 妃

妃嬪(비빈) 妃偶(비우) 王妃(왕비) 后妃(후비) 王大妃(왕대비) 繼妃(계비)

楚妃守符(초비수부) : 초나라 왕비가 부(符)를 지킨다는 뜻으로, 명분에 사로잡혀 실(實)을 잃음을 이르는 말. 大王大妃(대왕대비) : 왕의, 살아 있는 할머니를 지칭하는 말.

왕비 비

女部(계집녀)3획총6획 　영queen　중fēi　일ヒ(きさき)【난이도】고등용, 읽기 3급Ⅱ, 쓰기 2급

批							

批 批 批 批 批

批判(비판) 批准(비준) 批判的(비판적) 批評(비평) 無批判的(무비판적)

文藝批評(문예비평) : 문예(文藝) 작품의 구조, 효과, 작가의 창작(創作) 방법(方法), 세계관(世界觀) 및 가치(價値) 따위를 검토(檢討) 판단(判斷)하는 일.

비평할 비

扌(手)部(재방변)4획총7획 　영criticize　중pī　일ヒ【난이도】고등용, 읽기 4급, 쓰기 3급

肥肥肥肥肥肥肥肥

| 肥 | 肥 | 肥 | 肥 | 肥 | | | | | |

肥大(비대) 肥料(비료) 肥滿(비만) 肥沃(비옥) 施肥(시비) 堆肥(퇴비) 綠肥(녹비)

天高馬肥(천고마비) : 하늘은 높고 말은 살찐다는 뜻으로, 하늘이 맑고 모든 것이
풍성함을 이르는 말.

살찔 비

月部(육달월) 4획총8획

영 fat 중 féi 일 ヒ(こえ・こえる) 【난이도】 고등용, 읽기 3급Ⅱ, 쓰기 2급

卑卑卑卑卑卑卑卑

| 卑 | 卑 | 卑 | 卑 | 卑 | | | | | |

卑怯(비겁) 卑屈(비굴) 卑近(비근) 卑俗(비속) 卑劣(비열) 卑賤(비천) 卑下(비하)

男尊女卑(남존여비) : 남자는 높고 귀하게 여기고, 여자는 낮고 천하게 여긴다는 뜻
으로, 사회적 지위(地位)나 권리에 있어 남자를 여자보다 존중(尊重)하는 일.

낮을 비

十部(열십) 6획총8획

영 lowly 중 bēi 일 ヒ(いやしい・いやしむ) 【난이도】 고등용, 읽기 3급Ⅱ, 쓰기 2급

祕祕祕祕祕祕祕祕祕祕

| 祕 | 祕 | 祕 | 祕 | 祕 | | | | | |

祕密(비밀) 神祕(신비) 勿祕昭示(물비소시) 神祕論(신비론) 祕宗(비종)

北窓祕訣(북창비결) : 책 이름. 1책. 조선 중종(中宗) 때 정염 지음. 장차 일어날 난
(亂)을 예언하고, 그 난리로부터 살아날 수 있는 방법을 암시한 비결(祕訣)이다.

숨길 비

示部(보일시) 5획총10획

영 conceal, hide 중 mì 일 ヒ(ひめる) 【난이도】 고등용, 읽기 3급Ⅱ, 쓰기 2급

婢婢婢婢婢婢婢婢婢婢婢

| 婢 | 婢 | 婢 | 婢 | 婢 | | | | | |

奴婢(노비) 官婢(관비) 侍婢(시비) 哭婢(곡비) 賤婢(천비) 從婢(종비) 婢妾(비첩)

紅顔婢子(홍안비자) : 나이가 젊고 얼굴이 곱게 생긴 계집종.
爲奴爲婢(위노위비) : 역적(逆賊)의 처자(妻子)를 종으로 만듦.

계집종 비

女部(계집녀) 8획총11획

영 maid 중 bì 일 ヒ(はしため) 【난이도】 고등용, 읽기 3급Ⅱ, 쓰기 2급

費費費費費費費費費費費費

| 費 | 費 | 費 | 費 | 費 | | | | | |

消費(소비) 費用(비용) 消費者(소비자) 浪費(낭비) 經費(경비) 研究費(연구비)

不費之惠(불비지혜) : 자기(自己)에게는 해가 될 것이 없어도 남에게는 이익(利
益)이 될 만 하게 베풀어 주는 은혜(恩惠).

쓸 비

貝部(조개패) 5획총12획

영 spend 중 費[fèi] 일 ヒ(ついやす・ついえる) 【난이도】 고등용, 읽기 5급, 쓰기 4급

碑

비석 비

碑碑碑碑碑碑碑碑碑碑碑碑碑碑

| 碑 | 碑 | 碑 | 碑 | 碑 | | | | | |

碑文(비문) 碑石(비석) 記念碑(기념비) 墓碑(묘비) 巡狩碑(순수비) 石碑(석비)

萬口成碑(만구성비) : 만인(萬人)의 입이 비(碑)를 이룬다는 뜻으로, 여러 사람이 칭찬(稱讚)하는 것이 송덕비(頌德碑)를 세우는 것과 같음을 이르는 말.

石部(돌석)8획총13획　圈tombstone　圈bēi　圈ヒ(いしぶみ)【난이도】고등용, 읽기 4급, 쓰기 3급

賓

손 빈

賓賓賓賓賓賓賓賓賓賓賓賓賓賓

| 賓 | 賓 | 賓 | 賓 | 賓 | | | | | |

賓客(빈객) 國賓(국빈) 賤賓(천빈) 上賓(상빈) 貴賓(귀빈) 尊賓(존빈) 來賓(내빈)

回賓作主(회빈작주) : 남의 의견(意見)이나 주장(主張)을 제쳐놓고 제 마음대로 처리(處理)하거나 방자(放恣)하게 행동(行動)함을 이르는 말.

貝部(조개패)7획총14획　圈guest　圈賓[bīn]　圈ヒン(まろうど)【난이도】고등용, 읽기 3급Ⅱ, 쓰기 2급

頻

자주 빈

頻頻頻頻頻頻頻頻頻頻頻頻頻頻頻頻

| 頻 | 頻 | 頻 | 頻 | 頻 | | | | | |

頻發(빈발) 頻度(빈도) 頻繁(빈번) 頻數(빈삭) 頻煩(빈번) 頻大葉(빈대엽)

最頻速度(최빈속도) : 중성자 수에 따른 속도 분포를 나타낸 곡선식에서 중성자 수가 최대가 되는 속도.

頁部(머리혈)7획총16획　圈frequently　圈頻[pín]　圈ヒン(しき)【난이도】고등용, 읽기 3급, 쓰기 2급

聘

부를 빙

聘聘聘聘聘聘聘聘聘聘聘聘聘聘

| 聘 | 聘 | 聘 | 聘 | 聘 | | | | | |

招聘(초빙) 聘家(빙가) 聘丈(빙장) 雇聘(고빙) 聘宅(빙택) 聘召(빙소) 來聘(내빙)

聘母(빙모) : 다른 사람의 장모(丈母)를 이르는 말. 聘父(빙부) : 아내의 친정(親庭) 아버지. 聘妻(빙처) : 예를 다하고서 맞아 아내를 삼는다는 뜻으로, '아내'를 일컫는 말.

耳部(귀이) 7획총13획　圈invite　圈pìn　圈ヘイ(とう・まねく)【난이도】고등용, 읽기 3급, 쓰기 2급

司

맡을 사

司司司司司

| 司 | 司 | 司 | 司 | 司 | | | | | |

司法(사법) 司法府(사법부) 司令官(사령관) 上司(상사) 司令部(사령부) 司試(사시)

牝鷄司晨(빈계사신) : 「암탉이 새벽에 우는 일을 맡았다」는 뜻으로, 아내가 남편(男便)의 할 일을 가로 막아 자기 마음대로 처리(處理)함을 비꼬아 이르는 말.

口部(입구) 2획총5획　圈manage　圈sī　圈シ【난이도】고등용, 읽기 3급Ⅱ, 쓰기 2급

似 같을 사 亻部(사람인변) 5획총7획	似似似似似似似 似 似 似 似 似 近似(근사) 相似(상사) 類似(유사) 類似亂數(유사난수) 相似(상사) 形似(형사) 非夢似夢(비몽사몽) : 꿈인지 생시인지 어렴풋한 상태(狀態). 似而非(사이비) : 겉으로 보기에는 비슷한 듯하지만 근본적으로는 아주 다른 것. 영same 중sì 일ジ(にる) 【난이도】 고등용, 읽기 3급, 쓰기 2급
沙 모래 사 氵部(삼수변) 4획총7획	沙沙沙沙沙沙沙 沙 沙 沙 沙 沙 沙工(사공) 沙果(사과) 沙丘(사구) 沙器(사기) 沙漠(사막) 黃沙(황사) 土沙(토사) 沙上樓閣(사상누각) : 모래 위에 세운 다락집이라는 뜻으로, 기초(基礎)가 약하여 무너질 염려(念慮)가 있을 때나 실현(實現) 불가능한 일을 두고 이르는 말. 영sand 중shā 일サ(すな) 【난이도】 고등용, 읽기 3급Ⅱ, 쓰기 2급
邪 간사할 사 阝(邑)部(우부방) 4획총7획	邪邪邪邪邪邪邪 邪 邪 邪 邪 邪 邪道(사도) 邪惡(사악) 邪風(사풍) 奸邪(간사) 邪路(사로) 邪曲(사곡) 邪念(사념) 邪不犯正(사불범정) : 바르지 못한 것은 바른 것을 감(敢)히 범(犯)하지 못한다는 뜻으로, 정의(正義)는 반드시 이긴다는 말. 영malicious 중xié 일ジャ(よこしま) 【난이도】 고등용, 읽기 3급Ⅱ, 쓰기 2급
社 모일 사 示部(보일시) 3획총8획	社社社社社社社社 社 社 社 社 社 社會(사회) 社會的(사회적) 會社(회사) 國際社會(국제사회) 社長(사장) 宗廟社稷(종묘사직) : 왕실(王室)과 나라를 함께 이르는 말. 社稷爲墟(사직위허) : 사직이 폐허가 되었다는 뜻으로, 나라가 망하는 일. 영gather 중社[shè] 일社[シャ](やしろ) 【난이도】 고등용, 읽기 3급Ⅱ, 쓰기 2급
祀 제사 사 示部(보일시) 3획총8획	祀祀祀祀祀祀祀祀 祀 祀 祀 祀 祀 告祀(고사) 茶祀(차사) 祭祀(제사) 節祀(절사) 合祀(합사) 享祀(향사) 封祀(봉사) 無祀鬼神(무사귀신) : 온갖 재앙에 자손이 죽어서 제사를 받들 사람이 없이 된 귀신. 寅不祭祀(인불제사) : 인일(寅日)에는 기휘(忌諱)되어 제사를 지내지 않음. 영sacrifice 중祀[sì] 일シ(とし·まつり) 【난이도】 고등용, 읽기 3급Ⅱ, 쓰기 2급

査	査査査査査査査査査
	査査査査査
조사할 사	搜査(수사) 調査(조사) 檢査(검사) 審査(심사) 監査(감사) 監査院(감사원)
	我歌査唱(아가사창) : 내가 부를 노래를 사돈이 부른다는 속담(俗談)의 한역으로, 책망(責望)을 들을 사람이 도리어 큰소리를 침을 이르는 말.
木部(나무목)5획총9획	영seek out 중査[chá] 일サ(いしぶみ)【난이도】고등용, 읽기 5급, 쓰기 4급

蛇	蛇蛇蛇蛇蛇蛇蛇蛇蛇蛇蛇
	蛇蛇蛇蛇蛇
뱀 사	委蛇(위타) 毒蛇(독사) 蛇行川(사행천) 蛇尾(사미) 禁蛇花(금사화) 蛇蝎視(사갈시)
	龍頭蛇尾(용두사미) : 머리는 용이고 꼬리는 뱀이라는 뜻으로, ① 시작은 좋았다가 갈수록 나빠짐의 비유. ② 처음 출발은 야단스러운데, 끝장은 보잘것없이 흐지부지되는 것.
虫部(벌레충)5획총11획	영snake 중shé 일ジャ・ダ(へび)【난이도】고등용, 읽기 3급II, 쓰기 2급

斜	斜斜斜斜斜斜斜斜斜斜斜
	斜斜斜斜斜
비낄 사	斜陽(사양) 傾斜(경사) 斜廊(사랑) 傾斜面(경사면) 斜面(사면) 斜線(사선)
	斜風細雨(사풍세우) : 엇비슷하게 비껴 부는 바람. 엇비슷하게 스쳐 가는 바람. 細風斜雨(세풍사우) : ☞ 사풍세우(斜風細雨).
斗部(말두)7획총11획	영inclined 중xié 일シャ(ななめ)【난이도】고등용, 읽기 3급II, 쓰기 2급

捨	捨捨捨捨捨捨捨捨捨捨捨
	捨捨捨捨捨
버릴 사	用捨(용사) 取捨(취사) 喜捨(희사) 捨撤(사철) 喜捨函(희사함) 捨身(사신)
	捨短取長(사단취장) : 장단(長短)을 가려서 격식(格式)에 맞춘다는 뜻으로, 나쁜 것은 버리고 좋은 점은 취한다는 말.
(제방변)8획총11획	영throw 중舍[shè] 일シャ(すてる)【난이도】고등용, 읽기 3급, 쓰기 2급

詞	詞詞詞詞詞詞詞詞詞詞詞詞
	詞詞詞詞詞
말씀 사	動詞(동사) 歌詞(가사) 名詞(명사) 名詞形(명사형) 副詞(부사) 冠詞(관사)
	詞海(사해) : 사조(詞藻)의 바다. 문장(文章)이나 시가(詩歌)의 풍부(豊富)함을 바다의 넓고 깊음에 비유(比喩·譬喩)한 말.
(말씀언)5획총12획	영ward 중词[sī] 일シ(ことば)【난이도】고고등용, 읽기 3급II, 쓰기 2급

詐

속일 사

詐欺詐詐詐詐詐詐詐詐詐詐
詐 詐 詐 詐 詐

詐欺(사기) 詐稱(사칭) 詐欺罪(사기죄) 詐取(사취) 詐計(사계) 詐術(사술)

兵不厭詐(병불염사) : 「용병(用兵)에 있어서는 적(敵)을 속이는 것도 싫어하지 않는다」는 뜻으로, 전쟁(戰爭)에서는 속임수도 꺼리지 않는다는 뜻.

言部(말씀언) 5획 총12획 | 영 deceive 중 诈[zhà] 일 サ(いつわる) 【난이도】고등용, 읽기 3급, 쓰기 2급

斯

이 사

斯斯斯斯斯斯其其斯斯斯斯
斯 斯 斯 斯 斯

斯盧(사로) 斯文(사문) 阿斯達(아사달) 如斯(여사) 瓦斯體(와사체) 斯界(사계)

斯文亂賊(사문난적) : 유교(儒敎)를 어지럽히는 도적(盜賊)이라는 뜻으로, 교리(敎理)에 어긋나는 언동(言動)으로 유교(儒敎)를 어지럽히는 사람을 이르는 말.

斤部(날근) 8획 총12획 | 영 this 중 sī 일 シ(かかる・かく) 【난이도】고등용, 읽기 3급, 쓰기 2급

寫

베낄 사

寫寫寫寫寫寫寫寫寫寫寫寫寫寫寫
寫 寫 寫 寫 寫

寫眞(사진) 描寫(묘사) 複寫(복사) 靑寫眞(청사진) 筆寫本(필사본) 謄寫(등사)

圖寫禽獸(도사금수) : 궁전(宮殿) 내부(內部)에는 유명(有名)한 화가(畵家)들이 그린 그림 조각 등(等)으로 장식(裝飾)되어 있음.

宀部(갓머리)12획 총15획 | 영 sketch, copy 중 写[xiě] 일 写[シャ](うつす・うつる)【난이도】고등용, 읽기 5급, 쓰기 4급

賜

줄 사

賜賜賜賜賜賜賜賜賜賜賜賜賜賜賜
賜 賜 賜 賜 賜

下賜金(하사금) 膳賜(선사) 賜藥(사약) 別賜田(별사전) 賜田(사전) 下賜(하사)

膳賜(선사) : 친근(親近)・애정(愛情)・존경(尊敬)의 뜻을 나타내기 위하여 남에게 물품(物品)을 줌. 特賜(특사) : 임금이 신하(臣下)에게 특별(特別)히 내림.

貝部(조개패)8획 총15획 | 영 bestow 중 賜[cì] 일 シ(たまわる) 【난이도】고등용, 읽기 3급, 쓰기 2급

辭

말씀 사

辭辭辭辭辭辭辭辭辭辭辭辭辭辭辭辭辭辭辭
辭 辭 辭 辭 辭

辭退(사퇴) 辭表(사표) 讚辭(찬사) 辭意(사의) 辭任(사임) 記念辭(기념사)

美辭麗句(미사여구) : 아름다운 말과 글귀(―句)라는 뜻으로, ① 아름다운 문장(文章). ② 아름다운 말로 꾸민 듣기 좋은 글귀(句).

辛部(매울신)12획 총19획 | 영 speech 중 辞[cí] 일 辞[ジ](やめる) 【난이도】고등용, 읽기 4급, 쓰기 3급

削

削削削削削削削削削

削 削 削 削 削

깎을 삭

刂部(선칼도방)7획총9획

削除(삭제) 削減(삭감) 添削(첨삭) 減削(감삭) 削髮(삭발) 刊削(간삭) 削奪(삭탈)

削奪官職(삭탈관직) : 죄인(罪人)의 벼슬과 품계(品階)를 빼앗고 사판(仕版)에서 이름을 없애 버림.

영cut 중xiāo 일サク(けずる)【난이도】고등용, 읽기 3급II, 쓰기 2급

朔

朔朔朔朔朔朔朔朔朔朔

朔 朔 朔 朔 朔

초하루 삭

月部(달월)6획총10획

朔望(삭망) 朔鼓(삭고) 朔東(삭동) 閏朔(윤삭) 朔風(삭풍) 滿朔(만삭) 月朔(월삭)

朝菌不知晦朔(조균부지회삭) : 아침에 돋아났다가 해가 뜨면 말라죽는 버섯이 그믐과 초승을 알지 못한다는 뜻으로, 수명(壽命)이 매우 짧거나 덧없음을 이르는 말.

영new moon 중shuò 일サク(きた·ついたち)【난이도】고등용, 읽기 3급, 쓰기 2급

床

床床床床床床床

床 床 床 床 床

평상 상

广部(엄호) 4획총7획

起床(기상) 病床(병상) 溫床(온상) 臨床(임상) 冊床(책상) 平床(평상) 河床(하상)

同床異夢(동상이몽) : 같은 침상(寢床)에서 서로 다른 꿈을 꾼다는 뜻으로, 겉으로는 같이 행동(行動)하면서 속으로는 각기 딴 생각을 함을 이르는 말.

영bed 중chuǎng 일ショウ(とこ·ゆか)【난이도】고등용, 읽기 4급II, 쓰기 3급II

狀

狀狀狀狀狀狀狀狀

狀 狀 狀 狀 狀

형상 상/문서 장

犬部(개견) 4획총8획

狀況(상황) 狀態(상태) 現狀(현상) 令狀(영장) 症狀(증상) 實狀(실상) 形狀(형상)

情狀參酌(정상참작) : 재판관(裁判官)이 범죄의 사정을 헤아려서 형벌을 가볍게 하는 일. 情狀酌量(정상작량) : ☞ 정상참작(情狀參酌).

영thape, letter 중狀[zhuàng] 일狀[ジョウ](すてる)【난이도】고등용, 읽기 4급II, 쓰기 3급II

桑

桑桑桑桑桑桑桑桑桑桑

桑 桑 桑 桑 桑

뽕나무 상

木部(나무목)6획총10획

農桑(농상) 桑門(상문) 桑弧(상호) 扶桑(부상) 桑中(상중) 桑田(상전) 蠶桑(잠상)

桑田碧海(상전벽해) : 뽕나무밭이 푸른 바다가 되었다라는 뜻으로, 세상(世上)이 몰라 볼 정도(程度)로 바뀐 것. 세상(世上)의 모든 일이 엄청나게 변해버린 것.

영mulberry 중sāng 일ソウ(くわ)【난이도】고등용, 읽기 3급II, 쓰기 2급

祥	祥祥祥祥祥祥祥祥祥祥祥
	祥 祥 祥 祥 祥
상서로울 상	不祥事(불상사) 發祥(발상) 祥符(상부) 吉祥紗(길상사) 妖祥(요상) 祥瑞(상서)
	人事不祥(인사불상) : 사람으로서 부실한 일 세 가지. 곧, 어리면서 장자(長者)를 섬기지 않고, 천하면서 지체 높은 이를 무시하여, 불초한 자가 현자(賢者)를 우러러보지 않는 일.
示部(보일시) 6획총11획	영lucky 중祥[xiáng] 일ショウ(めでたい) 【난이도】 고등용, 읽기 3급, 쓰기 2급

象	象象象象象象象象象象象象
	象 象 象 象 象
코끼리 상	象徵(상징) 假象(가상) 對象(대상) 萬象(만상) 印象(인상) 現象(현상)
	群盲撫象(군맹무상) : 여러 맹인(盲人)이 코끼리를 더듬는다는 뜻으로, 즉 자기(自己)의 좁은 소견(所見)과 주관(主觀)으로 사물(事物)을 그릇 판단(判斷)함.
豕部(돼지시) 5획총12획	영elephant 중xiàng 일ショウ・ゾウ(かたち) 【난이도】 고등용, 읽기 4급, 쓰기 3급

詳	詳詳詳詳詳詳詳詳詳詳詳詳詳
	詳 詳 詳 詳 詳
자세할 상	詳考(상고) 詳細(상세) 詳述(상술) 未詳(미상) 不詳(불상) 昭詳(소상) 仔詳(자상)
	博學詳說(박학상설) : 군자가 박학함으로써 상세히 풀이하는 것은 세인(世人)에게 학문을 자랑하려 함이 아니라, 요점(要點)을 알아듣도록 설명하기 위함이라는 말.
言部(말씀언) 6획총13획	영 detail 중詳[xiáng] 일ジャ(うつす·うつる) 【난이도】 고등용, 읽기 3급Ⅱ, 쓰기 2급

像	像像像像像像像像像像像像
	像 像 像 像 像
형상 상	想像(상상) 畵像(화상) 氣像(기상) 映像(영상) 群像(군상) 面像(면상) 銅像(동상)
	等像(등상) : ① (쇠·돌·풀·나무·흙 등(等)으로 만든 사람의 형상(形象·形像)의 뜻으로) 어리석은 사람을 가리키는 말. ② 어림없는 사람.
亻部(사람인변)12획총14획	영figure 중xiàng 일ゾウ(かたち) 【난이도】 고등용, 읽기 3급Ⅱ, 쓰기 2급

裳	裳裳裳裳裳裳裳裳裳裳裳裳裳裳
	裳 裳 裳 裳 裳
치마 상	衣裳(의상) 衣裳室(의상실) 紅裳(홍상) 舞臺衣裳(무대의상) 靑裳(청상) 赤裳(적상)
	同價紅裳(동가홍상) : '같은 값이면 다홍치마'라는 뜻으로, 같은 조건(條件)이라면 좀 더 낫고 편리(便利)한 것을 택함.
衣部(옷의)8획총14획	영skirt 중cháng 일ショウ(も·もすそ) 【난이도】 고등용, 읽기 3급Ⅱ, 쓰기 2급

嘗

맛볼 상

嘗嘗嘗嘗嘗嘗嘗嘗嘗嘗嘗嘗嘗嘗

嘗味(상미) 嘗試(상시) 嘗敵(상적) 孟嘗君(맹상군) 未嘗不(미상불) 品嘗(품상)

臥薪嘗膽(와신상담) : 섶에 누워 쓸개를 씹는다는 뜻으로, 원수(怨讐)를 갚으려고 온갖 괴로움을 참고 견딤을 이르는 말.

口部(입구)11획총14획　영taste 중尝[cháng] 일ショウ(なめる·かつて) 【난이도】 고등용, 읽기 3급, 쓰기 2급

償

갚을 상

償償償償償償償償償償償償償償償償償

補償(보상) 賠償(배상) 償還(상환) 減價償却(감가상각) 無償(무상) 補償金(보상금)

損害賠償(손해배상) : ① 법률(法律)의 규정(規定)에 따라 남이 입은 손해(損害)를 메워 주는 일. ② 또는 그런 돈이나 물건(物件).

亻部(사람인변)15획총17획　영repay 중偿[scháng] 일ショウ(つぐなう) 【난이도】 고등용, 읽기 3급Ⅱ, 쓰기 2급

塞

변방 새/막을 색

塞塞塞塞塞塞塞塞塞塞塞塞塞

梗塞(경색) 窘塞(군색) 窮塞(궁색) 邊塞(변새) 語塞(어색) 要塞(요새) 閉塞(폐색)

拔本塞源(발본색원) : 근본(根本)을 빼내고 원천(源泉)을 막아 버린다는 뜻으로, 사물(事物)의 폐단(弊端)을 없애기 위해서 그 뿌리째 뽑아 버림을 이르는 말.

土部(흙토)10획총13획　영block 중sāi 일サイ·ソク(ふさぐ) 【난이도】 고등용, 읽기 3급Ⅱ, 쓰기 2급

索

찾을 색/동아줄 삭

索索索索索索索索索索

索莫(삭막) 索出(색출) 檢索(검색) 摸索(모색) 搜索(수색) 探索(탐색) 索道(삭도)

暗中摸索(암중모색) : 어둠 속에서 손을 더듬어 찾는다라는 뜻으로, 어림짐작(斟酌)으로 사물(事物)을 알아내려 함을 이르는 말.

糸部(실사)4획총10획　영large rope 중suǒ 일サク(なわ) 【난이도】 고등용, 읽기 3급Ⅱ, 쓰기 2급

徐

천천히 서

徐徐徐徐徐徐徐徐徐徐

徐熙(서희) 徐徐(서서) 徐波睡眠(서파수면) 徐敬德(서경덕) 徐居正(서거정)

徐羅伐(서라벌) : ① 신라(新羅)의 옛 이름. ② 경상북도(慶尙北道) 경주(慶州)의 옛 이름. 徐行(서행) : 사람이나 자동차(自動車) 등(等)이 천천히 감.

彳部(두인변)7획총10획　영slow 중xú 일ジョ(おもむろ) 【난이도】 고등용, 읽기 3급Ⅱ, 쓰기 2급

恕恕恕恕恕恕恕恕恕恕

恕恕恕恕恕

寬恕(관서) 憐恕(연서) 恕限度(서한도) 海恕(해서) 矜恕(긍서) 恕宥(서유)

容恕(용서) : ① 관용(寬容)을 베풀어 벌(罰)하지 않음. ② 꾸짖지 아니함. ③ 놓아 줌.
忠恕(충서) : 충실(充實)하고 인정(人情) 많음.

용서할 서

心部(마음심) 6획총10획 ｜ 영pardon 중shù 일ショ・ジョ(おもいやる・ゆるす) 【난이도】 고등용, 읽기 3급Ⅱ, 쓰기 2급

庶庶庶庶庶庶庶庶庶庶庶

庶庶庶庶庶

庶家(서가) 庶民(서민) 庶務(서무) 庶民層(서민층) 庶人(서인) 黎庶(여서)

庶政刷新(서정쇄신) : 여러 가지 정치(政治) 상(上)의 폐단(弊端)을 말끔히 고
쳐 새롭게 함. 庶母(서모) : 아버지의 첩(妾).

무리 서

广部(엄호) 8획총11획 ｜ 영multitude 중shù 일ショ(もろもろ) 【난이도】 고등용, 읽기 3급, 쓰기 2급

敍敍敍敍敍敍敍敍敍敍敍

敍敍敍敍敍

自敍傳(자서전) 敍勳(서훈) 敍述語(서술어) 敍情(서정) 敍事詩(서사시) 追敍(추서)

永不敍用(영불서용) : 죄(罪)를 지어 파면(罷免)된 관원(官員)을 다시는 임용(任用)
하지 아니하던 일. 敍事(서사) : 사실(事實)을 있는 그대로 적음.

펼 서

攴部(칠복) 7획총11획 ｜ 영order 중叙[xù] 일叙[ジョ](のべる) 【난이도】 고등용, 읽기 3급, 쓰기 2급

逝逝逝逝逝逝逝逝逝逝逝

逝逝逝逝逝

逝去(서거) 薨逝(훙서) 早逝(조서) 夭逝(요서) 逝川(서천) 仙逝(선서) 逝世(서세)

雛不逝(추불서) : 애마 추(雛)도 앞으로 나아가지 않는다는 뜻으로, 항우가 패공
에게 포위(包圍)되어 어떻게 해야 할지 계략(計略)이 없어졌음을 이르는 말.

갈 서

辶部(책받침) 7획총11획 ｜ 영pass away 중逝[shì] 일逝[セイ](いく・ゆく) 【난이도】 고등용, 읽기 3급, 쓰기 2급

署署署署署署署署署署署署署署

署署署署署

署名(서명) 部署(부서) 官公署(관공서) 消防署(소방서) 公署(공서) 稅務署(세무서)

惠民署(혜민서) : 조선 시대에, 가난한 백성에게 무료로 병을 치료(治療)하며, 여자(女
子)들에게 침술을 가르치던 관아(官衙). 태조(太祖) 원(1392)년에 혜민서로 고쳤음.

관청 서

罒部(그물망)9획총14획 ｜ 영office 중署[shǔ] 일署[ショ] 【난이도】 고등용, 읽기 3급Ⅱ, 쓰기 2급

誓	誓 誓 誓 誓 誓 誓 誓 誓 誓 誓 誓 誓 誓 誓
	誓 誓 誓 誓 誓
	盟誓(맹세) 誓約書(서약서) 宣誓(선서) 誓盟(서맹) 誓文(서문) 誓書(서서)
맹세할 서	四弘誓願(사홍서원) : 홍(弘)은 광홍(廣弘), 서(誓)는 서제(誓制)임. 모든 부처와 보살(菩薩)에게 공통(共通)된 네 가지 서원(誓願).
言部(말씀언)7획총14획	영oath 중shì 일セイ(ちかう) 【난이도】고등용, 읽기 3급, 쓰기 2급

緖	緖 緖 緖 緖 緖 緖 緖 緖 緖 緖 緖 緖 緖 緖 緖
	緖 緖 緖 緖 緖
	情緖(정서) 端緖(단서) 情緖的(정서적) 頭緖(두서) 緖論(서론) 由緖(유서) 緖言(서언)
실마리 서	情絲怨緖(정사원서) : 애정(愛情)과 원한(怨恨)이 실같이 얼크러짐. 千緖萬端(천서만단) : 일일이 가려낼 수 없을 만큼 많은 일의 갈피.
糸部(실사)9획총15획	영clue 중绪[xù] 일ショ・チョ(お) 【난이도】고등용, 읽기 3급II, 쓰기 2급

析	析 析 析 析 析 析 析 析
	析 析 析 析 析
	分析(분석) 解析(해석) 價值分析(가치분석) 間接分析(간접분석) 經營分析(경영분석)
쪼갤 석	價値分析(가치분석) : 생산 관리, 특 구매 관리에 있어서, 제품을 구성하는 부품(部品) 및 자재(資材)의 기능을 분석하여 원가 절감을 꾀하는 경영 기술.
木部(나무목)4획총8획	영divide 중xī 일セキ(わける) 【난이도】고등용, 읽기 3급, 쓰기 2급

釋	釋 釋 釋 釋 釋 釋 釋 釋 釋 釋 釋 釋 釋 釋 釋 釋 釋 釋
	釋 釋 釋 釋 釋
	釋迦(석가) 釋放(석방) 釋然(석연) 註釋(주석) 解釋(해석) 稀釋(희석) 釋尊(석존)
해석할 석	手不釋卷(수불석권) : 손에서 책을 놓지 않는다는 뜻으로, 늘 책을 가까이하여 학문(學問)을 열심히 함. 釋迦牟尼(석가모니) : 불교(佛敎)의 개조(開祖).
釆部(분별할변)13획총20획	영release 중釋[shì] 일釈[シャク] 【난이도】고등용, 읽기 3급II, 쓰기 2급

宣	宣 宣 宣 宣 宣 宣 宣 宣 宣
	宣 宣 宣 宣 宣
	宣告(선고) 宣誓(선서) 宣揚(선양) 宣言(선언) 宣傳(선전) 宣祖(선조) 宣布(선포)
베풀 선	黑色宣傳(흑색선전) : 터무니없이 또는 출처를 밝히지 않고 비밀리에 하는 선전. 白色宣傳(백색선전) : 믿을 만한 출처나 자료를 가지고 하는 선전(宣傳).
宀部(갓머리)6획총9획	영give 중xuān 일セン(のたまう) 【난이도】고등용, 읽기 4급, 쓰기 3급

旋

旋旋方旋旋旋旋旋旋旋

돌 선

方部(모방) 7획 총11획

旋風(선풍) 周旋(주선) 凱旋(개선) 旋回(선회) 旋律(선율) 旋風的(선풍적)

斡旋(알선) : ① 남의 일을 잘 되도록 마련하여 줌. ② 장물(贓物)인 줄 알면서 수수료(手數料)를 받고 매매(賣買)를 주선(周旋)하여 주는 행위(行爲).

영round 중xuán 일セン(あぐる) 【난이도】 고등용, 읽기 3급II, 쓰기 2급

禪

禪禪禪禪禪禪禪禪禪禪禪禪禪禪禪

고요할 선

示部(보일시)12획총17획

禪宮(선궁) 禪位(선위) 禪定(선정) 禪宗(선종) 大禪師(대선사) 參禪(참선) 禪師(선사)

禪主云亭(선주운정) : 운(云)과 정(亭)은 천자(天子)를 봉선(封禪)하고 제사(祭祀)하는 곳이니, 운정(云亭)은 태산(泰山)에 있음.

영sacrifice 중禅[chán] 일禅[ゼン](ゆずる) 【난이도】 고등용, 읽기 3급II, 쓰기 2급

涉

涉涉涉涉涉涉涉涉涉涉

건널 섭

氵部(삼수변)7획총10획

交涉(교섭) 干涉(간섭) 干涉性(간섭성) 涉獵(섭렵) 涉外(섭외) 干涉者(간섭자)

無不干涉(무불간섭) : 자기(自己)에게 관계(關係)가 있건 없건 무슨 일이고 함부로 나서서 간섭(干涉)하지 아니함이 없음. 아무 데나 참견(參見)함.

영cross 중shè 일ショウ(わたる)【난이도】 고등용, 읽기 3급, 쓰기 2급

攝

攝攝攝攝攝攝攝攝攝攝攝攝攝攝攝攝

다스릴 섭

扌部(재방변)18획총21획

攝理(섭리) 攝心(섭심) 攝氏(섭씨) 攝取(섭취) 攝行(섭행) 包攝(포섭) 攝政(섭정)

攝取不捨(섭취불사) : 부처님의 자비(慈悲) 광명은, 고통(苦痛) 받는 중생(衆生)은 하나도 버리지 않고 모두 받아들여 제도(濟度)한다는 뜻.

영full, grab 중摄[shè] 일摂[セツ](とる) 【난이도】 고등용, 읽기 3급, 쓰기 2급

召

召召召召召

부를 소

口部(입구) 2획총5획

召喚(소환) 召集(소집) 召命(소명) 召忽(소홀) 召還(소환) 召募(소모) 召公(소공)

遠禍召福(원화소복) : 화를 멀리하고 복을 불러들임.

言有召禍(언유소화) : 말은 종종 화를 불러들이는 일이 있음.

영call 중zhào 일ショウ(めす)【난이도】 고등용, 읽기 3급, 쓰기 2급

昭

밝을 소

日部(날일) 5획총9획

昭昭昭昭昭昭昭昭昭

| 昭 | 昭 | 昭 | 昭 | 昭 | | | | | |

昭詳(소상) 昭陽江(소양강) 昭明(소명) 昭光(소광) 昭然(소연) 昭雪(소설)

昭詳分明(소상분명) : 밝고 자세(仔細)하여 분명(分明)함.
昭昭明明(소소명명) : 일이 아주 환하고 명백(明白)함.

영bright 중zhāo 일ショウ 【난이도】 고등용, 읽기 3급, 쓰기 2급

掃

쓸 소

扌(扌)部(재방변)8획총11획

掃掃掃掃掃掃掃掃掃

| 掃 | 掃 | 掃 | 掃 | 掃 | | | | | |

淸掃(청소) 一掃(일소) 掃蕩(소탕) 掃除(소제) 大淸掃(대청소) 灑掃(쇄소)

掃地無餘(소지무여) : 싹 쓸어낸 듯이 아무 것도 없다는 뜻으로, 물건(物件)이 전혀 없음을 이르는 말. 五經掃地(오경소지) : 공맹의 교가 쇠퇴(衰退)하여 행(行)해지지 않음.

영sweep 중扫[sǎo] 일ソウ(はく) 【난이도】 고등용, 읽기 4급Ⅱ, 쓰기 3급Ⅱ

疏

트일 소

疋部(짝필) 7획총12획

疏疏疏疏疏疏疏疏疏疏疏疏

| 疏 | 疏 | 疏 | 疏 | 疏 | | | | | | | |

疏明(소명) 疏外(소외) 疏遠(소원) 疏通(소통) 疏忽(소홀) 生疏(생소)

疏食菜羹(소사채갱) : 거친 음식(飮食)과 나물국이란 뜻으로, 청빈(淸貧)하고 소박(素朴)한 생활(生活)을 이르는 말.

영sparse 중shū 일ショ·ソ(あらい·うとい) 【난이도】 고등용, 읽기 3급Ⅱ, 쓰기 2급Ⅱ

訴

하소연할 소

言部(말씀언)5획총12획

訴訴訴訴訴訴訴訴訴訴訴訴

| 訴 | 訴 | 訴 | 訴 | 訴 | | | | | | | |

訴訟(소송) 提訴(제소) 呼訴(호소) 起訴(기소) 憲法訴願(헌법소원) 訴追(소추)

憲法訴願(헌법소원) : 헌법 정신에 위배된 법률에 의하여 기본권의 침해(侵害)를 받은 사람이 직접(直接) 헌법(憲法) 재판소(裁判所)에 구제(救濟)를 청구(請求)하는 일.

영appeal 중诉[sù] 일ソ(うったえる) 【난이도】 고등용, 읽기 3급Ⅱ, 쓰기 2급

蔬

푸성귀 소

艹部(초두머리)12획총16획

蔬蔬蔬蔬蔬蔬蔬蔬蔬蔬蔬蔬蔬蔬蔬蔬

| 蔬 | 蔬 | 蔬 | 蔬 | 蔬 | | | | | | | | | | | |

菜蔬(채소) 采蔬(채소) 蔬菜(소채) 菜蔬田(채소전) 果蔬(과소) 香蔬(향소)

蔬筍之氣(소순지기) : 육식(肉食)을 하지 않는 사람의 기상(氣像).
乾菜蔬(건채소) : 말린 채소(菜蔬).

영vegetable 중蔬[xshū] 일蔬[ソサイ](のたまう) 【난이도】 고등용, 읽기 3급, 쓰기 2급

燒

불사를 소

火部(불화)12획총16획

燒燒燒燒燒燒燒燒燒燒燒燒燒燒燒燒

燒燒燒燒燒

燒酒(소주) 燒却(소각) 燃燒(연소) 燒失(소실) 燒滅(소멸) 燒印(소인) 燒盡(소진)

燒眉之急 (소미지급) :「눈썹이 타는 위급(危急)」함이라는 뜻으로, 잠시(暫時)도 늦출 수 없는 다급(多急)한 일.

영burn 중燒[shāo] 일燒[ショウ](やく・やける) 【난이도】고등용, 읽기 3급II, 쓰기 2급

蘇

깨어날 소

艹部(초두머리)16획총20획

蘇蘇蘇蘇蘇蘇蘇蘇蘇蘇蘇蘇蘇蘇蘇蘇蘇蘇蘇蘇

蘇蘇蘇蘇蘇

蘇聯(소련) 蘇軾(소식) 蘇生(소생) 蘇東波(소동파) 蘇秦(소진) 會蘇曲(회소곡)

韓海蘇潮(한해소조) : 한유(韓愈)의 문장은 왕양(汪洋)하여 바다와 같고, 소식(蘇軾) 의 문장은 파란이 있어 조수와 같다는 뜻으로, 한유와 소식의 문장을 비교해 이르는 말.

영revive 중苏[sū] 일蘇[ス・ソ](よみがえる) 【난이도】고등용, 읽기 3급II, 쓰기 2급

騷

떠들 소

馬部(말마)10획총20획

騷騷騷騷騷騷騷騷騷騷騷騷騷騷騷騷騷騷騷騷

騷騷騷騷騷

騷動(소동) 騷音(소음) 騷亂(소란) 騷擾(소요) 騷人(소인) 騷客(소객) 離騷(이소)

騷人墨客(소인묵객) : 시문(詩文)·서화(書畵)를 일삼는 사람이란 뜻으로, 문사(文 士), 시인(詩人)과 서예가(書藝家), 화가(畵家) 등(等) 풍류(風流)를 아는 사람.

영noisy 중骚[sāo] 일ソウ(さわぐ) 【난이도】고등용, 읽기 3급, 쓰기 2급

束

묶을 속

木部(나무목)3획총7획

束束束束束束束

束束束束束

束縛(속박) 束草(속초) 結束(결속) 拘束(구속) 團束(단속) 約束(약속) 檢束(검속)

束手無策(속수무책) : 손을 묶인 듯이 어찌 할 방책(方策)이 없어 꼼짝 못하게 된다 는 뜻으로, 뻔히 보면서 어찌할 바를 모르고 꼼짝 못한다는 뜻.

영bind, tie 중shù 일ソク(たば) 【난이도】고등용, 읽기 5급II, 쓰기 4급II

粟

조 속

米部(쌀미)6획총12획

粟粟粟粟粟粟粟粟粟粟粟粟

粟粟粟粟粟

穀粟(곡속) 罌粟(앵속) 黍粟(서속) 米粟(미속) 粟米(속미) 桂粟飮(계속음)

納粟加資(납속가자) : 흉년이 들거나 병란이 있을 때에 곡식을 많이 바친 사람에 게 정3품의 벼슬을 주어 포상하던 일. 공명첩(空名帖)처럼 이름만의 벼슬이었음.

영millet 중sù 일ショク・ソク(あわ・ふち・もみ) 【난이도】고등용, 읽기 3급, 쓰기 2급

屬
무리 속

屬 屬 尸 尺 厍 屌 屏 屌 屌 屌 屌 屬 屬 屬 屬 屬 屬 屬 屬 屬

屬 屬 屬 屬 屬

屬性(속성) 繫屬(계속) 金屬(금속) 所屬(소속) 重金屬(중금속) 直屬(직속)

耳屬于垣(이속우원) : 담에도 귀가 달렸다는 뜻으로, 남이 듣지 않는 곳에서도 말을 삼가라는 뜻.
屬耳垣牆(속이원장) : 담장에도 귀가 있다는 말과 같이 경솔히 말하는 것을 조심함.

尸部(주검시엄)18획총21획　영lead a group　중属[shǔ]　일属[ゾク・ショク]　【난이도】고등용, 읽기 4급, 쓰기 3급

損
덜 손

損 損 損 損 損 損 損 損 損 損 損 損 損

損 損 損 損 損

毀損(훼손) 損害(손해) 損失(손실) 損傷(손상) 破損(파손) 虧損(휴손) 損益(손익)

損者三友(손자삼우) : 「사귀면 손해가 되는 세 가지 친구」라는 뜻으로, 무슨 일에나 안이
한 길만을 취하는 사람, 남에게 아첨하는 사람, 입에 발린 말 뿐이고 성의가 없는 사람.

扌(手)部(재방변)10획총13획　영reduce　중损[sǔn]　일ソン(そこなう・そこねる)　【난이도】고등용, 읽기 4급, 쓰기 3급

率
거느릴 솔

率 率 率 亠 玄 玄 玆 率 率 率 率

率 率 率 率 率

能直(능직) 率直(솔직) 比率(비율) 成長率(성장률) 換率(환율) 效率的(효율적)

騎馬欲率奴(기마욕솔노) : 말을 타면 노비를 거느리고 싶다라는 뜻으로, '말 타면
경마 잡히고 싶다'라는 속담과 같은 말로, 곧 사람의 욕심은 끝이 없다는 말.

玄部(검을현)6획총11획　영laed, command　중shuài　일リツ・ソツ(ひきいる)　【난이도】고등용, 읽기 3급II, 쓰기 2급

頌
칭송할 송

頌 頌 公 公 公 頌 頌 頌 頌 頌 頌 頌 頌

頌 頌 頌 頌 頌

稱頌(칭송) 讚頌(찬송) 歌頌(가송) 讚頌歌(찬송가) 贊頌(찬송) 頌讚(송찬)

萬口稱頌(만구칭송) : 여러 사람이 모두 한결같이 칭송(稱頌)함.
感謝頌(감사송): 하느님께 찬양(讚揚)과 감사(感謝)를 드리는 기도(祈禱).

頁部(머리혈)4획총13획　영praise　중颂[sòng]　일ジュ・ショウ(ほめる)　【난이도】고등용, 읽기 4급, 쓰기 3급

訟
송사할 송

訟 訟 訟 訟 訟 訟 訟 訟 訟 訟 訟

訟 訟 訟 訟 訟

訴訟(소송) 爭訟(쟁송) 刑事訴訟(형사소송) 訴訟法(소송법) 民事訴訟(민사소송)

訟事(송사) : 남과 분쟁(紛爭)이 있는 백성(百姓)이 옳고 그름을 판결(判決)해 주
기를 관부(官府)에 호소(呼訴)하던 일. 소송(訴訟)하는 일.

言部(말씀언)4획총11획　영sue　중讼[sòng]　일ショウ　【난이도】고등용, 읽기 3급II, 쓰기 2급

誦	誦誦誦誦誦誦誦誦誦誦誦誦誦誦
	誦 誦 誦 誦 誦
욀 송	暗誦(암송) 誦讀(송독) 讀誦(독송) 朗誦(낭송) 念誦(염송) 背誦(배송) 公誦(공송)
	牛耳誦經(우이송경) : 쇠귀에 경 읽기라는 속담(俗談)의 한역으로, 어리석은 사람은 아무리 가르쳐도 깨닫지 못함을 이르는 말.
言部(말씀언)7획총14획	영recite 중诵[sòng] 일ジュ·ショウ(そらんずる) 【난이도】고등용, 읽기 3급, 쓰기 2급

刷	刷刷刷刷刷刷刷刷
	刷 刷 刷 刷 刷
인쇄할 쇄	印刷(인쇄) 刷新(쇄신) 印刷物(인쇄물) 校正刷(교정쇄) 印刷版(인쇄판) 刷掃(쇄소)
	庶政刷新(서정쇄신) : 여러 가지 정치(政治) 상(上)의 폐단(弊端)을 말끔히 고쳐 새롭게 함. 多色刷(다색쇄) : ☞ 다색인쇄(多色印刷).
刂部(선칼도방) 6획총8획	영print 중shuā 일サツ(する) 【난이도】고등용, 읽기 3급II, 쓰기 2급

鎖	鎖鎖鎖鎖鎖鎖鎖鎖鎖鎖鎖鎖鎖鎖鎖鎖鎖鎖
	鎖 鎖 鎖 鎖 鎖
쇠사슬 쇄	封鎖(봉쇄) 閉鎖(폐쇄) 連鎖(연쇄) 閉鎖的(폐쇄적) 足鎖(족쇄) 連鎖的(연쇄적)
	連鎖反應(연쇄반응) : ① 하나의 화학(化學) 반응(反應)이 다른 반응(反應)을 일으키고 그것이 다른 것으로 번져서 계속(繼續)되는 반응(反應).
金部(쇠금)10획총18획	영chain 중锁[suǒ] 일鎖[サ](くさり) 【난이도】고등용, 읽기 3급, 쓰기 2급

衰	衰衰衰衰衰衰衰衰衰衰
	衰 衰 衰 衰 衰
쇠할 쇠	衰退(쇠퇴) 衰弱(쇠약) 盛衰(성쇠) 衰殘(쇠잔) 衰盡(쇠진) 衰頹(쇠퇴) 降衰(강쇠)
	榮枯盛衰(영고성쇠) : 영화(榮華)롭고 마르고 성(盛)하고 쇠함이란 뜻으로, 개인(個人)이나 사회(社會)의 성(盛)하고 쇠함이 서로 뒤바뀌는 현상(現象).
衣部(옷의) 4획총10획	영decline 중cuī 일スイ(おとろえる) 【난이도】고등용, 읽기 3급II, 쓰기 2급

囚	囚囚囚囚囚
	囚 囚 囚 囚 囚
가둘 수	囚獄(수옥) 長期囚(장기수) 罪囚(죄수) 囚擒(수금) 虜囚(노수) 死刑囚(사형수)
	囚人(수인) : ① 옥에 갇힌 사람. ② 법령(法令)에 의(依)하여 교도소(矯導所)에 구금(拘禁)된 사람. 기결수(既決囚)와 미결수(未決囚)로 나눔.
囗部(큰입구몸) 2획총5획	영imprison 중qiú 일シュウ(とらわれる) 【난이도】고등용, 읽기 3급, 쓰기 2급

垂

드리울 수

土部(흙토) 5획 총8획

垂垂垂垂垂垂垂垂

垂垂垂垂垂

垂淚(수루) 垂髮(수발) 垂範(수범) 垂楊(수양) 垂直(수직) 懸垂幕(현수막)

垂簾聽政(수렴청정) : 발을 내리고 정사(政事)를 듣는다는 뜻으로, 나이 어린 임금이 등극(登極)했을 때 왕대비나 대왕대비가 왕을 도와서 정사를 돌봄을 이르는 말.

영hang down 중垂[chuí] 일垂[ツイ](たれる) 【난이도】고등용, 읽기 3급Ⅱ, 쓰기 2급

帥

장수 수

巾部(수건건) 6획총9획

帥帥帥帥帥帥帥帥帥

帥帥帥帥帥

總帥(총수) 將帥(장수) 統帥(통수) 統帥權(통수권) 元帥(원수) 帥先(수선)

統帥權者(통수권자) : 통수권(統帥權)을 행사(行使)하는 사람. 일반적(一般的)으로 국가원수(國家元首)가 관장(管掌)함.

영general 중帅[shuài] 일スイ(ひきいる) 【난이도】고등용, 읽기 3급Ⅱ, 쓰기 2급

殊

뛰어날 수

歹部(죽을사변)6획총10획

殊殊殊殊殊殊殊殊殊殊

殊殊殊殊殊

殊錬(수련) 殊邦(수방) 殊常(수상) 殊鄕(수향) 特殊(특수) 特殊性(특수성)

三人文殊(삼인문수) : 평범(平凡)한 인간이라도 세 사람이 모여서 의논(議論)하면, 지혜를 다스리는 문수보살(文殊菩薩)과 같은 좋은 생각이 떠오른다는 말.

영different 중shū 일シュ(こと) 【난이도】고등용, 읽기 3급Ⅱ, 쓰기 2급

搜

찾을 수

扌(手)部(제방변)9획총12획

搜搜搜搜搜搜搜搜搜搜搜搜

搜搜搜搜搜

搜査(수사) 搜索(수색) 搜所聞(수소문) 搜査力(수사력) 搜出(수출) 搜索權(수색권)

搜査機關(수사기관) : 범죄(犯罪)를 수사(搜査)할 권한(權限)을 가진 국가(國家) 기관(機關). 검사(檢事)・사법(司法) 경찰관(警察官) 등(等).

영search 중sōu 일ソウ(さがす) 【난이도】고등용, 읽기 3급, 쓰기 2급

睡

졸음 수

目部(눈목) 8획총13획

睡睡睡睡睡睡睡睡睡睡睡睡睡

睡睡睡睡睡

睡眠(수면) 昏睡狀態(혼수상태) 寢睡(침수) 午睡(오수) 昏睡(혼수) 睡眠劑(수면제)

半睡半醒(반수반성) : 「반은 잠들고, 반은 깬다」는 뜻으로, 깨어 있는지 자는지 모를 몽롱(朦朧)한 상태(狀態).

영sleep 중睡[shuì] 일スイ(ねむる) 【난이도】고등용, 읽기 3급, 쓰기 2급

遂

드디어 수

辶部(책받침) 9획총13획

遂行(수행) 未遂(미수) 完遂(완수) 遂安景(수안경) 旣遂(기수) 遂安桂(수안계)

未遂犯(미수범) : ① 범죄 실행에 착수하였으나, 그 행위를 다 이루지 못하였거나 결과(結果)가 발생(發生)하지 아니한 범행(犯行). ② 또는, 그 범인(犯人).

영at last 중遂[suì] 일遂[スイ](とげる) 【난이도】 고등용, 읽기 3급, 쓰기 2급

需

구할 수

雨部(비우) 6획총14획

内需(내수) 需給(수급) 假需要(가수요) 婚需(혼수) 特需(특수) 盛需期(성수기)

需事之賊(수사지적) : 일에 대(對)해서 의심(疑心)을 품고 머뭇거리는 것은 그 사업(事業)을 성취(成就)할 수 없게 한다는 뜻.

영demand 중xū 일ジュ(する) 【난이도】 고등용, 읽기 3급II, 쓰기 2급

隨

따를 수

阝(阜)部(좌부방)13획총16획

隨伴(수반) 隨時(수시) 隨意契約(수의계약) 隨筆(수필) 隨行員(수행원)

隨珠彈雀(수주탄작) : 수후(隨侯)의 구슬로 새를 잡는다는 뜻으로, 작은 것을 얻으려다 큰 것을 손해 보게 됨을 이르는 말.

영follow 중隨[suí] 일隨[ズイ](したがう) 【난이도】 고등용, 읽기 3급II, 쓰기 2급

輸

실을 수

車部(수레거) 9획총16획

輸出(수출) 輸入(수입) 輸血(수혈) 輸送(수송) 運輸(운수) 輸出入(수출입)

運輸不吉(운수불길) : 운수(運數)가 좋지 아니함.

十輸其一(십수기일) : 열 가운데에서 하나를 줌.

영transport 중輸[shū] 일輸[ユ](いたす) 【난이도】 고등용, 읽기 3급II, 쓰기 2급

獸

짐승 수

犬部(개견)15획총19획

獸醫師(수의사) 怪獸(괴수) 猛獸(맹수) 百獸(백수) 野獸(야수) 鳥獸(조수)

人面獸心(인면수심) : 얼굴은 사람의 모습을 하였으나 마음은 짐승과 같다는 뜻으로, 남의 은혜(恩惠)를 모름, 또는 마음이 몹시 흉악(凶惡)함을 이르는 말.

영beast 중兽[shòu] 일獸[ジュウ](けもの) 【난이도】 고등용, 읽기 3급II, 쓰기 2급

孰

누구 숙

子部(아들자) 8획 총11획

孰孰孰孰孰亨亨享孰孰孰

孰孰孰孰孰

孰能(숙능) 孰銅(숙동) 孰若(숙약) 孰哉(숙재) 孰知(숙지) 孰能御之(숙능어지)

孰是孰非(숙시숙비) : ① 누가 옳고 누가 그른지 분명하지 아니함. ② 누가 옳고 그른지 분별(分別)하기 어려울 때 하는 말. ③ 시비(是非)가 분명(分明)하지 않음.

영who 중shú 일ジュク(いずれ)【난이도】고등용, 읽기 3급, 쓰기 2급

肅

엄숙할 숙

聿部(붓율) 7획 총13획

肅肅肅肅肅肅肃肃肃肅肅肅肅

肅肅肅肅肅

嚴肅(엄숙) 靜肅(정숙) 肅然(숙연) 自肅(자숙) 肅肅(숙숙) 肅淸(숙청) 肅整(숙정)

肅拜(숙배) : '삼가 정숙(靜肅)하게 절합니다'의 뜻으로, ① 경의(敬意)를 표(表)하여 편지의 끝에 쓰는 말. ② 서울을 떠나는 벼슬아치가 임금께 작별(作別)을 아룀.

영solemn 중肃[sù] 일粛[シュク](つつしむ)【난이도】고등용, 읽기 4급, 쓰기 3급

熟

익을 숙

灬部(연화발)11획 총15획

熟熟熟熟熟熟亨亨孰孰孰熟熟熟

熟熟熟熟熟

熟考(숙고) 能熟(능숙) 熟成(숙성) 熟慮(숙려) 熟練(숙련) 熟肉(숙육) 熟達(숙달)

熟不還生(숙불환생) : 한 번 익힌 음식(飮食)은 날것으로 되돌아 갈 수 없어 그대로 두면 쓸데없다는 뜻으로, 남에게 음식(飮食)을 권할 때 쓰는 말.

영ripe 중shú 일シュク(うれる)【난이도】고등용, 읽기 3급Ⅱ, 쓰기 2급

旬

열흘 순

日部(날일) 2획 총6획

旬旬旬旬旬旬

旬旬旬旬旬

中旬(중순) 下旬(하순) 初旬(초순) 上旬(상순) 旬刊(순간) 浹旬(협순) 挾旬(협순)

三旬九食(삼순구식) : 삼순, 곧 한 달에 아홉 번 밥을 먹는다는 뜻으로, 집안이 가난하여 먹을 것이 없어 굶주린다는 말.

영decade 중xún 일ジュン・シュン【난이도】고등용, 읽기 3급Ⅱ, 쓰기 2급

巡

돌 순

巛部(개미허리) 3획 총7획

巡巡巡巡巡巡巡

巡巡巡巡巡

巡訪(순방) 巡察(순찰) 巡廻(순회) 近巡(근순) 巡視(순시) 遍巡(편순) 巡査(순사)

巡視船(순시선) : 해상(海上)의 안전(安全)과 치안(治安)의 확보(確保) 따위의 임무(任務)를 띠고 바다를 순시(巡視)하는데 쓰이는 선박(船舶).

영round 중巡[xún] 일巡[ジュン](めぐる)【난이도】고등용, 읽기 3급Ⅱ, 쓰기 2급

殉

殉 殉 殉 殉 殉 殉 殉 殉 殉 殉

殉 殉 殉 殉 殉

殉國(순국) 殉職(순직) 殉敎(순교) 殉愛(순애) 殉葬(순장) 殉死(순사) 殉節(순절)

殉國烈士(순국열사) : 나라를 위(爲)해 목숨을 바치며 싸운 열사(烈士).
殉職(순직) : 맡은 바 직무(職務)를 보다가 죽음.

따라죽을 순

歹部(죽을사변) 6획총 10획 ｜ 영 self immolation 중 xùn 일 ジュン(したがう) 【난이도】 고등용, 읽기 3급, 쓰기 2급

脣

脣 脣 脣 脣 脣 脣 脣 脣 脣 脣 脣

脣 脣 脣 脣 脣

丹脣(단순) 口脣(구순) 脣頭(순두) 繭脣(견순) 下脣(하순) 脣音(순음) 缺脣(결순)

脣亡齒寒(순망치한) : 입술을 잃으면 이가 시리다는 뜻으로, 가까운 사이의 한쪽이
망하면 다른 한쪽도 그 영향을 받아 온전하기 어려움을 비유하여 이르는 말.

입술 순

月部(육달월) 7획총11획 ｜ 영 lips 중 唇[chún] 일 シン(くちびる) 【난이도】 고등용, 읽기 3급, 쓰기 2급

循

循 循 循 循 循 循 循 循 循 循 循 循 循

循 循 循 循 循

循環(순환) 惡循環(악순환) 血液循環(혈액순환) 循環器(순환기) 善循環(선순환)

循環(순환) : ① 한 차례(次例) 돌아서 다시 먼저의 자리로 돌아옴, 또는 그것을 되풀
이함. ② 돈을 내돌림. ③ 몸안에서 피나 영양물(營養物)이 끊임없이 돌아다님.

돌 순

彳部(두인변) 9획총12획 ｜ 영 round 중 xún 일 ジュン(めぐる) 【난이도】 고등용, 읽기 3급, 쓰기 2급

瞬

瞬 瞬 瞬 瞬 瞬 瞬 瞬 瞬 瞬 瞬 瞬 瞬 瞬 瞬 瞬 瞬 瞬

瞬 瞬 瞬 瞬 瞬

瞬間(순간) 轉瞬(전순) 瞬時(순시) 瞬息(순식) 瞬間的(순간적) 瞬發力(순발력)

瞬息間(순식간) : 눈 한 번 깜짝하거나 숨 한 번 쉴 사이와 같이 짧은 동안.
一瞬千里(일순천리) : 한 번 바라보면 천 리가 눈앞에 드러나는 광활한 경치(景致).

눈깜짝일 순

目部(눈목) 12획총17획 ｜ 영 in a wink 중 shùn 일 シュン(またたく) 【난이도】 고등용, 읽기 3급Ⅱ, 쓰기 2급

述

述 述 述 述 述 述 述 述 述 述

述 述 述 述 述

陳述(진술) 敍述(서술) 記述(기술) 論述(논술) 著述(저술) 口述(구술) 供述(공술)

述而不作(술이부작) : 성인(聖人)의 말을 술(述)하고(전하고) 자기(自己)의 설(說)을
지어내지 않음.

지을 술

辶部(책받침) 5획총9획 ｜ 영 write 중 述[shù] 일 述[ジュツ](のべる) 【난이도】 고등용, 읽기 3급Ⅱ, 쓰기 2급

術 재주 술 行部(행할행) 5획총11획	術術術術術術術術術術術 術 術 術 術 術 技術(기술) 藝術(예술) 手術(수술) 美術(미술) 學術(학술) 戰術(전술) 呪術(주술) 技術提携(기술제휴) : 나라와 나라끼리 기업(企業)이나 특허(特許), 기술(技術) 등 (等)을 서로 교환(交換), 제휴(提携)하는 것. 영means 중术[shù] 일ジュツ 【난이도】 고등용, 읽기 6급Ⅱ, 쓰기 5급Ⅱ
濕 젖을 습 氵部(삼수변)14획총17획	濕濕濕濕濕濕濕濕濕濕濕濕濕濕濕濕濕 濕 濕 濕 濕 濕 濕地(습지) 濕潤(습윤) 濕痰(습담) 濕氣(습기) 濕度(습도) 濕式(습식) 陰濕(음습) 上漏下濕(상루하습) :「위에서는 비가 새고 아래에서는 습기(濕氣)가 차 오른다」는 뜻으 로, 가난한 집을 비유(比喩・譬喩)하는 말. 영wet 중湿[shī] 일湿[シツ](しめす・しめる) 【난이도】 고등용, 읽기 3급Ⅱ, 쓰기 2급
襲 엄습할 습 衣部(옷의)16획총22획	襲襲襲襲襲襲襲襲襲襲襲襲襲襲襲襲襲襲 襲 襲 襲 襲 襲 踏襲(답습) 襲擊(습격) 模襲(모습) 奇襲(기습) 逆襲(역습) 被襲(피습) 因襲(인습) 世襲(세습) : 그 집에 속(屬)하는 신분(身分), 재산(財産), 작위(爵位), 업무(業務) 등(等)을 대대(代代)로 물려받는 일. 영come over 중袭[xí] 일シュウ(おそう) 【난이도】 고등용, 읽기 3급Ⅱ, 쓰기 2급
昇 오를 승 日部(날일) 4획총8획	昇昇昇昇昇昇昇昇 昇 昇 昇 昇 昇 上昇(상승) 昇進(승진) 昇華(승화) 上昇勢(상승세) 昇降(승강) 昇格(승격) 旭日昇天(욱일승천) : 아침 해가 떠오른다는 뜻으로, 떠오르는 아침 해처럼 세력(勢 力)이 성대(盛大)해짐을 이르는 말. 영rise 중升[shēng] 일ショウ(のぼる) 【난이도】 고등용, 읽기 3급Ⅱ, 쓰기 2급
僧 중 승 亻部(사람인변)12획총14획	僧僧僧僧僧僧僧僧僧僧僧僧僧 僧 僧 僧 僧 僧 僧舞(승무) 僧院(승원) 理判僧(이판승) 僧侶(승려) 高僧(고승) 僧園(승원) 半僧半俗(반승반속) : 반은 승려(僧侶)가고, 반은 속인(俗人)이라는 뜻으로, 어중간(於 中間)하여 무엇이라고 분명(分明)하게 명목(名目)을 붙이기 어려움을 이르는 말. 영monk 중僧[sēng] 일僧[ソウ](ぼうず) 【난이도】 고등용, 읽기 3급Ⅱ, 쓰기 2급

矢 矢 矢 矢 矢

矢 矢 矢 矢 矢

矢石(시석) 矢魚(시어) 弓矢(궁시) 飛矢(비시) 五矢(오시) 流矢(유시) 毒矢(독시)

嚆矢(효시) : 전쟁터(戰爭—)에서 우는 화살을 쏘아 개전(開戰)의 신호(信號)로 삼다라는 뜻으로, 모든 일의 시초(始初).

화살 시

矢部(화살시) 0획총5획

영arrow 중shǐ 일シ(や) 【난이도】 고등용, 읽기 3급, 쓰기 2급

侍 侍 侍 侍 侍 侍 侍 侍

侍 侍 侍 侍 侍

侍女(시녀) 侍婢(시비) 侍衛(시위) 侍衛隊(시위대) 內侍(내시) 女侍(여시)

內侍(내시) : 궁중에서 임금의 시중을 들거나 숙직(宿直) 따위의 일을 맡아본 벼슬아치. 層層侍下(층층시하) : 부모(父母)·조부모가 다 살아 있는 시하(侍下).

모실 시

亻部(사람인변) 6획총8획

영serve 중shì 일ジ(さむらい) 【난이도】 고등용, 읽기 3급Ⅱ, 쓰기 2급

息 息 息 息 息 息 息 息 息 息

息 息 息 息 息

棲息(서식) 消息(소식) 女息(여식) 子息(자식) 歎息(탄식) 喘息(천식) 休息(휴식)

姑息之計(고식지계) : ① 근본(根本) 해결책이 아닌 임시로 편한 것을 취(取)하는 계책(計策). ② 당장의 편안(便安)함만을 꾀하는 일시적(一時的)인 방편(方便).

숨쉴 식

心部(마음심) 6획총10획

영breathe 중xī 일ソク(いき) 【난이도】 고고등용, 읽기 4급Ⅱ, 쓰기 3급Ⅱ

飾 飾 飾 飾 飾 飾 飾 飾 飾 飾 飾 飾

飾 飾 飾 飾 飾

假飾(가식) 裝飾(장식) 粧飾(장식) 裝飾品(장식품) 僞飾(위식) 服飾(복식)

粉飾會計(분식회계) : 기업(企業)이 자금(資金) 융통(融通)을 원활(圓滑)히 할 목적(目的)으로 고의로 자산(資産)이나 이익(利益)을 부풀려 계산(計算)하는 회계(會計).

꾸밀 식

食部(밥식) 5획총14획

영decorate 중饰[shì] 일飾[ショク](かざる) 【난이도】 고등용, 읽기 3급Ⅱ, 쓰기 2급

伸 伸 伸 伸 伸 伸 伸

伸 伸 伸 伸 伸

伸張(신장) 伸縮(신축) 伸縮性(신축성) 伸長(신장) 伸寃(신원) 伸開線(신개선)

追伸(추신) : 뒤에 추가(追加)하여 말한다는 뜻으로, 편지(便紙) 등(等)에서 글을 덧붙여 쓸 때 글 머리에 쓰는 말

펼 신

亻部(사람인변) 5획총7획

영extend 중shēn 일シン(のばす·のびる) 【난이도】 고등용, 읽기 3급, 쓰기 2급

晨 晨 晨 晨 晨 晨 晨 晨								
晨	晨	晨	晨	晨				

새벽 신

晨星(신성) 晨光(신광) 晨明(신명) 淸晨(청신) 晨省(신성) 曉晨(효신) 晨風(신풍)

昏定晨省(혼정신성) : 저녁에는 잠자리를 보아 드리고, 아침에는 문안(問安)을 드리는 뜻으로, 자식이 아침저녁으로 부모의 안부를 물어서 살핌을 이르는 말.

日部(날일) 7획총11획　영daybreak　중chén　일シン(あした)【난이도】고등용, 읽기 3급, 쓰기 2급

愼 愼 愼 愼 愼 愼 愼 愼 愼 愼 愼 愼 愼												
愼	愼	愼	愼	愼								

삼갈 신

愼獨(신독) 愼慮(신려) 愼節(신절) 愼重(신중) 謹愼(근신) 不愼(불신) 謙愼(겸신)

愼終追遠(신종추원) : 양친의 상사에는 슬픔을 다하고, 제사에는 공경을 다함.
愼終如始(신종여시) : 일이 마지막에도 처음과 같이 신중(愼重)을 기함.

忄部(심방변)10획총13획　영careful　중愼[shèn]　일愼[シン](つつしむ)【난이도】고등용, 읽기 3급II, 쓰기 2급

尋 尋 尋 尋 尋 尋 尋 尋 尋 尋 尋 尋											
尋	尋	尋	尋	尋							

찾을 심

尋問(심문) 尋訪(심방) 尋常(심상) 尋牛歌(심우가) 推尋(추심) 討尋(토심)

人物推尋(인물추심) : 도망(逃亡)한 사람을 찾음. 딴 고을로 도망(逃亡)가서 사는 노비(奴婢) 또는 그 자손(子孫)을 그의 상전(上典)이나 자손(子孫)이 찾음.

寸部(마디촌)9획총12획　영search　중尋[xún]　일ジン(たずねる)【난이도】고등용, 읽기 3급, 쓰기 2급

審 審 審 審 審 審 審 審 審 審 審 審 審 審													
審	審	審	審	審									

살필 심

審理(심리) 審問(심문) 審査(심사) 審議(심의) 審判(심판) 誤審(오심) 再審(재심)

博學審問(박학심문) : 널리 배우고 자세(仔細)하게 묻는다는 뜻으로, 배우는 사람이 반드시 명심해야 할 태도(態度).

宀部(갓머리)12획총15획　영deliberate　중审[shěn]　일シン(つまびらか)【난이도】고등용, 읽기 3급II, 쓰기 2급

雙 雙 雙 雙 雙 雙 雙 雙 雙 雙 雙 雙 雙 雙 雙 雙 雙																
雙	雙	雙	雙	雙												

쌍 쌍

雙方(쌍방) 雙璧(쌍벽) 雙翼(쌍익) 雙手(쌍수) 無雙(무쌍) 雙性(쌍성) 雙墳(쌍분)

雙楹塚(쌍영총) : 평안남도 용강군 지운면(池雲面) 안성리(安性里)에 있는 고구려 때의 벽화분. 고구려 특유의 괴임식 천정으로 된 전실(前室)과 현실(玄室) 둘로 되어 있다.

隹部(새추)10획총18획　영pair　중双[sēng]　일双[ソウ](ふた)【난이도】고등용, 읽기 3급II, 쓰기 2급

牙

어금니 아

牙部(어금니아) 0획총4획

牙 두 牙 牙

齒牙(치아) 牙錢(아전) 象牙(상아) 官牙(관아) 牙疳瘡(아감창) 毒牙(독아)

伯牙絶絃(백아절현) : 백아가 거문고 줄을 끊어 버렸다는 뜻으로, 자기(自己)를 알아 주는 절친(切親)한 벗, 즉 지기지우(知己之友)의 죽음을 슬퍼함을 이르는 말.

영molar 중yá 일ゲ・ガ(きば) 【난이도】 고등용, 읽기 3급II, 쓰기 2급

亞

버금 아

二部(두이) 6획총8획

亞鉛(아연) 亞歲(아세) 東南亞(동남아) 亞細亞(아세아) 亞洲(아주) 亞流(아류)

亞窒酸鹽(아질산염) : 아질산(亞窒酸) HNO의 수소(水素)가 금속(金屬)으로 치환(置換)되어 생성(生成)된 염(鹽). 일반식(一般式) MNO 및 M(NO)로 나타냄.

영next 중亚[yà] 일亜[ア] 【난이도】 고등용, 읽기 3급II, 쓰기 2급

芽

싹 아

++部(초두머리)4획총8획

萌芽(맹아) 發芽(발아) 芽生(아생) 肉芽腫(육아종) 肉芽(육아) 麥芽糖(맥아당)

胚芽(배아) : 수정란(受精卵)이 배낭(胚囊) 속에서 분열(分裂) 증식(增殖)한 것으로 장차 포자체(胞子體)의 바탕이 되는 것.

영sprout 중芽[yá] 일芽[ガ](め) 【난이도】 고고등용, 읽기 4급II, 쓰기 3급II

雅

아담할 아

隹部(새추) 4획총12획

雅淡(아담) 雅量(아량) 雅樂(아악) 雅號(아호) 優雅(우아) 淸雅(청아) 雅號(아호)

雅致高節(아치고절) : 아담(雅淡・雅澹)한 풍치(風致)나 높은 절개(節槪・節介)라는 뜻으로, 매화(梅花)를 이르는 말.

영clear, right 중yǎ 일ガ(みやび) 【난이도】 고등용, 읽기 3급II, 쓰기 2급

餓

주릴 아

食部(밥식) 7획총16획

餓死(아사) 餓鬼(아귀) 餓鬼道(아귀도) 餓倒(아도) 餓狼(아랑) 餓殺(아살)

飢餓之境(기아지경) : 단어장 추가 굶주리는 상태에 이른 지경. 굶어 죽을 지경.
饑餓之境(기아지경) : ☞ 기아지경(飢餓之境).

영hungry 중饿[è] 일ガ(うえる) 【난이도】 고등용, 읽기 3급, 쓰기 2급

岳	岳岳岳岳岳岳岳岳								
	岳 岳 岳 岳 岳								
	山岳(산악) 安岳(안악) 北岳山(북악산) 冠岳區(관악구) 白岳山(백악산) 南岳(남악)								
큰산 악	雉岳山(치악산) : 강원도(江原道) 영월군(寧越郡)과 원주시(原州市) 사이에 있는 산(山). 태백산맥(太白山脈)에 딸림. 높이 1,288m.								
山部(뫼산) 5획총8획	영great 중yuè 일ガク(おか) 【난이도】 고등용, 읽기 3급, 쓰기 2급								

岸	岸岸岸岸岸岸岸岸								
	岸 岸 岸 岸 岸								
	沿岸(연안) 海岸(해안) 岸壁(안벽) 東海岸(동해안) 西海岸(서해안) 沿岸海(연안해)								
언덕 안	高岸深谷(고안심곡) :「높은 언덕이 골짜기가 된다」는 뜻으로, 산하(山河)의 변천 (變遷)이나 세상(世上)의 변천(變遷)을 비유(比喩·譬喩)해 이르는 말.								
山部(뫼산) 5획 총8획	영slope 중àn 일ガン(きし) 【난이도】 고등용, 읽기 3급Ⅱ, 쓰기 2급								

雁	雁雁雁雁雁雁雁雁雁雁雁								
	雁 雁 雁 雁 雁								
	雁帛(안백) 雁使(안사) 雁王(안왕) 木雁(목안) 白雁(백안) 鴻雁(홍안) 旅雁(여안)								
기러기 안	雁札(안찰) : 기러기가 전해 주는 편지란 뜻으로, 지금은 단순히 편지라는 뜻으로 사용됨. 편지(便紙), 소식(消息), 안서(雁書), 안백(雁帛)이라고도 함.								
隹部(새추) 4획총12획	영wild goose 중yàn 일ガン(かり) 【난이도】 고등용, 읽기 3급, 쓰기 2급								

謁	謁謁謁謁謁謁謁謁謁謁謁謁謁謁								
	謁 謁 謁 謁 謁								
	拜謁(배알) 見謁(현알) 上謁(상알) 謁聖(알성) 參謁(참알) 干謁(간알) 賜謁(사알)								
아뢸 알	謁聖及第(알성급제) : ① 알성과(謁聖科)에 합격(合格)함. ② 알성과(謁聖科)에 합격(合格)한 사람. 謁見(알현) : 지체 높은 사람을 찾아 뵙는 일.								
言部(말씀언) 9획총16획	영visit 중谒[yè] 일謁[エツ](まみえる) 【난이도】 고등용, 읽기 3급, 쓰기 2급								

押	押押押押押押押押								
	押 押 押 押 押								
	押收(압수) 押留(압류) 押韻(압운) 假押收(가압수) 押紙(압지) 押送(압송)								
누를 압	假押留(가압류) : 채무자(債務者)의 재산에 대 강제(强制) 집행(執行)을 보전(保全)하기 위(爲)해 그 재산(財産)을 임시로 압류(押留)하는 법원(法院)의 처분(處分).								
扌(扌)部(재방변) 5획총8획	영press 중yā 일オウ(おさえる·おす) 【난이도】 고등용, 읽기 3급, 쓰기 2급								

壓	壓壓壓壓壓壓壓屑屑屑屑屑壓壓壓壓壓
	壓　壓　壓　壓　壓

壓迫(압박) 彈壓(탄압) 抑壓(억압) 壓倒(압도) 鎭壓(진압) 壓勝(압승) 威壓(위압)

壓縮糧食(압축양식) : 가치(價值), 품질(品質), 입맛에는 별 차이(差異) 없이 하되, 작고 간단한 용기 안에 들어갈 수 있도록 부피를 농축(濃縮)시킨 양식(樣式).

누를 압

土部(흙토)14획총17획　영press　중压[yā]　일圧[アツ](おさえる)【난이도】고등용, 읽기 4급II, 쓰기 3급II

央	央央央央央
	央　央　央　央　央

中央部(중앙부) 中央黨(중앙당) 震央(진앙) 中央線(중앙선) 中央廳(중앙청)

中央政府(중앙정부) : 지방(地方) 자치제(自治制)가 확립(確立)된 행정(行政) 제도(制度)에서 전국의 행정(行政)을 통할(統轄)하는 최고(最高) 기관(機關).

가운데 앙

大部(큰대) 2획총5획　영center　중yāng　일オウ(なかば)【난이도】고등용, 읽기 3급II, 쓰기 2급

殃	殃殃殃殃殃殃殃殃殃
	殃　殃　殃　殃　殃

災殃(재앙) 殃災(앙재) 殃禍(앙화) 禍殃(화앙) 咎殃(구앙) 殃及(앙급) 天殃(천앙)

池魚之殃(지어지앙) :「연못에 사는 물고기의 재앙(災殃)」이란 뜻으로, 아무런 상관(相關)도 없는 데 재앙(災殃)을 입었다는 뜻.

재앙 앙

歹部(죽을사변)5획총9획　영disaster　중yāng　일オウ(わざわい)【난이도】고등용, 읽기 3급, 쓰기 2급

涯	涯涯涯涯涯涯涯涯涯涯涯
	涯　涯　涯　涯　涯

生涯(생애) 涯限(애한) 天涯(천애) 境涯(경애) 水涯(수애) 半生涯(반생애)

地角天涯(지각천애) : ① 땅의 끝과 하늘의 끝을 아울러 이르는 말. ② 서로 상당히 멀리 떨어져 있는 것을 비유적(比喩的·譬喩的)으로 이르는 말.

물가 애

氵部(삼수변) 8획총11획　영shore　중yá　일ガイ(はて)【난이도】고등용, 읽기 3급, 쓰기 2급

厄	厄厄厄厄
	厄　厄　厄　厄　厄

厄運(액운) 災厄(재액) 困厄(곤액) 厄難(액난) 厄年(액년) 大厄(대액) 苦厄(고액)

焦眉之厄(초미지액) :「눈썹이 타는 재액(災厄)」이라는 뜻으로, ① 매우 급(急)하게 닥치는 재앙(災殃)을 이르는 말. ② 곧 절박(切迫)한 재액(災厄).

재앙 액

厂部(민엄호) 2획총4획　영calamity　중è　일ヤク(いわざわ)【난이도】고등용, 읽기 3급, 쓰기 2급

額

이마 액

頁部(머리혈) 9획총18획

額 額 額 額 額 額 額 額 額 額 額 額 額 額 額 額 額

額 額 額 額 額

金額(금액) 總額(총액) 額數(액수) 巨額(거액) 少額(소액) 高額(고액) 殘額(잔액)

銅頭鐵額(동두철액) : 구리로 만든 머리와 쇠로 만든 이마라는 뜻으로, 성질(性質)이 모질고 거만(倨慢)한 사람을 비유(比喩·譬喩)해 이르는 말.

영forehead 중額[é] 일ガク(ひたい) 【난이도】 고등용, 읽기 4급, 쓰기 3급

耶

어조사 야

耳部(귀이) 3획총9획

耶 耶 耶 耶 耶 耶 耶 耶 耶

耶 耶 耶 耶 耶

耶律(야율) 耶蘇會(야소회) 阿羅耶識(아라야식) 阿羅耶(아라야) 摩耶(마야)

有耶無耶(유야무야) : 있는지 없는지 흐리멍덩한 모양, 흐지부지한 모양(模樣).
干將莫耶(간장막야) : 중국 춘추시대의 두 자루의 명검. 곧 좋은 칼을 일컬음.

영particle 중yé 일ヤ(か) 【난이도】 고등용, 읽기 3급, 쓰기 2급

躍

뛸 약

足部(발족)14획총21획

躍 躍 躍 躍 躍 躍 躍 躍 躍 躍 躍 躍 躍 躍 躍 躍 躍 躍 躍 躍

躍 躍 躍 躍 躍

躍動(약동) 躍進(약진) 跳躍(도약) 飛躍(비약) 暗躍(암약) 活躍(활약) 勇躍(용약)

歡呼雀躍(환호작약) : 기뻐서 소리치며 날뜀.
暗中飛躍(암중비약) : 어둠 속에서 날고 뛴다는 뜻으로, 남모르게 활동함을 이르는 말.

영run 중跃[yuè] 일躍[ヤク](おどる) 【난이도】 고등용, 읽기 3급, 쓰기 2급

楊

버들 양

木部(나무목) 9획총13획

楊 楊 楊 楊 楊 楊 楊 楊 楊 楊 楊 楊 楊

楊 楊 楊 楊 楊

楊子(양자) 楊貴妃(양귀비) 楊州(양주) 楊口郡(양구군) 楊枝(양지) 楊柳(양류)

潘楊之好(반양지호) : 반(潘)과 양(楊)의 다정(多情)한 사이라는 뜻으로, 혼인(婚姻)으로 인척(姻戚) 관계(關係)까지 겹친 오래된 좋은 사이.

영willow 중杨[yáng] 일ヨウ(やなぎ) 【난이도】 고등용, 읽기 3급, 쓰기 2급

樣

모양 양

木部(나무목)11획총15획

樣 樣 樣 樣 樣 樣 樣 樣 樣 樣 樣 樣 樣 樣 樣

樣 樣 樣 樣 樣

模樣(모양) 多樣(다양) 樣相(양상) 樣式(양식) 樣態(양태) 多樣化(다양화)

各樣各色(각양각색) : 여러 가지, 각기 다 다름.
各人各樣(각인각양) : ☞ 각인각색(各人各色).

영style, form 중样[yàng] 일樣[ヨウ](さま) 【난이도】 고등용, 읽기 4급, 쓰기 3급

壤	一 十 土 圹 圹 圹 坛 坛 坛 堚 壞 壞 壞 壞 壤
	壤 壤 壤 壤 壤
	平壤(평양) 土壤(토양) 天壤(천양) 沙壤土(사양토) 平壤城(평양성) 異壤(이양)
흙덩이 양	鼓腹擊壤(고복격양) :「배를 두드리고 흙덩이를 친다」는 뜻으로, 배불리 먹고 흙덩이를 치는 놀이를 한다, 즉 매우 살기 좋은 시절(時節)을 말함.
土部(흙토)17획총20획	영soil 중răng 일壤[ジョウ](つち) 【난이도】 고등용, 읽기 3급Ⅱ, 쓰기 2급

御	御 彳 彳 彳 御 御 御 御 御 御 御 御
	御 御 御 御 御
	御駕(어가) 御宮(어궁) 御史(어사) 御璽(어새) 崩御(붕어) 制御(제어)
어거할 어	調御丈夫(조어장부) : 여래(如來) 십호(十號)의 하나, 말을 부리듯 모든 중생(衆生)을 잘 가르치는 대장부(大丈夫)라는 뜻으로, 불타(佛陀)를 일컫는 말.
彳部(두인변)9획총12획	영drive 중yù 일ギョ・ゴ(おん) 【난이도】 고등용, 읽기 3급Ⅱ, 쓰기 2급

抑	抑 抑 扌 抑 抑 抑 抑
	抑 抑 抑 抑 抑
	抑制(억제) 抑鬱(억울) 抑止力(억지력) 抑留(억류) 抑壓(억압) 抑止(억지)
	抑何心腸(억하심장) : 대체 무슨 생각으로 그리 하는지 그 마음을 헤아릴 수 없음을 이르는 말.
누를 억	抑何心思(억하심사) : 대체 무슨 생각으로 그런 짓을 하는지 마음을 알 수 없다는 뜻.
扌(手)部(재방변)4획총7획	영restrain 중yì 일ヨク(おさえる) 【난이도】 고등용, 읽기 3급Ⅱ, 쓰기 2급

焉	焉 焉 焉 焉 焉 焉 焉 焉 焉 焉 焉
	焉 焉 焉 焉 焉
	焉敢(언감) 缺焉(결언) 於焉(어언) 於焉間(어언간) 終焉(종언) 忽焉(홀언)
	焉敢生心(언감생심) : '어찌 감(敢)히 그런 마음을 먹을 수 있으랴'의 뜻.
어찌 언	吾不關焉(오불관언) : ① 나는 그 일에 상관하지 아니함. ② 또는 그런 태도.
⺊部(연화발)7획총11획	영why 중yān 일エン(いずくんぞ・ここに) 【난이도】 고등용, 읽기 3급, 쓰기 2급

	予 予 予 予
	予 予 予 予 予
	予曰(여왈) 予奪(여탈) 他人有心予忖度之(타인유심여촌탁지)
	予所憎兒先抱之懷(여소증아 선포지회) : 미운 아이 먼저 품어라. 미울수록 더 사
나 여	랑하라는 뜻의 속담.
亅部(갈고리궐)3획총4획	영give 중yú 일ヨ(われ) 【난이도】 고등용, 읽기 3급, 쓰기 2급

輿

수레 여

車部(수레거)10획총17획

輿論(여론) 乘輿(승여) 鳳輿(봉여) 輿駕(여가) 輿地(여지) 輿輦(어련) 喪輿(상여)

杯水輿薪(배수여신) : 잔의 물로 수레에 가득 실린 땔나무에 붙은 불을 끄려 한다는 뜻으로, 능력이 도저히 미치지 않아 불가능함에도 불구하고 어리석은 짓을 한다는 말.

영palankeen 중輿[yú] 일ヨ(おおい・くるま)【난이도】고등용, 읽기 3급, 쓰기 2급

役

부릴 역

彳部(두인변) 4획총7획

役割(역할) 懲役(징역) 用役(용역) 現役(현역) 兵役(병역) 苦役(고역) 主役(주역)

犬馬之役(견마지역) : ☞ 견마지로(犬馬之勞).
勿侵雜役(물침잡역) : 모든 잡역(雜役)을 면제(免除)하여 줌.

영wark 중yì 일ヤク・エキ(つかう)【난이도】고등용, 읽기 3급II, 쓰기 2급

疫

염병 역

疒部(병질엄) 4획총9획

免疫(면역) 紅疫(홍역) 防疫(방역) 檢疫(검역) 疫學(역학) 戶疫(호역) 疫疾(역질)

口蹄疫(구제역) : 발굽이 2개인 소·돼지 등의 입·발굽 주변(周邊)에 물집이 생긴 뒤 치사율이 5~55%에 달하는 가축의 제1종 바이러스성 법정(法定) 전염병(傳染病).

영pestilence 중yì 일ヤク・エキ(はやりやまい)【난이도】고등용, 읽기 3급II, 쓰기 2급

域

지경 역

土部(흙토) 8획총11획

地域(지역) 區域(구역) 領域(영역) 全域(전역) 異域(이역) 聖域(성역) 圈域(권역)

領域(영역) : ① 어떤 나라의 주권(主權)이 미치는 범위(範圍). 영토(領土), 영해(領海), 영공(領空)으로 이루어짐. ② 관계(關係)되는 범위. 세력(勢力)이 미치는 범위(範圍).

영baundary 중yù 일イキ【난이도】고등용, 읽기 4급, 쓰기 3급

譯

번역 역

言部(말씀언)13획총20획

飜譯(번역) 內譯(내역) 音譯(음역) 譯官(역관) 通譯(통역) 譯者(역자) 誤譯(오역)

飜譯小學(번역소학) : 조선(朝鮮) 중종(中宗) 12(1517)년 임금의 명으로, 김 전, 최 숙생 등이 『소학(小學)』을 한글로 번역(飜譯)해 펴낸 책(冊). 10권 10책.

영interpret 중译[yì] 일訳[ヤク](わけ)【난이도】고등용, 읽기 3급II, 쓰기 2급

驛

역참 역

馬部(말마)13획총23획

驛卒(역졸) 驛舍(역사) 驛前(역전) 電鐵驛(전철역) 都羅山驛(도라산역) 驛馬(역마)

驛傳(역전) : ① 역전경주(驛傳競走)의 준말. ② 역참(驛站)에서 공문(公文)을 넘겨 주고받던 일. ③ 또는, 공무(公務)를 띤 사람을 역에서 역으로 말을 갈아 보내던 일.

영station 중驿[yì] 일駅[エキ](うまや) 【난이도】 고등용, 읽기 3급Ⅱ, 쓰기 2급

延

끌 연

廴部(민책받침)4획총7획

遲延(지연) 延長(연장) 延期(연기) 延滯(연체) 蔓延(만연) 延面積(연면적)

延頸鶴望(연경학망) : 학처럼 목을 길게 빼고 간절(懇切)히 기다림.
延年益壽(연년익수) : 나이를 많이 먹고 오래오래 삶.

영delay 중yán 일エン(のばす·のびる) 【난이도】 고등용, 읽기 4급, 쓰기 3급

沿

따를 연

氵部(삼수변) 5획총8획

沿岸(연안) 沿海(연해) 沿革(연혁) 沿岸海(연안해) 沿屍(연시) 沿線(연선)

沿岸航法(연안항법) : 연안(沿岸)의 산이나 등대 따위를 목표(目標)로 삼아 해도 위에 배의 위치(位置)를 밝히면서 진로를 잡아 항해(航海)하는 법(法).

영follow 중yán 일エン(そう) 【난이도】 고등용, 읽기 3급Ⅱ, 쓰기 2급

宴

잔치 연

宀部(갓머리)7획총10획

壽宴(수연) 祝壽宴(축수연) 宴會(연회) 披露宴(피로연) 賀壽宴(하수연) 稀宴(희연)

他人之宴曰梨曰栗(타인지연왈리왈률) : 남의 잔치에 배 놓아라 밤 놓아라 한다는 뜻으로, 남의 일에 공연히 쓸데없는 참견(參見)을 한다는 뜻.

영banquet 중yàn 일エン(うたげ) 【난이도】 고등용, 읽기 3급Ⅱ, 쓰기 2급

軟

연할 연

車部(수레거) 4획총11획

柔軟性(유연성) 柔軟(유연) 軟弱(연약) 軟着陸(연착륙) 軟脆(연취) 軟骨(연골)

軟體動物(연체동물) : 동물계(動物界)의 한 문. 몸에 뼈가 없고, 체질(體質)이 부드러운 동물(動物)로 대부분이 물살이 함. 문어, 낙지, 조개, 달팽이 따위.

영soft 중软[ruǎn] 일ナン(やわらか·やわらかい) 【난이도】 고등용, 읽기 3급Ⅱ, 쓰기 2급

鉛

납 연

金部(쇠금) 5획 총13획

鉛鉛鉛鉛鉛鉛鉛鉛鉛鉛鉛鉛鉛

亞鉛(아연) 鉛筆(연필) 色鉛筆(색연필) 丹鉛(단연) 硬鉛(경연) 鉛筆畫(연필화)

鉛刀一割(연도일할) : 납을 가지고 만든 칼, 곧 잘 안 드는 칼이라도 한 번 자를 힘이 있다는 뜻으로, 자기(自己) 힘이 미약(微弱)하다고 겸손(謙遜)하게 하는 말.

영lead 중铅[qiān] 일エン(なまり) 【난이도】 고등용, 읽기 4급, 쓰기 3급

演

펼 연

氵部(삼수변)11획총14획

演演演演演演演演演演演演演演

演說(연설) 演劇(연극) 再演(재연) 講演(강연) 公演(공연) 演技(연기) 演藝(연예)

演藝人(연예인) : 연예(演藝)에 종사(從事)하는 사람들. 배우(俳優), 가수(歌手), 무용가(舞踊家) 등(等)이 있음.

영extend 중yǎn 일エン(のべる) 【난이도】 고등용, 읽기 4급II, 쓰기 3급II

緣

인연 연

糸部(실사) 9획총15획

緣緣緣緣緣緣緣緣緣緣緣緣緣緣緣

緣故(연고) 緣累(연루) 緣由(연유) 結緣(결연) 因緣(인연) 地緣(지연) 血緣(혈연)

緣木求魚(연목구어) : 나무에 인연(因緣)하여 물고기를 구(求)한다라는 뜻으로, 목적이나 수단(手段)이 일치(一致)하지 않아 성공(成功)이 불가능(不可能)함을 이르는 말.

영affinity, fate 중缘[yuán] 일緣[エン](ふち) 【난이도】 고등용, 읽기 4급, 쓰기 3급

燕

제비 연

灬部(연화발)12획총16획

燕燕燕燕燕燕燕燕燕燕燕燕燕燕燕

燕山君(연산군) 燕巖集(연암집) 燕岐郡(연기군) 燕京(연경) 燕息(연식) 燕巢(연소)

燕鴻之歎(연홍지탄) : 봄과 가을에 엇갈리는 제비와 기러기처럼 서로 반대(反對)의 입장(立場)이 되어 만나지 못함을 한탄(恨歎)하는 말임.

영swallow 중Yān 일エン(くつろぐ・さかもり) 【난이도】 고등용, 읽기 3급II, 쓰기 2급

燃

불탈 연

火部(불화)12획총16획

燃燃燃燃燃燃燃燃燃燃燃燃燃燃燃

燃料(연료) 燃燒(연소) 內燃(내연) 燃料費(연료비) 可燃性(가연성) 燃費(연비)

燃眉之厄(연미지액) :「눈썹이 타는 재액(災厄)」이라는 뜻으로, ① 매우 급(急)하게 닥치는 재앙(災殃)을 이르는 말. ② 곧 절박(切迫)한 재액(災厄).

영burn 중rán 일ネン(もえる・もす) 【난이도】 고등용, 읽기 4급, 쓰기 3급

閱

閱閱閱閱閱閱門門閱閱閱閱閱閱閱

閱閱閱閱閱

閱覽(열람) 檢閱(검열) 閱歷(열력) 敎閱(교열) 閥閱(벌열) 閱兵(열병) 展閱(전열)

我躬不閱(아궁불열) : 자신(自身)도 돌보지 못하는 형편(形便)이라는 뜻으로, 후손(後孫)이나 남을 걱정할 여력(餘力)이 없음을 이르는 말.

검열할 열

門部(문문) 7획총15획

영inspect 중阅[yuè] 일閱[エツ] 【난이도】 고등용, 읽기 3급, 쓰기 2급

染

染染染染染染染染染

染染染染染

染料(염료) 染色(염색) 染色體(염색체) 捺染(날염) 汚染(오염) 傳染(전염)

墨子悲染(묵자비염) : 묵자(墨子)가 실을 보고 울었다는 뜻으로, 사람은 습관(習慣)이나 환경(環境)에 따라 그 성품이 착해지기도 악해지기도 함을 이르는 말.

물들 염

木部(나무목) 5획총9획

영dye 중rǎn 일セン(そまる・そめる) 【난이도】 고등용, 읽기 3급II, 쓰기 2급

鹽

鹽鹽鹽鹽鹽鹽鹽鹽鹽鹽鹽鹽鹽鹽鹽鹽鹽鹽鹽鹽鹽鹽鹽鹽

鹽鹽鹽鹽鹽

鹽酸(염산) 鹽分(염분) 鹽素(염소) 鹽海(염해) 鹽度(염도) 鹽田(염전) 鹽化(염화)

刻畫無鹽(각화무염) : 「아무리 꾸며도 무염(無鹽)」이란 뜻으로, 얼굴이 못생긴 여자가 아무리 화장을 해도 미인과 비교할 바가 못됨, 즉 비교가 되지 않음을 이르는 말.

소금 염

鹵部(소금로)13획총24획

영salt 중盐[yán] 일塩[エン](しお) 【난이도】 고등용, 읽기 3급II, 쓰기 2급

泳

泳泳泳泳泳泳泳泳

泳泳泳泳泳

水泳(수영) 平泳(평영) 背泳(배영) 混泳(혼영) 遊泳(유영) 繼泳(계영) 游泳(유영)

蝶泳(접영) : 버터플라이. 수영(水泳) 방법(方法)의 한 가지. 두 팔을 뒤에서 앞으로 크게 휘둘러 물을 끌어당기고, 두 다리로 동시(同時)에 물을 차며 나아감.

헤엄칠 영

氵部(삼수변) 5획총8획

영swim 중yǒng 일エイ(およぐ) 【난이도】 고등용, 읽기 3급, 쓰기 2급

映

映映映映映映映映映

映映映映映

反映(반영) 映畫(영화) 動映像(동영상) 放映(방영) 映像(영상) 映畫祭(영화제)

映雪讀書(영설독서) : 눈(雪)빛에 비쳐 책을 읽는다는 뜻으로, 가난을 무릅쓰고 학문(學問)함을 이르는 말.

비칠 영

日部(날일) 5획총9획

영reflect 중yìng 일エイ(うつす・うつる) 【난이도】 고등용, 읽기 4급, 쓰기 3급

詠詠詠詠詠詠詠詠訡詠詠詠

| 詠 | 詠 | 詠 | 詠 | 詠 | | | | | | |

읊을 영

詠歌(영가) 詠詩(영시) 詠吟(영음) 詠歎(영탄) 玉詠(옥영) 吟詠(음영) 詠詩(영시)

吟風詠月(음풍영월) : 맑은 바람과 밝은 달에 대(對)하여 시를 짓고 즐겁게 놂.
一觴一詠(일상일영) : 한 잔 술을 마시고는 한 수의 시를 읊음.

言部(말씀언) 5획총12획

영recite 중咏[yǒng] 일エイ(よむ) 【난이도】 고등용, 읽기 3급, 쓰기 2급

影影影影影影影影影影影影影影影

| 影 | 影 | 影 | 影 | 影 | | | | | | |

그림자 영

影響(영향) 撮影(촬영) 影響力(영향력) 惡影響(악영향) 反影(반영) 印影(인영)

杯中蛇影(배중사영) : 술잔 속의 뱀 그림자라는 뜻으로, ① 자기 스스로 의혹된 마음이 생겨 고민하는 일. ② 아무 것도 아닌 일에 의심을 품고 지나치게 근심을 함.

彡部(터럭삼)12획총15획

영shadow 중yǐng 일エイ(かげ) 【난이도】 고등용, 읽기 3급II, 쓰기 2급

營營營營營營營營營營營營營營營營營

| 營 | 營 | 營 | 營 | 營 | | | | | | |

경영할 영

營利(영리) 營業(영업) 經營(경영) 國營(국영) 運營(운영) 陣營(진영) 營爲(영위)

兎營三窟(토영삼굴) : 토끼는 숨을 수 있는 굴을 세 개는 마련해놓는다는 뜻으로, 자신의 안전을 위하여 미리 몇 가지 술책을 마련함을 비유(比喩·譬喩)하는 말.

火部(불화)13획총17획

영manage 중营[yíng] 일營[エイ](いとなむ) 【난이도】 고등용, 읽기 4급, 쓰기 3급

銳銳銳銳銳銳銳銳銳銳銳銳銳銳銳

| 銳 | 銳 | 銳 | 銳 | 銳 | | | | | | |

날카로울 예

尖銳(첨예) 銳敏(예민) 銳意(예의) 銳利(예리) 銳角(예각) 精銳(정예) 銳感(예감)

少壯氣銳(소장기예) : 나이 젊고 건강한 사람은 날카롭다는 뜻으로, 소장(少壯)은 흔히 20~30세의 왕성한 지식욕(知識慾)과 행동력을 갖춘 사람을 두고 이르는 말.

金部(쇠금) 7획총15획

영sharp 중锐[ruì] 일銳[エイ](するどい) 【난이도】 고등용, 읽기 3급, 쓰기 2급

豫豫豫豫豫豫豫豫豫豫豫豫豫豫豫豫

| 豫 | 豫 | 豫 | 豫 | 豫 | | | | | | |

미리 예

豫告(예고) 豫防(예방) 豫算(예산) 豫想(예상) 豫定(예정) 豫測(예측) 豫備(예비)

猶豫(유예) : ① 망설여 결행하지 않음. ② 시일을 늦춤. ③ 집행(執行) 유예(猶豫).
豫探神祀(예탐신사) : 집안에 무슨 경사가 있을 때에 먼저 조상에게 아뢰는 굿.

豕部(돼지시)9획총16획

영in advance 중yù 일予[ヨ](あらかじめ) 【난이도】 고등용, 읽기 4급, 쓰기 3급

譽

기릴 예

言部(말씀언)13획총20획

光譽(광예) 名譽(명예) 名譽革命(명예혁명) 不名譽(불명예) 稱譽(칭예) 虛譽(허예)

名譽毀損(명예훼손) : 남의 명예(名譽)를 더럽히거나 깎는 일.
落落之譽(낙락지예) : 도량(度量)이 넓은 인물(人物)의 명성(名聲).

다른 사전에는「與」를 14획으로 계산하여「譽」를 21획으로 보고 있으나, 필자는「與」를 13획으로 보기 때문에「譽」를 20획으로 하였음. 이의 있으신 독자는 언제든 연락 바람.

영 pay a tribute 중 誉[yù] 일 誉[ヨ](ほまれ) 【난이도】 고등용, 읽기 3급II, 쓰기 2급

汚

더러울 오

氵部(삼수변) 3획총6획

汚染(오염) 汚辱(오욕) 汚名(오명) 大氣汚染(대기오염) 環境汚染(환경오염)

貪官汚吏(탐관오리) : 탐욕(貪慾)이 많고 부정(不正)을 일삼는 벼슬아치.
淨松汚竹(정송오죽) : 깨끗한 땅에는 소나무를 심고 지저분한 땅에는 대나무를 심음.

영 dirty 중 污[wū] 일 オ(きたない・よごす) 【난이도】 고등용, 읽기 3급, 쓰기 2급

娛

즐거워할 오

女部(계집녀)7획총10획

娛樂(오락) 娛樂室(오락실) 家庭娛樂(가정오락) 大衆娛樂(대중오락) 娛遊(오유)

綵衣以娛親(채의이오친) : 색동옷을 입고 어버이를 즐겁게 한다는 뜻으로, 부모에게 효도하는 것을 이르는 말.

영 amuse 중 娱[yú] 일 娯[ゴ](たのしむ) 【난이도】 고등용, 읽기 3급, 쓰기 2급

傲

거만할 오

亻部(사람인변)11획총13획

傲慢(오만) 傲氣(오기) 傲然(오연) 倨傲)거오) 侈傲(치오) 簡傲(간오) 高傲(고오)

傲霜孤節(오상고절) : 서릿발이 심한 추위 속에서도 굴하지 않고 홀로 꼿꼿하다는 뜻으로, 충신(忠臣) 또는 국화(菊花)를 말함.

영 haughty 중 傲[ào] 일 傲[ゴウ](おごる) 【난이도】 고등용, 읽기 3급, 쓰기 2급

嗚

탄식할 오

口部(입구)10획총13획

嗚咽(오열) 噫嗚(희오) 嗚呼(오호) 嗚泣(오읍) 嗚嗚(오오)

嗚呼痛哉(오호통재) : 아아, 슬프고 원통(寃痛)함.
嗚呼(오호) : 슬플 때나 탄식할 때 '아', '어허' 등(等)의 뜻으로 내는 소리.

영 alas 중 呜[wū] 일 オウ(ああ) 【난이도】 고등용, 읽기 3급, 쓰기 2급

獄	獄 獄 獄 獄 獄 獄 獄 獄 獄 獄 獄 獄
	獄 獄 獄 獄 獄
옥 옥	監獄(감옥) 地獄(지옥) 囚獄(수옥) 牢獄(뇌옥) 王獄(왕옥) 交通地獄(교통지옥)
	阿鼻地獄(아비지옥) : 불교(佛敎)에서 말하는 8대 지옥(地獄) 중(中)의 여덟째로, 고통(苦痛)이 가장 심(甚)하다는 지옥(地獄).
犭部(개사슴록변)11획총14획	영prison 중獄[yù] 일ゴク(ひとや) 【난이도】 고등용, 읽기 3급Ⅱ, 쓰기 2급

翁	翁 翁 翁 翁 翁 翁 翁 翁 翁 翁
	翁 翁 翁 翁 翁
늙은이 옹	家翁(가옹) 乃翁(내옹) 袞翁(쇠옹) 看翁(간옹) 老翁(노옹) 翁師(옹사) 翁主(옹주)
	呂翁枕(여옹침) : 인생의 덧없음과 영화(榮華)의 헛됨을 비유(比喩·譬喩)하는 말. 여공침(呂公枕)도 같은 뜻.
羽部(깃우) 4획총10획	영old man 중wēng 일オウ(おきな) 【난이도】 고등용, 읽기 3급, 쓰기 2급

擁	擁 擁 擁 擁 擁 擁 擁 擁 擁 擁 擁 擁 擁 擁 擁
	擁 擁 擁 擁 擁
낄 옹	擁護(옹호) 擁立(옹립) 抱擁(포옹) 擁衛(옹위) 呵擁(가옹) 後擁馬(후옹마)
	群星擁北(군성옹북) : 수많은 별이 북극성(北極星)을 향(向)해 떼지어 따른다는 뜻으로, 많은 문사(文士)들이 모여듦을 이르는 말.
扌(手)部(재방변)13획총16획	영embrace 중擁[yōng] 일ヨウ 【난이도】 고등용, 읽기 3급, 쓰기 2급

緩	緩 緩 緩 緩 緩 緩 緩 緩 緩 緩 緩 緩 緩
	緩 緩 緩 緩 緩
느릴 완	緩和(완화) 弛緩(이완) 緩急(완급) 緩慢(완만) 緩衝(완충) 緩行(완행) 懈緩(해완)
	戒急乘緩(계급승완) : 계를 지니는 것은 간절(懇切)하나 부처의 교법(敎法)을 듣기는 원하지 않음. 微吟緩步(미음완보) : 작은 소리로 읊조리며 천천히 거닒.
糸部(실사) 9획총15획	영slow 중緩[ruì] 일カン(ゆるい·ゆるむ)【난이도】 고등용, 읽기 3급Ⅱ, 쓰기 2급

	畏 畏 畏 畏 畏 畏 畏 畏 畏
	畏 畏 畏 畏 畏
두려워할 외	畏怖(외포) 可畏(가외) 敬畏(경외) 憺畏(담외) 無所畏(무소외) 畏懼(외구)
	後生可畏(후생가외) : 젊은 후학들을 두려워할 만하다는 뜻으로, 후진들이 선배들보다 젊고 기력이 좋아, 학문을 닦음에 따라 큰 인물이 될 수 있으므로 가히 두렵다는 말.
田部(밭전) 4획총9획	영fear 중wèi 일イ(おそれる) 【난이도】 고등용, 읽기 3급, 쓰기 2급

腰

허리 요

月部(육달월) 9획 총13획

丿 刀 月 刖 胪 胪 胪 腰 腰 腰 腰 腰 腰

| 腰 | 腰 | 腰 | 腰 | 腰 | | | | | |

腰痛(요통) 廊腰(낭요) 細腰(세요) 柳腰(유요) 腰輿(요여) 弓腰(궁요) 山腰(산요)

柳尾蜂腰(유미봉요) : 버들 같은 눈썹에 개미 같은 허리.

腰帶(요대) : 허리띠. 바지 따위가 흘러내리지 아니하게 옷의 허리 부분에 둘러매는 띠.

영waist 중yāo 일ヨウ(こし) 【난이도】 고등용, 읽기 3급, 쓰기 2급

搖

흔들 요

扌(手)部(재방변) 10획 총13획

搖 搖 搖 搖 搖 搖 搖 搖 搖 搖 搖 搖 搖

| 搖 | 搖 | 搖 | 搖 | 搖 | | | | | |

搖亂(요란) 動搖(동요) 搖動(요동) 搖籃(요람) 動搖關節(동요관절) 招搖(초요)

招搖過市(초요과시) : 남의 이목을 끌도록 요란스럽게 하며 저자거리를 지나간다는
뜻으로, 허풍을 떨며 요란(搖亂)하게 사람의 이목을 끄는 것을 비유하는 말.

영shake 중摇[yáo] 일ヨウ(ゆさぶる・ゆすぶる) 【난이도】 고등용, 읽기 3급, 쓰기 2급

謠

노래 요

言部(말씀언) 10획 총17획

謠 謠 謠 謠 謠 謠 謠 謠 謠 謠 謠 謠 謠 謠 謠 謠 謠

| 謠 | 謠 | 謠 | 謠 | 謠 | | | | | |

歌謠(가요) 民謠(민요) 童謠(동요) 詩謠(시요) 歌謠曲(가요곡) 歌謠漫談(가요만담)

海東歌謠(해동가요) : 金壽長(김수장)이 1746년 편찬(編纂)에 착수(着手)하여 만든 시
조집(時調集). 2권 1책.

영ballad 중谣[yáo] 일謡[ヨウ](うたい・うたう) 【난이도】 고등용, 읽기 4급II, 쓰기 3급II

遙

멀 요

部(책받침) 10획 총14획

遙 遙 遙 遙 遙 遙 遙 遙 遙 遙 遙 遙 遙

| 遙 | 遙 | 遙 | 遙 | 遙 | | | | | |

遙望(요망) 遙拜(요배) 遙昔(요석) 遙遠(요원) 遙賀(요하) 逍遙(소요) 遙天(요천)

前途遙遠(전도요원) : 앞으로 갈 길이 아득히 멀다는 뜻으로, 목적(目的)하는 바에
이르기에는 아직도 남은 일이 많음을 이르는 말.

영distant 중遥[yáo] 일遥[ヨウ](さまよう・とおい) 【난이도】 고등용, 읽기 3급, 쓰기 2급

辱

욕될 욕

辰部(별진) 3획 총10획

辱 辱 辱 辱 辱 辱 辱 辱 辱 辱

| 辱 | 辱 | 辱 | 辱 | 辱 | | | | | |

辱說(욕설) 屈辱(굴욕) 侮辱(모욕) 雪辱(설욕) 榮辱(영욕) 汚辱(오욕) 恥辱(치욕)

知足不辱(지족불욕) : 모든 일에 분수(分數)를 알고 만족(滿足)하게 생각하면 모욕
(侮辱)을 받지 않음. 强暴之辱(강포지욕) : 강포한 행위(行爲)로 하는 모욕(侮辱).

영disgrace 중rǔ 일ジョク(はずかしめる) 【난이도】 고등용, 읽기 3급II, 쓰기 2급

慾	慾慾慾慾慾慾慾慾慾慾慾慾慾慾慾
	慾 慾 慾 慾 慾

意慾(의욕) 貪慾(탐욕) 慾心(욕심) 慾望(욕망) 慾求(욕구) 食慾(식욕) 慾氣(욕기)

溪壑之慾(계학지욕) : 시냇물이 흐르는 산골짜기의 욕심이라는 뜻으로, 물릴 줄
모르는 한없는 욕심(慾心)을 비유적(比喩的)으로 이르는 말.

욕심 욕

心部(마음심)11획총15획 | 영greed 중欲[yù] 일コク(ほっする) 【난이도】 고등용, 읽기 3급II, 쓰기 2급

庸	庸庸庸庸庸庸庸庸庸庸庸
	庸 庸 庸 庸 庸

庸劣(용렬) 庸俗(용속) 庸人(용인) 庸拙(용졸) 登庸(등용) 中庸(중용) 學庸(학용)

中庸之道(중용지도) : 마땅하고 떳떳한 중용(中庸)의 도리(道理).
中庸(중용) : 치우침이나 과부족이 없이 떳떳하며 알맞은 상태나 정도.

떳떳할 용

广部(엄호) 8획총11획 | 영honorable 중yōng 일ヨウ(つね・もちいる) 【난이도】 고등용, 읽기 3급, 쓰기 2급

羽	羽羽羽羽羽羽
	羽 羽 羽 羽 羽

羽緞(우단) 羽毛(우모) 羽翼(우익) 羽衣(우의) 羽蟲(우충) 肩羽(견우) 項羽(항우)

羽化登仙(우화등선) : 날개가 돋아 신선(神仙)이 되어 하늘에 오른다는 뜻으로, 술
이 거나하게 취(醉)하여 기분(氣分)이 한껏 좋음을 이르는 말.

깃 우

羽部(깃우) 0획총6획 | 영feather 중羽[yǔ] 일羽[ウ](は・はね) 【난이도】 고등용, 읽기 3급II, 쓰기 2급

偶	偶偶偶偶偶偶偶偶偶偶
	偶 偶 偶 偶 偶

偶然(우연) 配偶者(배우자) 配偶(배우) 妃偶(비우) 對偶(대우) 偶然性(우연성)

沙中偶語(사중우어) : 신하(臣下)가 남몰래 모반(謀反)할 꾀를 속삭임.
百年佳偶(백년가우) : 한평생(一平生)을 같이 지내는 아름다운 배필(配匹).

짝 우

亻部(사람인변) 9획총11획 | 영couple 중ǒu 일グウ(たまたま) 【난이도】고등용, 읽기 3급II, 쓰기 2급

郵	郵郵郵郵垂垂垂垂郵郵郵
	郵 郵 郵 郵 郵

郵便(우편) 郵票(우표) 郵便物(우편물) 郵遞局(우체국) 郵便番號(우편번호)

速達郵便(속달우편) : 특정(特定) 구역(區域) 안에서 보통(普通) 우편(郵便)보다 우
선적(優先的)으로 신속(迅速)히 배달(配達)되는 우편물(郵便物).

우편 우

阝(邑)部(우부방)8획총11획 | 영post 중邮[yóu] 일ユウ 【난이도】 고등용, 읽기 4급, 쓰기 3급

愚愚愚愚愚愚愚愚愚愚愚愚愚

| 愚 | 愚 | 愚 | 愚 | 愚 | | | | | |

愚鈍(우둔) 愚弄(우롱) 愚昧(우매) 愚直(우직) 凡愚(범우) 暗愚(암우) 愚夫(우부)

愚公移山(우공이산) : 우공이 산을 옮긴다는 말로, 남이 보기엔 어리석은 일처럼 보이지만 한 가지 일을 끝까지 밀고 나가면 언젠가는 목적을 달성할 수 있다는 뜻.

어리석을 우

心部(마음심) 9획총13획 　영 foolish 　중 yú 　일 グ(おろか) 【난이도】 고등용, 읽기 3급II, 쓰기 2급

優優優優優優優優優優優優優優優優優

| 優 | 優 | 優 | 優 | 優 | | | | | |

優待(우대) 優先(우선) 優勢(우세) 優秀(우수) 優劣(우열) 俳優(배우) 優性(우성)

優柔不斷(우유부단) : ① 어물어물하기만 하고 딱 잘라 결단(決斷)을 하지 못함.
② 결단력(決斷力)이 부족(不足)한 것.

넉넉할 우

亻部(사람인변)15획총17획 　영 superior 　중 优[yōu] 　일 ユウ(すぐれる・やさしい) 【난이도】 고등용, 읽기 4급, 쓰기 3급

韻韻韻韻韻韻韻韻韻韻韻韻韻韻韻韻韻韻

| 韻 | 韻 | 韻 | 韻 | 韻 | | | | | |

韻致(운치) 韻律(운율) 韻文(운문) 玉韻(옥운) 仄韻(측운) 四韻(사운) 押韻(압운)

氣韻生動(기운생동) : 글씨나 그림 등(等)의 기품(氣稟)·품격(品格)·정취(情趣)가 생생하게 약동(躍動)함의 뜻.

운치 운

音部(소리음)10획총19획 　영 rhyme 　중 韵[yùn] 　일 イン(ひびき) 【난이도】 고등용, 읽기 3급II, 쓰기 2급

員員員員員員員員員員

| 員 | 員 | 員 | 員 | 員 | | | | | |

議員(의원) 公務員(공무원) 職員(직원) 委員會(위원회) 研究員(연구원)

委員會(위원회) : ① 어떤 특정한 목적 아래 임명 또는 선거로 지명된 위원으로써 구성된 합의 기관. ② 위원(委員)들이 모여 하는 회의(會議).

인원 원

口部(입구)7획총10획 　영 number, staff 　중 员[yuán] 　일 イン 【난이도】 고등용, 읽기 4급II, 쓰기 3급II

院院院院院院院院院院

| 院 | 院 | 院 | 院 | 院 | | | | | |

法院(법원) 病院(병원) 大法院(대법원) 監査院(감사원) 國情院(국정원)

開院(개원) : ① 학원(學園)이나 병원(病院) 등(等)을 처음으로 엶. ② 국회(國會) 등(等)이 회기를 맞이하여 회의(會議)를 엶.

집 원

阝(阜)部(좌부방)7획총10획 　영 garden 　중 yuàn 　일 イン 【난이도】 고등용, 읽기 5급, 쓰기 4급

援

도울 원

援援援援援援援援援援援

援 援 援 援 援

支援(지원) 應援(응원) 援助(원조) 聲援(성원) 後援金(후원금) 後援(후원)

上援下推(상원하추) : 윗자리에 있는 자는 아랫사람을 끌어올리고, 아랫사람은 윗사람을 추대함. 孤立無援(고립무원) : 고립되어 도움을 받을 데가 없음.

扌(手)部(재방변) 9획 총12획 　영rescue　중援[yuán]　일エン(たすける)【난이도】고등용, 읽기 4급, 쓰기 3급

源

근원 원

源源源源源源源源源源

源 源 源 源 源

源泉(원천) 資源(자원) 財源(재원) 根源(근원) 起源(기원) 源流(원류) 字源(자원)

拔本塞源(발본색원) : 근본(根本)을 빼내고 원천(源泉)을 막아 버린다는 뜻으로, 사물(事物)의 폐단(弊端)을 없애기 위(爲)해서 그 뿌리째 뽑아 버림을 이르는 말.

氵部(삼수변)10획 총13획 　영source　중yuán　일ゲン(みなもと)【난이도】고등용, 읽기 4급, 쓰기 3급

越

넘을 월

越越越越越越越越越越越

越 越 越 越 越

超越(초월) 卓越(탁월) 追越(추월) 越權(월권) 越等(월등) 越南(월남) 違越(위월)

超越(초월) : ① 어떤 한계(限界)나 표준(標準)을 넘음. ② 인식(認識)·경험(經驗)의 범위(範圍) 밖에 존재(存在)함. 가능적(可能的) 경험(經驗)의 영역(領域) 밖에 있음.

走部(달릴주)5획 총12획 　영overpass　중yuè　일エツ(こえる·こす)【난이도】고등용, 읽기 3급II, 쓰기 2급

委

맡길 위

委委委委委委委委

委 委 委 委 委

委員(위원) 委任(위임) 委任狀(위임장) 委囑(위촉) 委託(위탁) 小委(소위)

委員會(위원회) : ① 어떤 특정한 목적 아래 임명 또는 선거로 지명된 위원으로써 구성된 합의 기관. ② 위원(委員)들이 모여 하는 회의(會議).

女部(계집녀)5획 총8획 　영entrust　중wěi　일イ(ゆだねる)【난이도】고등용, 읽기 4급, 쓰기 3급

胃

밥통 위

胃胃胃胃胃胃胃胃胃

胃 胃 胃 胃 胃

脾胃(비위) 胃腸(위장) 胃癌(위암) 胃酸(위산) 胃臟(위장) 胃潰瘍(위궤양)

飮灰洗胃(음회세위) : 「재를 마셔 위 속의 더러운 것들을 씻어낸다」는 뜻으로, 악(惡)한 마음을 고쳐서 선으로 돌아감을 비유(比喩·譬喩)해 이르는 말.

月部(육달월) 5획 총9획 　영stomach　중wèi　일イ(いぶくろ)【난이도】고등용, 읽기 3급II, 쓰기 2급

圍圍圍圍圍圍圍圍圍圍圍

| 圍 | 圍 | 圍 | 圍 | 圍 | | | | | |

에워쌀 위

口部(큰입구몸)9획총12획

範圍(범위) 周圍(주위) 廣範圍(광범위) 包圍(포위) 堅圍(견위) 四圍(사위)

雰圍氣(분위기) : ① 지구를 둘러 싸고 있는 기체, 대기, 공기. ② 어떤 환경이나 어떤 자리 등에서 저절로 만들어져서 감도는 느낌. ③ 개인의 주위의 상황, 환경.

영surround 중圍[wéi] 일イ(かこう·かこむ)【난이도】고등용, 읽기 4급, 쓰기 3급

違違違違違違違違違違違違違

| 違 | 違 | 違 | 違 | 違 | | | | | |

어길 위

辶部(책받침)9획총13획

違反(위반) 違憲(위헌) 違法(위법) 違背(위배) 違憲性(위헌성) 違法性(위법성)

陽奉陰違(양봉음위) : 보는 앞에서는 순종하는 체하고, 속으로는 딴마음을 먹음.
大違所料(대위소료) : 생각하는 바와 크게 다름.

영violate 중违[wéi] 일イ(ちがう·ちがえる)【난이도】고등용, 읽기 3급, 쓰기 2급

僞僞僞僞僞僞僞僞僞僞僞僞

| 僞 | 僞 | 僞 | 僞 | 僞 | | | | | |

거짓 위

亻部(사람인변)12획총14획

僞幣(위폐) 虛僞(허위) 眞僞(진위) 僞裝(위장) 僞造(위조) 僞善(위선) 僞言(위언)

防僞私通(방위사통) : 사사(私事)로운 글이 아니라는 뜻을 표시(表示)하는 뜻에서, 방위(防僞)라는 두 글자가 찍혀 있는, 아전(衙前)들 끼리 주고 받던 공문(公文).

영false 중伪[jiǎ] 일僞[ギ](いつわる·にせ)【난이도】고등용, 읽기 3급Ⅱ, 쓰기 2급

慰慰慰慰慰慰慰慰慰慰慰慰慰慰慰

| 慰 | 慰 | 慰 | 慰 | 慰 | | | | | |

위로할 위

心部(마음심)11획총15획

慰勞(위로) 慰安婦(위안부) 慰安(위안) 慰靈(위령) 慰樂(위락) 慰問(위문)

慰藉料(위자료) : 재산이나 생명·신체·명예 따위를 침해(侵害)하였을 때 그 정신적(精神的) 고통(苦痛)과 손해(損害)에 대(對)하여 지급(支給)하는 배상금(賠償金).

영comfort 중wèi 일イ(なぐさむ·なぐさめる)【난이도】고등용, 읽기 4급, 쓰기 3급

緯緯緯緯緯緯緯緯緯緯緯緯緯緯

| 緯 | 緯 | 緯 | 緯 | 緯 | | | | | |

씨 위

糸部(실사)9획총15획

經緯(경위) 北緯(북위) 經緯書(경위서) 緯度(위도) 黃緯(황위) 赤緯(적위)

天經地緯(천경지위) : 하늘이 정하고 땅이 받드는 길이라는 뜻으로, 영원(永遠)히 변(變)하지 않을 떳떳한 이치(理致).

영woof 중纬[wěi] 일イ(よこいと)【난이도】고등용, 읽기 3급, 쓰기 2급

衛 지킬 위 行部(행할행)9획총15획	衛衛衛衛衛衛衛衛衛衛衛衛衛 衛 衛 衛 衛 衛 衛星(위성) 衛生(위생) 防衛(방위) 侍衛隊(시위대) 紅衛兵(홍위병) 防衛費(방위비) 精衛塡海(정위전해) : 작은 새 정위(精衛)가 바다를 메우려 한다는 뜻으로, ① 가망 없을 일에 힘들임을 이르는 말. ② 목적을 달성하기 위하여 온갖 고난을 무릅쓰고 노력함. 영keep 중卫[wèi] 일エイ(まもる)【난이도】고등용, 읽기 4급Ⅱ, 쓰기 3급Ⅱ
謂 이를 위 言部(말씀언)9획총16획	謂謂謂謂謂謂謂謂謂謂謂謂謂謂謂 謂 謂 謂 謂 謂 可謂(가위) 所謂(소위) 云謂(운위) 眞所謂(진소위) 或謂(혹위) 方可謂(방가위) 天命之謂性(천명지위성) : 하늘이 하늘의 본성(天道)을 만물(萬物)에게 부여(附與)해준 것을 본성(本性)이라고 함. 영tell 중谓[wèi] 일イイ(あやまる)【난이도】고등용, 읽기 3급Ⅱ, 쓰기 2급
乳 젖 유 乙部(새을)7획총8획	乳乳乳乳乳乳乳乳 乳 乳 乳 乳 乳 哺乳類(포유류) 牛乳(우유) 乳兒(유아) 初乳(초유) 原乳(원유) 乳製品(유제품) 孤犢觸乳(고독촉유) :「어미 없는 송아지가 젖을 먹기 위해 어미를 찾는다」는 뜻으로, 연고(緣故) 없는 고독(孤獨)한 사람이 구원(救援)을 바람을 비유해 이르는 말. 영milk 중rǔ 일ニュウ(ちち)【난이도】고등용, 읽기 4급, 쓰기 3급
幽 그윽할 유 幺部(작을요)6획총9획	幽幽幽幽幽幽幽幽幽 幽 幽 幽 幽 幽 幽靈(유령) 幽寂(유적) 幽都(유도) 幽宅(유택) 幽懷(유회) 幽冥(유명) 幽明(유명) 黜陟幽明(출척유명) : 성적(成績)이 좋은 관리(官吏)는 승진(昇進)시키고, 공적(功績)이 없는 관리(官吏)는 내쫓음을 이르는 말. 영mellow 중yōu 일ユウ【난이도】고등용, 읽기 3급Ⅱ, 쓰기 2급
悠 멀 유 心部(마음심)7획총11획	悠悠悠悠悠悠悠悠悠悠 悠 悠 悠 悠 悠 悠然(유연) 悠久(유구) 悠長(유장) 悠悠(유유) 悠忽(유홀) 悠遠(유원) 季悠(계유) 悠悠自適(유유자적) : 여유가 있어 한가롭고 걱정이 없는 모양(模樣)이라는 뜻으로, 속세(俗世)에 속박됨이 없이 자기가 하고 싶은 대로 마음 편히 지냄을 이르는 말. 영distant 중yōu 일ユウ(とおい)【난이도】고등용, 읽기 3급Ⅱ, 쓰기 2급

惟

惟惟惟惟惟惟惟惟惟惟惟

생각할 유

心部(심방변)8획총11획

惟獨(유독) 惟房(유방) 惟政(유정) 恭惟(공유) 伏惟(복유) 思惟(사유) 惟只(유지)

惟正之供(유정지공) : 해마다 의례(儀禮)로 궁중(宮中) 및 서울의 고관(高官)에게 바치던 공물(貢物). 恭惟鞠養(공유국양) : 국양(鞠養)함을 공손(恭遜)히 해야함.

영 consider·only 중 wéi 일 イ·ユイ(おもう·おもうに) 【난이도】 고등용, 읽기 3급, 쓰기 2급

裕

裕裕裕裕裕裕裕裕裕裕裕裕

넉넉할 유

衣部(옷의)7획총12획

餘裕(여유) 富裕層(부유층) 富裕(부유) 富裕稅(부유세) 豊裕(풍유) 裕寬(유관)

餘裕滿滿(여유만만) : 여유(餘裕)가 가득함.

餘裕綽綽(여유작작) : 빠듯하지 않고 아주 넉넉함을 이르는 말.

영 enough 중 yù 일 ユウ 【난이도】 고등용, 읽기 3급II, 쓰기 2급

愈

人仝仝仝仝仝兪兪兪兪愈愈愈

心部(마음심)9획총13획

韓愈(한유) 去愈殊彌山(거유수미산) 愈肆(유사) 愈往愈激(유왕유격)

憂心愈愈(우심유유) : 시름하는 마음이 심(甚)함.

愈出愈怪(유출유괴) : ① 갈수록 더욱 괴상해짐. ② 점점 더 이상해짐.

영 be better 중 愈[yù] 일 愈[그](いよいよ) 【난이도】 고등용, 읽기 3급, 쓰기 2급

誘

誘誘誘誘誘誘誘誘誘誘誘誘誘誘

찔 유

言部(말씀언)7획총14획

誘致(유치) 誘導(유도) 誘惑(유혹) 誘發(유발) 誘拐(유괴) 誘引(유인) 導誘(도유)

誘人子弟(유인자제) : 남의 자제(子弟)를 그른 길로 꾀어 냄.

勸誘(권유) : 상대편(相對便)이 어떤 일을 하도록 권(勸)함.

영 tempt 중 诱[yòu] 일 ユウ(さそう) 【난이도】 고등용, 읽기 4급, 쓰기 3급

維

維維維維維維維維維維維維維維

벼리 유

糸部(실사)8획총14획

維新(유신) 維新憲法(유신헌법) 維持(유지) 保維(보유) 四維(사유)

進退維谷(진퇴유곡) : '앞으로도 뒤로도 나아가거나 물러서지 못하다'라는 뜻으로, 궁지(窮地)에 빠진 상태(狀態).

영 habenular 중 维[wéi] 일 イ(つなぐ) 【난이도】 고등용, 읽기 3급II, 쓰기 2급

儒	儒儒儒儒儒儒儒儒儒儒儒儒儒儒儒
	儒 儒 儒 儒 儒
선비 유	儒敎(유교) 儒學(유학) 儒者(유자) 儒生(유생) 坑儒(갱유) 儒賢(유현) 儒林(유림)
	坑儒焚書(갱유분서) : 선비를 구덩이에 묻고 책을 불태움.
	排佛崇儒(배불숭유) : 불교를 배척(排斥)하고 유교(儒敎)를 숭상(崇尙)하는 일.
亻部(사람인변)14획총16획	영scholar 중rú 일ジュ(まもる) 【난이도】고등용, 읽기 4급II, 쓰기 3급II

閏	閏閏閏閏閏閏閏閏閏閏閏閏
	閏 閏 閏 閏 閏
윤달 윤	閏年(윤년) 閏朔(윤삭) 閏餘(윤여) 閏月(윤월) 閏日(윤일) 閏秒(윤초) 閏餘(윤여)
	閏餘成歲(윤여성세) : 일년(一年) 24절기(節氣) 나머지 시각(時刻)을 모아 윤달(閏-)
	로 하여 해를 이루었음. 閏年(윤년) : 윤달(閏-)이나 윤일(閏日)이 든 해.
門部(문문)4획총12획	영leap month 중闰[rùn] 일ジュン(うるう) 【난이도】고등용, 읽기 3급, 쓰기 2급

潤	潤潤潤潤潤潤潤潤潤潤潤潤潤潤潤
	潤 潤 潤 潤 潤
윤택할 윤	利潤(이윤) 潤滑油(윤활유) 潤澤(윤택) 霑潤(점윤) 潤態(윤태) 潤文(윤문)
	內潤外朗(내윤외랑) : 옥(玉)의 광택(光澤)이 안에 함축(含蓄)된 것(內潤)과 밖으로
	나타난 것(外朗)이라는 뜻으로, 인물(人物)의 재덕(才德)을 형용(形容)해 이르는 말.
氵部(삼수변)12획총15획	영wet, enrich 중润[rùn] 일ジュン(うるおう) 【난이도】고등용, 읽기 3급II, 쓰기 2급

隱	隱隱隱隱隱隱隱隱隱隱隱隱隱隱隱
	隱 隱 隱 隱 隱
숨을 은	隱居(은거) 隱匿(은닉) 隱遁(은둔) 隱密(은밀) 隱退(은퇴) 隱蔽(은폐) 隱士(은사)
	惻隱之心(측은지심) : 사단(四端)의 하나로, 남의 불행을 불쌍히 여기는 마음.
	隱忍自重(은인자중) : 밖으로 드러내지 아니하고 참고 감추어 몸가짐을 신중히 함.
阝(阜)部(좌부방)14획총17획	영hide 중隐[yǐn] 일イン(かくす・かくれる) 【난이도】등용, 읽기 4급, 쓰기 3급

淫	淫淫淫淫淫淫淫淫淫淫淫
	淫 淫 淫 淫 淫
음란할 음	淫亂(음란) 淫蕩(음탕) 淫樂(음악) 淫亂物(음란물) 姦淫(간음) 强淫(강음)
	天無淫雨(천무음우) : 하늘에서 궂은 비가 내리지 않는다는 뜻으로, 화평(和平)한
	나라, 태평(太平)한 시대(時代)를 비유(比喩・譬喩)하여 이르는 말.
氵部(삼수변)8획총11획	영obscene 중yín 일イン(みだら) 【난이도】고등용, 읽기 3급II, 쓰기 2급

凝凝凝凝凝凝凝凝凝凝凝凝凝凝凝凝

凝 凝 凝 凝 凝

凝縮(응축) 凝固(응고) 凝結(응결) 凝集(응집) 凝視(응시) 凝聚(응취) 凝着(응착)

鳩首凝議(구수응의) : 사람이 모여서 이마를 맞대고 의논(議論)하는 모양(模樣).
凝粧盛飾(응장성식) : 얼굴과 옷을 아름답게 단장(丹粧)하고 치장(治粧)함.

응길 응

氵部(이수변) 14총16획

영congeal 중níng 일ギョウ(こらす・こる)【난이도】고등용, 읽기 3급, 쓰기 2급

宜宜宜宜宜宜宜宜

宜 宜 宜 宜 宜

宜當(의당) 宜寧(의령) 便宜(편의) 便宜性(편의성) 便宜店(편의점) 宜人(의인)

便宜主義(편의주의) : 어떤 사물(事物)을 근본적(根本的)으로 처리(處理)하지
아니하고, 임시(臨時)로 둘러맞추는 방법(方法).

마땅할 의

宀部(갓머리) 5획총8획

영suitable 중yí 일ギ【난이도】고등용, 읽기 3급, 쓰기 2급

疑疑疑疑疑疑疑疑疑疑疑疑疑疑

疑 疑 疑 疑 疑

疑懼心(의구심) 疑心(의심) 疑問(의문) 疑惑(의혹) 質疑(질의) 嫌疑(혐의)

半信半疑(반신반의) : ① 반은 믿고 반은 의심(疑心)함. ② 믿으면서도 한편으로는 의
심(疑心)함. 疑心暗鬼(의심암귀) : 의심이 생기면 귀신(鬼神)이 생긴다는 뜻.

의심할 의

疋部(짝필)9획총14획

영doubt 중yí 일ギ(うたがう)【난이도】고등용, 읽기 4급, 쓰기 3급

儀儀儀儀儀儀儀儀儀儀儀儀儀儀

儀 儀 儀 儀 儀

儀式(의식) 賻儀(부의) 壽儀(수의) 禮儀(예의) 葬儀(장의) 弔儀(조의) 儀典(의전)

禮儀凡節(예의범절) : 모든 예의(禮儀)와 절차(節次).
禮儀之國(예의지국) : 예의(禮儀)를 숭상(崇尙)하며 잘 지키는 나라.

거동 의

亻部(사람인변)13획총15획

영manner 중仪[yí] 일ギ(のり)【난이도】고등용, 읽기 4급, 쓰기 3급

夷夷夷夷夷夷

夷 夷 夷 夷 夷

東夷(동이) 南夷(남이) 燒夷(소이) 四夷(사이) 伯夷(백이) 夷狄(이적) 蠻夷(만이)

以夷制夷(이이제이) : 적을 이용(利用)하여 다른 적을 제어(制御・制馭)함.
伯夷之廉(백이지렴) : 백이(伯夷)의 청렴(淸廉)함을 이르는 말.

오랑캐 이

大部(큰대) 3획총6획

영barbarian 중yí 일イ(えびす・えみし)【난이도】고등용, 읽기 3급, 쓰기 2급

翼	翼翼翼翼翼翼翼翼翼翼翼翼翼翼翼翼翼
	翼 翼 翼 翼 翼
	右翼(우익) 左翼(좌익) 雙翼(쌍익) 天翼(천익) 扶翼(부익) 右翼手(우익수)
날개 익	比翼鳥(비익조) : 암컷과 수컷이 눈과 날개가 하나씩이라서 짝을 짓지 않으면 날지 못한다는 새로서, 남녀(男女) 사이 혹은 부부애(夫婦愛)가 두터움을 이르는 말.
羽部(깃우)11획총17획	영wing 중yì 일ヨク(つばさ) 【난이도】 고등용, 읽기 3급Ⅱ, 쓰기 2급

姻	姻姻姻姻姻姻姻姻姻
	姻 姻 姻 姻 姻
	婚姻(혼인) 親姻戚(친인척) 婚姻式(혼인식) 姻親(인친) 外姻(외인) 近姻(근인)
혼인 인	姻戚(인척) : 배우자(配偶者)의 일방(一方)과 타방의 혈족(血族)과의 사이에 생긴 척분. 외가(外家)와 처가의 혈족(血族). 혼척(婚戚). 외가(外家)와 처가에 딸린 겨레붙이.
女部(계집녀) 6획총9획	영marriage 중yīn 일イン(よめいり) 【난이도】 고등용, 읽기 3급, 쓰기 2급

逸	逸逸逸逸逸逸免免逸逸逸逸逸逸
	逸 逸 逸 逸 逸
	逸女(일녀) 逸脫(일탈) 逸話(일화) 獨逸(독일) 安逸(안일) 無事安逸(무사안일)
편안할 일	一勞永逸(일로영일) : ① 한때 고생(苦生)하고 오랫동안 안락(安樂)을 누림. ② 적은 노고(勞苦)의 보람으로 오랜 이익(利益)을 봄.
辶部(책받침) 8획총12획	영being well 중逸[yì] 일逸[イツ](はやる) 【난이도】 고등용, 읽기 3급Ⅱ, 쓰기 2급

任	任任任任任任
	任 任 任 任 任
	任期(임기) 任命(임명) 任務(임무) 赴任(부임) 責任(책임) 就任(취임) 退任(퇴임)
맡길 임	背任受賂(배임수뢰) : 본분(本分)의 임무(任務)를 어기고 부정(不正)한 청탁(請託)을 받으며 뇌물(賂物)을 받아 재산상의 이익(利益)을 취득(取得)하는 죄(罪).
亻部(사람인변) 4획총6획	영entrust 중rèn 일ニン(まかす·まかせる) 【난이도】 고등용, 읽기 5급Ⅱ, 쓰기 4급Ⅱ

賃	賃賃賃賃賃賃賃賃賃賃賃賃賃
	賃 賃 賃 賃 賃
	賃金(임금) 賃貸(임대) 運賃(운임) 賃借(임차) 賃貸料(임대료) 低賃(저임)
품팔 임	最低賃金(최저임금) : 근로자(勤勞者)에 대하여 임금의 최저 수준(水準)을 보장(保障)하여 그 아래로 지급(支給)하여서는 안 된다고 정한 임금의 액수(額數).
貝部(조개패)6획총13획	영work for wages 중賃[lìn] 일チン(やとう) 【난이도】 고등용, 읽기 3급Ⅱ, 쓰기 2급

刺	刺刺刺市刺束刺刺
	刺 刺 刺 刺 刺
찌를 자	刺戟(자극) 諷刺(풍자) 刺殺(자살) 刺戟的(자극적) 諷刺劇(풍자극) 水刺床(수라상)
	刺草之臣(자초지신) : 풀을 베는 천(賤)한 사람이란 뜻으로, 곧 평민(平民)이 임금에 대(對)해서 저를 낮추어 일컫던 말.
刂部(선칼도방) 6획총8획	영pierce 중cì 일シ(ささる·さす)【난이도】고등용, 읽기 3급Ⅱ, 쓰기 2급

姿	姿姿姿姿次姿姿姿姿
	姿 姿 姿 姿 姿
맵시 자	姿勢(자세) 低姿勢(저자세) 姿態(자태) 高姿勢(고자세) 風姿(풍자) 姿體(자체)
	仙姿玉質(선자옥질) : 신선(神仙)의 자태(姿態)와 옥 같은 바탕이라는 뜻으로, 용모 (容貌)도 아름다운데다가 기품(氣稟)도 뛰어난 사람을 형용(形容)해 이르는 말.
女部(계집녀) 6획총9획	영figure 중zī 일シ(すがた)【난이도】고등용, 읽기 4급, 쓰기 3급

兹	兹兹兹兹兹兹兹兹兹兹
	兹 兹 兹 兹 兹
이 자	兹山魚譜(자산어보) 今兹(금자) 龜兹(구자) 來兹(내자) 念念在兹(염념재자)
	兹山魚譜(자산어보) : 조선 순조(純祖) 15(1815)년에 정약전(丁若銓)이 펴낸 책. 念兹在兹(염자재자) : 그 자리에 앉힐 사람으로는 적임자(適任者)임.
玄部(검을현)5획총10획	영this 중兹[zī] 일シ·ジ(ここに)【난이도】고등용, 읽기 3급, 쓰기 2급

恣	恣恣恣恣恣恣恣恣恣恣
	恣 恣 恣 恣 恣
방자할 자	恣行(자행) 恣意的(자의적) 放恣(방자) 恣肆(자사) 恣意(자의) 恣宇(자우)
	恣意性(자의성) : 언어(言語) 기호(記號)의 형식(形式)과 내용(內容)의 관계(關係)가 꼭 그리되어야 할 이유(理由)가 없는 성질(性質).
心部(마음심) 6획총10획	영arrogant 중zì 일シ(ほしいまま)【난이도】고등용, 읽기 4급, 쓰기 3급

紫	紫紫紫紫紫紫紫紫紫紫紫紫
	紫 紫 紫 紫 紫
자주빛 자	紫木蓮(자목련) 紫薇(자미) 紫色(자색) 紫外線(자외선) 紫霞門(자하문)
	萬紫千紅(만자천홍) : 울긋불긋한 여러 가지의 빛깔이라는 뜻으로, 흔히 가지각색의 꽃이 만발(滿發)한 것을 이름.
糸部(실사) 6획총12획	영purple 중zǐ 일シ(むらさき)【난이도】고등용, 읽기 3급Ⅱ, 쓰기 2급

資資資資資資資資資資資資資
資 資 資 資 資

資格(자격) 資金(자금) 資料(자료) 資本(자본) 資産(자산) 資源(자원) 出資(출자)

納粟加資(납속가자) : 흉년이 들거나 병란이 있을 때에 곡식을 많이 바친 사람에게 정3품의 벼슬을 주어 포상하던 일. 공명첩(空名帖)처럼 이름만의 벼슬이었음.

재물 자

貝部(조개패)6획총13획

영property 중资[zī] 일シ 【난이도】고등용, 읽기 4급, 쓰기 3급쓰기 2급

酌酌酌酌酌酌酌酌酌酌

酌 酌 酌 酌 酌

斟酌(짐작) 無酌定(무작정) 參酌(참작) 裁酌(재작) 對酌(대작) 獨酌(독작)

情狀參酌(정상참작) : 재판관(裁判官)이 범죄의 사정을 헤아려서 형벌을 가볍게 하는 일. 情狀酌量(정상작량) : ☞ 정상참작(情狀參酌).

술잔 작

酉部(닭유) 3획총10획

영pour out 중zhuó 일シャク(くむ) 【난이도】고등용, 읽기 3급, 쓰기 2급

爵爵爵爵爵爵爵爵爵爵爵爵爵爵爵爵爵爵
爵 爵 爵 爵 爵

爵位(작위) 公爵(공작) 男爵(남작) 伯爵(백작) 封爵(봉작) 侯爵(후작) 爵祿(작록)

高官大爵(고관대작) : ① 지위가 높은 큰 벼슬자리. ② 또는, 그 직위에 있는 사람.
爵位(작위) : ① 벼슬과 지위, 관작(官爵)과 위계(位階). ② 작(爵)의 계급(階級).

벼슬 작

爪部(손톱조)14획총18획

영aristocracy 중爵[jué] 일シャク 【난이도】고등용, 읽기 3급, 쓰기 2급

殘殘殘殘殘殘殘殘殘殘殘殘
殘 殘 殘 殘 殘

殘酷(잔혹) 殘忍(잔인) 殘額(잔액) 殘留(잔류) 殘骸(잔해) 殘丘(잔구) 衰殘(쇠잔)

骨肉相殘(골육상잔) : 부자나 형제 또는 같은 민족(民族) 간(間)에 서로 싸움.
同族相殘(동족상잔) : 동족(同族)끼리 서로 싸우고 죽임.

남을 잔

歹部(죽을사변)8획총12획

영remain 중残[cán] 일残[ザン](のこす・のこる) 【난이도】고등용, 읽기 4급, 쓰기 3급

暫暫暫暫暫暫暫暫暫暫暫暫暫暫
暫 暫 暫 暫 暫

暫定(잠정) 暫時(잠시) 暫定的(잠정적) 暫時間(잠시간) 暫間(잠간) 暫留(잠류)

暫定條約(잠정조약) : 정식(正式) 조약(條約)을 체결(締結)하기 전(前)에 우선(于先) 임시(臨時)로 정(定)해 두는 영구성(永久性) 없는 조약(條約).

잠깐 잠

日部(날일) 11총 15획

영moment 중暂[zàn] 일ザン(しばらく) 【난이도】고등용, 읽기 3급Ⅱ, 쓰기 2급

潛	潛潛潛潛潛潛潛潛潛潛潛潛潛潛潛
	潛　潛　潛　潛　潛
잠길 잠	潛伏(잠복)　潛水(잠수)　潛水艦(잠수함)　潛入(잠입)　潛在能力(잠재능력)　潛在(잠재)
	潛龍勿用(잠룡물용) : '물에 잠겨 있는 용은 쓰지 않는다'라는 뜻으로, 아무리 천하를 품을 만한 영웅이라도 자신의 능력을 배양하며 조용히 때를 기다리는 것을 비유하는 말.
氵部(삼수변) 12획총15획	영sink　중潛[qián]　일潛[セン](ひそむ·もぐる)　【난이도】 고등용, 읽기 3급II, 쓰기 2급

雜	雜雜雜雜雜雜雜雜雜雜雜雜雜雜雜雜雜雜
	雜　雜　雜　雜　雜
섞일 잡	複雜(복잡)　雜誌(잡지)　雜音(잡음)　錯雜(착잡)　混雜(혼잡)　雜貨(잡화)　雜役(잡역)
	複雜多端(복잡다단) : 일이 얽히고 설키다 갈피를 잡기 어려움. 勿侵雜役(물침잡역) : 모든 잡역(雜役)을 면제(免除)하여 줌.
隹部(새추)10획총18획	영mixed　중杂[zá]　일ザツ·ゾウ(まじる)　【난이도】 고등용, 읽기 4급, 쓰기 3급

丈	丈丈丈
	丈　丈　丈　丈　丈
어른 장	先丈(선장)　丈夫(장부)　大丈夫(대장부)　億丈(억장)　丈六(장육)　聘丈(빙장)
	氣高萬丈(기고만장) : 기운(氣運)이 만장이나 뻗치었다는 뜻으로, ① 펄펄 뛸 만큼 크게 성이 남. ② 또는 일이 뜻대로 되어 나가 씩씩한 기운(氣運)이 대단하게 뻗침.
一部(한일) 2획총3획	영elder　중zhàng　일ジョウ(たけ)　【난이도】 고등용, 읽기 3급II, 쓰기 2급

莊	莊莊莊莊莊莊莊莊莊莊莊
	莊　莊　莊　莊　莊
씩씩할 장	莊嚴(장엄)　莊園(장원)　莊子(장자)　莊重(장중)　老莊(노장)　別莊(별장)　山莊(산장)
	莊周之夢(장주지몽) : ① 자아(自我)와 외계(外界)와의 구별(區別)을 잊어버린 경지(境地)를 말함. ② 사물(事物)과 자신(自身)이 한 몸이 된 경지(境地).
++部(초두머리)7획총11획	영solemnly　중庄[zhuāng]　일莊ソウ(おごそか)　【난이도】 고등용, 읽기 3급II, 쓰기 2급

帳	帳帳帳帳帳帳帳帳帳帳帳
	帳　帳　帳　帳　帳
휘장 장	帳幕(장막)　帳簿(장부)　臺帳(대장)　日記帳(일기장)　通帳(통장)　揮帳(휘장)
	翠帳紅閨(취장홍규) : 녹색(綠色) 방장(房帳)과 홍색의 침실(寢室)이라는 뜻으로, 아름답게 꾸며 놓은 귀부인(貴夫人)의 침실(寢室)을 이르는 말.
巾部(수건건)8획총11획	영curtain　중帐[zhàng]　일チョウ(むらさき)　【난이도】 고등용, 읽기 4급, 쓰기 3급

張 베풀 장 弓部(활궁)8획총11획	張張張張張張張張張張張 張張張張張 誇張(과장) 緊張(긴장) 伸張(신장) 主張(주장) 出張(출장) 擴張(확장) 張皇(장황) 張三李四(장삼이사) : 장씨의 셋째 아들과 이씨의 넷째 아들이란 뜻으로, ① 성명이나 신분이 뚜렷하지 못한 평범(平凡)한 사람들을 해학적으로 이르는 말. 영give, extend 중張[zhāng] 일チョウ(はる)【난이도】고등용, 읽기 4급, 쓰기 3급
障 막을 장 阝(阜)部(좌부방)11획총14획	障障障障障障障障障障障障障障 障障障障障 保障(보장) 障碍(장애) 障壁(장벽) 支障(지장) 故障(고장) 身分保障(신분보장) 一葉障目(일엽장목) : 나뭇잎 하나가 눈을 가린다는 뜻으로, 단편적이고 일시적인 현상(現狀)에 미혹(迷惑)되어 전반적이고 근본적인 문제를 깨닫지 못함. 영block, defend 중zhàng 일ショウ(さわる)【난이도】고등용, 읽기 4급Ⅱ, 쓰기 3급Ⅱ
掌 손바닥 장 手部(손수)8획총12획	掌掌掌掌掌掌掌掌掌掌掌掌 掌掌掌掌掌 掌握(장악) 掌匣(장갑) 管掌(관장) 掌甲(장갑) 掌禮院(장례원) 孤掌(고장) 孤掌難鳴(고장난명) : 외손뼉은 울릴 수 없다는 뜻으로, ① 혼자서는 어떤 일을 이룰 수 없다는 말. ② 상대(相對) 없이는 싸움이 일어나지 않음을 이르는 말. 영palm 중zhǎng 일ショウ(たなごころ)【난이도】고등용, 읽기 3급Ⅱ, 쓰기 2급
粧 단장할 장 米部(쌀미)6획총12획	粧粧粧粧粧粧粧粧粧粧粧粧 粧粧粧粧粧 丹粧(단장) 化粧(화장) 化粧品(화장품) 粧飾(장식) 銀粧刀(은장도) 治粧(치장) 淡粧濃抹(담장농말) : 엷은 화장(化粧)과 짙은 화장(化粧)이라는 뜻으로, 갠 날과 비오는 날에 따라 변화(變化)하는 경치(景致)를 이르는 말. 영adorn 중妝[zhuāng] 일ショウ(よそおう)【난이도】고등용, 읽기 3급Ⅱ, 쓰기 2급
腸 창자 장 月部(육달월)9총13획	腸腸腸腸腸腸腸腸腸腸腸腸腸 腸腸腸腸腸 肝腸(간장) 大腸(대장) 盲腸(맹장) 小腸(소장) 胃腸(위장) 直腸(직장) 灌腸(관장) 九曲肝腸(구곡간장) : 아홉 번 구부러진 간과 창자라는 뜻으로, 굽이 굽이 사무친 마음속 또는 깊은 마음속. 영bowels 중腸[cháng] 일チョウ(はらわた)【난이도】고등용, 읽기 4급, 쓰기 3급

裝

꾸밀 장

衣部(옷의) 7총13획

裝 裝 裝 裝 裝 裝 裝 裝 裝 裝 裝 裝 裝

裝 裝 裝 裝 裝

裝置(장치) 裝備(장비) 包裝(포장) 武裝(무장) 僞裝(위장) 裝飾(장식) 裝着(장착)

武裝蜂起(무장봉기) : 지배자(支配者)의 학정(虐政), 압제(壓制) 따위에 대항(對抗)하여 백성(百姓)이 무장(武裝)을 하고 일어나는 저항(抵抗) 운동(運動).

영 decorate 중 装[zhuāng] 일 裝[ショウ·ソウ](よそおう) 【난이도】 고등용, 읽기 4급, 쓰기 3급

葬

장사 장

艹部(초두머리)9획총13획

葬 葬 葬 葬 葬 葬 艻 莽 莽 葬 葬 葬 葬

葬 葬 葬 葬 葬

葬禮(장례) 埋葬(매장) 葬禮式(장례식) 葬儀(장의) 移葬(이장) 葬事(장사)

蘭亭殉葬(난정순장) : 난정첩(蘭亭帖)을 순장(殉葬)한다는 뜻으로, 서화(書畵)나 도자기(陶瓷器) 등(等)의 물건(物件)을 사랑하는 마음이 두터움을 이르는 말.

영 hold a funeral 중 葬[zàng] 일 葬[ソウ](ほうむる) 【난이도】 고등용, 읽기 3급II, 쓰기 2급

奬

권면할 장

大部(큰대)11획총14획

奬 奬 奬 奬 奬 奬 奬 奬 奬 將 將 將 奬 奬

奬 奬 奬 奬 奬

勸奬(권장) 奬勵(장려) 奬勸(장권) 奬忠壇(장충단) 奬勵金(장려금) 奬學(장학)

奬學金(장학금) : ① 학문(學問)의 연구(硏究)를 돕기 위(爲)한 장려금(奬勵金). ② 가난한 학생(學生)을 위(爲)한 학비(學費) 보조금(補助金).

영 exhort 중 奖[jiǎng] 일 奬[ショウ](すすめる) 【난이도】 고등용, 읽기 4급, 쓰기 3급

墙

담장 장

土部(흙토)13획총16획

墙 墙 墙 墙 墙 墙 墙 墙 墙 墙 墙 墙 墙 墙 墙

墙 墙 墙 墙 墙

墙壁(장벽) 墙外(장외) 隔墙(격장) 宮墙(궁장) 面墙(면장) 壁墙(벽장) 堵墙(도장)

窬墙穿穴(유장천혈) : 담에 구멍을 뚫는다는 뜻으로, '재물(財物)이나 여자(女子)에게 탐심을 가지고 몰래 남의 집에 들어감'을 이르는 말.

영 wall 중 墙[qiáng] 일 ショウ 【난이도】 고등용, 읽기 3급, 쓰기 2급

藏

감출 장

艹部(초두머리)14획총18획

藏 藏 藏 藏 藏 藏 藏 藏 藏 菥 菥 菥 菥 菲 藏 藏 藏

藏 藏 藏 藏 藏

藏書(장서) 內藏山(내장산) 死藏(사장) 所藏(소장) 貯藏(저장) 包藏(포장)

笑裏藏刀(소리장도) : 웃음 속에 칼을 감춘다는 뜻으로, 말은 좋게 하나 마음속으로는 해칠 뜻을 가진 것을 비유(比喩·譬喩)하여 일컫는 말.

영 conceal 중 藏[cáng] 일 蔵[ゾウ](くら) 【난이도】 고등용, 읽기 3급II, 쓰기 2급

臟	臟 月 月 膍 臟 臎 膧 膔 膔 膵 膶 膷 膸 膹 膺 膻 臆 臇 臟 臟 臟
	臟 臟 臟 臟 臟
오장 장	心臟(심장) 腎臟(신장) 肝臟(간장) 膵臟(췌장) 臟器(장기) 心臟病(심장병)
	五臟六腑(오장육부) : 내장(內臟)의 총칭(總稱). 오장과 육부를 분노(憤怒) 따위의 심리(心理) 상태(狀態)가 일어나는 몸 안의 곳으로서 이르는 말.
月部(육달월)18획총22획	영viscera 중脏[zàng] 일臟[ゾウ]【난이도】고등용, 읽기 3급II, 쓰기 2급

災	災 災 災 災 災 災 災
	災 災 災 災 災
재앙 재	災殃(재앙) 罹災民(이재민) 火災(화재) 災害(재해) 災難(재난) 災禍(재화)
	天災地變(천재지변) : 지진(地震)·홍수(洪水)·태풍(颱風) 따위와 같이, 자연(自然) 현상(現象)에 의(依)해 빚어지는 재앙(災殃).
火部(불화) 3획총7획	영calamity 중灾[zāi] 일サイ(わざわい)【난이도】고등용, 읽기 5급, 쓰기 4급

宰	宰 宰 宰 宰 宰 宰 宰 宰 宰 宰
	宰 宰 宰 宰 宰
재상 재	宰官(재관) 宰輔(재보) 宰相(재상) 宰臣(재신) 宰匠(재장) 主宰(주재) 名宰(명재)
	伴食宰相(반식재상) : 곁에 모시고 밥을 먹는 재상(宰相)이라는 뜻으로, 무위도식(無爲徒食)으로 자리만 차지하고 있는 무능(無能)한 대신(大臣)을 비꼬아 이르는 말.
宀部(갓머리) 7획총10획	영prime minister 중zǎi 일サイ(いだく)【난이도】고등용, 읽기 3급, 쓰기 2급

裁	裁 裁 裁 裁 裁 裁 裁 裁 裁 裁 裁 裁
	裁 裁 裁 裁 裁
마를 재	制裁(제재) 裁判(재판) 憲裁(헌재) 裁判部(재판부) 獨裁(독재) 裁斷(재단)
	自由裁量(자유재량) : ① 자기 스스로가 옳다고 믿는 바에 따라서 일을 결단함. ② 국가 기관(機關)이 자기의 판단(判斷)에 따라서 적당한 처리(處理)를 할 수 있는 일.
衣部(옷의)6획총12획	영cut off 중cái 일サイ(さばく・たつ)【난이도】고등용, 읽기 3급II, 쓰기 2급

載	載 載 載 載 載 載 載 載 載 載 載 載 載
	載 載 載 載 載
실을 재	揭載(게재) 記載(기재) 登載(등재) 積載(적재) 前載(전재) 搭載(탑재) 連載(연재)
	車載斗量(거재두량) : 수레에 싣고 말(斗)로 될 수 있을 정도(程度)라는 뜻으로, 인재(人材)나 물건(物件)이 아주 많음을 비유(比喩·譬喩)함.
車部(수레거)6획총13획	영load 중載[zài] 일サイ(のせる・のる)【난이도】고등용, 읽기 3급II, 쓰기 2급

底底底底底底底底

| 底 | 底 | 底 | 底 | 底 | | | | | |

徹底(철저) 到底(도저) 根底(근저) 海底(해저) 底邊(저변) 底意(저의) 底荷(저하)

徹底澄清(철저징청) : 물이 밑바닥까지 맑다는 뜻으로, 지극(至極)히 청렴결백(淸廉潔白)함을 이르는 말.

밑 저

广部(엄호) 5획총8획

영bottom 중dǐ 일テイ(そこ) 【난이도】고등용, 읽기 4급, 쓰기 3급

抵抵抵抵抵抵抵抵

| 抵 | 抵 | 抵 | 抵 | 抵 | | | | | |

抵抗(저항) 抵觸(저촉) 大抵(대저) 抵抗力(저항력) 根抵當(근저당) 抵當(저당)

家書抵萬金(가서저만금) : 타국이나 타향에 살 때는 고향 가족의 편지(便紙)가 더없이 반갑고, 그 소식(消息)의 값이 황금(黃金) 만 냥보다 더 소중(所重)하다는 말.

막을 저

抖(扌)部(재방변) 5획총8획

영resist 중dǐ 일テイ 【난이도】고등용, 읽기 3급II, 쓰기 2급

寂寂寂寂寂寂寂寂寂寂寂

| 寂 | 寂 | 寂 | 寂 | 寂 | | | | | |

蕭寂(소적) 幽寂(유적) 入寂(입적) 潛寂(잠적) 靜寂(정적) 閑寂(한적) 鬱寂(울적)

寂寞江山(적막강산) : ① 아주 적적(寂寂)하고 몹시 쓸쓸한 풍경을 이르는 말.
② 앞일을 내다볼 수 없게 캄캄하고 답답한 지경이나 심정을 비유적으로 이르는 말.

고요할 적

宀部(갓머리)8획총11획

영quiet 중jì 일ジャク·セキ(さび·さびしい) 【난이도】고등용, 읽기 3급II, 쓰기 2급

賊賊賊賊賊賊賊賊賊賊賊賊賊

| 賊 | 賊 | 賊 | 賊 | 賊 | | | | | |

盜賊(도적) 山賊(산적) 烏賊魚(오적어) 海賊(해적) 紅巾賊(홍건적) 黃巾賊(황건적)

賊反荷杖(적반하장) : 도둑이 도리어 몽둥이를 든다는 뜻으로, 잘못한 사람이 도리어 잘 한 사람을 나무라는 경우(境遇)를 이르는 말.

도둑 적

貝部(조개패)6획총13획

영thief 중賊[zéi] 일ゾク 【난이도】고등용, 읽기 4급, 쓰기 3급

跡跡跡跡跡跡跡跡跡跡跡跡跡

| 跡 | 跡 | 跡 | 跡 | 跡 | | | | | |

古跡(고적) 奇跡(기적) 遺跡(유적) 追跡(추적) 行跡(행적) 痕跡(흔적) 足跡(족적)

名勝古跡(명승고적) : 명승(名勝)과 고적(古蹟). 즉, 훌륭한 경치(景致)와 역사적(歷史的)인 유적(遺跡·遺蹟).

발자취 적

足部(발족)6획총13획

영traces 중迹[jì] 일セキ(あと) 【난이도】고등용, 읽기 3급II, 쓰기 2급

滴	滴滴滴滴滴滴滴滴滴滴滴滴
	滴 滴 滴 滴 滴
물방울 적	硯滴(연적) 滴水(적수) 汗滴(한적) 滴定(적정) 瀝滴(역적) 餘滴(여적) 滴露(적로)
	點滴穿石(점적천석) : 처마의 빗방울이 돌을 뚫는다는 뜻으로, 작은 힘이라도 그것이 거듭되면 예상(豫想)하지 못했던 큰 일을 해냄을 이르는 말.
氵部(삼수변)11획 총14획	영drop 중dī 일テキ(しずく・したたる) 【난이도】 고등용, 읽기 3급, 쓰기 2급

摘	摘摘摘摘摘摘摘摘摘摘摘摘
	摘 摘 摘 摘 摘
딸 적	指摘(지적) 摘發(적발) 摘示(적시) 摘出(적출) 摘奸(적간) 摘果(적과) 摘心(적심)
	摘出(적출) : ① 수술(手術) 따위로 속에 들어 있는 것을 끄집어내거나 몸의 일부(一部)를 도려냄. ② (부정(不正)이나 결점(缺點) 따위를) 들추어냄.
扌(手)部(재방변)11획 총14획	영pick 중zhāi 일テキ(つむ) 【난이도】 고등용, 읽기 3급II, 쓰기 2급

積	積積積積積積積積積積積積積積積
	積 積 積 積 積
쌓을 적	積極的(적극적) 積滯(적체) 積置(적치) 累積(누적) 山積(산적) 堆積(퇴적)
	塵積爲山(진적위산) : 티끌이 모여 태산(泰山)이 된다는 뜻으로, 작은 것도 모이면 큰 것이 됨을 비유(比喩・譬喩)해 이르는 말.
禾部(벼화)11획 총16획	영pile up 중积[jī] 일セキ(つむ・つもる) 【난이도】 고등용, 읽기 4급, 쓰기 3급

績	績績績績績績績績績績績績績績績
	績 績 績 績 績
길쌈할 적	功績(공적) 紡績(방적) 成績(성적) 實績(실적) 業績(업적) 戰績(전적) 治績(치적)
	考績幽明(고적유명) : 관리(官吏)의 성적(成績)을 상고(詳考)하여 열등(劣等)한 자는 물리치고 우수(優秀)한 자는 올리어 쓰는 일.
糸部(실사)11획 총17획	영weave 중绩[jì] 일セキ(つむぐ) 【난이도】 고등용, 읽기 4급, 쓰기 3급

籍	籍籍籍籍籍籍籍籍籍籍籍籍籍籍籍籍籍籍
	籍 籍 籍 籍 籍
호적 적	國籍(국적) 黨籍(당적) 書籍(서적) 在籍(재적) 除籍(제적) 戶籍(호적) 典籍(전적)
	籍甚無竟(적심무경) : 뿐만 아니라 자신(自身)의 명예(名譽)스러운 이름이 길이 전(傳)하여질 것임. **考文籍**(가고문적) : 참고(參考)될 만한 문서(文書).
竹部(대죽)14총20획	영register 중籍[jí] 일セキ(ふみ) 【난이도】 고등용, 읽기 4급, 쓰기 3급

專 専 専 専 専 専 専 專 專 專 專

専	専	専	専	専					

오로지 전

寸部(마디촌) 8획 총11획

專門家(전문가) 專門(전문) 專用(전용) 專攻(전공) 專務(전무) 專門的(전문적)

專對之才(전대지재) : 남의 물음에 지혜(智慧·知慧)롭게 혼자 대답(對答)할 수 있어, 외국(外國)의 사신(使臣)으로 보낼 만한 인재(人材).

영 only 중 专[zhuān] 일 専[セン](もっぱら) 【난이도】 고등용, 읽기 4급, 쓰기 3급

殿 殿 殿 尸 殿 屋 屋 屋 展 殿 殿 殿 殿

殿	殿	殿	殿	殿					

대궐 전

殳部(창수) 9획 총13획

殿堂(전당) 宮殿(궁전) 內殿(내전) 大殿(대전) 集賢殿(집현전) 殿衙(전아)

伏魔殿(복마전) : 마귀(魔鬼)가 숨어 있는 전당(殿堂)이라는 뜻으로, ① 마귀(魔鬼)가 숨어 있는 집이나 굴. ② 음모(陰謀)가 그칠 새 없이 꾸며지는 악의 근거지.

영 palace 중 diàn 일 テン·デン(との·どの) 【난이도】 고등용, 읽기 3급Ⅱ, 쓰기 2급

轉 轉 亦 亩 亩 亩 車 軻 軻 軻 軻 轉 轉 轉 轉 轉 轉

轉	轉	轉	轉	轉					

구를 전

車部(수레거) 11획 총18획

轉嫁(전가) 轉落(전락) 轉換(전환) 榮轉(영전) 運轉(운전) 移轉(이전) 逆轉(역전)

轉禍爲福(전화위복) : 화가 바뀌어 오히려 복이 된다는 뜻으로, 어떤 불행한 일이라도 끊임없는 노력과 강인한 의지로 힘쓰면 불행을 행복으로 바꾸어 놓을 수 있다는 말.

영 turn 중 转[zhuàn] 일 転[テン](ころがす) 【난이도】 고등용, 읽기 4급, 쓰기 3급

切 切 切 切

切	切	切	切	切					

끊을 절/모두 체

刀部(칼도) 2획 총4획

切迫(절박) 切實(절실) 懇切(간절) 不適切(부적절) 一切(일체) 適切(적절)

切齒腐心(절치부심) : 이를 갈고 마음을 썩히다는 뜻으로, 대단히 분하게 여기고 마음을 썩임. 切磋(절차) : ① 옥·뼈 등을 깎고 닦음. ② 부지런히 학문이나 도덕을 닦음.

영 cut, all 중 qiē 일 セツ·サイ(きる·きれる) 【난이도】 고등용, 읽기 5급Ⅱ, 쓰기 4급Ⅱ

折 折 折 折 折 折 折

折	折	折	折	折					

꺾을 절

扌(手)部(재방변) 4획 총7획

折半(절반) 挫折(좌절) 折衷(절충) 折衝(절충) 夭折(요절) 屈折(굴절) 短折(단절)

九折羊腸(구절양장) : 아홉 번 꺾어진 양의 창자라는 뜻으로, ① 꼬불꼬불한 험한 길. ② 세상(世上)이 복잡(複雜)하여 살아가기 어렵다는 말.

영 break off 중 zhé 일 セツ(おり·おる) 【난이도】 고등용, 읽기 4급, 쓰기 3급

竊竊竊竊竊竊竊竊竊竊竊竊竊竊竊竊竊竊竊竊竊

| 竊 | 竊 | 竊 | 竊 | 竊 | | | | | | | | |

홈칠 절

竊盜(절도) 鼠竊(서절) 偸竊(투절) 竊取(절취) 竊聽(절청) 盜竊(도절) 僭竊(참절)

穴部(구멍혈)17획총22획

剽竊(표절) : 남의 창작물(創作物)의 내용(内容) 일부(一部)를 취(取)하여 자기(自己) 창작물(創作物)에 제 것으로 삼아 이용(利用)하는 것.

영steal 중窃[qiè] 일窃[セツ](ひそか)【난이도】고등용, 읽기 3급, 쓰기 2급

占占占占占

| 占 | 占 | 占 | 占 | 占 | | | | | | | | |

점칠 점

占據(점거) 獨占(독점) 占領(점령) 獨寡占(독과점) 占有(점유) 占術(점술)

卜部(점복) 3획총5획

獨寡占(독과점) : 하나 혹은 소수(少數)의 특정(特定) 자본(資本)이 생산(生産)과 시장(市場)을 지배(支配)하고 이익(利益)을 독차지하는 상태(狀態).

영devine, gain 중zhàn 일セン(うらなう・しめる)【난이도】고등용, 읽기 4급, 쓰기 3급

漸漸漸漸漸漸漸漸漸漸漸漸漸漸漸

| 漸 | 漸 | 漸 | 漸 | 漸 | | | | | | | | |

점점 점

漸漸(점점) 漸次(점차) 漸進的(점진적) 漸增(점증) 漸進(점진) 漸騰(점등)

氵部(삼수변)11획총14획

漸入佳境(점입가경) : 가면 갈수록 경치(景致)가 더해진다는 뜻으로, 일이 점점 더 재미있는 지경(地境)으로 돌아가는 것을 비유(比喩・譬喩)하는 말로 쓰임.

영gradually 중渐[jiān] 일セン(つむ・つもる)【난이도】고등용, 읽기 3급II, 쓰기 2급

點點點點點點點點點點點點點點點點點

| 點 | 點 | 點 | 點 | 點 | | | | | | | | |

점 점

焦點(초점) 時點(시점) 點檢(점검) 虛點(허점) 問題點(문제점) 點數(점수)

黑部(검을흑)5획총17획

畵龍點睛(화룡점정) : 용을 그리고 눈동자를 찍는다는 듯으로, 사물의 가장 중요한 부분을 완성시키거나 끝손질을 하는 것을 비유하는 말이다.

영dot 중点[diǎn] 일点[テン](てん)【난이도】고등용, 읽기 4급, 쓰기 3급

蝶蝶蝶蝶蝶蝶蝶蝶蝶蝶蝶蝶蝶蝶蝶

| 蝶 | 蝶 | 蝶 | 蝶 | 蝶 | | | | | | | | |

나비 접

蝶泳(접영) 胡蝶(호접) 蜂蝶(봉접) 蝶兒(접아) 黃蝶(황접) 鳳蝶科(봉접과)

虫部(벌레충) 9총15획

胡蝶之夢(호접지몽) :「장자(莊子)가 나비가 되어 날아다닌 꿈」으로, ① 현실(現實)과 꿈의 구별(區別)이 안 되는 것. ② 인생(人生)의 덧없음의 비유.

영butterfly 중dié 일チョウ【난이도】고등용, 읽기 3급, 쓰기 2급

廷廷廷廷廷廷廷

廷	廷	廷	廷	廷					

조정 정

辶_部(민책받침)4획총7획

宮廷(궁정) 法廷(법정) 朝廷(조정) 闕廷(궐정) 官廷(관정) 軍法廷(군법정) 內廷(내정)

在廷證人(재정증인) : 미리 증인(證人)으로 소환(召喚) 받은 사람이 아니고, 법정
(法庭)에 나온 사람 가운데서 택한 증인(證人).

영court 중tíng 일テイ(やくしょ) 【난이도】 고등용, 읽기 3급Ⅱ, 쓰기 2급.

征征征征征征征征

征	征	征	征	征					

칠 정

彳部(두인변) 5획총8획

遠征(원정) 征服(정복) 征伐(정벌) 出征(출정) 征討(정토) 遠征隊(원정대)

東征西伐(동정서벌) : 동서(東西)로 정벌(征伐)한다는 뜻으로, 이리저리 여러 나라
를 정벌(征伐)함을 이르는 말.

영attack 중zhēng 일セイ(ゆく) 【난이도】 고등용, 읽기 3급Ⅱ, 쓰기 2급

亭亭亭亭亭亭亭亭亭

亭	亭	亭	亭	亭					

정자 정

亠部(돼지해머리)7획총9획

亭閣(정각) 亭午(정오) 亭子(정자) 客亭(객정) 老人亭(노인정)

華亭鶴唳(화정학려) : 화정(華亭)에서 들은 학의 울음소리라는 뜻으로, 옛일을
그리워하거나, 벼슬길에 올랐으나 좌절(挫折)하여 후회하는 심정을 나타냄.

영gazebo 중tíng 일テイ(あずまや) 【난이도】 고등용, 읽기 3급Ⅱ, 쓰기 2급

訂訂訂訂訂訂訂訂訂

訂	訂	訂	訂	訂					

바로잡을 정

言部(말씀언) 2획총9획

訂正(정정) 修訂(수정) 改訂(개정) 再訂(재정) 增訂(증정) 校訂(교정) 訂定(정정)

校訂(교정) : 출판물(出版物)의 잘못된 곳을 고침. 특(特)히 이미 나온 도서(圖書)의
문장(文章), 어귀를 고치는 일.

영correction 중订[dìng] 일テイ 【난이도】 고등용, 읽기 3급Ⅱ, 쓰기 2급

程程程程程程程程程程程程

程	程	程	程	程					

길 정

禾部(벼화) 7획총12획

程度(정도) 過程(과정) 課程(과정) 上程(상정) 規程(규정) 工程(공정) 科程(과정)

日程(일정) : ① 그 날에 할 일. ② 또는, 그 분량, 순서. ③ 그 날의 동정. ④ 의회
등에 있어서 그 날 그날 심의(審議)할 의사(議事)나 그 순서(順序).

영law 중chéng 일テイ(ほど) 【난이도】 고등용, 읽기 4급Ⅱ, 쓰기 3급Ⅱ

整	整 一 亅 亇 束 束 束 敕 敕 敕 敕 整 整 整 整
	整　整　整　整　整
가지런할 정	調整(조정) 整理(정리) 整備(정비) 修整(수정) 再調整(재조정) 再整備(재정비)
	李下不整冠(이하부정관) :「오얏(자두)나무 밑에서 갓을 고쳐 쓰면 오얏(자두) 도둑으로 오해받기 쉬우므로 그런 곳에서는 갓을 고쳐 쓰지 말라」는 뜻으로, 남에게 의심받을 만한 일은 아예 하지 말라는 말.
攵部(등글월문)11획총16획	옝arrange 쥉zhěng 욀セイ(ととのう)【난이도】고등용, 읽기 4급, 쓰기 3급

制	制 制 制 制 制 制 制 制
	制　制　制　制　制
억제할 제	制度(제도) 制裁(제재) 制限(제한) 牽制(견제) 規制(규제) 體制(체제) 抑制(억제)
	柔能制剛(유능제강) : 유(柔)한 것이 강(强)한 것을 이긴다는 뜻으로, 약한 것을 보이고 적의 허술한 틈을 타 능히 강한 것을 제압함을 비유해 이르는 말.
刂部(선칼도방) 6획총8획	옝restrain 쥉zhì 욀セイ【난이도】고등용, 읽기 4급II, 쓰기 3급II

提	提 提 提 提 提 提 提 提 提 提 提 提
	提　提　提　提　提
끌 제	提起(제기) 提供(제공) 提示(제시) 提案(제안) 提出(제출) 前提(전제) 提高(제고)
	技術提携(기술제휴) : 나라와 나라끼리 기업(企業)이나 특허(特許), 기술(技術) 등(等)을 서로 교환(交換), 제휴(提携)하는 것.
扌(手)部(재방변) 9획총12획	옝pull, lift 쥉dī 욀テイ(さげる)【난이도】고등용, 읽기 4급II, 쓰기 3급II

堤	堤 堤 堤 堤 堤 堤 堤 堤 堤 堤 堤 堤
	堤　堤　堤　堤　堤
방죽 제	防潮堤(방조제) 防波堤(방파제) 堤防(제방) 堤塘(제당) 堰堤(언제) 金堤(김제)
	堤潰蟻穴(제궤의혈) : 방축도 개미 구멍으로 인(因)하여 무너진다는 뜻으로, 작은 일일지라도 신중(愼重)히 해야 함을 이르는 말.
土部(흙토) 9획총12획	옝dike 쥉dī 욀テイ(つつみ)【난이도】고등용, 읽기 3급, 쓰기 2급

際	際 際 際 際 際 際 際 際 際 際 際 際 際
	際　際　際　際　際
즈음 제	實際(실제) 國際(국제) 此際(차제) 國際的(국제적) 交際(교제) 國際法(국제법)
	國際社會(국제사회) : 다수(多數)의 국가가 상호(相互) 교통(交通)과 의존(依存)으로 국제적(國際的) 공동(共同) 생활(生活)을 영위(營爲)하는 사회(社會).
阝(阜)部(좌부방)11총14획	옝while, brink 쥉际[jì] 욀サイ(きわ)【난이도】고등용, 읽기 4급II, 쓰기 3급II

齊

가지런할 제

齊部(가지런할제)0총14획

齊齊齊齊亣亣亣亦亦亦亦齊齊齊

| 齊 | 齊 | 齊 | 齊 | 齊 | | | | |

修身齊家治國平天下(수신제가치국평천하) 一齊(일제) 整齊(정제) 齊唱(제창)

擧案齊眉(거안제미) :「밥상을 눈썹 높이로 들어 공손(恭遜)히 남편(男便) 앞에 가지고 간다」는 뜻으로, 남편(男便)을 깍듯이 공경(恭敬)함을 일컫는 말.

영arrange 중齐[qí] 일齊[セイ](ひとしい) 【난이도】 고등용, 읽기 3급II, 쓰기 2급

濟

건널 제

氵部(삼수변)14획총17획

濟濟濟濟濟濟濟汸汸汸濟濟濟濟濟

| 濟 | 濟 | 濟 | 濟 | 濟 | | | | |

濟州道(제주도) 決濟(결제) 經濟(경제) 救濟(구제) 百濟(백제) 辨濟(변제)

經世濟民(경세제민) : 세사(世事)를 잘 다스려 도탄(塗炭)에 빠진 백성(百姓)을 구(求)함. 경국제세(經國濟世)라고도 함. (준말)경제(經濟).

영across 중济[jì] 일済[サイ](すます·すむ) 【난이도】 고등용, 읽기 4급II, 쓰기 3급II

弔

조상할 조

弓部(활궁) 1획총4획

弔弔弔弔

| 弔 | 弔 | 弔 | 弔 | 弔 | | | | |

弔問客(조문객) 弔喪(조상) 弔意(조의) 弔儀(조의) 慶弔(경조) 謹弔(근조)

三年不弔(삼년부조) : 삼년상을 치르는 상제가 삼년 동안 상기를 마칠 때까지는 조상하지 못하거나 또는 아니함. 즉 3년동안은 남의집 조문을 가지 않는다는 뜻.

영condole 중弔[diào] 일チョウ(とむらう) 【난이도】 고등용, 읽기 3급, 쓰기 2급

租

구실 조

禾部(벼화)5획총10획

租租租租租租租租租租

| 租 | 租 | 租 | 租 | 租 | | | | |

租稅(조세) 十一租(십일조) 租界(조계) 租賦(조부) 賭租(도조) 免租(면조)

租稅(조세) : 국가 또는 지방공공단체가 그 필요한 경비(經費)를 쓰기 위(爲)하여 그 관내(管內)의 국민(國民)으로부터 받아 들이는 수입(收入), 세금(稅金).

영tax 중租[zū] 일ソ 【난이도】 고등용, 읽기 3급II, 쓰기 2급

條

가지 조

木部(나무목)7획총11획

條條條條條條條條條條條

| 條 | 條 | 條 | 條 | 條 | | | | |

條件(조건) 條例(조례) 條理(조리) 條約(조약) 條項(조항) 不條理(부조리)

金科玉條(금과옥조) : 금옥(金玉)과 같은 법률(法律)이라는 뜻으로, 소중(所重)히 여기고 지켜야 할 규칙(規則)이나 교훈(敎訓).

영branch 중条[tiáo] 일ジョウ(えだ) 【난이도】 고등용, 읽기 4급, 쓰기 3급

組組組組組組組組組組組

組	組	組	組	組					

組

짤 조

糸部(실사) 5획총11획

組成(조성) 組織(조직) 組合(조합) 組織體(조직체) 骨組(골조) 勞組(노조)

繫頸以組(계경이조) : ① 갓이나 머리에 매는 끈을 목에 맴.
② 목을 매어 죽여 달라는 말로 항복(降伏)한다는 뜻.

영string 중組[zǔ] 일ソ(くみ·くむ) 【난이도】 고등용, 읽기 4급, 쓰기 3급

照照照照照照照照照照照照照

照	照	照	照	照					

照

비출 조

灬部(연화발) 9획총13획

照明(조명) 照會(조회) 觀照(관조) 對照(대조) 參照(참조) 探照(탐조) 日照(일조)

肝膽相照(간담상조) : '간과 쓸개를 내놓고 서로에게 내보인다'라는 뜻으로, 서로 마음을 터놓고 친밀(親密)히 사귐.

영illuminate 중zhào 일ショウ(てらす·てる) 【난이도】 고등용, 읽기 3급II, 쓰기 2급

潮潮潮潮潮潮潮潮潮潮潮潮潮潮潮

潮	潮	潮	潮	潮					

潮

조수 조

氵部(삼수변)12획총15획

風潮(풍조) 防潮堤(방조제) 潮水(조수) 夕潮(석조) 干潮(간조) 思潮(사조)

韓海蘇潮(한해소조) : 한유(韓愈)의 문장은 왕양(汪洋)하여 바다와 같고, 소식(蘇軾)의 문장은 파란이 있어 조수와 같다는 뜻으로, 한유와 소식의 문장을 비교해 이르는 말.

영tide 중cháo 일チョウ(しお) 【난이도】 고등용, 읽기 4급, 쓰기 3급

操操操操操操操操操操操操操操操操

操	操	操	操	操					

操

잡을 조

扌(手)部(제방변)13획총16획

操心(조심) 操業(조업) 操作(조작) 操縱(조종) 操縱士(조종사) 體操(체조)

松柏之操(송백지조) : 한겨울에도 시들지 않는 소나무와 잣나무의 지조(志操)라는 뜻으로, 굳은 절개(節概·節介)를 이르는 말.

영grab, handle 중cāo 일ソウ(あやつる·みさお) 【난이도】 고등용, 읽기 5급, 쓰기 4급

燥燥燥燥燥燥燥燥燥燥燥燥燥燥燥燥

燥	燥	燥	燥	燥					

燥

마를 조

火部(불화)13획총17획

乾燥(건조) 焦燥(초조) 燥渴(조갈) 乾燥爐(건조로) 乾燥臺(건조대) 乾燥期(건조기)

乾燥器(건조기) : 고체(固體) 원료(原料) 속에 들어 있는 물기를 증발(蒸發)시켜서 분리(分離)하는 장치(裝置). 말림틀. 드라이어.

영dry 중zào 일ソウ(かわく) 【난이도】 고등용, 읽기 3급, 쓰기 2급

拙

옹졸할 졸

扌(手)部(재방변) 5총8획

拙 扌 扪 扣 扪 拙 拙 拙

拙 拙 拙 拙 拙

稚拙(치졸) 拙劣(졸렬) 甕拙(옹졸) 拙戰(졸전) 穉拙(치졸) 緻拙(치졸) 拙作(졸작)

拙速(졸속) : 서투르지만 빠르다는 뜻으로, 지나치게 서둘러 함으로써 그 결과(結果)나 성과(成果)가 바람직하지 못함을 이르는 말.

영 stupid 중 zhuō 일 セツ(つたない) 【난이도】 고등용, 읽기 3급, 쓰기 2급

縱

세로 종

糸部(실사)11획총17획

縱 縱 縱 幺 幺 縱 糸 縱 縱 縱 縱 縱 縱 縱 縱 縱 縱

縱 縱 縱 縱 縱

操縱(조종) 放縱(방종) 縱橫(종횡) 時勢操縱(시세조종) 縱斷(종단) 縱波(종파)

縱橫無盡(종횡무진) : 행동(行動)이 마음 내키는 대로 자유자재(自由自在)로 함.
操縱士(조종사) : 비행기(飛行機)를 조종(操縱)하는 사람.

영 vertical 중 纵[zòng] 일 縱[ジュウ](たて) 【난이도】 고등용, 읽기 3급II, 쓰기 2급

佐

도울 좌

亻部(사람인변)5획총 7획

佐 佐 仁 佐 佐 佐 佐

佐 佐 佐 佐 佐

佐尹(좌윤) 反佐(반좌) 補佐(보좌) 保佐(보좌) 上佐(상좌) 賢佐(현좌) 大佐(대좌)

佐命之士(좌명지사) : 천명(天命)을 받아 천자(天子)가 될 사람을 보필(輔弼)하여 대업(大業)을 성취(成就)시키는 사람.

영 assist 중 zuǒ 일 サ(たすける) 【난이도】 고등용, 읽기 3급, 쓰기 2급

座

자리 좌

广部(엄호) 7획총10획

座 座 广 座 座 座 座 座 座 座

座 座 座 座 座

計座(계좌) 座下(좌하) 座席(좌석) 講座(강좌) 座標(좌표) 座談會(좌담회)

高朋滿座(고붕만좌) : 「고귀(高貴)한 벗들이 자리에 가득하다」는 뜻으로, 마음이 맞는 고귀한 벗들이 많이 참석하여 성황리에 모임을 가졌음을 비유하는 말.

영 seat 중 zuò 일 ザ(すわる) 【난이도】 고등용, 읽기 4급, 쓰기 3급

州

고을 주

川部(내천) 3획총6획

州 州 州 州 州 州

州 州 州 州 州

慶州(경주) 光州(광주) 廣州(광주) 濟州(제주) 濟州道(제주도) 坡州(파주)

九州禹跡(구주우적) : 하우씨(夏禹氏)가 구주(九州)를 분별(分別)하니 기(冀)・연(兗)・청(靑)・서(徐)・형(荊)・양(揚)・예(豫)・양(梁)・옹(雍)이 구주(九州)임.

영 country 중 zhōu 일 シュウ(す) 【난이도】 고등용, 읽기 5급II, 쓰기 4급II

舟	舟 月 月 月 舟 舟
	舟 舟 舟 舟 舟
배 주	舟航(주항) 方舟(방주) 端舟(단주) 單舟(단주) 芥舟(개주) 扁舟(편주) 同舟(동주)
	刻舟求劍(각주구검) : 칼을 강물에 떨어뜨리자 뱃전에 그 자리를 표시했다가 나중에 그 칼을 찾으려 한다는 뜻으로, 판단력이 둔하여 융통성이 없고 세상일에 어둡고 어리석다는 뜻.
舟部(배주) 0획총6획	영ship 중zhōu 일シュウ(ふな·ふね) 【난이도】 고등용, 읽기 4급, 쓰기 3급

周	周 周 周 周 周 周 周 周
	周 周 周 周 周
두루 주	周年(주년) 周邊(주변) 周旋(주선) 周易(주역) 周圍(주위) 周知(주지)
	莊周之夢(장주지몽) : ① 자아(自我)와 외계(外界)와의 구별(區別)을 잊어버린 경지(境地)를 말함. ② 사물(事物)과 자신(自身)이 한 몸이 된 경지(境地).
口部(입구)5획총8획	영all around 중zhōu 일シュウ(まわり) 【난이도】 고등용, 읽기 4급, 쓰기 3급

奏	奏 奏 奏 奏 奏 奏 奏 奏 奏
	奏 奏 奏 奏 奏
아뢸 주	奏效(주효) 間奏(간주) 弓幹奏(궁간주) 演奏者(연주자) 吹奏樂(취주악)
	先拏後奏(선나후주) : 죄지은 사람을 우선 잡아놓고 나서 임금에게 아뢰던 일. 奏效(주효) : ① 효력(效力)이 나타남. ② 일이 성취(成就)됨.
大部(큰대) 6획총9획	영inform 중zòu 일ソウ(かなでる) 【난이도】 고등용, 읽기 3급II, 쓰기 2급

柱	柱 柱 柱 柱 柱 柱 柱 柱 柱
	柱 柱 柱 柱 柱
기둥 주	柱礎(주초) 電信柱(전신주) 電線柱(전선주) 支柱(지주) 電柱(전주) 脊柱(척주)
	一柱難支(일주난지) : 기둥 하나로 지탱하기 어렵다는 뜻으로, 이미 기울어지는 대세를 혼자서는 감당할 수 없음을 비유(比喩·譬喩)하는 말.
木部(나무목) 5획총9획	영pillar 중zhù 일チュウ(はしら 【난이도】고등용, 읽기 3급II, 쓰기 2급

洲	洲 洲 洲 洲 洲 洲 洲 洲 洲
	洲 洲 洲 洲 洲
섬 주	濠洲(호주) 滿洲(만주) 大洲(대주) 南極洲(남극주) 亞洲(아주) 北滿洲(북만주)
	三角洲(삼각주) : 삼각도. 삼각통. 강물에 떠내려온 사토(砂土)가 하구(河口)에 쌓여서 된 사주(砂洲).
氵部(삼수변)6획총9획	영island 중zhōu 일シュウ(しま·す) 【난이도】 고등용, 읽기 3급II, 쓰기 2급

株株株株株株株杵株株

| 株 | 株 | 株 | 株 | 株 | | | | | |

그루 주

株價(주가) 株主(주주) 株式市場(주식시장) 株券(주권) 新株(신주) 株式(주식)

守株待兔(수주대토) :「그루터기를 지켜 토끼를 기다린다」는 뜻으로, 고지식하고 융통성(融通性)이 없어 구습(舊習)과 전례(前例)만 고집(固執)함.

木部(나무목) 6획총10획　영stump　중zhū　일シユ(かぶ)　【난이도】 고등용, 읽기 3급II, 쓰기 2급

珠珠珠珠珠珠珠珠珠珠

| 珠 | 珠 | 珠 | 珠 | 珠 | | | | | |

구슬 주

眞珠(진주) 珍珠(진주) 夜光珠(야광주) 珠玉(주옥) 如意寶珠(여의보주) 珠算(주산)

隨珠彈雀(수주탄작) : 수후(隨侯)의 구슬로 새를 잡는다는 뜻으로, 작은 것을 얻으려다 큰 것을 손해 보게 됨을 이르는 말.

王部(구슬옥)6획총10획　영pearl　중zhū　일シュ(たて)　【난이도】 고등용, 읽기 3급II, 쓰기 2급

鑄鑄鑄鑄鑄鑄鑄鑄鑄鑄鑄鑄鑄鑄鑄鑄鑄鑄鑄鑄

| 鑄 | 鑄 | 鑄 | 鑄 | 鑄 | | | | | |

쇠불릴 주

鑄造(주조) 鑄字機(주자기) 鑄鐵(주철) 鑄造機(주조기) 鑄型(주형) 鑄字(주자)

鑄物(주물) : 쇠붙이를 녹인 쇳물을 일정한 틀 속에 부어 굳혀 만든 물건(物件).
鑄貨(주화) : 쇠붙이를 녹여 화폐(貨幣)를 만듦, 또는 그 화폐(貨幣).

金部(쇠금)14획총22획　영cast　중铸[zhù]　일鑄[チュウ](いる)　【난이도】 고등용, 읽기 3급II, 쓰기 2급

俊俊俊俊俊俊俊俊俊

| 俊 | 俊 | 俊 | 俊 | 俊 | | | | | |

준걸 준

俊傑(준걸) 俊敏(준민) 俊秀(준수) 英俊(영준) 賢俊(현준) 豪俊(호준)

登俊試(등준시) : 조선(朝鮮) 세조(世祖) 12년(1466)에, 특별히 베풀어 경재(卿宰) 이하(以下)의 문무관(文武官)과 종친(宗親)을 시험하던 임시(臨時) 과거(科擧).

亻部(사람인변) 7획총9획　영superior　중jùn　일シュン(すわる)　【난이도】 고등용, 읽기 3급, 쓰기 2급

準準準準準準準準準準準準準

| 準 | 準 | 準 | 準 | 準 | | | | | |

준할 준

基準(기준) 準備(준비) 標準(표준) 平準化(평준화) 準據(준거) 基準値(기준치)

水準(수준) : ① 사물(事物)의 가치(價値)나 작용(作用) 등(等)에 관(關)한 일정(一定)한 표준(標準)이나 정도(程度). ② 수평(水平).

氵部(삼수변)10획총13획　영apply, flat　중zhōu　일チュウ(す)　【난이도】 고등용, 읽기 4급II, 쓰기 3급II

遵	遵遵遵遵遵遵遵遵遵尊尊導導導遵
	遵遵遵遵遵
좇을 준	遵據(준거) 遵法(준법) 遵守(준수) 遵用(준용) 遵行(준행) 一遵(일준) 遵教(준교)
	永久遵行(영구준행) : 규칙(規則)이나 약속(約束) 따위를 오래오래 지키어 나감. 遵法精神(준법정신) : 법을 잘 지키는 정신(精神).
辶部(책받침)12획총16획	영follow 중遵[zūn] 일遵[ジュン] 【난이도】 고등용, 읽기 3급, 쓰기 2급

仲	仲仲仲仲伯仲
	仲仲仲仲仲
버금 중	仲秋節(중추절) 仲裁(중재) 仲裁法(중재법) 仲媒(중매) 仲尼(중니) 仲介(중개)
	伯仲之勢(백중지세) : 누구를 형이라 아우라 하기 어렵다는 뜻으로, 형제(兄弟)인 장남(長男)과 차남(次男)의 차이(差異)처럼 큰 차이(差異)가 없는 형세(形勢).
亻部(사람인변) 4획총6획	영next 중zhòng 일チュウ(なか) 【난이도】 고등용, 읽기 3급Ⅱ, 쓰기 2급

症	症症症症症症症症症症
	症症症症症
증세 증	症勢(증세) 症狀(증상) 症候群(증후군) 症候(증후) 憂鬱症(우울증) 對症(대증)
	徘徊症(배회증) : 정신병(精神病)의 일종. 이렇다 할 목적지도 없이 여기저기를 배회 하는 증상. 여러 가지 정신병자(精神病者)·변질자(變質者) 등(等)에서 볼 수 있음.
疒部(병질엄) 5획총10획	영symptom 중zhèng 일ショウ(しるし) 【난이도】 고등용, 읽기 3급Ⅱ, 쓰기 2급

蒸	蒸蒸蒸蒸蒸蒸蒸蒸蒸蒸蒸蒸蒸蒸
	蒸蒸蒸蒸蒸
찔 증	蒸氣(증기) 蒸溜(증류) 蒸民(증민) 蒸發(증발) 水蒸氣(수증기) 汗蒸(한증)
	雲蒸龍變(운증용변) : 물이 증발(蒸發)하여 그름이 되고 뱀이 변(變)하여 용이 되어 승천(昇天)한다는 말로, 영웅 호걸이 기회를 얻어 흥성(興盛)함의 비유.
艹部(초두머리)10획총14획	영steam 중蒸[zhēng] 일蒸[ジョウ](むす) 【난이도】 고등용, 읽기 3급Ⅱ, 쓰기 2급

憎	憎憎憎憎憎憎憎憎憎憎憎憎憎憎憎
	憎憎憎憎憎
미워할 증	憎惡(증오) 愛憎(애증) 憎惡心(증오심) 可憎(가증) 生憎(생증) 憎愛(증애)
	盜憎主人(도증주인) : 도둑은 주인이 자기를 제지하여 재물을 얻지 못하게 하므로 이를 미워한다는 뜻으로, 사람은 다만 자기 형편에 맞지 않으면 이를 싫어한다는 말.
忄部(심방변)12획총15획	영hate 중憎[zēng] 일憎[ゾウ](にくい) 【난이도】 고등용, 읽기 3급Ⅱ, 쓰기 2급

贈

줄 증

貝部(조개패)12획총19획

贈 ｜ ｌ ｎ ｌ ｌ ｍ ｌ ｍ ｌ ｉ ｅ ｐ 贈 贈 贈 贈 贈 贈 贈

贈 贈 贈 贈 贈

贈與(증여) 贈與稅(증여세) 贈遺(증유) 贈寄(증기) 受贈(수증) 追贈(추증)

寄贈(기증) : ① 금품(金品)이나 물품(物品) 등(等)을 타인(他人)에게 줌.
② 선사(膳賜)하는 물건(物件)을 보내 줌.

영send 중贈[zèng] 일贈[ソウ・ゾウ](おくる)【난이도】고등용, 읽기 3급, 쓰기 2급

池

못 지

氵部(삼수변)3획총6획

池池池池池池

池 池 池 池 池

乾電池(건전지) 貯水池(저수지) 天池(천지) 沈澱池(침전지) 咸池(함지) 沼池(소지)

酒池肉林(주지육림) : 술이 못을 이루고 고기가 수풀을 이룬다는 뜻으로, 매우
호화(豪華)스럽고 방탕(放蕩)한 생활(生活)을 이르는 말.

영pond 중chí 일チ(いけ)【난이도】고등용, 읽기 3급II, 쓰기 2급

智

지혜 지

日部(날일) 8획총12획

智智智智智智智智智智智智

智 智 智 智 智

智慧(지혜) 智異山(지리산) 機智(기지) 衆智(중지) 膽智(담지) 智能(지능)

仁義禮智(인의예지) : 인(仁), 의(義), 예(禮), 지(智)의 사단(四端). 사람으로서 갖추
어야 할 네 가지 마음가짐, 곧 어짊과 의로움과 예의(禮儀)와 지혜(智慧·知慧).

영wisdom 중zhì 일チ(さとい・ちえ)【난이도】고등용, 읽기 4급, 쓰기 3급

誌

기록 지

言部(말씀언)7획총14획

誌誌誌誌誌誌誌誌誌誌誌誌誌誌

誌 誌 誌 誌 誌

雜誌(잡지) 月刊誌(월간지) 學術誌(학술지) 雜誌冊(잡지책) 書誌(서지)

墓誌(묘지) : 죽은 사람의 행적(行蹟), 자손(子孫)의 이름, 묘지(墓地)의 이름, 나고
죽은 때 등을 기록한 글. 사기판(沙器板)에 적거나 돌에 새겨서 무덤 옆에 묻음.

영record 중志[zhì] 일シ(しるす)【난이도】고등용, 읽기 4급, 쓰기 3급

遲

더딜 지

辶部(책받침)12획총16획

遲遲遲遲遲遲遲遲遲遲遲遲遲遲遲遲

遲 遲 遲 遲 遲

遲延(지연) 遲刻(지각) 遲滯(지체) 遲鈍(지둔) 遲暮(지모) 遲日(지일) 遲速(지속)

遲遲不進(지지부진) : 더디고 더뎌서 잘 진척(進陟)하지 않음.
陵遲處斬(능지처참) : 머리, 몸, 손, 발을 자르는 극형(極刑).

영late 중迟[chí] 일遲[チ](おくらす・おくれる)【난이도】고등용, 읽기 3급, 쓰기 2급

職	職職職職職職職職職職職聯聯聯職職職
	職職職職職
벼슬 직	職務(직무) 職業(직업) 職員(직원) 職場(직장) 退職(퇴직) 現職(현직)
	削奪官職(삭탈관직) : 죄인(罪人)의 벼슬과 품계(品階)를 빼앗고 사판(仕版)에서 이름을 없애 버림. 階卑職高(계비직고) : 품계(品階)는 낮고 벼슬은 높음.
耳部(귀이)12획총18획	영duty, job 중职[zhí] 일[ショク](つかさどる)【난이도】고등용, 읽기 4급II, 쓰기 3급II

織	織織織織織織織織織織織織織織織織織織
	織織織織織
짤 직	組織(조직) 組織的(조직적) 組織化(조직화) 組織體(조직체) 絹織物(견직물)
	織錦回文(직금회문) : 비단으로 회문(回文)을 짜 넣다라는 뜻으로, 구성(構成)이 절묘(絶妙)한 훌륭한 문학작품(文學作品)을 비유함.
糸部(실사)12획총18획	영weave 중织[zhī] 일シキ・ショク(おる)【난이도】고등용, 읽기 4급, 쓰기 3급

珍	珍珍珍珍珍珍珍珍
	珍珍珍珍
보배 진	珍貴(진귀) 珍奇(진기) 珍島(진도) 珍味(진미) 珍珠(진주) 珍風景(진풍경)
	山海珍味(산해진미) : 산과 바다의 산물(産物)을 다 갖추어 아주 잘 차린 진귀(珍貴)한 음식이란 뜻으로, 온갖 귀(貴)한 재료(材料)로 만든 맛. 좋은 음식.
王部(구슬옥변)5획총9획	영treasure 중zhēn 일チン(めずらしい)【난이도】등용, 읽기 4급, 쓰기 3급

振	振振振振振振振振振
	振振振振振
떨칠 진	振男(진남) 振動(진동) 振動數(진동수) 振作(진작) 振興(진흥) 不振(부진)
	士氣振作(사기진작) : 의욕(意欲)이나 자신감(自信感)이 충만(充滿)하여 굽힐 줄 모르는 씩씩한 기세(氣勢)를 떨쳐 일으킴.
扌(手)部(재방변) 7획총10획	영tremble 중zhèn 일シン(ふる・ふるう)【난이도】고등용, 읽기 3급II, 쓰기 2급

陣	陣陣陣陣陣陣陣陣陣陣
	陣陣陣陣陣
진칠 진	退陣(퇴진) 陣營(진영) 陣痛(진통) 後陣(후진) 經營陣(경영진) 陣地(진지)
	背水陣(배수진) :「물을 등지고 진을 친다」는 뜻으로, ① 물러설 곳이 없으니 목숨을 걸고 싸울 수밖에 없는 지경을 이르는 말. ② 물을 등지고 적과 싸울 진을 치는 진법.
阝(阜)部(좌부방)7획총10획	영encomp, pitch 중阵[zhèn] 일ジン(つらわる)【난이도】고등용, 읽기 4급, 쓰기 3급

| 陳陳陳陳陳陳陳陳陳陳陳 |
| 陳 | 陳 | 陳 | 陳 | 陳 | | | | | |

배풀 진

陳腐(진부) 陳設(진설) 陳述(진술) 陳列(진열) 陳情(진정) 開陳(개진)

雷陳膠漆(뇌진교칠) : 뇌의(雷義)와 진중(陳重)의 굳음이라는 뜻으로, 대단히 두터운 우정을 이르는 말. 新陳代謝(신진대사) : 묵은 것이 없어지고 새것이 대신 생기거나 들어서는 일.

阝(阜)部(좌부방) 8획총11획 | 영arrange 중陈[chén] 일チン(つらねる) 【난이도】 고등용, 읽기 3급Ⅱ, 쓰기 2급

| 震震震震震震震震震震震震震震震 |
| 震 | 震 | 震 | 震 | 震 | | | | | |

벼락 진

地震(지진) 餘震(여진) 强震(강진) 地震海溢(지진해일) 地震計(지진계) 震動(진동)

震天動地(진천동지) : 하늘이 진동(振動)하고 땅이 흔들리다라는 뜻으로, 위엄(威嚴)이 천하(天下)에 떨친다는 뜻.

雨部(비우) 7획총15획 | 영thundervolt 중zhèn 일シン(ふるう) 【난이도】 고등용, 읽기 3급Ⅱ, 쓰기 2급

| 鎭鎭鎭鎭鎭鎭鎭鎭鎭鎭鎭鎭鎭鎭鎭鎭鎭鎭 |
| 鎭 | 鎭 | 鎭 | 鎭 | 鎭 | | | | | |

진압할 진

重鎭(중진) 鎭壓(진압) 鎭火(진화) 鎭山(진산) 鎭痛(진통) 鎭痛劑(진통제)

鎭靜(진정) : ① 시끄럽고 요란(擾亂)한 일이나 상태(狀態)를 조용하게 가라앉히는 것. ② 흥분(興奮)되거나 격앙(激昂)된 마음을 차분하게 가라앉히는 것.

金部(쇠금)10획총18획 | 영suppress 중镇[zhèn] 일鎭[チン](しずまる) 【난이도】 고등용, 읽기 3급Ⅱ, 쓰기 2급

| 姪姪姪姪姪姪姪姪姪 |
| 姪 | 姪 | 姪 | 姪 | 姪 | | | | | |

조카 질

叔姪(숙질) 姪婦(질부) 甥姪(생질) 從姪(종질) 姪女(질녀) 妻姪(처질) 伯姪(백질)

堂姪(당질) : 사촌의 아들. 오촌(五寸) 조카, 종질(從姪)을 친근(親近)하게 일컫는 말.
堂姪女(당질녀) : '종질녀(從姪女)'를 친근(親近)하게 일컫는 말. 사촌의 딸.

女部(계집녀) 6획총9획 | 영niece 중侄[zhì] 일テツ(めい・おい) 【난이도】 고등용, 읽기 3급, 쓰기 2급

| 秩秩秩秩秩秩秩秩秩秩 |
| 秩 | 秩 | 秩 | 秩 | 秩 | | | | | |

차례 질

秩序(질서) 無秩序(무질서) 俸秩(봉질) 秩次(질차) 增秩(증질) 七秩(칠질)

交通秩序(교통질서) : 교통 상 사람이나 차가 마땅히 지켜야 하는 질서.
法秩序(법질서) : 모든 법이 하나의 통일적 체계 속에서 이루는 질서.

禾部(벼화) 5획총10획 | 영order 중zhì 일チツ(ついで) 【난이도】 고등용, 읽기 3급Ⅱ, 쓰기 2급

疾	疾疾疾疾疾疾疾疾疾疾							
	疾	疾	疾	疾	疾			

병 질

痼疾病(고질병) 疾患(질환) 疾病(질병) 痼疾的(고질적) 痼疾(고질) 疾走(질주)

煙霞痼疾(연하고질) : 산수(山水)의 좋은 경치를 깊이 사랑하는 마음(煙霞)이 대단히 강(强)해 마치 고치지 못할 병이 든 것 같음을 비유해 이르는 말.

广部(병질엄)5획총10획 · 영disease 중jí 일シツ(やまい) 【난이도】고등용, 읽기 3급Ⅱ, 쓰기 2급

徵	徵徵徵徵徵徵徵徵徵徵徵徵徵徵徵							
	徵	徵	徵	徵	徵			

부를 징

象徵(상징) 特徵(특징) 象徵的(상징적) 徵收(징수) 徵候(징후) 課徵金(과징금)

白骨徵布(백골징포) : 조선(朝鮮) 말(末)에, 죽은 사람의 이름을 군적과 세금(稅金) 대장(臺帳)에 올려 놓고 군포를 받던 일.

彳部(두인변)12획총15획 · 영revy·call 중zhǐ 일チョウ(しるし) 【난이도】고등용, 읽기 3급Ⅱ, 쓰기 2급

懲	懲懲懲懲懲懲懲懲懲懲懲懲懲懲懲懲懲懲							
	懲	懲	懲	懲	懲			

懲戒(징계) 膺懲(응징) 懲役(징역) 懲罰(징벌) 輕懲戒(경징계) 懲勵(징려)

勸善懲惡(권선징악) : 착한 행실(行實)을 권장(勸奬)하고 악(惡)한 행실(行實)을 징계(懲戒)함.

징계할 징

心部(마음심)15획총19획 · 영punish 중惩[chéng] 일チョウ(こらす) 【난이도】고등용, 읽기 3급, 쓰기 2급

差	差差差差差差差差差差							
	差	差	差	差	差			

差異(차이) 隔差(격차) 差別(차별) 格差(격차) 差出(차출) 差等(차등) 差益(차익)

咸興差使(함흥차사) : ① 심부름꾼이 가서 소식(消息)이 없거나, 또는 회답(回答)이 더딜 때의 비유. ② 한 번 간 사람이 돌아오지 않거나 소식(消息)이 없음.

어긋날 차

工部(장인공) 7획총10획 · 영defference 중差[chà] 일サ(さす) 【난이도】고등용, 읽기 4급, 쓰기 3급

捉	捉捉捉捉捉捉捉捉捉捉							
	捉	捉	捉	捉	捉			

捕捉(포착) 活捉(활착) 擒捉(금착) 捉送(착송) 把捉(파착) 捉去(착거) 捉來(착래)

捕風捉影(포풍착영) : 바람을 잡고, 그림자를 붙든다는 뜻으로, 허망(虛妄)한 언행(言行)을 이르는 말.

잡을 착

扌(手)部(재방변)7획총10획 · 영seize 중zhuō 일ソク(とらえる) 【난이도】고등용, 읽기 4급, 쓰기 3급

<table>
<tr><td colspan="2">

錯

섞일 착

金部(쇠금) 8획총16획
</td><td>

錯 錯 錯 錯 錯 錯 錯 錯 錯 錯 錯 錯 錯 錯 錯

錯 錯 錯 錯 錯

錯覺(착각) 錯誤(착오) 錯雜(착잡) 錯視(착시) 失錯(실착) 交錯(교착) 錯謬(착류)

盤根錯節(반근착절) : 구부러진 나무뿌리와 울퉁불퉁한 나무의 마디란 뜻으로, ① 얽히고 설켜 처리하기에 곤란한 사건. ② 세상일에 난관이 많음의 비유.

영error 중错[cuò] 일サク・ソ(まじる) 【난이도】 고등용, 읽기 3급II, 쓰기 2급
</td></tr>
</table>

贊

도울 찬

貝部(조개패)12획총19획

贊 贊 贊 贊 贊 贊 贊 贊 贊 贊 贊 贊 贊 贊 贊 贊 贊 贊

贊 贊 贊 贊 贊

地震(지진) 餘震(여진) 强震(강진) 地震海溢(지진해일) 地震計(지진계) 震動(진동)

震天動地(진천동지) : 하늘이 진동(振動)하고 땅이 흔들리다라는 뜻으로, 위엄(威嚴)이 천하(天下)에 떨친다는 뜻.

영assist 중赞[zàn] 일贊[サン](ほめる) 【난이도】 고등용, 읽기 3급II, 쓰기 2급

讚

기릴 찬

言部(말씀언)19획총26획

讚 讚

讚 讚 讚 讚 讚

讚歌(찬가) 讚美(찬미) 讚辭(찬사) 讚揚(찬양) 禮讚(예찬) 稱讚(칭찬) 極讚(극찬)

自畵自讚(자화자찬) : 자기(自己)가 그린 그림을 스스로 칭찬(稱讚)한다는 뜻으로, 자기(自己)가 한 일을 자기(自己) 스스로 자랑함을 이르는 말.

영praise 중赞[zàn] 일讚[サン](たすける・たたえる) 【난이도】 등용, 읽기 4급, 쓰기 3급

참혹할 참

忄部(심방변)11획총14획

慘 慘 慘 慘 慘 慘 慘 慘 慘 慘 慘 慘 慘 慘

慘 慘 慘 慘 慘

慘憺(참담) 慘敗(참패) 慘事(참사) 悽慘(처참) 慘慽(참척) 慘狀(참상) 慘死(참사)

悲風慘雨(비풍참우) : 슬픈 바람과 처참(悽慘)한 비라는 뜻으로, 비참(悲慘)한 처지(處地)를 비유(比喩・譬喩)해 이르는 말.

영misery 중惨[cān] 일慘[サン・ザン](みじめ) 【난이도】 고등용, 읽기 3급, 쓰기 2급

부끄러울 참

心部(마음심)11획총15획

慙 慙 慙 慙 慙 慙 慙 慙 慙 慙 慙 慙 慙 慙 慙

慙 慙 慙 慙 慙

慙愧(참괴) 無慙(무참) 慙慨(참개) 慙德(참덕) 慙死(참사) 慙色(참색) 慙憤(참분)

慙悔(참회) : 부끄러워하며 뉘우침.
慙鳥愧魚(참조괴어) : 새와 물고기에 대하여도 부끄럽다는 뜻.

영shame 중惭[cán] 일ザン(はじる) 【난이도】 고등용, 읽기 3급, 쓰기 2급

倉倉倉倉倉倉倉倉倉倉

倉	倉	倉	倉	倉					

곳집 창

倉庫(창고) 倉府(창부) 倉皇(창황) 社倉(사창) 彈倉(탄창) 倉穀(창곡) 倉卒(창졸)

營倉(영창) : ① 군대(軍隊)에서, 규율(規律)을 어긴 자(者)를 가두는 건물(建物).
② 또는, 거기에 가두는 처벌(處罰). 경영창, 중영창이 있음.

人部(사람인) 8획총10획　영warehouse 중仓[cāng] 일ソウ(くら) 【난이도】 고등용, 읽기 3급Ⅱ, 쓰기 2급

創創創創創創創創創創創創

創	創	創	創	創					

비롯할 창

創出(창출) 創造(창조) 創業(창업) 創意(창의) 創製(창제) 獨創(독창) 創作(창작)

法古創新(법고창신) : 옛것을 본받아 새로운 것을 창조한다는 뜻으로, 옛것에 토대를
두되 그것을 변화시킬 줄 알고 새 것을 만들어 가되 근본을 잃지 않아야 한다는 뜻.

刂部(선칼도방) 10획총12획　영begin 중创[chuāng] 일ソウ(つくる) 【난이도】 고등용, 읽기 4급Ⅱ, 쓰기 3급Ⅱ

暢暢暢暢暢暢暢暢暢暢暢暢暢暢

暢	暢	暢	暢	暢					

화창할 창

和暢(화창) 暢樂(창락) 流暢(유창) 暢茂(창무) 暢敍(창서) 明暢(명창) 暢月(창월)

暢達(창달) : ① (자기의 의견·견해·주장 따위를)거리낌 없이 자유로이 표현(表現)하
여 전달(傳達)함. ② 거침없이 쑥쑥 뻗어 발달(發達)함, 또는 그리 되게 함.

日部(날일) 10획총14획　영bright 중畅[chàng] 일チョウ(のびる・のべる) 【난이도】 고등용, 읽기 3급, 쓰기 2급

蒼蒼蒼蒼蒼蒼蒼蒼蒼蒼蒼蒼蒼蒼

蒼	蒼	蒼	蒼	蒼					

푸를 창

蒼空(창공) 鬱蒼(울창) 老蒼(노창) 蒼黃(창황) 蒼白(창백) 蒼海(창해) 蒼天(창천)

萬頃蒼波(만경창파) : 만 이랑의 푸른 물결이라는 뜻으로, 한없이 넓고 푸른 바다.
億兆蒼生(억조창생) : ① 수 많은 백성(百姓). ② 수 많은 사람.

艹部(초두머리) 10획총14획　영blue 중苍[cāng] 일ソウ(あお・あおい) 【난이도】 고등용, 읽기 3급Ⅱ, 쓰기 2급

彩彩彩彩彩彩彩彩彩彩彩

彩	彩	彩	彩	彩					

채색 채

光彩(광채) 輪彩(윤채) 多彩(다채) 彩色(채색) 水彩畵(수채화) 異彩(이채)

色彩(색채) : ① 빛깔. ② 사물(事物)의 표현(表現), 태도(態度) 등(等)에서 나타나
는 일정(一定)한 성질(性質)이나 경향(傾向) 또는 맛.

彡部(터럭삼) 8획총11획　영color 중彩[cǎi] 일サイ(いろどる) 【난이도】 고등용, 읽기 3급Ⅱ, 쓰기 2급

債	債債債債債債債債債債債債債										
	債	債	債	債	債						
빚 채	債券(채권) 負債(부채) 債務(채무) 債權(채권) 債用(채용) 債務者(채무자)										
	擧放錢債(거방전채) : 조선(朝鮮) 시대(時代)에, 벼슬아치가 그의 관내(管內) 주민(住民)에게 이자(利子)를 받고 돈을 꿔주던 일.										
亻部(사람인변)11획총13획	영debt 중債[cuò] 일サイ(かり) 【난이도】고등용, 읽기 3급Ⅱ, 쓰기 2급										

策	策策策策策策策策策策策策										
	策	策	策	策	策						
꾀 책	策定(책정) 對策(대책) 浮揚策(부양책) 政策(정책) 解決策(해결책) 計策(계책)										
	彌縫策(미봉책) : 꿰매어 깁는 계책(計策)이란 뜻으로, 결점(缺點)이나 실패를 덮어 발각되지 않게 이리 저리 주선(周旋)하여 감추기만 하는 계책(計策).										
竹部(대죽) 6획총12획	영plan 중cè 일サク(はかりごと) 【난이도】고등용, 읽기 3급Ⅱ, 쓰기 2급										

斥	斥斥斥斥斥										
	斥	斥	斥	斥	斥						
물리칠 척	排斥(배척) 除斥(제척) 拒斥(거척) 斥邪(척사) 斥喉(척후) 斥力(척력) 斥候(척후)										
	衛正斥邪(위정척사) : 조선 시대 후기에, 정학(正學), 정도(正道)로서의 주자학(朱子學)을 지키고, 사학(邪學), 사도(邪道)로서의 천주교(天主敎)를 물리치려던 주장(主張).										
斥部(도끼근) 1획총5획	영refuse 중chì 일セキ(しりぞける) 【난이도】고등용, 읽기 3급, 쓰기 2급										

拓	拓拓拓拓拓拓拓拓										
	拓	拓	拓	拓	拓						
넓힐 척/탁	拓本(탁본) 干拓(간척) 干拓地(간척지) 開拓者(개척자) 落拓(낙척) 谷山拓(곡산척)										
	開拓(개척) : ① 거친 땅을 일구어 논, 밭을 만듦. ② 새로운 분야(分野), 운명(運命), 전도(傳道) 따위를 엶. ③ 영토(領土)를 확장(擴張)함.										
扌(手)部(재방변) 5획총8획	영widen 중tà 일タク・セキ(ひらく) 【난이도】고등용, 읽기 3급Ⅱ, 쓰기 2급										

戚	戚戚戚戚戚戚戚戚戚戚戚										
	戚	戚	戚	戚	戚						
겨레 척	戚族(척족) 哀戚(애척) 外戚(외척) 姻戚(인척) 族戚(족척) 親戚(친척)										
	親戚故舊(친척고구) : 친(親)은 동성지친(同姓之親)이고 척(戚)은 이성지친(異姓之親)이요, 고구(故舊)는 오랜 친구(親舊)를 말함.										
戈部(창과)7획총11획	영relative 중qī 일セキ(みうち) 【난이도】고등용, 읽기 3급Ⅱ, 쓰기 2급										

賤 ⅠⅠ贱贱贱贱贝贝贝贱贱贱贱贱贱贱

| 賤 | 賤 | 賤 | 賤 | 賤 | | | | | |

천할 천

貝部(조개패) 8획총15획

賤待(천대) 賤賓(천빈) 貴賤(귀천) 卑賤(비천) 貧賤(빈천) 至賤(지천)

貧賤之交(빈천지교) : 내가 가난하고 천할 때 나를 친구(親舊)로 대(對)해 준 벗은 내가 부귀(富貴)하게 된 뒤에도 언제까지나 잊어서는 안된다.

영humble 중贱[jiàn] 일賤[セン·ゼン](あやしい) 【난이도】 고등용, 읽기 3급II, 쓰기 2급

遷 遷遷遷遷遷遷遷覀覀覀罨罨罨遷遷

| 遷 | 遷 | 遷 | 遷 | 遷 | | | | | |

옮길 천

辶部(책받침)11획총15획

遷都(천도) 左遷(좌천) 變遷(변천) 東遷(동천) 三遷(삼천) 化遷(화천) 遷葬(천장)

孟母三遷(맹모삼천) : 맹자(孟子)의 어머니가 맹자(孟子)를 제대로 교육하기 위하여 집을 세 번이나 옮겼다는 뜻으로, 교육(敎育)에는 주위 환경이 중요하다는 가르침.

영move 중迁[qiān] 일遷[セン](うつる) 【난이도】 고등용, 읽기 3급II, 쓰기 2급

踐 踐踐踐卫踐卫践踐踐踐踐踐踐踐

| 踐 | 踐 | 踐 | 踐 | 踐 | | | | | |

밟을 천

足部(발족) 8획총15획

踐踏(천답) 踐約(천약) 踐言(천언) 踐行(천행) 實踐(실천) 歷踐(역천)

實踐躬行(실천궁행) : 실제(實際)로 몸소 이행(履行)함.
實踐科學(실천과학) : 실제(實際)에 응용(應用)되는 과학(科學).

영step on 중践[jiàn] 일踐[セン](ふむ) 【난이도】 고등용, 읽기 3급II, 쓰기 2급

薦 薦薦薦薦薦薦芦芦薦薦芐薦薦薦薦薦薦

| 薦 | 薦 | 薦 | 薦 | 薦 | | | | | |

천거할 천

艹部(초두머리)13획총17획

推薦(추천) 公薦(공천) 薦擧(천거) 推薦書(추천서) 落薦(낙천) 擧薦(거천)

毛遂自薦(모수자천) : 모수(毛遂)가 스스로 천거했다는 뜻으로, 자기가 자기를 추천하는 것을 이르는 말. 오늘날에는 의미가 변질되어 일의 앞뒤도 모르고 나서는 사람을 비유함.

영recommend 중荐[jiàn] 일薦[セン](すすめる) 【난이도】 고등용, 읽기 3급, 쓰기 2급

哲 哲哲哲折折哲哲哲哲哲

| 哲 | 哲 | 哲 | 哲 | 哲 | | | | | |

밝을 철

扌(手)部(재방변) 7획총10획

哲學者(철학자) 先哲(선철) 明哲(명철) 哲人(철인) 四科十哲(사과십철) 哲宗(철종)

哲學(철학) : 인간(人間)이나 인생(人生)·세계(世界)의 지혜(智慧·知慧), 궁극(窮極)의 근본(根本) 원리(原理)를 추구(追求)하는 학문(學問).

영wisdom 중zhé 일テツ 【난이도】 고등용, 읽기 3급II, 쓰기 2급

徹	徹徹徹徹徹徹徹徹徹徹徹徹徹徹
	徹 徹 徹 徹 徹
통할 철	徹底(철저) 貫徹(관철) 冷徹(냉철) 徹夜(철야) 觀徹(관철) 透徹(투철) 徹曉(철효)
	徹頭徹尾(철두철미) : 머리에서 꼬리까지 통한다는 뜻으로, ① 처음부터 끝까지. ② 처음부터 끝까지 방침을 바꾸지 않고, 생각을 철저히 관철함을 이르는 말.
彳部(두인변)12획총15획	옝penetrate 중彻[chè] 일テツ(とおる) 【난이도】 고등용, 읽기 3급Ⅱ, 쓰기 2급

尖	尖尖尖尖尖尖
	尖 尖 尖 尖 尖
뾰족할 첨	尖端(첨단) 最尖端(최첨단) 尖塔(첨탑) 尖兵(첨병) 劍尖(검첨) 尖峯(첨봉)
	尖銳(첨예) : ① 날카롭고 뾰족함. 첨리(尖利)함. ② (사상·태도)앞서 있거나 급진적인데가 있음. ③ (대립이나 갈등(葛藤) 따위가)격하고 치열(熾烈)함.
小部(작을소)3획총6획	옝sharp 중jiān 일セン(さき·するどい) 【난이도】 고등용, 읽기 3급, 쓰기 2급

添	添添添添添添添添添添添
	添 添 添 添 添
더할 첨	添加(첨가) 添附(첨부) 添削(첨삭) 添加物(첨가물) 別添(별첨) 添加劑(첨가제)
	畫蛇添足(화사첨족) : 뱀을 그리고 발을 더한다는 뜻으로, 하지 않아도 될 일을 하거나 필요(必要) 이상(以上)으로 쓸데 없는 일을 하여 도리어 실패(失敗)함을 이르는 말.
氵部(삼수변) 8획총11획	옝add 중tiān 일テン(そう·そえる) 【난이도】 고등용, 읽기 3급, 쓰기 2급

妾	妾妾妾妾妾妾妾妾
	妾 妾 妾 妾 妾
첩 첩	宮妾(궁첩) 婢妾(비첩) 愛妾(애첩) 嫡妾(적첩) 妻妾(처첩) 賤妾(천첩) 侍妾(시첩)
	花房作妾(화방작첩) : 기생(妓生)을 첩으로 삼음. 僕妾之役(복첩지역) : 남종과 여종의 일.
女部(계집녀) 5획총8획	옝concubine 중 qiè 일ショウ(めかけ·わらわ) 【난이도】 고등용, 읽기 3급, 쓰기 2급

廳	廳廳廳廳廳廳廳廳廳廳廳廳廳廳廳廳廳廳廳廳廳廳
	廳 廳 廳 廳 廳
관청 청	中央廳(중앙청) 統計廳(통계청) 教育廳(교육청) 警察廳(경찰청) 國稅廳(국세청)
	借廳入室(차청입실) : 남의 대청(大廳)을 빌려 쓰다가 안방까지 들어간다는 뜻으로, 남에게 의지(依支)하다가 차차 그의 권리까지 침범(侵犯)함을 이르는 말.
广部(엄호)22획총25획	옝government 중厅[tīng] 일厅[チョウ] 【난이도】 고등용, 읽기 4급, 쓰기 3급

替

바꿀 체

替替替替替替替替替替替替

替	替	替	替	替					

代替(대체) 交替(교체) 移替(이체) 替代(체대) 對替(대체) 隆替(융체) 替番(체번)

馬好替乘(마호체승) : 「말도 갈아타는 것이 좋다」는 뜻으로, 예전 것도 좋기는 하지만 새것으로 바꾸어 보는 것도 즐겁다는 말.

日部(가로왈) 8획총12획 영change 중tì 일タイ(かえる·かわる)【난이도】고등용, 읽기 3급, 쓰기 2급

逮

잡을 체

逮逮逮逮逮逮逮逮逮逮逮逮

逮	逮	逮	逮	逮					

逮捕(체포) 不逮捕特權(불체포특권) 逮捕令狀(체포영장) 假逮捕(가체포) 被逮(피체)

見不逮聞(견불체문) : 「눈으로 직접 보니 들었던 것보다 못하다」는 뜻으로, 헛된 명성(名聲)을 비유(比喻·譬喻)하는데 사용(使用)되는 말.

辶部(책받침) 8획총12획 영seize 중逮[dài] 일逮タイ【난이도】고등용, 읽기 3급, 쓰기 2급

滯

막힐 체

滯滯滯滯滯滯滯滯滯滯滯滯滯滯

滯	滯	滯	滯	滯					

沈滯(침체) 滯留(체류) 停滯(정체) 延滯(연체) 遲滯(지체) 積滯(적체) 滯納(체납)

萎靡沈滯(위미침체) : 인심(人心)과 문화(文化), 사회(社會)에 새롭고 확실(確實)한 것을 찾는 활기가 없어 진보(進步), 발전(發展)하는 움직임이 보이지 않음.

氵部(삼수변)11획총14획 영stuck 중滯[zhì] 일滯タイ(とどこおる)【난이도】고등용, 읽기 3급Ⅱ, 쓰기 2급

遞

갈마들 체

遞遞遞遞遞遞遞遞遞遞遞遞遞

遞	遞	遞	遞	遞					

遞信部(체신부) 郵遞筒(우체통) 交遞(교체) 郵遞(우체) 郵遞物(우체물) 遞減(체감)

郵遞局(우체국) : 체신청의 관할에 속하여, 우편물의 인수·배달 등의 우편 사무와 우편환(郵便換)·전신환(電信換) 등(等)의 사무(事務)를 맡아 보는 현업 기관(機關).

辶部(책받침)10획총14획 영replace 중遞[dì] 일逓テイ(かける)【난이도】고등용, 읽기 3급, 쓰기 2급

肖

닮을 초

肖肖肖肖肖肖肖

肖	肖	肖	肖	肖					

肖像畫(초상화) 不肖(불초) 肖像(초상) 不肖男(불초남) 肖像權(초상권) 不肖女(불초녀)

不肖孫(불초손) : 할아버지에 대하여 손자가 「자기(自己)」를 낮추어 일컫는 말.
不肖子(불초자) : 어버이에 대(對)하여 아들이 「자기」를 낮추어 일컫는 말.

月部(육달월) 3획총7획 영be like 중xiào 일ショウ(にる)【난이도】고등용, 읽기 3급Ⅱ, 쓰기 2급

抄
베낄 초

抄抄抄扑扑抄抄

抄 抄 抄 抄 抄

抄本(초본) 抄錄(초록) 抄寫(초사) 謄抄(등초) 抄集(초집) 馬別抄(마별초)

戶籍抄本(호적초본) : 한 집의 호적(戶籍) 중(中)에서 한 사람이나 또는 지정(指定)된 사람을 뽑아서 베낀 공인(公認) 문서(文書).

扌手)部(재방변) 4획 총7획 | 영choose 중chāo 일ショウ 【난이도】 고등용, 읽기 3급, 쓰기 2급

秒
시간단위 초

秒秒千禾禾利利秒秒

秒 秒 秒 秒 秒

秒速(초속) 分秒(분초) 秒針(초침) 記秒時計(기초시계) 示秒時計(시초시계)

秒時計(초시계) : 운동(運動) 경기(競技)나 학술(學術) 연구(硏究) 따위에서, 시간(時間)을 정확히 재는 데에 쓰는 시계.

禾部(벼화) 4획 총9획 | 영second 중miǎo 일ビョウ 【난이도】 고등용, 읽기 3급, 쓰기 2급

超
뛰어넘을 초

超超超扫超走走超超超超超

超 超 超 超 超

超過(초과) 超能力(초능력) 超然(초연) 超越(초월) 超人(초인) 超音波(초음파)

超越(초월) : ① 어떤 한계(限界)나 표준(標準)을 넘음. ② 인식(認識)·경험(經驗)의 범위(範圍) 밖에 존재(存在)함. 가능적(可能的) 경험(經驗)의 영역(領域) 밖에 있음.

走部(달릴주)5획 총12획 | 영transcend 중超[chāo] 일チョウ(こえる·こす) 【난이도】 고등용, 읽기 3급Ⅱ, 쓰기 2급

礎
주춧돌 초

礎礎亻石石石礎礎礎礎礎礎礎礎礎礎礎

礎 礎 礎 礎 礎

基礎(기초) 礎石(초석) 柱礎(주초) 基礎的(기초적) 基礎醫學(기초의학) 階礎(계초)

基礎科學(기초과학) : 공학(工學), 응용(應用) 과학(科學) 따위의 밑바탕이 된다는 뜻에서 자연(自然) 과학(科學), 즉 순수(純粹) 과학(科學)을 일컫는 말.

石部(돌석)13획 총18획 | 영foundation 중础[chǔ] 일ソ(いしずえ) 【난이도】 고등용, 읽기 3급Ⅱ, 쓰기 2급

促
재촉할 촉

促促促促促促促促促

促 促 促 促 促

促求(촉구) 促進(촉진) 督促(독촉) 催促(최촉) 促迫(촉박) 切促(절촉) 販促(판촉)

促成栽培(촉성재배) : 자연(自然)의 상태(狀態)에서는 성숙(成熟)하지 않는 시기(時期)에 빨리 성숙시키는 재배 방법(方法), 온실(溫室) 재배(栽培) 따위.

亻部(사람인변) 7획 총9획 | 영push 중cù 일ソク(うながす) 【난이도】 고등용, 읽기 3급Ⅱ, 쓰기 2급

燭

촛불 촉

火部(불화)13획총17획

燭燭燭燭燭燭燭燭燭燭燭燭燭燭燭燭

燭 燭 燭 燭 燭

燭光(촉광) 擧燭(거촉) 南燭(남촉) 洞燭(통촉) 香燭(향촉) 華燭(화촉) 燭臺(촉대)

風前燈燭(풍전등촉) : 바람 앞의 등불이란 뜻으로, ① 사물(事物)이 오래 견디지 못하고 매우 위급한 자리에 놓여 있음을 가리키는 말. ② 사물이 덧없음을 가리키는 말.

영candle 중烛[zhú] 일ショク·ソク(ともしび) 【난이도】 고등용, 읽기 3급, 쓰기 2급

觸

닿을 촉

角部(뿔각)13획총20획

觸觸觸觸觸觸觸觸觸觸觸觸觸觸觸觸觸

觸 觸 觸 觸 觸

接觸(접촉) 觸發(촉발) 觸覺(촉각) 觸媒(촉매) 感觸(감촉) 抵觸(저촉) 觸感(촉감)

一觸卽發(일촉즉발) : 한 번 닿기만 하여도 곧 폭발(爆發)한다는 뜻으로, 조그만 자극(刺戟)에도 큰 일이 벌어질 것 같은 아슬아슬한 상태(狀態)를 이르는 말.

영touch 중触[chù] 일触[ショク](さわる·ふれる) 【난이도】 고등용, 읽기 3급Ⅱ, 쓰기 2급

銃

총 총

金部(쇠금) 6획총14획

銃銃銃銃銃銃銃銃銃銃銃銃銃銃

銃 銃 銃 銃 銃

銃器(총기) 拳銃(권총) 銃擊(총격) 銃聲(총성) 銃彈(총탄) 銃劍(총검) 短銃(단총)

無反動銃(무반동총) : 총알을 쏠 때에, 화약의 폭발가스를 총의 뒤쪽으로 내어 보냄으로써, 총 자체(自體)가 총알이 나가는 반대(反對)쪽으로 밀리지 않도록 만든 총.

영gurn, arms 중铳[chòng] 일銃[ジュウ](じゅう) 【난이도】 고등용, 읽기 4급Ⅱ, 쓰기 3급Ⅱ

總

거느릴 총

糸部(실사)11획총17획

總總總總總總總總總總總總總總總

總 總 總 總 總

總理(총리) 副總理(부총리) 總帥(총수) 總括(총괄) 總體的(총체적) 總長(총장)

總選(총선) : 총선거(總選擧), 국회의원(國會議員) 전체(全體)를 한꺼번에 선출(選出)하는 선거(選擧).

영command 중总[zǒng] 일総[ソウ](ふさ) 【난이도】 고등용, 읽기 4급Ⅱ, 쓰기 3급Ⅱ

聰

귀밝을 총

耳部(귀이)11획총17획

聰聰聰聰聰聰聰聰聰聰聰聰聰聰聰聰聰

聰 聰 聰 聰 聰

聰明(총명) 薛聰(설총) 聰氣(총기) 聰睿(총예) 聰敏(총민) 聰智(총지) 聰俊(총준)

聰明不如鈍筆(총명불여둔필) : 총명(聰明)은 둔필만 못하다는 뜻으로, 아무리 기억력(記憶力)이 좋다 해도 그때그때 적어 두어야 한다는 말.

영sharf eared 중聪[cōng] 일聡[ソウ](さとい) 【난이도】 고등용, 읽기 3급, 쓰기 2급

<table>
<tr><td>

催

재촉할 최

亻部(사람인변)11획총13획
</td><td>

催催催催催催催催催催催催催

催 催 催 催 催

催告(최고) 催淚彈(최루탄) 催眠(최면) 催促(최촉) 開催(개최) 主催(주최)

催告(최고) : ① 재촉하는 뜻으로 내는 통지(通知).
② 상대방(相對方)에게 일정(一定)한 행위(行爲)를 청구(請求)하는 일.

영pressing 중cuī 일サイ(もよおす)【난이도】고등용, 읽기 3급Ⅱ, 쓰기 2급
</td></tr>

<tr><td>

抽

뽑을 추

扌(手)部(재방변) 5획총8획
</td><td>

抽抽抽抽抽抽抽抽

抽 抽 抽 抽 抽

抽象(추상) 抽象的(추상적) 抽籤(추첨) 抽出(추출) 抽出物(추출물) 抽單(추단)

抽象(추상) : 일정한 인식(認識) 목표(目標)를 추구(追求)하기 위(爲)하여 여러 가지
표상(表象)이나 개념(概念)에서 특정(特定)한 특성(特性)이나 속성(屬性)을 빼냄.

영abstract 중chōu 일チュウ(ぬく)【난이도】고등용, 읽기 3급, 쓰기 2급
</td></tr>

<tr><td>

醜

더러울 추

酉部(닭유)10획총17획
</td><td>

醜醜酉酉酉酉酉酉酌酌酌醜醜醜醜醜醜

醜 醜 醜 醜 醜

醜態(추태) 醜惡(추악) 醜雜(추잡) 醜行(추행) 醜聞(추문) 醜男(추남) 陋醜(누추)

强制醜行罪(강제추행죄) : 폭행(暴行)이나 협박(脅迫)을 써서 상대자(相對者)에게
음란(淫亂)한 짓을 하는 죄(罪).

영ugly 중丑[chǒu] 일シュウ(みにくい)【난이도】고등용, 읽기 3급, 쓰기 2급
</td></tr>

<tr><td>

畜

짐승 축

田部(밭전) 5획총10획
</td><td>

畜畜畜畜畜畜畜畜畜畜

畜 畜 畜 畜 畜

家畜(가축) 養畜(양축) 畜舍(축사) 畜産物(축산물) 畜産業(축산업) 屠畜場(도축장)

豕交獸畜(시교수축) : 돼지처럼 대하고 짐승처럼 기른다는 뜻으로, 사람을 예로
써 대우(待遇)하지 않고 짐승같이 대(對)한다는 말.

영cattle 중chù 일チク(くわえる)【난이도】고등용, 읽기 3급Ⅱ, 쓰기 2급
</td></tr>

<tr><td>

쫓을 축

辶部(책받침) 7획총11획
</td><td>

逐逐逐逐逐逐逐逐逐逐逐

逐 逐 逐 逐 逐

逐客(축객) 逐鹿戰(축록전) 逐出(축출) 角逐場(각축장) 驅逐(구축) 逐鬼(축귀)

角逐(각축) : 겨루고 쫓는다는 뜻으로, 서로 이기려고 세력이나 재능(才能)을 다툼.
逐鹿(축록) : 사슴을 쫓는다는 뜻으로, 정권 또는 지위를 얻기 위해 다툼을 이르는 말.

영pile, expel 중zhú 일チク(おう)【난이도】고등용, 읽기 3급, 쓰기 2급
</td></tr>
</table>

蓄	蓄蓄蓄蓄蓄蓄蓄蓄蓄蓄蓄蓄蓄蓄
	蓄 蓄 蓄 蓄 蓄
모을 축	貯蓄(저축) 蓄積(축적) 備蓄(비축) 含蓄性(함축성) 勤儉貯蓄(근검저축)
	含蓄(함축) : ① 짧은 말이나 글 따위에 많은 내용(內容)이 집약(集約)되어 간직되어 있음. ② 어떤 깊은 뜻을 품음.
⺿部(초두머리)10획총14획	영store up 중xù 일チク(たくわえる) 【난이도】 고등용, 읽기 4급II, 쓰기 3급II

築	築築築築築築築築築築築築築築築築
	築 築 築 築 築
쌓을 축	構築(구축) 建築(건축) 再建築(재건축) 新築(신축) 建築物(건축물) 築造(축조)
	築室道謀(축실도모) : '집을 지으면서 지나가는 행인과 상의)한다' 라는 뜻으로, 어떤 일을 하는 데 있어서 주관이나 계획이 없는 경우를 비유적으로 하는 말.
竹部(대죽)10획총16획	영build, raise 중筑[zhù] 일チク(きずく) 【난이도】 고등용, 읽기 4급II, 쓰기 3급II

縮	縮縮縮縮縮縮縮縮縮縮縮縮縮縮縮縮縮
	縮 縮 縮 縮 縮
오그라들 축	萎縮(위축) 縮小(축소) 減縮(감축) 短縮(단축) 壓縮(압축) 凝縮(응축) 收縮(수축)
	壓縮糧食(압축양식) : 가치(價値), 품질(品質), 입맛에는 별 차이(差異) 없이 하되, 작고 간단(簡單)한 용기 안에 들어갈 수 있도록 부피를 농축(濃縮)시킨 양식(樣式).
糸部(실사)11획총17획	영shrink 중縮[suō] 일シュク(ちぢまる·ちぢむ) 【난이도】 고등용, 읽기 4급II, 쓰기 3급II

衝	衝衝衝衝衝衝衝衝衝衝衝衝衝衝衝
	衝 衝 衝 衝 衝
찌를 충	衝擊的(충격적) 衝突(충돌) 折衝(절충) 衝動(충동) 相衝(상충) 緩衝(완충)
	左衝右突(좌충우돌) : ① 이리저리 닥치는대로 부딪침. ② 아무사람이나 구분(區分)하진 않고 함부로 맞딱뜨림.
行部(행할행)9획총15획	영pierce 중冲[chōng] 일ショウ(つく) 【난이도】 고등용, 읽기 3급II, 쓰기 2급

臭	臭臭臭臭臭臭臭臭臭臭
	臭 臭 臭 臭 臭
냄새 취	惡臭(악취) 無臭(무취) 香臭(향취) 體臭(체취) 狐臭(호취) 無色無臭(무색무취)
	黃口乳臭(황구유취) : 부리가 노란 색 새새끼같이 아직은 어려서 입에서 젖비린내가 난다는 뜻으로, 남을 어리고 하잘 것 없다고 비웃어 이르는 말.
自部(스스로자)4획총10획	영stinking 중chòu 일シュウ(くさい··におう) 【난이도】 고등용, 읽기 3급, 쓰기 2급

趣

뜻 취

走部(달릴주) 8획총15획

趣 十 十 十 丰 走 走 起 起 超 趣 趣 趣 趣

趣 趣 趣 趣 趣

趣味(취미) 趣向(취향) 情趣(정취) 風趣(풍취) 六趣(육취) 惡趣味(악취미)

趣旨(취지) : 어떤 일에 담겨 있는 목적(目的)이나 의도(意圖)나 의의(意義). 지취.
취의(趣意).

영run, interest 중qù 일シュ(おもむき) 【난이도】고등용, 읽기 4급, 쓰기 3급

醉

술취할 취

酉部(닭유) 8획총15획

醉 一 冂 丙 酉 酉 酉 酉 酉 酌 醉 醉 醉 醉 醉

醉 醉 醉 醉 醉

陶醉(도취) 痲醉(마취) 心醉(심취) 醉客(취객) 滿醉(만취) 半醉(반취) 醉氣(취기)

過麥田大醉(과맥전대취) : 밀밭을 지나면 밀 냄새만 맡고도 취(醉)하게 된다는 뜻으
로, 술을 도무지 마시지 못하는 사람을 두고 이르는 말.

영drunk 중zuì 일醉[スイ](よう) 【난이도】고등용, 읽기 3급II, 쓰기 2급

側

곁 측

亻部(사람인변) 9획총11획

側 亻 亻 亻 但 但 但 側 側 側 側

側 側 側 側 側

側面(측면) 側近(측근) 北側(북측) 兩側(양측) 南側(남측) 側門(측문) 右側(우측)

輾轉反側(전전반측) : 이리 뒤척 저리 뒤척 한다는 뜻으로, ①걱정거리로 마음이 괴로워 잠
을 이루지 못함을 이르는 말. ② 원래는 미인을 사모하여 잠을 이루지 못함을 이르는 표현임.

영side 중側[cè] 일ソク(がわ) 【난이도】고등용, 읽기 3급II, 쓰기 2급

測

헤아릴 측

氵部(삼수변) 9획총12획

測 測 測 測 氵 汩 汩 汩 測 測 測 測

測 測 測 測 測

測定(측정) 觀測(관측) 豫測(예측) 推測(추측) 測量(측량) 氣象觀測(기상관측)

駭怪罔測(해괴망측) : 헤아릴 수도 없을 만큼 몹시 괴이(怪異)함.
變化莫測(변화막측) : 무궁(無窮)한 변화(變化)를 헤아릴 수가 없음.

영measure 중測[cè] 일ソク(はかる) 【난이도】고등용, 읽기 4급II, 쓰기 3급II

層

층 층

尸部(주검시) 12획총15획

層 層 層 層 層 層 層 層 層 層 層 層 層 層 層

層 層 層 層 層

階層(계층) 低所得層(저소득층) 高層(고층) 深層(심층) 層階(층계) 地層(지층)

層層侍下(층층시하) : 부모(父母)·조부모(祖父母)가 다 살아 있는 시하(侍下).
庶民層(서민층) : 서민(庶民)에 속(屬)하는 일반(一般) 계층(階層).

영storey 중层[céng] 일層[ソウ](かさなる) 【난이도】고등용, 읽기 4급, 쓰기 3급

値

값 치

亻部(사람인변) 8획 총10획

値値値値値値値値値值

값 치

價値(가치) 數値(수치) 價値觀(가치관) 基準値(기준치) 附加價値(부가가치)

下方値換(하방치환) : 화학(化學) 실험(實驗) 때 발생(發生)하는 무겁고 물에 잘 녹는 기체(氣體)를 관으로 용기(容器) 바닥에 끌어들이고 공기(空氣)를 내보내는 일.

영value·price 중値[zhí] 일チ(ね·あたい) 【난이도】 고등용, 읽기 3급Ⅱ, 쓰기 2급

恥

부끄러울 치

心部(마음심) 6획 총10획

恥恥恥恥恥恥恥恥恥恥

恥部(치부) 恥事(치사) 恥辱(치욕) 雪恥(설치) 羞恥(수치) 廉恥(염치) 國恥(국치)

破廉恥(파렴치) : ① 수치(羞恥)를 수치(羞恥)로 알지 아니함. ② 염치(廉恥)를 모름. 몰염치(沒廉恥). ③ 뻔뻔스러움.

영shame 중恥[chǐ] 일チ(はじ·はじらう) 【난이도】 고등용, 읽기 3급Ⅱ, 쓰기 2급

置

둘 치

罒部(그물망) 8획 총13획

置置置置置置置置置置置置置

措置(조치) 設置(설치) 裝置(장치) 放置(방치) 位置(위치) 置簿(치부) 配置(배치)

善後處置(선후처치) : 잘한 뒤에 처리(處理)한다는 뜻으로, 후환이 없도록 그 사물(事物)의 다루는 방법(方法)을 정(定)한다는 말로서 뒤처리를 잘하는 방법.

영place 중置[zhì] 일チ(おく) 【난이도】 고등용, 읽기 4급Ⅱ, 쓰기 3급Ⅱ

漆

옻 칠

氵部(삼수변) 11획 총14획

漆漆漆漆漆漆漆漆漆漆漆漆漆漆

漆板(칠판) 漆器(칠기) 漆甲(칠갑) 漆谷(칠곡) 改漆(개칠) 火漆(화칠) 假漆(가칠)

雷陳膠漆(뇌진교칠) : 뇌의(雷義)와 진중(陳重)의 굳음이라는 뜻으로, 대단히 두터운 우정을 이르는 말.

영lacguer 중漆[qī] 일シツ(うるし) 【난이도】 고등용, 읽기 3급Ⅱ, 쓰기 2급

沈

잠길 침/성 심

氵部(삼수변) 4획 총7획

沈沈沈沈沈沈沈

沈淸傳(심청전) 沈降(침강) 沈沒(침몰) 沈默(침묵) 沈着(침착) 沈滯(침체)

沈魚落雁(침어낙안) : 미인(美人)을 보고 부끄러워서 물고기는 물 속으로 들어가고 기러기는 땅으로 떨어진다는 뜻으로, 미인(美人)을 형용(形容)하여 이르는 말.

영sink 중chén 일チン(しずむ·しずめる) 【난이도】 고등용, 읽기 3급Ⅱ, 쓰기 2급

枕

벼개 침

木部(나무목) 4획총8획

枕 枕 枕 枕 枕 枕 枕 枕

枕 枕 枕 枕 枕

高枕而臥(고침이와) 漱石枕流(수석침류) 高枕安眠(고침안면) 高枕(고침)

邯鄲之枕(한단지침) : 한단(邯鄲)이라는 여관(旅館)의 베개라는 뜻으로, 인생(人生)의 덧없음과 영화(榮華)의 헛됨을 비유적으로 이르는 말.

영pillow 중zhěn 일チン(まくら) 【난이도】 고등용, 읽기 3급, 쓰기 2급

侵

침노할 침

亻部(사람인변) 7획총9획

侵 侵 侵 侵 侵 侵 侵 侵 侵

侵 侵 侵 侵 侵

侵害(침해) 侵略(침략) 侵犯(침범) 侵掠(침략) 侵攻(침공) 侵蝕(침식) 侵入(침입)

冷語侵人(냉어침인) : ① 비꼬는 말로 남을 풍자(諷刺)함. ② 매정한 말로 남의 마음을 찌름. 勿侵雜役(물침잡역) : 모든 잡역(雜役)을 면제(免除)하여 줌.

영invade 중qīn 일シン(おかす)【난이도】 고등용, 읽기 4급II, 쓰기 3급II

浸

적실 침

氵部(삼수변) 7획총10획

浸 浸 浸 浸 浸 浸 浸 浸 浸 浸

浸 浸 浸 浸 浸

浸透(침투) 浸蝕(침식) 浸水(침수) 巨浸(거침) 浸入(침입) 含浸(함침) 浸漬(침지)

浸潤之讒(침윤지참) : 물이 차츰 스며듦과 같이 깊이 믿도록 서서히 하는 참소(讒訴)의 말이라는 뜻으로, 아주 교묘(巧妙)한 중상모략(中傷謀略)을 말함.

영soak 중jìn 일シン(ひたす・ひたる)【난이도】 고등용, 읽기 3급II, 쓰기 2급

寢

잠잘 침

宀部(갓머리)11획총14획

寢 寢 寢 寢 寢 寢 寢 寢 寢 寢 寢 寢 寢 寢

寢 寢 寢 寢 寢

寢室(침실) 寢臺(침대) 寢睡(침수) 寢食(침식) 就寢(취침) 宮寢(궁침) 寢牀(침상)

寢食不安(침식불안) : 자도 걱정 먹어도 걱정이라는 뜻으로, 몹시 걱정이 많음을 이르는 말. 寢具類(침구류) : 잠을 자는 데 쓰는 이부자리.

영sleep 중寝[qǐn] 일寝[シン](ねかす・ねる)【난이도】 고등용, 읽기 4급, 쓰기 3급

稱

일컬을 칭

禾部(벼화) 9획총14획

稱 稱 稱 稱 稱 稱 稱 稱 稱 稱 稱 稱 稱 稱

稱 稱 稱 稱 稱

總稱(총칭) 名稱(명칭) 稱讚(칭찬) 言必稱(언필칭) 稱頌(칭송) 假稱(가칭)

稱體裁衣(칭체재의) : 몸에 맞추어 옷을 마름질한다는 뜻으로, 일의 처한 형편(形便)에 따라 적합(適合)하게 일을 처리하여야 함을 이르는 말.

영call 중称[chēng] 일称[ショウ](かさなる)【난이도】 고등용, 읽기 4급, 쓰기 3급

妥妥妥妥妥妥妥

| 妥 | 妥 | 妥 | 妥 | 妥 | | | | |

妥協(타협) 妥結(타결) 妥當性(타당성) 妥協點(타협점) 非妥協的(비타협적)

妥協案(타협안) : 이해(利害)가 상반되거나 견해(見解)의 우심(尤甚)한 차이를 조정(調整)하여 서로를 타협(妥協)시키기 위해서 안출(案出)된 의안(議案).

온당할 타

女部(계집녀) 4획총7획

영serene 중tuǒ 일ダ(おだやか)【난이도】고등용, 읽기 3급, 쓰기 2급

墮墮墮墮墮墮墮墮墮墮墮墮墮墮墮

| 墮 | 墮 | 墮 | 墮 | 墮 | | | | |

墮淚(타루) 墮漏(타루) 墮落者(타락자) 墮落相(타락상) 墮罪(타죄) 墮獄(타옥)

墮落(타락) : ① 품행(品行)이 나빠서 못된 구렁에 빠짐. ② 도심(道心)을 잃고 속심 (俗心)으로 떨어짐. ③ 죄(罪)를 범(犯)하여 불신(不信)의 생활(生活)에 빠짐.

떨어질 타

土部(흙토)12획총15획

영fall 중堕[duò] 일堕[ダ](おちる)【난이도】고등용, 읽기 3급, 쓰기 2급

托托托托托托

| 托 | 托 | 托 | 托 | 托 | | | | |

托生(탁생) 托葉(탁엽) 依托(의탁) 托盤(탁반) 托子(탁자) 茶托(차탁) 托鉢(탁발)

三從依托(삼종의탁) : 봉건 시대에 여자가 따라야 했던 세 가지 도리로, 어려서 는 어버이를, 시집가서는 남편을, 남편이 죽은 후에는 아들을 좇아야 한다는 것.

맡길 탁

扌(手)部(재방변) 3획총6획

영push 중tuō 일タク(おく·おす)【난이도】고등용, 읽기 3급, 쓰기 2급

卓卓卓卓卓卓卓卓

| 卓 | 卓 | 卓 | 卓 | 卓 | | | | |

卓越(탁월) 卓球(탁구) 卓上(탁상) 卓見(탁견) 卓拔(탁발) 卓衣(탁의) 圓卓(원탁)

卓上空論(탁상공론) : 탁자(卓子) 위에서만 펼치는 헛된 논설(論說)이란 뜻으로, 실현성(實現性)이 없는 허황(虛荒)된 이론(理論)을 일컬음.

높을 탁

十部(열십) 6획총8획

영high 중zhuó 일タク【난이도】고등용, 읽기 5급, 쓰기 4급

濁濁濁濁濁濁濁濁濁濁濁濁濁濁濁濁

| 濁 | 濁 | 濁 | 濁 | 濁 | | | | |

混濁(혼탁) 濁酒(탁주) 淸濁(청탁) 濁世(탁세) 鈍濁(둔탁) 濁流(탁류) 濁音(탁음)

五濁增時(오탁증시) : 오탁(五濁)이 시대(時代)가 지남에 따라 점점 그 정도(程度) 를 더하여 가는 때.

흐릴 탁

氵部(삼수변)13획총16획

영cloudy 중浊[zhuó] 일ダク(にごす·にごる)【난이도】고등용, 읽기 3급II, 쓰기 2급

濯

씻을 탁

氵部(삼수변)14획총17획

洗濯(세탁) 洗濯所(세탁소) 洗濯機(세탁기) 洗濯場(세탁장) 濯足(탁족)

濯纓濯足(탁영탁족) : 갓끈과 발을 물에 담가 씻는다는 뜻으로, 세속(世俗)에 얽매이지 않고 초탈(超脫)하게 살아가는 것을 비유(比喩·譬喩)하는 말.

영wash 중zhuó 일タク(まくら) 【난이도】 고등용, 읽기 3급, 쓰기 2급

炭

숯 탄

火部(불화) 5획총9획

炭素(탄소) 石炭(석탄) 炭水化物(탄수화물) 二酸化炭素(이산화탄소) 煉炭(연탄)

漆身呑炭(칠신탄탄) : 몸에 옻칠을 하고 숯불을 삼키다라는 뜻으로, 복수(復讐)를 위(爲)해 자기(自己) 몸을 괴롭힘.

영charcoal 중tàn 일タン(すみ) 【난이도】 고등용, 읽기 5급, 쓰기 4급

誕

태어날 탄

言部(말씀언) 7획총14획

誕生(탄생) 聖誕節(성탄절) 聖誕(성탄) 聖誕祭(성탄제) 誕辰(탄신) 降誕(강탄)

誕生石(탄생석) : 보석(寶石)을 일년 열두달에 맞추어 골라서, 그 각각의 보석에 뜻을 지니게 하여, 그 달에 태어난 사람이 행복(幸福)의 상징(象徵)으로서 사용하는 돌.

영born 중誕[dàn] 일タン 【난이도】 고등용, 읽기 3급, 쓰기 2급

彈

탄알 탄

弓部(활궁)12획총15획

彈劾(탄핵) 爆彈(폭탄) 彈壓(탄압) 糾彈(규탄) 指彈(지탄) 彈力(탄력) 彈丸(탄환)

隨珠彈雀(수주탄작) : 수후(隨侯)의 구슬로 새를 잡는다는 뜻으로, 작은 것을 얻으려다 큰 것을 손해 보게 됨을 이르는 말.

영bullet 중弹[tán] 일弾[ダン](たま·はずむ) 【난이도】 고등용, 읽기 4급, 쓰기 3급

歎

탄식할 탄

欠部(하품흠)11획총15획

慨歎(개탄) 恨歎(한탄) 歎息(탄식) 痛歎(통탄) 讚歎(찬탄) 感歎(감탄) 歎聲(탄성)

風樹之歎(풍수지탄) : 부모(父母)에게 효도(孝道)를 다하려고 생각할 때에는 이미 돌아가셔서 그 뜻을 이룰 수 없음을 이르는 말.

영lament 중叹[tàn] 일歎[タン](たたえる·なげく) 【난이도】 고등용, 읽기 4급, 쓰기 3급

奪

빼앗을 탈

奪奪大大本本本奪奪奪奪奪奪

剝奪(박탈) 奪還(탈환) 掠奪(약탈) 奪取(탈취) 侵奪(침탈) 被奪(피탈) 爭奪(쟁탈)

削奪官職(삭탈관직) : 죄인(罪人)의 벼슬과 품계(品階)를 빼앗고 사판(仕版)에서 이름을 없애 버림.

大部(큰대)11획총14획 　영rob 중夺[duó] 일ダツ(うばう)【난이도】고등용, 읽기 3급Ⅱ, 쓰기 2급

貪

탐낼 탐

貪貪貪貪貪貪貪貪貪貪貪

貪慾(탐욕) 貪慾的(탐욕적) 貪官(탐관) 貪愛(탐애) 食貪(식탐) 貪求(탐구)

小貪大失(소탐대실) : 작은 것을 탐하다가 오히려 큰 것을 잃음.
貪官汚吏(탐관오리) : 탐욕(貪慾)이 많고 부정(不正)을 일삼는 벼슬아치.

貝部(조개패)4획총11획 　영covet 중贪[tān] 일タン(むさぼる)【난이도】고등용, 읽기 3급, 쓰기 2급

塔

탑 탑

塔塔塔塔塔塔塔塔塔塔塔塔塔

多寶塔(다보탑) 釋迦塔(석가탑) 石塔(석탑) 尖塔(첨탑) 寺塔(사탑) 寶塔(보탑)

積功之塔豈毁乎(적공지탑기훼호) : '공을 들인 탑이 어찌 무너지랴'라는 뜻으로, 정성(精誠)을 기울여 이룩해 놓은 일은 그리 쉽게 무너지지 않는다는 말.

土部(흙토)10획총13획 　영tower 중塔[tǎ] 일塔[トウ](とう)【난이도】고등용, 읽기 3급, 쓰기 2급

湯

끓일 탕

湯湯湯湯湯湯湯湯湯湯湯湯

再湯(재탕) 雜湯(잡탕) 浴湯(욕탕) 湯槽(탕조) 冷湯(냉탕) 汗蒸湯(한증탕)

龍味鳳湯(용미봉탕) : 용 고기로 맛을 낸 요리와 봉새로 끓인 탕이라는 뜻으로, 맛이 매우 좋은 음식(飮食)을 가리키는 말.

氵部(삼수변)9획총12획 　영hot water 중汤[tāng] 일トウ(ゆ)【난이도】고등용, 읽기 3급Ⅱ, 쓰기 2급

殆

위태로울 태

殆殆殆殆殆殆殆殆殆

殆無心(태무심) 殆半(태반) 殆哉(태재) 困殆(곤태) 不殆(불태) 危殆(위태)

知彼知己百戰不殆(지피지기백전불태) : 상대(相對)를 알고 자신(自身)을 알면 백 번 싸워도 위태(危殆)롭지 않음.

歹部(죽을사변)5획총9획 　영danger 중dài 일タイ(あやうい・ほとほと)【난이도】고등용, 읽기 3급Ⅱ, 쓰기 2급

怠怠怠怠怠怠怠怠怠

| 怠 | 怠 | 怠 | 怠 | 怠 | | | | | |

怠慢(태만) 過怠料(과태료) 懶怠(나태) 過怠(과태) 倦怠(권태) 惰怠(타태)

得時無怠(득시무태) : 좋은 때를 얻으면 태만(怠慢)함이 없이 근면(勤勉)하여 기회(機會)를 놓치지 말라는 말.

게으를 태

心部(마음심) 5획총9획 | 영lazy 중dài 일タイ(おこたる・なまける) 【난이도】 고등용, 읽기 3급, 쓰기 2급

態態態態態態態能能態態態態態

| 態 | 態 | 態 | 態 | 態 | | | | | |

狀態(상태) 事態(사태) 態度(태도) 行態(행태) 形態(형태) 實態(실태) 舊態(구태)

炎凉世態(염량세태) : 뜨거웠다가 차가워지는 세태라는 뜻으로, 권세가 있을 때에는 아첨(阿諂)하여 좇고 권세(權勢)가 떨어지면 푸대접하는 세속(世俗)의 형편.

태도 태

心部(마음심)10획총14획 | 영shape, attitude 중态[tài] 일タイ(さま) 【난이도】 고등용, 읽기 4급II, 쓰기 3급II

澤澤澤澤澤澤澤澤澤澤澤澤澤澤澤澤

| 澤 | 澤 | 澤 | 澤 | 澤 | | | | | |

惠澤(혜택) 潤澤(윤택) 光澤(광택) 平澤(평택) 德澤(덕택) 山澤(산택) 恩澤(은택)

竭澤而漁(갈택이어) :「연못의 물을 말려 고기를 잡는다」는 뜻으로, 일시적(一時的)인 욕심 때문에 먼 장래를 생각하지 않음.

못 택

氵部(삼수변)13획총16획 | 영pond 중泽[zé] 일沢[タク](さわ) 【난이도】 고등용, 읽기 3급II, 쓰기 2급

擇擇擇擇擇擇擇擇擇擇擇擇擇擇擇

| 擇 | 擇 | 擇 | 擇 | 擇 | | | | | |

選擇(선택) 採擇(채택) 簡擇(간택) 擇拔(택발) 選擇權(선택권) 擇地(택지)

飢不擇食(기불택식) : 굶주린 사람은 먹을 것을 가리지 않는다는 뜻으로, '빈곤(貧困)한 사람은 대수롭지 않은 은혜(恩惠)에도 감격함'의 비유.

가릴 택

扌(手)部(재방변)13획총16획 | 영select 중择[zé] 일択[タク](えらぶ) 【난이도】 고등용, 읽기 4급, 쓰기 3급

吐吐吐吐吐吐

| 吐 | 吐 | 吐 | 吐 | 吐 | | | | | |

吐露(토로) 嘔吐(구토) 懸吐(현토) 實吐(실토) 說吐(설토) 吐逆(토역) 吐氣(토기)

甘呑苦吐(감탄고토) : 달면 삼키고 쓰면 뱉는다는 뜻으로, 사리(事理)에 옳고 그름을 돌보지 않고, 자기(自己) 비위에 맞으면 취(取)하고 싫으면 버린다는 뜻.

토할 토

口部(입구) 3획총6획 | 영vomit 중tù 일卜(はく) 【난이도】 고등용, 읽기 3급II, 쓰기 2급

討	討討討討討討討討討討
	討討討討討
칠 토	檢討(검토) 討論(토론) 再檢討(재검토) 討論會(토론회) 討議(토의) 聲討(성토)
	爛商討論(난상토론) : 낱낱이 들어 잘 토의(討議)함. 爛商討議(난상토의) : 낱낱이 들어 잘 토의(討議)함.
言部(말씀언) 3획총10획	영attack 중讨[tǎo] 일トウ(うつ) 【난이도】고등용, 읽기 4급, 쓰기 3급

痛	痛痛痛痛痛痛痛痛痛痛痛痛
	痛痛痛痛痛
아플 통	苦痛(고통) 陣痛(진통) 痛哭(통곡) 痛歎(통탄) 頭痛(두통) 痛症(통증) 痛烈(통렬)
	罔極之痛(망극지통) : 어버이나 임금의 상사를 당한 때처럼 그지없는 슬픔. 失性痛哭(실성통곡) : 정신에 이상이 생길 정도로 슬피 통곡(痛哭)함.
疒部(병질엄) 7획총12획	영painful 중tòng 일ツウ(いたい・いたむ) 【난이도】고등용, 읽기 4급, 쓰기 3급

透	透透透透透秀秀透透透透
	透透透透透
통할 투	透明(투명) 不透明(불투명) 透明性(투명성) 浸透(침투) 透析(투석) 透徹(투철)
	眼透紙背(안투지배) : 「눈빛이 종이를 뒷면까지 꿰뚫는다」는 뜻으로, 「책을 정독하여 그 내용(內容)의 참뜻을 깨달음」을 이르는 말.
辶部(책받침) 7획총11획	영transparent 중透[tòu] 일透[トウ](すかす・すく) 【난이도】고등용, 읽기 3급II, 쓰기 2급

鬪	鬪鬪鬪鬪鬪鬪鬪鬪鬪鬪鬪鬪鬪鬪鬪鬪鬪鬪鬪鬪
	鬪鬪鬪鬪鬪
싸울 투	鬪爭(투쟁) 戰鬪(전투) 鬪魂(투혼) 戰鬪的(전투적) 奮鬪(분투) 鬪士(투사)
	泥田鬪狗(이전투구) : 「진탕에서 싸우는 개」라는 뜻으로, ① 강인한 성격의 함경도(咸鏡道) 사람을 평한 말. ② 또는 명분(名分)이 서지 않는 일로 몰골 사납게 싸움.
鬥部(싸울투)10획총20획	영fight 중斗[dǒu] 일鬪[トウ](たたかう) 【난이도】고등용, 읽기 3급II, 쓰기 2급

把	把把把把把把把
	把把把把把
잡을 파	把握(파악) 把溪寺(파계사) 把捉(파착) 把守(파수) 肩把(견파) 入把馬(입파마)
	把溪寺(파계사) : 경상북도 달성군(達城郡)에 있는, 동화사(桐華寺)의 말사(末寺). 신라 애장왕(哀莊王) 5(804)년에 심지(心地) 국사(國師)가 창건(創建)했음.
扌手部(재방변) 4획총7획	영catch 중bǎ 일ハ 【난이도】고등용, 읽기 3급, 쓰기 2급

派

派派派派派派派派派

派　派　派　派　派

派遣(파견) 派兵(파병) 强硬派(강경파) 黨派(당파) 政派(정파) 派送(파송)

左派(좌파) : ① 어떤 단체(團體)나 정당(政黨)에서, 급진적(急進的)인 사상(思想)을 가진 사람들의 파, 또는 그런 사람. ② 좌익(左翼)의 당파(黨派).

물갈래 파

氵部(삼수변) 6획총9획　영branch of a liver　중pài　일ハ(わかれ)　【난이도】고등용, 읽기 4급, 쓰기 3급

頗

頗頗頗頗頗頗頗頗頗頗頗頗頗頗

頗　頗　頗　頗　頗

頗多(파다) 偏頗(편파) 偏頗性(편파성) 偏頗的(편파적) 阿諛偏頗(아유편파)

偏頗的(편파적) : 공정하지 못하고 한쪽으로 치우치는 경향(傾向)이 있는 것.
阿諛偏頗(아유편파) : 아첨(阿諂)하여 한쪽으로 치우침.

자못 파

頁部(머리혈) 5획총14획　영very　중頗[pō]　일ハ(かたよる·すこぶる)　【난이도】고등용, 읽기 3급, 쓰기 2급

播

播播播播播播播播播播播播播播播

播　播　播　播　播

傳播(전파) 播多(파다) 播種(파종) 播傳(파전) 點播(점파) 條播(조파) 種播(종파)

萬口傳播(만구전파) : 여러 사람의 입을 통(通)하여 온 세상(世上)에 널리 퍼짐.
因口傳播(인구전파) : 말이 이 사람의 입에서 저 사람의 입으로 전(傳)해 퍼짐.

뿌릴 파

扌(手)部(재방변)12획총15획　영sow　중bō　일ハ·バン(しく·まく)　【난이도】고등용, 읽기 3급, 쓰기 2급

罷

罷罷罷罷罷罷罷罷罷罷罷罷罷罷罷

罷　罷　罷　罷　罷

罷免(파면) 總罷業(총파업) 革罷(혁파) 撤罷(철파) 罷接禮(파접례) 罷業權(파업권)

罷業(파업) : ① 노동자(勞動者)가 노동 조건을 개선하기 위(爲)해 단결(團結)하여 노동(勞動)을 하지 않음. 하던 일을 중지(中止)함. ② 동맹(同盟) 파업(罷業).

파할 파

罒部(그물망)10획총15획　영cease　중罢[bà]　일ヒ(やめる)　【난이도】고등용, 읽기 3급, 쓰기 2급

板

板板板板板板板板

板　板　板　板　板

看板(간판) 揭示板(게시판) 板橋(판교) 板門店(판문점) 坐板(좌판) 標識板(표지판)

懸板(현판) : 글자나 그림을 새기어서 문 위에 다는 널조각. 주로 절이나, 사당(祠堂), 정자(亭子) 등의 들어가는 문 위, 처마 아래에 달아 놓음.

널빤지 판

木部(나무목) 4획총8획　영board　중bǎn　일ハン·バン(いた)　【난이도】고등용, 읽기 5급, 쓰기 4급

版版版版版版版版

版	版	版	版	版					

版

넓조각 판

出版(출판) 出版社(출판사) 版圖(판도) 番號版(번호판) 普及版(보급판) 版本(판본)

版權(판권) : 도서(圖書)의 출판에 관한 이익을 전유(專有)하는 권리. 저작권자가 그 저작물의 출판을 맡는 사람에 대(對)하여 설정(設定)하는 권리(權利).

片部(조각편) 4획 총8획 　영block 중bǎn 일ハン(ふだ) 【난이도】고등용, 읽기 3급II, 쓰기 2급

販販販販販販販販販販販

販	販	販	販	販					

販

팔 판

販賣(판매) 市販(시판) 販路(판로) 販賣量(판매량) 販禁(판금) 發販(발판)

訪問販賣(방문판매) : 판매자(販賣者)가 구매자를 직접 방문(訪問)해서 행(行)하는 판매(販賣).

貝部(조개패) 4획 총11획 　영sell 중販[fàn] 일ハン(うる) 【난이도】고등용, 읽기 3급, 쓰기 2급

偏偏偏偏偏偏偏偏偏偏

偏	偏	偏	偏	偏					

偏

치우칠 편

偏頗(편파) 偏見(편견) 偏狹(편협) 偏向(편향) 偏僻(편벽) 偏重(편중) 偏差(편차)

偏頗的(편파적) : 공정(公正)하지 못하고 한쪽으로 치우치는 경향(傾向)이 있는 것.
阿諛偏頗(아유편파) : 아첨(阿諂)하여 한쪽으로 치우침.

亻部(사람인변) 9획 총11획 　영lean 중piān 일ヘン(かたよる) 【난이도】고등용, 읽기 3급II, 쓰기 2급

遍遍遍遍遍遍遍遍遍遍遍遍

遍	遍	遍	遍	遍					

遍

두루 편

普遍的(보편적) 普遍(보편) 普遍化(보편화) 普遍性(보편성) 遍歷(편력) 遍踏(편답)

讀書百遍(독서백편) : 글 읽기를 백 번 한다는 뜻으로, 되풀이하여 몇 번이고 숙독(熟讀)하면 뜻이 통(通)하지 않던 것도 저절로 알게 됨.

辶部(책받침) 9획 총13획 　영all over 중遍[biàn] 일遍[ヘン](あまねく) 【난이도】고등용, 읽기 3급, 쓰기 2급

編編編編編編編編編編編編編編編

編	編	編	編	編					

編

엮을 편

改編(개편) 編成(편성) 編入(편입) 編纂(편찬) 編輯(편집) 再編(재편) 編制(편제)

編輯人(편집인) : ① 편집(編輯)에 관(關)하여 법적(法的) 책임(責任)을 지는 사람. ② 편집(編輯)을 하는 사람.

糸部(실사) 9획 총15획 　영weave 중编[biān] 일編[ヘン](あむ) 【난이도】고등용, 읽기 3급II, 쓰기 2급

評	評評評評評評評評評評評評
	評 評 評 評 評

평론할 평

言部(말씀언) 5획 총12획

評價(평가) 批評(비평) 評論(평론) 酷評(혹평) 論評(논평) 品評(품평) 漫評(만평)

群盲評象(군맹평상) : 장님들이 코끼리 몸을 만져보고 제각기 말한다는 뜻으로, 어리석은 사람은 자기 주관(主觀)에만 치우쳐 큰 일을 그릇되게 판단(判斷)함.

영evaluate 중评[píng] 일ヒョウ 【난이도】 고등용, 읽기 4급, 쓰기 3급

肺	肺月月月肺肺肺肺肺
	肺 肺 肺 肺 肺

허파 폐

月部(육달월) 5획 총9획

肺炎(폐렴) 肺癌(폐암) 氣管支肺炎(기관지폐렴) 大葉性肺炎(대엽성폐렴)

如見肺肝(여견폐간) : 남의 마음을 꿰뚫어 보듯이 환히 앎.
肺石風情(폐석풍정) : 재판(裁判)의 공정(公正)함을 이르는 말.

영lungs 중fèi 일ハイ(はい) 【난이도】 고등용, 읽기 3급II, 쓰기 2급

廢	廢廢广广广庒庒庶庶廢廢廢廢廢廢
	廢 廢 廢 廢 廢

폐할 폐

广部(엄호)12획 총15획

廢止(폐지) 廢棄(폐기) 撤廢(철폐) 荒廢化(황폐화) 廢墟(폐허) 荒廢(황폐)

中途而廢(중도이폐) : 일을 하다가 끝을 맺지 않고 중간(中間)에서 그만 둠.
廢寢忘餐(폐침망찬) : 침식(寢食)을 잊고 일에 심혈(心血)을 기울임.

영abandon 중废[fèi] 일廃[ハイ](すたる·すたれる) 【난이도】 고등용, 읽기 3급II, 쓰기 2급

弊	弊弊弊尚尚巾巾尚敝敝敝敝敝弊
	弊 弊 弊 弊 弊

폐단 폐

廾部(스물입발)12획 총15획

弊端(폐단) 弊習(폐습) 弊害(폐해) 病弊(병폐) 積弊(적폐) 疲弊(피폐) 弊社(폐사)

弊帚千金(폐추천금) : 몽당비를 천금(千金)인 양 생각한다는 뜻으로, 제 분수(分數)를 모르는 과실(過失)이나 제가 가진 것은 다 좋다고 생각함을 이르는 말.

영wear out 중bì 일ヘイ 【난이도】 고등용, 읽기 3급II, 쓰기 2급

幣	幣敝敝尚尚巾巾尚敝敝敝敝幣幣
	幣 幣 幣 幣 幣

비단 폐

巾部(수건건)12획 총15획

貨幣(화폐) 僞幣(위폐) 紙幣(지폐) 納幣(납폐) 財幣(재폐) 銅貨幣(동화폐) 幣帛(폐백)

納幣(납폐) : 전통(傳統) 혼례(婚禮)에서, 신랑(新郎) 집에서 신부(新婦) 집으로 혼서지와 폐백(幣帛)을 함에 담아 보내는 일.

영silk 중币[bì] 일ヘイ(みてぐら·おりもの) 【난이도】 고등용, 읽기 3급, 쓰기 2급

蔽

가릴 폐

艹部(초두머리)12획총16획

蔽 蔽 蔽 蔽 蔽 蔽 蔽 蔽 蔽 蔽 蔽 蔽 蔽 蔽 蔽 蔽
蔽 蔽 蔽 蔽 蔽

隱蔽(은폐) 掩蔽(엄폐) 遮蔽(차폐) 肩蔽(견폐) 蔽陽子(폐양자) 蔽一言(폐일언)

金舌蔽口(금설폐구) : 「귀중(貴重)한 말을 할 수 있는 입을 다물고 혀를 놀리지 않는다」는 뜻으로, 침묵(沈默)함을 이르는 말.

영cover 중弊[bì] 일弊[ヘイ](おおう)【난이도】고등용, 읽기 3급, 쓰기 2급

包

쌀 포

勹部(쌀포몸)3획총5획

包 包 勹 包 包
包 包 包 包 包

包含(포함) 包裝(포장) 包括(포괄) 内包(내포) 包圍(포위) 包藏(포장) 小包(소포)

八包大商(팔포대상) : ① 생활에 걱정이 없는 사람을 가리키는 말. ② 중국으로 보내던 사대사행(事大使行)에 수행하여 홍삼을 파는 허가를 맡았던 의주 상인.

영pack, wrap 중bāo 일ホウ(つつむ)【난이도】고등용, 읽기 4급Ⅱ, 쓰기 3급Ⅱ

胞

태보 포

月部(육달월)5획총9획

胞 胞 胞 胞 胞 胞 胞 胞 胞
胞 胞 胞 胞 胞

細胞(세포) 細胞膜(세포막) 體細胞(체세포) 僑胞(교포) 間細胞(간세포)

同胞(동포) : ① 같은 어머니로부터 태어난 형제(兄弟), 자매(姉妹). ② 한 나라 또는 한 민족(民族)에 속(屬)하는 백성(百姓). ③ 같은 겨레.

영womb, cell 중bāo 일ホウ(えな・はら)【난이도】고등용, 읽기 4급, 쓰기 3급

浦

물가 포

氵部(삼수변)7획총10획

浦 浦 浦 浦 浦 浦 浦 浦 浦 浦
浦 浦 浦 浦 浦

浦項市(포항시) 浦口(포구) 軍浦市(군포시) 麻浦區(마포구) 永登浦區(영등포구)

咆虎陷浦(포호함포) : 「으르렁대기만 하는 범이 개울에 빠진다」는 속담(俗談)의 한역으로, 큰소리만 치는 사람은 일을 못하고 도리어 실패(失敗)함을 이르는 말.

영seacast 중pǔ 일ホ(うら)【난이도】고등용, 읽기 3급Ⅱ, 쓰기 2급

捕

잡을 포

扌(手)部(재방변)7획총10획

捕 捕 捕 捕 捕 捕 捕 捕 捕 捕
捕 捕 捕 捕 捕

捕虜(포로) 捕手(포수) 捕卒(포졸) 捕捉(포착) 捕獲(포획) 拿捕(나포) 逮捕(체포)

捕風捉影(포풍착영) : 바람을 잡고, 그림자를 붙든다는 뜻으로, 허망한 언행을 이르는 말.
掩目捕雀(엄목포작) : 눈을 가리고 새를 잡는다는 뜻으로, 일을 건성으로 함을 이르는 말.

영catch 중bǔ 일ホ(つかまえる・つかまる)【난이도】고등용, 읽기 3급Ⅱ, 쓰기 2급

飽

배부를 포

食部(밥식) 5획총14획

飽飽飽飽飽飽飽飽飽飽飽飽飽飽

飽飽飽飽飽

飽喫(포끽) 飽満(포만) 飽腹(포복) 飽食(포식) 飽和(포화) 不飽和(불포화)

飽食暖衣(포식난의) : 배 부르게 먹고 따뜻하게 옷을 입는다는 뜻으로, 의식(衣食)이 넉넉하여 불편(不便)함이 없이 편하게 지냄을 이르는 말.

영satiated 중饱[bǎo] 일飽[ホウ](あかす・あきる) 【난이도】 고등용, 읽기 3급, 쓰기 2급

幅

폭 폭

巾部(수건건) 9획총12획

幅幅幅幅幅幅幅幅幅幅幅幅

幅幅幅幅幅

大幅(대폭) 大幅的(대폭적) 全幅的(전폭적) 小幅(소폭) 幅巾(복건) 全幅(전폭)

增幅(증폭) : ① 사물(事物)의 범위(範圍)를 넓혀 크게 하는 것. ② 라디오 등(等)에서 전압(電壓)·전류(電流)의 진폭(振幅)을 늘려 감도(感度)를 좋게 하는 일.

영width 중fú 일フク(はば) 【난이도】 고등용, 읽기 3급, 쓰기 2급

爆

터질 폭

火部(불화)15획총19획

爆爆爆爆爆爆爆爆爆爆爆爆爆爆爆爆

爆爆爆爆爆

爆彈(폭탄) 爆發(폭발) 爆破(폭파) 爆擊(폭격) 原爆(원폭) 時限爆彈(시한폭탄)

爆發的(폭발적) : ① 일시(一時)에 파열하는 모양(模樣). ② 갑자기 대량(大量)으로 솟구치는 모양(模樣). ③ 급격(急激)하게 널리 퍼지는 모양(模樣).

영explode 중bào 일バク(やく) 【난이도】 고등용, 읽기 4급, 쓰기 3급

##

표 표

示部(보일시) 6획총11획

票票票票票票票票票票票

票票票票票

投票(투표) 郵票(우표) 手票(수표) 票決(표결) 賣票(매표) 投票率(투표율)

家計手票(가계수표) : 은행(銀行)에 가계(家計) 종합(綜合) 예금(預金)을 가진 사람이 그 은행(銀行) 앞으로 발행(發行)하는 소액(少額) 수표(手票).

영ticket 중piào 일ヒョウ 【난이도】 고등용, 읽기 4급Ⅱ, 쓰기 3급Ⅱ

##

뜰 표

氵部(삼수변)11획총14획

漂漂漂漂漂漂漂漂漂漂漂漂漂漂

漂漂漂漂漂

漂流(표류) 漂泊(표박) 漂白劑(표백제) 漂鳥(표조) 漂浪(표랑) 漂白(표백)

流離漂泊(유리표박) : 일정(一定)한 직업(職業)을 가지지 아니하고 정처 없이 이리저리 떠돌아다니는 일.

영wander 중piāo 일ヒョウ(ただよう) 【난이도】 읽기 3급, 쓰기 2급

標

표할 표

木部(나무목)11획총15획

標標標標標標標標標標標標標標標

標標標標標

目標(목표) 標榜(표방) 標準(표준) 指標(지표) 標識(표지) 標的(표적) 標示(표시)

吾門標秀(오문표수) : 내 집의 걸출(傑出)한 자식(子息)을 이르는 말.

標同伐異(표동벌이) : 자기와 같은 자는 표창하고 자기와 다른 자는 침.

영mark 중标[biāo] 일ヒョウ(おおう)【난이도】고등용, 읽기 4급, 쓰기 3급

疲

피곤할 피

疒部(병질엄) 5획총10획

疲疲疲疲疲疲疲疲疲疲

疲疲疲疲疲

疲勞(피로) 疲困(피곤) 疲弊(피폐) 疲勞感(피로감) 倦疲(권피) 疲軟(피연)

明鏡不疲(명경불피) : 밝은 거울은 몇 번이나 사람의 얼굴을 비춰도 피로하지 않음을 이름.

樂此不疲(요차불피) : 좋아서 하는 일은 아무리 해도 지치지 않음을 이르는 말.

영tired 중pí 일ヒ(つかれる)【난이도】고등용, 읽기 4급, 쓰기 3급

被

입을 피

衤部(옷의변) 5획총10획

被被被被被被被被被被

被被被被被

被擊(피격) 被告(피고) 被動(피동) 被服(피복) 被殺(피살) 被襲(피습) 被奪(피탈)

被褐懷玉(피갈회옥) : 겉에는 거친 옷을 입고 있으나, 속에는 옥을 지녔다는 뜻으로,
어질고 덕 있는 사람이 세상(世上)에 알려지지 않으려 함을 이르는 말.

영wear, undergo 중bèi 일ヒ(こうむる)【난이도】고등용, 읽기 3급II, 쓰기 2급

避

피할 피

辶部(책받침)13획총17획

避避避避避避避避避避避避避避避避避

避避避避避

不可避(불가피) 忌避(기피) 回避(회피) 逃避(도피) 避暑(피서) 待避(대피)

鬼神避之(귀신피지) : 귀신(鬼神)도 피한다는 뜻으로, 스스로 단행(斷行)하면 귀신
(鬼神)도 이것을 피(避)하여 해(害)롭게 하지 못함을 이르는 말.

영avoid 중避[bì] 일避[ヒ](さける)【난이도】고등용, 읽기 4급, 쓰기 3급

畢

마칠 필

田部(밭전) 6획총11획

畢畢畢畢畢畢畢畢畢畢畢

畢畢畢畢畢

畢竟(필경) 禮畢(예필) 畢生(필생) 檢查畢(검사필) 言未畢(언미필) 未畢(미필)

登記畢證(등기필증) : 등기(登記)가 되었음을 증명(證明)하기 위(爲)하여 등기소(登記所)
에서 교부(交付)하는 증명서(證明書).

영finish 중毕[bì] 일ヒツ(おわる·ことごとく)【난이도】고등용, 읽기 3급II, 쓰기 2급

荷

연꽃 하

艹部(초두머리) 7획총11획

荷荷荷荷荷荷荷荷荷荷荷
荷荷荷荷荷

荷物(하물) 荷置場(하치장) 受荷人(수하인) 蓮荷(연하) 集荷(집하) 出荷(출하)

賊反荷杖(적반하장) : 도둑이 도리어 몽둥이를 든다는 뜻으로, 잘못한 사람이 도리어 잘 한 사람을 나무라는 경우(境遇)를 이르는 말.

영load 중荷[hè] 일荷[カ](に) 【난이도】 고등용, 읽기 3급Ⅱ, 쓰기 2급

鶴

학 학

鳥部(새조)10획총21획

鶴鶴鶴鶴鶴鶴鶴鶴鶴鶴鶴鶴鶴鶴鶴鶴鶴鶴鶴
鶴鶴鶴鶴鶴

鷄群鶴(계군학) 鶴班(학반) 丹頂鶴(단정학) 白鶴(백학) 野鶴(야학) 仙鶴(선학)

群鷄一鶴(군계일학) : 무리 지어 있는 닭 가운데 있는 한 마리의 학이라는 뜻으로, 여러 평범(平凡)한 사람들 가운데 있는 뛰어난 한 사람을 이르는 말.

영crane 중鶴[hè] 일カク(つる) 【난이도】 고등용, 읽기 3급Ⅱ, 쓰기 2급

汗

땀 한

氵部(삼수변) 3획총6획

汗汗汗汗汗汗
汗汗汗汗汗

農土汗(농토한) 汗藥(한약) 汗蒸(한증) 汗蒸湯(한증탕) 慙汗(참한) 汗滴(한적)

汗牛充棟(한우충동) : 수레에 실어 운반하면 소가 땀을 흘리게 되고, 쌓아올리면 들보에 닿을 정도(程度)의 양이라는 뜻으로, 장서(藏書)가 많음을 이르는 말.

영sweat 중hàn 일カン(あせ) 【난이도】 고등용, 읽기 3급Ⅱ, 쓰기 2급

旱

가물 한

日部(날일) 3획총7획

旱旱旱旱旱旱旱
旱旱旱旱旱

旱魃(한발) 旱稻(한도) 旱災(한재) 大旱(대한) 旱乾(한건) 旱田(한전) 旱害(한해)

大旱雲霓(대한운예) : 가뭄이 계속(繼續)되면 비의 조짐(兆朕)인 구름을 몹시 기다린다는 뜻으로, 어떤 사물(事物)이 와 닿기를 간절(懇切)히 바람.

영drought 중hàn 일カン(かわく・ひでり) 【난이도】 고등용, 읽기 3급, 쓰기 2급

割

벨 할

刂部(선칼도방)10획총12획

割割割割割割割割割割割割
割割割割割

役割(역할) 割引(할인) 割引店(할인점) 割當(할당) 割愛(할애) 割賦(할부)

群雄割據(군웅할거) : ① 많은 영웅들이 각각 한 지방에 웅거하여 세력을 과시하며 서로 다투는 상황을 이르는 말. ② 여러 영웅이 세력을 다투어 땅을 갈라 버티고 있음.

영devide 중gē 일カツ(わり・わる・われる) 【난이도】 고등용, 읽기 3급Ⅱ, 쓰기 2급

含

머금을 함

口部(입구) 4획총7획

含含含含含含含

包含(포함) 含蓄(함축) 吐含山(토함산) 含量(함량) 含有(함유) 含蓄性(함축성)

含哺鼓腹(함포고복) : 「음식(飮食)을 먹으며 배를 두드린다」라는 뜻으로, 천하(天下)가 태평(太平)하여 즐거운 모양(模樣).

영contain 중hán 일ガン(ふくむ·ふくめる) 【난이도】 고등용, 읽기 3급II, 쓰기 2급

咸

다 함

口部(입구) 6획총9획

咸咸咸咸咸咸咸咸咸

咸陽郡(함양군) 咸鏡南道(함경남도) 咸陽(함양) 咸池(함지) 咸鏡道(함경도)

咸興差使(함흥차사) : ① 심부름꾼이 가서 소식(消息)이 없거나, 또는 회답(回答)이 더딜 때의 비유. ② 한 번 간 사람이 돌아오지 않거나 소식(消息)이 없음.

영all 중xián 일カン(みな) 【난이도】 고등용, 읽기 3급, 쓰기 2급

陷

빠질 함

阝(阜)部(좌부방) 8획총11획

陷陷陷陷陷陷陷陷陷陷陷

缺陷(결함) 陷沒(함몰) 陷落(함락) 謀陷(모함) 陷沒灣(함몰만) 夭陷(요함)

陷穽(함정) : ① 짐승을 잡기 위하여 파놓은 구덩이. 허방다리. 허정(虛穽). ② 빠져 나올 수 없는 곤경(困境)이나 남을 해치기 위한 계략(計略)의 비유, 비유적인 말임.

영fall 중xiàn 일陷[カン](おちいる) 【난이도】 고등용, 읽기 3급II, 쓰기 2급

抗

막을 항

扌(手)部(재방변) 4획총7획

抗抗抗抗抗抗抗

抗拒(항거) 抗辯(항변) 抗議(항의) 對抗(대항) 反抗(반항) 抵抗(저항) 抗日(항일)

不可抗力(불가항력) : 인간의 힘만으로는 도저히 저항해 볼 수도 없는 힘이라는 뜻으로, 천재지변 등 사람의 힘이 미치지 못하는 자연의 위대한 힘을 이르는 말.

영block, resist 중kàng 일コウ(てむかう) 【난이도】 고등용, 읽기 4급, 쓰기 3급

巷

거리 항

己部(몸기) 6획총9획

巷巷巷巷巷巷巷巷巷

巷間(항간) 里巷(이항) 閭巷(여항) 巷議(항의) 街巷(가항) 陋巷詞(누항사)

陋巷簞瓢(누항단표) : 누항(陋巷)에서 사는 사람의 한 그릇의 밥과 한 바가지의 물이라는 뜻으로, 아주 가난한 사람의 생활(生活) 형편(形便)을 이르는 말.

영street 중xiàng 일コウ(ちまた) 【난이도】 고등용, 읽기 3급, 쓰기 2급

航航航航航航航航航航

| 航 | 航 | 航 | 航 | 航 | | | | | |

航空(항공) 航海(항해) 運航(운항) 航行(항행) 航路(항로) 缺航(결항) 難航(난항)

梯山航海(제산항해) : 험악(險惡)한 산을 넘고 배로 바다를 건넌다는 뜻으로, 다른 나라에 사신(使臣)으로 간다는 말.

배 항

舟部(배주) 4획 총10획

영across 중háng 일コウ(わたる) 【난이도】고등용, 읽기 4급II, 쓰기 3급II

港港港港港港港洪洪港港港

| 港 | 港 | 港 | 港 | 港 | | | | | |

空港(공항) 港灣(항만) 港口(항구) 港津(항진) 出港(출항) 入港(입항) 着港(착항)

航空港(항공항) : 항공기(航空機)가 뜨고 내리는 곳. 활주로(滑走路), 승강장(乘降場), 격납고 따위의 설비(設備)를 갖추었음.

항구 항

氵部(삼수변) 9획 총12획

영port 중găng 일コウ(みなと) 【난이도】고등용, 읽기 4급II, 쓰기 3급II

項項項項項項項項項項項

| 項 | 項 | 項 | 項 | 項 | | | | | |

條項(조항) 事項(사항) 項目(항목) 項羽(항우) 問項(문항) 浦項市(포항시)

猫項懸鈴(묘항현령) : '고양이 목에 방울 달기'라는 뜻으로, 실행(實行)하지 못할 일을 공연(公然)히 의논(議論)만 한다는 말.

목 항

頁部(머리혈) 3획 총12획

영nape 중項[xiàng] 일コウ 【난이도】고등용, 읽기 3급II, 쓰기 2급

奚奚奚奚奚奚奚奚奚奚

| 奚 | 奚 | 奚 | 奚 | 奚 | | | | | |

奚特(해특) 奚毒(해독) 奚琴(해금) 殺奚(살해) 奚論(해론) 奚若(해약) 奚必(해필)

奚毒(해독) : 바곳의 덩이뿌리. 성질(性質)은 매우 독한 데, 외과약(外科藥)으로나 적취(積聚), 심복통(心腹痛), 치통, 후증(喉症) 따위에 씀.

어찌 해

大部(큰대) 7획 총10획

영why 중xī 일カイ(ともに) 【난이도】고등용, 읽기 3급, 쓰기 2급

該該該該該該該該該該該該

| 該 | 該 | 該 | 該 | 該 | | | | | |

該當(해당) 該博(해박) 該當者(해당자) 當該(당해) 該敏(해민) 該洞(해동)

産書該錄(산서해록) : 조선(朝鮮) 시대(時代) 초기(初期)에 간행(刊行)된 산과(産科)의 의서(醫書). 현재(現在) 전(傳)해지지 않음.

갖출 해

言部(말씀언) 6획 총13획

영that, equip 중該[gāi] 일ガイ(あたる) 【난이도】고등용, 읽기 3급, 쓰기 2급

核 씨 핵 木部(나무목)6획 총10획	核核核核核核核核核核 核 核 核 核 核 **核心**(핵심) **核實驗**(핵실험) **結核**(결핵) **核心的**(핵심적) **核戰爭**(핵전쟁) **中核**(중핵) **核武器**(핵무기) : 원자핵(原子核)이 분열(分裂), 융합(融合)할 때 생기는 힘을 이용(利用)한 무기(武器). 원자(原子) 폭탄(爆彈), 수소(水素) 폭탄(爆彈) 따위. 영kernel, core 중hé 일カク(さわ) 【난이도】 고등용, 읽기 4급, 쓰기 3급

享 누릴 향 一部(돼지해머리)6획 총8획	享享享享享享享享 享 享 享 享 享 **享樂**(향락) **祭享**(제향) **享祀**(향사) **享受**(향수) **享壽**(향수) **享有**(향유) **宴享**(연향) **享樂主義**(향락주의) : 향락(享樂)을 누리는 것이 인생(人生)의 최고(最高) 목적(目的)이라고 하는 주의(主義). 예술(藝術)에 있어서의 도락적 입장(立場). 영enjoy 중xiǎng 일キョウ 【난이도】 고등용, 읽기 3급, 쓰기 2급

響 울릴 향 音部(소리음)13획 총22획	響響響響響響響響響響響響響響響響響響 響 響 響 響 響 **影響**(영향) **影響力**(영향력) **惡影響**(악영향) **響應**(향응) **響樸頭**(향박두) **音響**(음향) **窮響以聲**(궁향이성) : 울림을 미워하여 입을 다물게 하려고 소리쳐 꾸짖으면 점점 더 울림이 커진다는 뜻으로, 근본을 무시하고 지엽적인 것을 다스림을 비유해 이르는 말. 영echo 중响[xiǎng] 일響[キョウ](ひびく) 【난이도】 고등용, 읽기 3급II, 쓰기 2급

軒 추녀 헌 車部(수레거)3획 총10획	軒軒軒軒軒軒軒軒軒軒 軒 軒 軒 軒 軒 **烏竹軒**(오죽헌) **戎軒**(융헌) **蘭雪軒集**(난설헌집) **許蘭雪軒**(허란설헌) **軒架**(헌가) **東軒**(동헌) : 지방(地方)의 고을 원이나 감사(監司)·병사(兵使)·수사(水使) 그밖에 수령(守令)들의 공사(公事)를 처리(處理)하는 대청(大廳)이나 집. 영eaves 중轩[xuān] 일ケン(のき) 【난이도】 고등용, 읽기 3급, 쓰기 2급

憲 법 헌 心部(마음심)12획 총16획	憲憲憲憲憲憲憲憲憲憲憲憲憲憲憲憲 憲 憲 憲 憲 憲 **憲法**(헌법) **違憲**(위헌) **憲裁**(헌재) **憲政**(헌정) **改憲**(개헌) **制憲節**(제헌절) **憲法訴願**(헌법소원) : 헌법 정신에 위배된 법률에 의하여 기본권(基本權)의 침해(侵害)를 받은 사람이 직접(直接) 헌법(憲法) 재판소에 구제(救濟)를 청구(請求)하는 일. 영law 중宪[xiàn] 일ケン(のり) 【난이도】 고등용, 읽기 4급, 쓰기 3급

獻

드릴 헌

犬部(개견)16획총20획

獻血(헌혈) 獻身(헌신) 貢獻(공헌) 文獻(문헌) 獻納(헌납) 奉獻(봉헌) 獻金(헌금)

獻芹(헌근) : 변변치 못한 미나리를 바친다는 뜻으로, 윗사람에게 물건(物件)을 선사(膳賜)할 때나 자기 의견을 적어 보낼 때에 겸손(謙遜)하게 이르는 말.

영dedicate 중献[xiàn] 일献[ケン](たてまつる)【난이도】고등용, 읽기 3급Ⅱ, 쓰기 2급

險

험할 험

阝(阜)部(좌부방)13획총16획

危險(위험) 保險(보험) 保險料(보험료) 危險性(위험성) 冒險(모험) 險難(험난)

在德不在險(재덕부재험) : 나라의 안전(安全)은 임금의 덕(德)에 달린 것이지, 지형(地形)의 험준(險峻)함에 있지 않다는 뜻.

영rough 중险[xiǎn] 일険[ケン](けわしい)【난이도】고등용, 읽기 4급, 쓰기 3급

驗

시험할 험

馬部(말마)13획총23획

試驗(시험) 經驗(경험) 體驗(체험) 受驗生(수험생) 入學試驗(입학시험)

核實驗(핵실험) : 원자(原子) 폭탄(爆彈), 수소(水素) 폭탄(爆彈) 따위의 핵무기(核武器)의 효과(效果)를 확인(確認)하기 위(爲)한 폭발(爆發) 시험(試驗).

영test 중验[yàn] 일験[ケン・ゲン](しるし)【난이도】고등용, 읽기 4급Ⅱ, 쓰기 3급Ⅱ

玄

검을 현

玄部(검을현) 0획총5획

玄關(현관) 玄關門(현관문) 玄琴(현금) 玄武(현무) 玄米(현미) 玄孫(현손)

玄武巖(현무암) : 이산화규소의 함량이 적고 어두운 색을 띠며, 철과 마그네슘이 비교적 풍부한 분출암(噴出巖)의 하나.

영black 중xuán 일ゲン【난이도】고등용 읽기 3급Ⅱ, 쓰기 2급

絃

악기 줄 현

糸部(실사)5획총11획

絃樂(현악) 絃樂器(현악기) 管絃(관현) 管絃樂(관현악) 和絃(화현) 無絃(무현)

伯牙絶絃(백아절현) : 백아가 거문고 줄을 끊어 버렸다는 뜻으로, 자기(自己)를 알아주는 절친(切親)한 벗, 즉 지기지우(知己之友)의 죽음을 슬퍼함을 이르는 말.

영string 중弦[xián] 일ゲン(いと・つる)【난이도】고등용, 읽기 3급, 쓰기 2급

縣															
縣	縣	縣	縣	縣											

고을 현

縣監(현감) 縣官(현관) 縣令(현령) 縣吏(현리) 縣人(현인) 郡縣(군현) 州縣(주현)

縣監(현감) : 고려(高麗)·조선(朝鮮) 시대(時代)에 현의 우두머리 벼슬아치. 종6품(從六品)으로 고려(高麗) 때의 감무에 해당(該當)함.

糸部(실사)10획총16획 　영town, village 중县[xiàn] 일県[ケン](あがた)【난이도】고등용, 읽기 3급, 쓰기 2급

懸																		
懸	懸	懸	懸	懸														

매달 현

懸隔(현격) 懸賞(현상) 懸垂幕(현수막) 懸案(현안) 懸吐(현토) 懸板(현판)

猫項懸鈴(묘항현령) : '고양이 목에 방울 달기'라는 뜻으로, 실행(實行)하지 못할 일을 공연(公然)히 의논(議論)만 한다는 말.

心部(마음심)16획총20획 　영hang, suspend 중悬[xuán] 일ケン·ケ(かかる)【난이도】고등용, 읽기 3급II, 쓰기 2급

顯																					
顯	顯	顯	顯	顯																	

나타날 현

顯著(현저) 顯微鏡(현미경) 顯宗(현종) 貴顯(귀현) 發顯(발현) 顯官(현관)

顯考(현고) : 신주(神主)나 축문(祝文)에서 '돌아간 아버지'를 일컫는 말.
顯妣(현비) : 신주(神主)나 축문(祝文)에서 '돌아간 어머니'를 일컫는 말.

頁部(머리혈)14획총23획 　영appear 중显[xiǎn] 일顕[ケン](あきらか)【난이도】고등용, 읽기 4급, 쓰기 3급

穴										
穴	穴	穴	穴	穴						

구멍 혈

三姓穴(삼성혈) 穴見(혈견) 穴居(혈거) 經穴(경혈) 虎穴(호혈) 墓穴(묘혈)

窬墻穿穴(유장천혈) : 담에 구멍을 뚫는다는 뜻으로, '재물(財物)이나 여자(女子)에게 탐심을 가지고 몰래 남의 집에 들어감'을 이르는 말.

穴部(구멍혈)0획총5획 　영hole 중xué 일ケツ(あな)【난이도】고등용, 읽기 3급II, 쓰기 2급

嫌													
嫌	嫌	嫌	嫌	嫌									

싫어할 혐

嫌疑(혐의) 嫌惡(혐오) 無嫌疑(무혐의) 嫌惡感(혐오감) 嫌氣性(혐기성)

越俎之嫌(월조지혐) : 자기(自己)의 직분(職分)을 넘어 부당(不當)히 남의 일에 간섭(干涉)한다고 인정(認定)되는 혐의(嫌疑).

女部(계집녀)10획총13획 　영dislike 중嫌[xiàn] 일嫌[ケン·ゲン](いや)【난이도】고등용, 읽기 3급, 쓰기 2급

脅脅脅脅脅脅脅脅脅脅

威脅(위협) 脅迫(협박) 迫脅(박협) 威脅的(위협적) 脅奪(협탈) 脅約(협약) 脅喝(협갈)

脅迫(협박) : ① 을러메서 핍박(逼迫)함. ② 남을 두렵게 할 목적(目的)으로 불법(不法)하게 가해(加害)할 뜻을 보임. ③ 으르고 대듦.

으를 협

月部(육달월) 6획 총10획

영menace 중胁[xié] 일キョウ(おどかす·おどす) 【난이도】 고등용, 읽기 3급Ⅱ, 쓰기 2급

亨亨亨亨亨亨亨

亨通(형통) 亨國(형국) 亨難功臣(형난공신) 亨光(형광) 坤亨章(곤형장) 亨運(형운)

元亨利貞(원형이정) : 역학(易學)에서 말하는 천도(天道)의 네 원리(原理)라는 뜻으로, 사물(事物)의 근본(根本) 되는 원리(原理).

형통할 형

亠部(돼지해머리) 5획 총7획

영go well 중hēng 일キョウ(とおる·にる) 【난이도】 고등용, 읽기 3급, 쓰기 2급

螢螢螢螢螢螢螢螢螢螢螢螢螢螢螢螢

螢光燈(형광등) 螢雪(형설) 螢石(형석) 淺螢光團(천형광단) 螢光(형광) 螢窓(형창)

螢雪之功(형설지공) : 반딧불과 눈빛으로 이룬 공이라는 뜻으로, 가난을 이겨내며 반딧불과 눈빛으로 글을 읽어가며 고생 속에서 공부하여 이룬 공을 일컫는 말.

개똥벌레 형

虫部(벌레충) 10획 총16획

영firefly 중萤[yíng] 일蛍[ケイ](ほたる) 【난이도】 고등용, 읽기 3급, 쓰기 2급

衡衡衡衡衡衡衡衡衡衡衡衡衡衡衡衡

衡平(형평) 均衡(균형) 不均衡(불균형) 銓衡(전형) 平衡(평형) 權衡(권형)

合從連衡(합종연횡) : 전국시대(戰國時代)에 행(行)해졌던 외교(外交)방식(方式)으로 합종책(合從策)과 연횡책(連衡策)을 말함.

저울대 형

行部(다닐행) 10획 총16획

영scale beam 중héng 일コウ(はかり) 【난이도】 고등용 읽기 3급Ⅱ, 쓰기 2급

兮兮兮兮

兮也(혜야) 道品兮停(도품혜정) 實兮歌(실혜가) 禍兮福之所倚(화혜복지소의)

寂兮寥兮(적혜요혜) : 형체(形體)도 소리도 다 없다는 뜻으로, 무위자연(無爲自然)을 주장(主張)한 노자(老子)의 중심(中心) 사상(思想)을 이르는 말.

어조사 혜

八部(여덟팔) 2획 총4획

영particle 중xī 일ケイ 【난이도】 고등용, 읽기 3급, 쓰기 2급

慧

지혜 혜

心部(마음심)11획총15획

慧 慧 慧 慧 慧 慧 慧 慧 慧 慧 慧 慧 慧 慧 慧

智慧(지혜) 知慧(지혜) 慧敏(혜민) 慧巧(혜교) 慧民庫(혜민고) 慧聖(혜성)

慧眼(혜안) : ① 사물(事物)을 밝게 보는 슬기로운 눈. ② 오안(五眼)의 하나. 모든 집착(執着)과 차별(差別)을 떠나 진리(眞理)를 밝히 보는 눈.

영sagacity 중huì 일エ・ケイ(かしこい) 【난이도】 고등용, 읽기 3급Ⅱ, 쓰기 2급

互

서로 호

二部(두이) 2획총4획

互 互 互 互

相互(상호) 交互作(교호작) 互相(호상) 互惠(호혜) 相互作用(상호작용) 互換(호환)

互角之勢(호각지세) : 서로 조금도 낫고 못함이 없는 자세(姿勢).
相互扶助(상호부조) : 서로 돕는 일.

영mutually 중hù 일ゴ(たがい) 【난이도】 고등용, 읽기 3급, 쓰기 2급

胡

오랑캐 호

月部(육달월) 5획총9획

胡 胡 胡 胡 胡 胡 胡 胡 胡

胡壽(호수) 丙子胡亂(병자호란) 胡亂(호란) 胡蝶(호접) 胡亥(호해) 胡服(호복)

胡蝶之夢(호접지몽) : 「장자(莊子)가 나비가 되어 날아다닌 꿈」으로, ① 현실(現實)과 꿈의 구별(區別)이 안 되는 것. ② 인생(人生)의 덧없음의 비유.

영savage 중hú 일ウ・コ・ゴ(いずくんぞ・えびす) 【난이도】 고등용, 읽기 3급Ⅱ, 쓰기 2급

浩

넓을 호

氵部(삼수변) 7획총10획

浩 浩 浩 浩 浩 浩 浩 浩 浩 浩

浩歌(호가) 浩然(호연) 浩汗(호한) 浩博(호박) 浩蕩(호탕) 浩大(호대) 浩洋(호양)

浩然之氣(호연지기) : ① 도의(道義)에 근거(根據)를 두고 굽히지 않고 흔들리지 않는 바르고 큰 마음. ② 하늘과 땅 사이에 가득 찬 넓고 큰 정기(精氣).

영wide 중hào 일コウ(おおい・おおきい) 【난이도】 고등용, 읽기 3급Ⅱ, 쓰기 2급

毫

가는털 호

毛部(털모) 7획총11획

毫 毫 毫 毫 毫 毫 毫 毫 毫 毫 毫

揮毫(휘호) 釐毫(이호) 小毫(소호) 毫髮(호발) 毫毛(호모) 揮毫料(휘호료)

秋毫(추호) : 「가을철에 털을 갈아서 가늘어진 짐승의 털」이란 뜻으로, 「몹시 작음」을 비유(比喩・譬喩)하여 이르는 말.

영fine hair 중háo 일ゴウ(すこし・ふで) 【난이도】 고등용, 읽기 3급, 쓰기 2급

豪 豪 亭 亭 亭 高 高 豪 豪 豪 豪 豪 豪 豪 豪

豪 豪 豪 豪 豪

호걸 호

豪傑(호걸) 豪華(호화) 豪奢(호사) 豪言(호언) 强豪(강호) 豪雨(호우) 豪氣(호기)

綠林豪傑(녹림호걸) : 푸른 숲 속에 사는 호걸(豪傑)이라는 뜻으로, 불한당(不汗黨)이나 화적(火賊) 따위를 달리 이르는 말.

豕部(돼지시) 7획총14획 | 영hero 중háo 일ゴウ(つよい・おおきい) 【난이도】고등용, 읽기 3급Ⅱ, 쓰기 2급

護 護

護 護 護 護 護

보호할 호

保護(보호) 擁護(옹호) 辯護士(변호사) 守護(수호) 救護(구호) 看護師(간호사)

護疾忌醫(호질기의) : 병을 숨기고 의원에게 보이기를 꺼린다는 뜻으로, 자신의 결점을 감추고 남의 충고를 듣지 않음을 비유(比喩·譬喩)하는 말.

言部(말씀언)14획총21획 | 영protect 중护[hù] 일ゴ(まもる) 【난이도】고등용, 읽기 4급Ⅱ, 쓰기 3급Ⅱ

惑 惑 惑 惑 惑 惑 惑 惑 惑 惑 惑 惑

惑 惑 惑 惑 惑

미혹할 혹

疑惑(의혹) 誘惑(유혹) 眩惑(현혹) 迷惑(미혹) 魅惑的(매혹적) 困惑(곤혹)

不惑(불혹) : 미혹(迷惑)하지 아니한다는 뜻으로, 나이 마흔 살을 일컫는 말.
惑世誣民(혹세무민) : 세상(世上)을 어지럽히고 백성(百姓)을 속이는 것.

心部(마음심) 8획총12획 | 영bewitch 중huò 일ワク(まどう) 【난이도】고등용, 읽기 3급Ⅱ, 쓰기 2급

昏 昏 昏 昏 昏 昏 昏 昏

昏 昏 昏 昏 昏

어두울 혼

昏亂(혼란) 昏睡狀態(혼수상태) 昏迷(혼미) 黃昏(황혼) 朦昏(몽혼) 殮昏(염혼)

昏定晨省(혼정신성) : 저녁에는 잠자리를 보아 드리고, 아침에는 문안을 드린다는 뜻으로, 자식(子息)이 아침저녁으로 부모의 안부(安否)를 물어서 살핌을 이르는 말.

日部(날일) 4획총8획 | 영dark 중hūn 일コン(くらい・くらむ) 【난이도】고등용, 읽기 3급, 쓰기 2급

魂 魂 魂 魂 魂 魂 魂 魂 魂 魂 魂 魂 魂 魂

魂 魂 魂 魂 魂

넋 혼

靈魂(영혼) 鬪魂(투혼) 斷魂(단혼) 魂靈(혼령) 招魂(초혼) 魂氣(혼기) 魂魄(혼백)

魂飛魄散(혼비백산) : 넋이 날아가고 넋이 흩어지다라는 뜻으로, 몹시 놀라 어찌할 바를 모름. 民族魂(민족혼) : 그 민족만이 지니고 있는 특유의 정신(精神).

鬼部(귀신귀)4획총14획 | 영soul 중hún 일コン(たましい) 【난이도】고등용, 읽기 3급Ⅱ, 쓰기 2급

忽

忽忽忽忽忽忽忽忽

| 忽 | 忽 | 忽 | 忽 | 忽 | | | | | |

갑자기 홀

心部(마음심) 4획총8획

疎忽(소홀) 疏忽(소홀) 忽待(홀대) 忽然(홀연) 召忽(소홀) 怠忽(태홀) 忽魚(홀어)

忽顯忽沒(홀현홀몰) : 문득 나타났다가 문득 없어짐.
因忽不見(인홀불견) : 언뜻 보이다가 바로 없어져 보이지 아니함.

영suddenly 중hū 일コツ(たちまち・ゆるがせ) 【난이도】고등용, 읽기 3급II, 쓰기 2급

弘

弘弘弘弘弘

| 弘 | 弘 | 弘 | 弘 | 弘 | | | | | |

클 홍

弓部(활궁) 2획총5획

弘報(홍보) 國政弘報處(국정홍보처) 弘文館(홍문관) 四弘誓願(사홍서원)

弘益人間(홍익인간) : 널리 인간세계(人間世界)를 이롭게 한다는 뜻으로, 우리나라의 건국(建國) 시조(始祖)인 단군(檀君)의 건국(建國) 이념(理念).

영extensive 중hóng 일グ・コウ(ひろい・ひろめる) 【난이도】고등용, 읽기 3급, 쓰기 2급

洪

洪洪洪洪洪洪洪洪洪

| 洪 | 洪 | 洪 | 洪 | 洪 | | | | | |

넓을 홍

氵部(삼수변) 6획총9획

洪吉童傳(홍길동전) 洪陵(홍릉) 洪福(홍복) 洪水(홍수) 洪恩(홍은) 洪城(홍성)

付諸洪橋(부제홍교) : 홍교(洪喬)에게 부탁(付託)한다는 뜻으로, 편지(便紙)가 유실(遺失)된 것을 비유(比喩・譬喩)하는 말.

영broad, extensive 중hóng 일コウ(おおみず) 【난이도】고등용, 읽기 3급II, 쓰기 2급

鴻

鴻鴻鴻鴻鴻鴻鴻鴻鴻鴻鴻鴻鴻鴻鴻鴻鴻

| 鴻 | 鴻 | 鴻 | 鴻 | 鴻 | | | | | |

큰기러기 홍

鳥部(새조) 6획총17획

鴻學(홍학) 鴻業(홍업) 鴻雁(홍안) 鴻大(홍대) 鴻門(홍문) 鴻毛(홍모) 鴻志(홍지)

燕鴻之歎(연홍지탄) : 봄과 가을에 엇갈리는 제비와 기러기처럼 서로 반대(反對)의 입장(立場)이 되어 만나지 못함을 한탄(恨歎)하는 말임.

영big goose 중鸿[hóng] 일コウ(おおきい) 【난이도】고등용, 읽기 3급, 쓰기 2급

禾

禾禾禾禾禾

| 禾 | 禾 | 禾 | 禾 | 禾 | | | | | |

벼 화

禾部(벼화) 0획총5획

禾尺(화척) 嘉禾騫(가화건) 禾穀(화곡) 禾苗(화묘) 禾利付畓(화리부답)

禾利(화리) : ① 논의 경작권(耕作權)을 매매(賣買)의 대상(對象)으로 일컫는 말.
② 수확(收穫)이 예상(豫想)되는 벼를 매매(賣買)의 대상(對象)으로 일컫는 말.

영rice plant 중hé 일力(いね) 【난이도】고등용, 읽기 3급, 쓰기 2급

禍	禍禍禍禍禍禍禍禍禍禍禍禍禍
	禍禍禍禍禍
재앙 화	禍根(화근) 禍福(화복) 士禍(사화) 殃禍(앙화) 災禍(재화) 慘禍(참화) 禍源(화원)
	轉禍爲福(전화위복) : 화가 바뀌어 오히려 복이 된다는 뜻으로, 어떤 불행한 일이라도 끊임없는 노력과 강인(强靭)한 의지로 힘쓰면 불행을 행복으로 바꾸어 놓을 수 있다는 말.
示部(보일시)9획총14획	영disaster 중禍[huò] 일カ(わざわい) 【난이도】고등용, 읽기 3급Ⅱ, 쓰기 2급

確	確確確確確確確確確確確確確確確
	確確確確確
굳을 확	確認(확인) 確保(확보) 正確(정확) 確實(확실) 明確(명확) 確立(확립) 確率(확률)
	確固不動(확고부동) : 확고(確固)하여 흔들리거나 움직이지 아니함.
	確固不拔(확고불발) : 확고(確固)하여 흔들리거나 움직이지 아니함.
石部(돌석)10획총15획	영firm 중确[què] 일カク(たしか・たしかめる) 【난이도】고등용, 읽기 4급Ⅱ, 쓰기 3급Ⅱ

擴	擴擴擴擴擴擴擴擴擴擴擴擴擴擴擴
	擴擴擴擴擴
넓힐 확	擴大(확대) 擴散(확산) 擴充(확충) 擴張(확장) 擴聲器(확성기) 施設擴充(시설확충)
	擴大解釋(확대해석) : 논리(論理) 해석의 한 가지. 법규(法規)의 문장(文章)이나 낱말의 의미(意味)를 일반적인 의미(意味)보다 넓게 해석(解釋)하는 일.
扌(手)部(재방변)15획총18획	영expand 중扩[kuò] 일拡[カク](ひろげる) 【난이도】고등용, 읽기 3급, 쓰기 2급

穫	穫穫穫穫穫穫穫穫穫穫穫穫穫穫穫
	穫穫穫穫穫
거둘 확	收穫(수확) 收穫量(수확량) 穫稻(확도) 秋穫(추확) 收穫期(수확기) 多收穫(다수확)
	一樹百穫(일수백확) : 한 나무에서 백 배를 수확한다는 뜻으로, 인물을 양성하는 보람을 이르는 말, 곧 인재 한 사람을 길러냄이 사회에는 막대한 이익을 줌을 이르는 말.
禾部(벼화)14획총19획	영harvest 중获[huò] 일穫[カク](かる) 【난이도】고등용, 읽기 3급, 쓰기 2급

丸	九九丸
	丸丸丸丸丸
둥글 환	彈丸(탄환) 烏丸(오환) 淸心丸(청심환) 投丸(투환) 丸藥(환약) 小木丸(소목환)
	阪上走丸(판상주환) : 「언덕 위에서 공을 굴린다」는 뜻으로, 어떤 세력(勢力)에 힘입어 일을 꾀하면 쉽게 이루어지거나, 또는 그 일이 잘 진전됨의 비유(比喩・譬喩).
、部(점주) 2획총3획	영pill 중wán 일ガン(まる・まるい・まるめる) 【난이도】고등용, 읽기 3급, 쓰기 2급

換換換換換換換換換換

換 換 換 換 換

轉換(전환) 換率(환율) 外換(외환) 交換(교환) 轉換點(전환점) 換算(환산)

換骨奪胎(환골탈태) : 환골은 옛사람의 시문(詩文)을 본떠서 어구를 만드는 것, 탈태는 고시(古詩)의 뜻을 본떠서 원시와 다소 뜻을 다르게 짓는 것을 말한다.

바꿀 환

扌(抔)部(재방변)9획총12획

영exchange 중換[huàn] 일カン(かえる·かわる) 【난이도】고등용, 읽기 3급Ⅱ, 쓰기 2급

還還還還還還還還還還還還還還還還還

還 還 還 還 還

償還(상환) 還收(환수) 返還(반환) 還元(환원) 送還(송환) 歸還(귀환) 還給(환급)

熟不還生(숙불환생) : 한 번 익힌 음식(飮食)은 날것으로 되돌아 갈 수 없어 그 대로 두면 쓸데없다는 뜻으로, 남에게 음식(飮食)을 권할 때 쓰는 말.

돌아올 환

辶部(책받침)13획총17획

영return 중还[hái] 일カン(かえす) 【난이도】고등용, 읽기 3급, 쓰기 2급

環環環環環環環環環環環環環環環環環

環 環 環 環 環

環境(환경) 環刀(환도) 循環(순환) 一環(일환) 指環(지환) 花環(화환)

循環(순환) : ① 한 차례(次例) 돌아서 다시 먼저의 자리로 돌아옴, 또는 그것을 되풀이함. ② 돈을 내돌림. ③ 몸안에서 피나 영양물(營養物)이 끊임없이 돌아다님.

고리 환

王部(구슬옥변)13획총17획

영ring, link 중环[huán] 일カン(たまき) 【난이도】고등용, 읽기 4급, 쓰기 3급

況況況況況況況況

況 況 況 況 況

狀況(상황) 情況(정황) 不況(불황) 好況(호황) 現況(현황) 況且(황차) 又況(우황)

狀況室(상황실) : 관청(官廳)이나 군대(軍隊) 등에서, 어떤 일의 전반적인 상황(狀況)을 파악(把握)하기 위해 여러 자료나 설비를 갖추어 두는 특별(特別)한 방(房).

하물며 황

氵部(삼수변) 5획총8획

영moreover 중況[kuàng] 일キョウ(いわんや) 【난이도】고등용, 읽기 4급, 쓰기 3급

荒荒荒荒荒荒荒荒荒荒

荒 荒 荒 荒 荒

荒唐(황당) 荒凉(황량) 荒漠(황막) 荒蕪地(황무지) 荒城(황성) 虛荒(허황)

荒唐無稽(황당무계) : '허황(虛荒)되고 근거(根據)가 없다'라는 뜻으로, 말이나 행동(行動)이 터무니 없고 근거(根據)가 없음.

거칠 황

艹部(초두머리)6획총10획

영rough 중荒[huāng] 일コウ(あらい·あらす) 【난이도】고등용, 읽기 3급Ⅱ, 쓰기 2급

悔

悔悔悔悔悔悔悔悔悔

뉘우칠 회

懺悔(참회) 後悔(후회) 悔恨(회한) 痛悔(통회) 慙悔(참회) 感悔(감회) 悔改(회개)

亢龍有悔(항룡유회) : 하늘에 오른 용은 뉘우침이 있다는 뜻으로, 하늘 끝까지 올라간 용이 더 올라갈 데가 없어 다시 내려올 수밖에 없듯이, 부귀가 극에 이르면 몰락할 위험이 있음을 경계(警戒)해 이르는 말.

忄部(심방변)7획총10획 | 영regret 중huǐ 일悔[カイ](くいる・くやしい) 【난이도】고등용, 읽기 3급II, 쓰기 2급

懷

懷懷懷懷懷懷懷懷懷懷懷懷懷懷懷懷懷懷

품을 회

懷生(회생) 懷柔(회유) 懷疑的(회의적) 懷妊(회임) 懷抱(회포) 所懷(소회)

虛心坦懷(허심탄회) : 마음을 비우고 생각을 터놓음. 명랑하고 거리낌이나 숨김이 없는 마음. 望雲之懷(망운지회) : 구름을 바라보며 고향과 자식을 그리워한다는 뜻.

忄部(심방변)16획총19획 | 영hug, cherish 중怀[huái] 일カイ(なつかしい) 【난이도】고등용, 읽기 3급II, 쓰기 2급

劃

劃劃劃ヨヨ聿晝晝晝晝晝晝劃劃

그을 획

計劃(계획) 企劃(기획) 劃期的(획기적) 劃策(획책) 劃一的(획일적) 計劃的(계획적)

區劃(구획) : ① (일정한 토지나 장소 따위)일정한 처소(處所)를 구별(區別)하여 획정(劃定)함. 경계(境界)를 갈라 정함. ② 또는 그 구역(區域).

刂部(선칼도방)12획총14획 | 영drow 중划[wù] 일カク(くぎる・わかつ) 【난이도】고등용, 읽기 3급II, 쓰기 2급

獲

獲獲獲獲獲獲獲獲獲獲獲獲獲獲獲獲

얻을 획

獲得(획득) 獲利(획리) 禽獲(금획) 擒獲(금획) 生獲(생획) 捕獲(포획) 濫獲(남획)

先難後獲(선난후획) : 어려운 공적(公的)인 일을 먼저하고, 자신(自身)에게 이익(利益)이 되는 사적(私的)인 일은 나중에 함을 이르는 말.

犭部(개사슴록변)14획총17획 | 영acquire 중获[huò] 일カク(える) 【난이도】고등용, 읽기 3급II, 쓰기 2급

橫

橫橫橫橫橫橫橫橫橫橫橫橫橫橫橫橫

가로 횡

橫膈膜(횡격막) 橫斷(횡단) 橫領(횡령) 橫暴(횡포) 橫行(횡행) 專橫(전횡)

橫說竪說(횡설수설) : 말을 이렇게 했다가 저렇게 했다가 하다, 두서가 없이 아무렇게나 떠드는 것. 縱橫無盡(종횡무진) : 행동이 마음 내키는 대로 자유자재로 함.

木部(나무목)12획총16획 | 영horizontal 중橫[héng] 일橫[オウ](よこ) 【난이도】고등용, 읽기 3급II, 쓰기 2급

曉	曉曉曉曉曉曉曉曉曉曉曉曉曉曉曉
	曉 曉 曉 曉 曉
새벽 효	曉星(효성) 元曉(원효) 曉鐘(효종) 曉達(효달) 曉天(효천) 徹曉(철효) 曉然(효연)
日部(날일)12획총16획	春眠不覺曉(춘면불각효) : '봄 잠에 날이 새는 줄 모른다'라는 뜻으로, 좋은 분위기 (雰圍氣)에 취(醉)하여 시간 가는 줄 모르는 경우를 비유(比喩·譬喩)하는 말. 영dawn 중曉[xiǎo] 일ギョウ(あかつき) 【난이도】고등용, 읽기 3급, 쓰기 2급

侯	侯侯侯侯侯侯侯侯侯
	侯 侯 侯 侯 侯
제후 후	節侯(절후) 諸侯(제후) 列侯(열후) 公侯(공후) 侯爵(후작) 君侯(군후) 王侯(왕후)
亻部(사람인변)7획총9획	祇侯(지후) : ① 삼가 어른을 모시어 시중 듦. ② 고려 때 합문(閤門)의 한 벼슬. 11대 문종(文宗)이 정7품으로 정하였다가, 20대 신종(神宗)이 참상(參上)으로 올렸음. 영feudal lord 중hóu 일コウ 【난이도】고등용, 읽기 3급, 쓰기 2급

候	候候候候候候候候候候
	候 候 候 候 候
기후 후	候補(후보) 候補者(후보자) 徵候(징후) 症候群(증후군) 節候(절후) 症候(증후)
亻部(사람인변)8획총10획	氣候(기후) : ① 지상과 수륙(水陸)의 형세에 의해 생기는 날씨의 현상. ② 이십 사 기 (氣)와 칠십 이 후(候)의 총칭(總稱). ③ 기체(氣體)와 같은 뜻으로 편지(便紙)에 씀. 영season 중hòu 일コウ(そうろう) 【난이도】고등용, 읽기 4급, 쓰기 3급

毁	毁毁毁毁毁毁毁毁毁毁毁毁毁
	毁 毁 毁 毁 毁
헐 훼	毁謗(훼방) 毁傷(훼상) 毁損(훼손) 毁節(훼절) 破毁(파훼) 貶毁(폄훼) 毁破(훼파)
殳部(갖은등글월문)9획총13획	不敢毁傷(불감훼상) : 부모(父母)에서 받은 몸을 깨끗하고 온전(穩全)하게 하는 것. 毁劃(훼획) : 기와를 헐고 흙 손질한 벽에 금을 긋는다는 뜻으로, '남의 집에 해를 끼침'을 이르는 말. 영destroy 중whuǐ 일キ(やぶれる) 【난이도】고등용, 읽기 3급, 쓰기 2급

揮	揮揮揮揮揮揮揮揮揮揮揮揮
	揮 揮 揮 揮 揮
휘두를 휘	發揮(발휘) 指揮(지휘) 揮發油(휘발유) 揮毫(휘호) 指揮權(지휘권) 指揮官(지휘관)
扌(手)部(재방변)9획 총12획	一筆揮之(일필휘지) : 한숨에 글씨나 그림을 줄기차게 쓰거나 그림. 陣頭指揮(진두지휘) : 직접(直接) 진두(陣頭)에 나서서 지휘(指揮)함. 영brandish 중揮[huī] 일キ(ふるう) 【난이도】고등용, 읽기 4급, 쓰기 3급

輝	輝輝輝 半 半 半 光 光 輝 輝 輝 輝 煇 煇 輝
	輝 輝 輝 輝 輝

빛날 휘

光輝(광휘) 輝石(휘석) 輝煌(휘황) 輝映(휘영) 輝線(휘선) 輝銅鑛(휘동광)

輝煌燦爛(휘황찬란) : ① 광채(光彩)가 나서 눈부시게 번쩍임. ② 행동(行動)이 온당 (穩當)하지 못하고 못된 꾀가 많아서 야단스럽기만 하고 믿을 수 없음.

車部(수레거)8획총15획　영shine　중輝[huī]　일キ(かがやく)　【난이도】고등용, 읽기 3급, 쓰기 2급

携	携携携 扌 扌 扩 扩 扩 携 推 携 携
	携 携 携 携 携

들 휴

携帶(휴대) 提携(제휴) 携帶品(휴대품) 扶携(부휴) 携引(휴인) 携帶證(휴대증)

携帶電話(휴대전화) : 개인이 휴대(携帶)하여 옥내·옥외에서는 물론 이동 중에도 통화(通話)할 수 있는 소형(小型) 무선(無線) 전화기(電話機). 핸드폰. 휴대폰.

扌(扌)部(재방변)10획총13획　영lead, carry　중xié　일ケイ(たずさえる·たずさわる)　【난이도】고등용, 읽기 3급, 쓰기 2급

吸	吸吸吸 吸 吸 吸 吸
	吸 吸 吸 吸 吸

숨 들이쉴 흡

吸收(흡수) 吸煙(흡연) 呼吸(호흡) 吸着(흡착) 吸煙者(흡연자) 吸引力(흡인력)

呼吸器(호흡기) : 호흡 작용을 맡은 기관(氣管). 고등동물(高等動物)의 폐, 어류(魚類)의 아가미, 거미류의 폐서(肺書), 곤충류(昆蟲類)의 기관(氣管) 따위.

口部(입구) 4획총7획　영breath　중xī　일キュウ(すう)　【난이도】고등용, 읽기 4급II, 쓰기 3급II

稀	稀稀稀 稀 稀 稀 稀 稀 秭 秭 稀 稀
	稀 稀 稀 稀 稀

드물 희

稀薄(희박) 稀貴(희귀) 稀代(희대) 稀微(희미) 稀釋(희석) 稀年(희년) 稀宴(희연)

古稀(고희) : 70세를 일컬음. 일흔 살까지 산다는 것은 옛날에는 드문 일이라는 뜻. 인생칠십고래희(人生七十古來稀)에서 유래한 말.

禾部(벼화) 7획총12획　영rare　중xī　일キ·ケ(うすい·まばら·まれ)　【난이도】고등용, 읽기 3급II, 쓰기 2급

戲	戲戲戲 广 卢 虍 虍 虐 虗 虗 虜 虛 虛 戲 戲 戲
	戲 戲 戲 戲 戲

놀 희

戲曲(희곡) 戲弄(희롱) 遊戲(유희) 角戲(각희) 性戲弄(성희롱) 戲畵化(희화화)

斑衣之戲(반의지희) : 때때옷을 입고 하는 놀이라는 뜻으로, 늙어서도 부모에게 효양(孝養)함을 이르는 말. 부모를 위로(慰勞)하려고 색동 저고리를 입고 기어가 보임.

戈部(창과)12획총16획　영raillery　중戏[hū]　일戱[ギ](たわむれる)　【난이도】고등용, 읽기 특급II

附録

故 事 成 語 연고 고　일 사　이룰 성　말씀 어	**뜻** 옛날에 있었던 일에서 유래하여 관용적인 뜻으로 굳어져 쓰이는 한자로 된 말. 주로 4자(字)로 되어 있으며, 사자성어(四字成語)라고도 한다.
呵 呵 大 笑 꾸짖을 가　　　큰 대　웃음 소	**뜻** 너무 우스워서 한바탕 껄껄 웃음. 껄껄 크게 웃는 웃음. **拍掌大笑**(박장대소) : 손뼉을 치면서 크게 웃음. **破顔大笑**(파안대소) : 얼굴이 찢어지도록 크게 웃는다는 뜻으로, 즐거운 표정(表情)으로 한바탕 크게 웃음을 이르는 말.
家 家 戶 戶 집 가　　　지게 호	**뜻** 집집마다 또는 모든 집이라는 뜻으로, 각각의 집과 호(戶)를 말함. 매호(每戶). **自家撞着**(자가당착) : 자기의 언행이 전후(前後) 모순(矛盾)되어 일치(一致)하지 않음.
街 談 巷 說 거리 가　말씀 담　거리 항　말씀 설	**뜻** 길거리나 항간에 떠도는 소문이나 세상에 떠도는 소문. '뜬소문'으로 순화. 街談巷語(가담항어)도 같은 뜻. **談笑自若**(담소자약) : 위험이나 곤란에 직면해 걱정과 근심이 있을 때라도 변함없이 평상시(平常時)와 같은 태도(態度)를 가짐.
苛 斂 誅 求 가혹할 가　거둘 렴　벨 주　구할 구	**뜻** 가혹하게 세금을 거두거나 백성의 재물을 억지로 빼앗음. **苛酷**(가혹) : 몹시 모질고 혹독함. **收斂**(수렴) : 돈이나 물건 따위를 거두어들임. **求心**(구심) : 중심으로 가까워져 옴.
苛 政 猛 於 虎 가혹할 가 정사 정 사나울 맹 어조사 어　범 호	**뜻** 「가혹(苛酷)한 정치(政治)는 호랑이 보다 더 사납다」는 뜻으로, 가혹한 정치의 폐해(弊害)를 비유하는 말. **猛虎伏草**(맹호복초) : '풀밭에 엎드려 있는 범'이란 뜻으로, 영웅은 일시적으로는 숨어 있지만 때가 되면 반드시 세상에 드러난다는 말.
佳 人 薄 命 아름다울 가 사람 인 엷을 박 목숨 명	**뜻** 「아름다운 사람은 명이 짧다」는 뜻으로, 여자의 용모(容貌)가 너무 아름다우면 운명이 기박(奇薄)하고 명이 짧다는 말. **紅顔薄命**(홍안박명) : 얼굴에 복숭아빛을 띤 예쁜 여자는 팔자가 사납다는 뜻으로 이르는 말.
各 人 各 色 각각 각　사람 인　각각 각　빛 색	**뜻** 태도(態度), 언행(言行) 등이 사람마다 다르다. **各自圖生**(각자도생) : 사람은 제각기 살아갈 방법(方法)을 도모(圖謀)함. **출전** 춘추좌씨전(春秋左氏傳)에서 유래.
刻 舟 求 劍 새길 각　배 주　구할 구　칼 검	**뜻** 융통성 없이 현실에 맞지 않는 낡은 생각을 고집하는 어리석음을 이르는 말. 초나라 사람이 배에서 칼을 물속에 떨어뜨리고 그 위치를 뱃전에 표시하였다가 나중에 배가 움직인 것을 생각하지 않고 칼을 찾았다는 데서 유래함.
肝 膽 相 照 간 간　쓸개 담　서로 상　비출 조	**뜻** 간과 쓸개를 꺼내 보인다는 뜻으로, 서로 속마음을 털어놓고 친하게 사귐을 말함. **肝腦塗地**(간뇌도지) : 「간과 뇌수(腦髓)를 땅에 쏟아낸다」는 뜻으로, 나라를 위하여 목숨을 돌보지 않고 힘을 다함을 이름.

看 雲 步 月	뜻 구름을 바라보거나 달빛 아래 거닌다는 뜻으로, 객지에서 고향의 가족이나 집을 생각함을 이르는 말.
볼 간 구름 운 걸음 보 달 월	走馬看花(주마간화) : 달리는 말 위에서 꽃을 본다는 뜻으로, 사물의 겉면만 훑어보고, 그 깊은 속은 살펴보지 않음을 비유해 이르는 말.

干 將 莫 耶	뜻 중국 춘추 시대 오나라에서, 임금 합려의 청탁을 받은 장색인 간장(干將)과 그의 아내 막야(莫耶)가 만든 두 자루의 훌륭한 칼을 아울러 이르던 말.
방패 간 장차 장 없을 막 어조사 야	출전 순자성악편(荀子性惡篇)에서 유래함.

渴 而 穿 井	뜻 목이 말라야 비로소 샘을 판다는 말로, 미리 준비를 하지 않고 있다가 일이 닥친 뒤에 서두르는 것을 비유하는 말이다.
목마를 갈 말이을 이 뚫을 천 우물 정	渴不飮盜泉水(갈불음도천수) : 「목이 말라도 도천(盜泉)의 물은 마시지 않는다」는 뜻으로, 아무리 궁해도 불의(不義)는 저지르지 않는다는 말.

甘 言 利 說	뜻 귀가 솔깃하도록 남의 비위를 맞추거나 이로운 조건을 내세워 꾀는 말. '꾐 말', '달콤한 말'로 순화.
달 감 말씀 언 이할 이 말씀 설	甘泉先竭(감천선갈) : 「물맛이 좋은 샘은 먼저 마른다」는 뜻으로, 재능 있는 사람이 일찍 쇠폐(衰廢)함을 비유해 이르는 말.

甘 呑 苦 吐	뜻 「달면 삼키고 쓰면 뱉는다」는 뜻으로, 사리에 옳고 그름을 돌보지 않고, 자기 비위에 맞으면 취하고 싫으면 버린다는 뜻.
달 감 삼킬 탄 쓸 고 토할 토	呑刀刮腸(탄도괄장) : 「칼을 삼켜 창자를 도려낸다」는 뜻으로, 사악한 마음을 없애고 새로운 사람이 됨을 이르는 말.

康 衢 煙 月	뜻 번화한 큰 길거리에서 달빛이 연기에 은은하게 비치는 모습을 나타내는 말로, 태평한 세상의 평화로운 풍경을 이르는 말.
편안 강 거리 구 연기 연 달 월	康衢烟月之曲(강구연월지곡) : 조선 순조(純祖) 때 자경전(慈慶殿)의 야진별반과의(夜進別盤果儀)에서 궁중 광수무(廣袖舞)의 반주 음악으로 연주하던 악곡.

强 弩 之 末	뜻 「힘찬 활에서 튕겨나온 화살도 마지막에는 힘이 떨어져 비단(緋緞)조차 구멍을 뚫지 못한다」는 뜻으로, 아무리 강한 힘도 마지막에는 결국 쇠퇴(衰退)하고 만다는 의미(意味).
강할 강 쇠뇌 노 갈 지 끝 말	출전 사기(史記) 한장 유열전에서 유래.

改 過 遷 善	뜻 지난날의 잘못을 고치어 착하게 됨.
고칠 개 허물 과 옮길 천 착할 선	改過自新(개과자신) : 허물을 고쳐 스스로 새로워 짐. 悔過遷善(회과천선) : 지난날의 잘못을 뉘우치고 고쳐 착하게 됨. 最善(최선) : ① 가장 좋음. ② 가장 적합함. ③ 전력(全力).

蓋 棺 事 定	뜻 시체를 관에 넣고 관(棺) 뚜껑을 덮은 후에야 일을 결정할 수 있다는 뜻으로, 사람이 죽은 후에야 비로소 그 사람에 대한 평가가 제대로 나옴을 이르는 말.
덮을 개 널 관 일 사 정할 정	출전 시인 두보(杜甫)의 군불견 간소혜(君不見簡蘇傒)

開 卷 有 益	뜻 책을 펼쳐 놓는 것만으로도 이익이 있다는 뜻으로, 책을 읽는 것을 권장하는 말.
열 개 책 권 있을 유 더할 익	開權顯實(개권현실) : 불교에서 권교(權敎)인 방편을 치우고 진실한 교리를 나타내 보이는 일.

開	門	揖	盜	
열 개	문 문	읍 읍	도적 도	

뜻 문을 열어 도둑을 맞이한다는 뜻으로, 상황을 깨닫지 못하고 스스로 화를 불러들임을 이르는 말.
開門納賊(개문납적) : 문을 열어 도둑이 들어오게 한다는 뜻으로, 제 스스로 화를 불러들임을 이르는 말.

蓋	世	之	才
덮을 개	인간 세	갈 지	재주 재

뜻 세상을 뒤덮을 만큼 뛰어난 재주 또는 그 재주를 가진 사람.
蓋世英雄(개세영웅) : 기상이나 위력, 재능 따위가 세상을 뒤덮을 만큼 뛰어난 영웅.
英敏(영민) : 재지(才智)·감각·행동 등이 날카롭고 민첩함.

居	敬	窮	理
살 거	공경 경	궁할 궁	다스릴 리

뜻 주자학(朱子學) 수양(修養)의 두 가지 방법인 거경(居敬)과 궁리(窮理). 거경(居敬)이란 내적 수양법으로서 항상 몸과 마음을 삼가서 바르게 가지는 일이며, 궁리(窮理)란 외적 수양법으로서 널리 사물의 이치를 궁구(窮究)하여 정확한 지식을 얻는 일.

去	頭	截	尾
갈 거	머리 두	끊을 절	꼬리 미

뜻 「머리와 꼬리를 잘라버린다」는 뜻으로, ① 앞뒤의 잔사설을 빼놓고 요점(要點)만을 말함. ② 앞뒤 서론은 생략(省略)하고 본론(本論)으로 들어감.
去益泰山(거익태산) : 갈수록 태산(泰山)이란 말.

居	安	思	危
살 거	편안할 안	생각 사	위태할 위

뜻 평안(平安)할 때에도 위험(危險)과 곤란(困難)이 닥칠 것을 생각하며 잊지말고 미리 대비(對備)해야 함.
有備無患(유비무환) : 「준비가 있으면 근심이 없다」라는 뜻으로, 미리 준비가 되어 있으면 우환을 당하지 아니함.

擧	案	齊	眉
들 거	책상 안	가지런할 제	눈썹 미

뜻 「밥상을 눈썹 높이로 들어 공손(恭遜)히 남편 앞에 가지고 간다」는 뜻으로, 남편을 깍듯이 공경(恭敬)함을 일컫는 말.
祿上擧案(녹상거안) : 벼슬아치가 받을 녹봉의 액수와 성명을 적어서 광흥창(廣興倉)에 올리는 문건.

去	者	日	疏
갈 거	놈 자	날 일	소통할 소

뜻 떠난 사람에 대한 생각은 날이 갈수록 잊게 된다는 뜻으로, 서로 멀리 떨어져 있으면 점점 사이가 멀어짐을 이르는 말.
疎遠(소원) : ☞ 소원(疏遠).
去者日以疏(거자일이소)도 같은 의미.

車	載	斗	量
수레 거	실을 재	말 두	헤아릴 량

뜻 「수레에 싣고 말(斗)로 될 수 있을 정도」라는 뜻으로, 인재(人材)나 물건(物件)이 아주 많음을 비유(比喩·譬喩)함.
揭載(게재) : 신문(新聞) 따위에 글이나 그림을 실음.
출전 삼국지 오주전(吳主傳).

乾	坤	一	色
하늘 건	땅 곤	한 일	빛 색

뜻 눈이 내린 뒤에 온 세상이 한 가지 빛깔로 뒤덮인 듯함.
乾坤坎離(건곤감리) : 「주역(周易)」의 기본 괘(卦)임. 우리나라의 국기인 태극기(太極旗)에 표현(表現)되어 하늘과 땅, 물과 불을 상징(象徵)하는 4개의 괘(卦).

乾	坤	一	擲
하늘 건	땅 곤	한 일	던질 척

뜻 「하늘이냐 땅이냐를 한 번 던져서 결정한다」는 뜻으로, ① 운명과 흥망을 걸고 단판으로 승부나 성패를 겨룸. ② 또는 오직 이 한번에 흥망성쇠(興亡盛衰)가 걸려 있는 일.
출전 중국(中國) 당(唐)나라의 문인 한유(韓愈)의 시(詩).

建 陽 多 慶	뜻 새해 입춘(立春)을 맞이하여 길운(吉運)을 기원하는 글. 掃地黃金出 開門萬福來(소지황금출개문만복래) 땅을 쓰니 황금(黃金)이 나오고, 문을 여니 만복이 들어온다는 뜻으로 입춘에 많이 쓰이는 문구(文句).
세울 건　볕 양　많을 다　경사 경	

桀 犬 吠 堯	뜻 「폭군 걸왕(桀王)의 개도 성왕(聖王) 요(堯)임금을 보면 짓는다」는 뜻으로, 윗사람이 교만(驕慢)한 마음을 버리고 아랫 사람을 진심과 믿음으로 대하면 아랫사람은 자기 상관에게 충성을 다하게 된다는 것을 이름.
횃불 걸　개 견　짖을 폐　임금 요	

黔 驢 之 技	뜻 「검단 노새의 재주」라는 뜻으로, 겉치레 뿐이고 실속이 보잘것없는 솜씨를 이르는 말. 磨驢故跡(마려고적) : 연자매를 끌어 돌리는 당나귀가 밟았던 발자국을 다시 밟는다는 뜻으로, 같은 실수를 자꾸 되풀이하거나 앞으로 나아가지 못함을 이르는 말.
검을 검　당나귀 려　갈 지　재주 기	

格 物 致 知	뜻 사물(事物)의 이치(理致)를 구명(究明)하여 자기(自己)의 지식(知識)을 확고(確固)하게 함. 雅致高節(아치고절) : 아담(雅淡·雅澹)한 풍치(風致)나 높은 절개(節槪·節介)라는 뜻으로, 매화(梅花)를 이르는 말.
격식 격　물건 물　이를 치　알 지	

隔 靴 搔 痒	뜻 신을 신고 발바닥을 긁는다는 뜻으로, 성에 차지 않거나 철저하지 못한 안타까움을 이르는 말. 麻姑搔痒(마고소양) : 「마고(麻姑)라는 손톱이 긴 선녀가 가려운 데를 긁는다」는 뜻으로, 일이 뜻대로 됨을 비유해 이르는 말.
막힐 격　신발 화　긁을 소　앓을 양	

見 利 思 義	뜻 눈앞에 이익(利益)을 보거든 먼저 그것을 취함이 의리(義理)에 합당(合當)한 지를 생각하라는 말. 見利忘義(견리망의) : 눈앞의 이익(利益)을 보면 탐내어 의리(義理)를 저버림.
볼 견　이할 리　생각 사　옳을 의	

犬 馬 之 勞	뜻 「개나 말의 하찮은 힘」이라는 뜻으로, 임금이나 나라에 충성(忠誠)을 다하는 노력(努力)과 윗사람에게 바치는 자기의 노력(努力)을 낮추어 말할 때 쓰는 말. 犬馬之誠(견마지성)도 비슷한 의미.
개 견　말 마　갈 지　일할 로	

見 蚊 拔 劍	뜻 「모기를 보고 칼을 빼다」는 뜻으로, 보잘것없는 작은 일에 지나치게 큰 대책(對策)을 세운다든가, 조그만 일에 크게 화를 내는 소견(所見)이 좁은 사람을 보고 하는 말. 拔萃(발췌) : 글 가운데서 요점(要點)을 뽑거나 또는 그 글.
볼 견　모기 문　뺄 발　칼 검	

堅 壁 淸 野	뜻 성에 들어가 지키며 적에게 먹을 것을 주지 않기 위해 들판을 비운다는 뜻으로, 일제가 항일 독립군을 토벌할 때 집단 부락을 만들어 농민들을 강제로 몰아넣고 주변에 한 채의 집도 없게 하여 독립군과 주민과의 연계를 끊어 보려고 한 흉책을 이르는 말.
굳을 견　벽 벽　맑을 청　들 야	

犬 兎 之 爭	뜻 개와 토끼의 다툼이라는 뜻으로, 두 사람의 싸움에 제삼자가 이익을 봄을 비유적으로 이르는 말. 見兎放狗(견토방구) : 「토끼를 발견한 후에 사냥개를 놓아서 잡게 하여도 늦지 않다」는 뜻으로, 사태를 관망한 후에 응하여도 좋다는 말.
개 견　토끼 토　갈 지　다툴 쟁	

結 者 解 之	
맺을 결　놈 자　풀 해　갈 지	**뜻** 맺은 사람이 풀어야 한다는 뜻으로, 일을 저지른 사람이 그 일을 해결하여야 한다는 말. **以不解解之**(이불해해지) : 글의 뜻을 푸는 데 풀리지 않는 것을 억지로 풀어낸다는 뜻으로, 즉, 안되는 것을 억지로 해석하면 곡해하기 쉽다는 말.

結 草 報 恩	
맺을 결　풀 초　갚을 보　은혜 은	**뜻** 풀을 묶어서 은혜에 보답한다는 뜻으로, 죽은 뒤에라도 은혜를 잊지 않고 갚음을 이르는 말. **知恩報恩**(지은보은) : 은혜를 알고 그 은혜에 보답(報答)함을 이르는 말.

傾 國 之 色	
기울 경　나라 국　갈 지　빛 색	**뜻** 임금이 미혹되어 나라가 위기에 빠져도 모를 정도의 미색이라는 뜻으로 뛰어나게 아름다운 여자를 이르는 말. **傾城之美**(경성지미) : 한 성을 기울어뜨릴 만한 미색. **傾斜**(경사) : 비스듬히 기울어짐, 또는 그 정도나 상태(狀態).

耕 山 釣 水	
갈 경　뫼 산　낚시 조　물 수	**뜻** 「산에는 밭을 갈고, 물에서는 물고기를 잡는 생활을 한다」는 뜻으로, 소박(素朴)하고 속세(俗世)에서 떠난 생활(生活)을 영위(營爲)함을 이름. **釣名**(조명) : 거짓으로 명예(名譽)를 탐하여 구(求)함.

鯨 戰 蝦 死	
고래 경　싸움 전　새우 하　죽을 사	**뜻** 고래 싸움에 새우가 죽는다는 속담(俗談)의 한역으로, 강자(强者)끼리 싸우는 틈에 끼여 아무런 상관(相關)없는 약자(弱者)가 화(禍)를 입는다는 말. **糠蝦**(강하) : 젓새우. 보리새우. 보리새웃과의 하나.

鷄 口 牛 後	
닭 계　입 구　소 우　뒤 후	**뜻** 큰 집단의 꼴찌보다 작은 집단의 우두머리가 더 낫다는 것을 닭의 머리와 소의 꼬리에 비유하여 이르는 말. **鷄肋**(계륵) : 「닭의 갈빗대」라는 뜻으로, 먹기에는 너무 양이 적고 버리기에는 아까워 이러지도 저러지도 못하는 형편(形便).

鷄 群 一 鶴	
닭 계　무리 군　한 일　학 학	**뜻** 「닭의 무리 속에 한 마리의 학」이라는 뜻으로, 평범(平凡)한 사람들 가운데서 뛰어난 한 사람. **群衆心理**(군중심리) : 많은 사람이 모여 있을 때 개개인의 평상적인 심리를 초월하여 발생하는 특이(特異)한 심리(心理)

鷄 鳴 狗 盜	
닭 계　울 명　개 구　도적 도	**뜻** 「닭의 울음소리를 잘 내는 사람과 개의 흉내를 잘 내는 좀도둑」이라는 뜻으로, ① 천한 재주를 가진 사람도 때로는 요긴(要緊)하게 쓸모가 있음을 비유하여 이르는 말. ②「야비(野鄙)하게 남을 속이는 꾀」를 비유한 말.

鷄 鳴 狗 吠	
닭 계　울 명　개 구　짖을 폐	**뜻** 「닭이 울고 개가 짖는다」는 뜻으로, 인가(人家)나 촌락(村落)이 잇대어 있다는 뜻. **鷄鳴之客**(계명지객) : 닭 울음소리를 묘하게 잘 흉내 내는 식객(食客)을 이르는 말.

擊 竹 事 難 事	
칠 격　대 죽　일 사　어려울 난　일 사	**뜻** 「대나무를 다 사용(使用)해 써도 그의 악행(惡行)을 다 쓸 수 없다」는 뜻으로, 필설(筆舌)로 다 할 수 없으리만큼 죄악(罪惡)을 많이 저질렀다는 말. **출전** 후한서(後漢書)

季 布 一 諾	뜻 「계포(季布)가 한 번 한 약속(約束)」이라는 뜻으로, 초(楚)나라의 계포(季布)는 한 번 승낙(承諾)한 일이면 꼭 실행(實行)하는 약속(約束)을 잘 지키는 사람이었음에서 비롯하여, 틀림없이 승낙(承諾)함을 뜻함.
끝 계 베 포 한 일 허락 낙	

股 肱 之 臣	뜻 자신의 팔다리같이 믿음직스러워 중하게 여기는 신하. 임금이 가장 신임(信任)하는 중신(重臣)을 이르는 말. 股關節(고관절) : 비구(髀臼)와 넓적다리뼈를 연결(連結)하는 관절(關節).
다리 고 팔 굉 갈 지 신하 신	

膏 粱 子 弟	뜻 「고량진미(膏粱珍味)를 먹은 자제(子弟)」라는 뜻으로, 부귀(富貴)한 집에서 자라나서 고생(苦生)을 모르는 사람을 이르는 말. 民膏民脂(민고민지) : 「백성의 피와 땀」이라는 뜻으로, 백성에게서 과다(過多)하게 거두어들인 세금이나 재물을 이르는 말.
기름 고 기장 량 아들 자 아우 제	

膏 粱 珍 味	뜻 살진 고기와 좋은 곡식으로 만든 맛있는 음식. 高粱酒(고량주) : 중국(中國) 특산(特産) 소주(燒酒). 高粱(고량) : 볏과의 한해살이 풀. 수수의 일종으로, 만주 등지에서는 주식으로 하거나 고량주를 만들기도 함.
기름 고 기장 량 보배 진 맛 미	

鼓 腹 擊 壤	뜻 「배를 두드리고 흙덩이를 친다」는 뜻으로, 배불리 먹고 흙덩이를 치는 놀이를 한다, 즉 매우 살기 좋은 시절(時節)을 말함. 聲東擊西(성동격서) : 동쪽에서 소리를 내고 서쪽에서 적을 친다는 뜻으로, 동쪽을 치는 척하면서 서쪽을 치는 병법의 하나.
북 고 배 복 칠 격 흙덩이 양	

孤 城 落 日	뜻 「외딴 성(城)이 해가 지려고 하는 곳에 있다」는 뜻으로, ① 도움이 없이 고립(孤立)된 상태(狀態). ② 남은 삶이 얼마 남지 않은 쓸쓸한 심경(心境). 孤兒(고아) : 부모(父母) 없이 홀로 된 아이.
외로울 고 재 성 떨어질 낙 날 일	

苦 肉 之 策	뜻 적을 속이는 수단(手段)으로서 제 몸 괴롭히는 것을 돌보지 않고 쓰는 계책(計策)을 이름. 同苦同樂(동고동락) : 괴로움과 즐거움을 함께 한다는 뜻으로, 같이 고생(苦生)하고 같이 즐김.
쓸 고 고기 육 갈 지 꾀 책	

孤 雲 野 鶴	뜻 「외로운 구름이요 들판의 학(鶴)」이라는 뜻으로, 속세(俗世)를 떠난 은사(隱士)를 가리키는 말. 白鶴(백학) : 두루미. 다리와 목이 가늘고 길며 우는 소리가 큰 새의 하나.
외로울 고 구름 운 들 야 학 학	

苦 盡 甘 來	뜻 「쓴 것이 다하면 단 것이 온다」라는 뜻으로, 고생(苦生) 끝에 낙이 온다라는 말. 興盡悲來(흥진비래) : 즐거운 일이 지나가면 슬픈 일이 닥쳐온다는 뜻으로, 세상일이 순환(循環)됨을 가리키는 말.
쓸 고 다할 진 달 감 올 래	

高 枕 安 眠	뜻 「베개를 높이 하여 편안(便安)히 잔다」는 뜻으로, 편안(便安)하게 누워서 근심 없이 지냄을 말함. 枕木(침목) : ① 길고 큰 물건(物件) 밑을 괴어 놓은 큰 나무 토막 ② 기차 선로(線路)를 받치는 나무토막.
높을 고 베개 침 편안 안 잠잘 면	

曲 學 阿 世	뜻 「학문(學問)을 굽히어 세상(世上)에 아첨(阿諂)한다」는 뜻으로, 정도(正道)를 벗어난 학문(學問)으로 세상(世上) 사람에게 아첨(阿諂)함을 이르는 말.
굽을 곡 배울 학 언덕 아 인간 세	曲學者(곡학자) : 진실(眞實)을 왜곡(歪曲)하는 학자(學者).

空 谷 跫 音	뜻 빈 골짜기의 발자욱 소리라는 뜻으로, ① 몹시 신기(神奇)한 일. ② 뜻밖의 기쁨. ③ 반가운 소식(消息) 등을 의미(意味).
빌 공 골 곡 발자국소리공 소리 음	亡國之音(망국지음) : 나라를 망치는 음악이란 뜻으로, '저속(低俗)하고 난잡(亂雜)한 음악(音樂)'을 일컫는 말.

空 谷 足 音	뜻 아무 것도 없는 빈 골짜기에 울리는 사람의 발자국 소리라는 뜻으로, 쓸쓸할 때 손님이나 기쁜 소식(消息)이 온다는 말.
빌 공 골 곡 발 족 소리 음	空谷傳聲(공곡전성) : 산골짜기에서 크게 소리치면 그대로 전(傳)함. 즉 악(惡)한 일을 당(當)하게 됨.

空 中 樓 閣	뜻 「공중(空中)에 세워진 누각(樓閣)」이란 뜻으로, 근거(根據)가 없는 가공(架空)의 사물(事物).
빌 공 가운데 중 다락 루 집 각	蜃氣樓(신기루) : 바다 위나 사막에서, 대기의 밀도가 층층이 달라졌을 때 빛이 굴절하기 때문에 엉뚱한 곳에 물상(物像)이 있는 것처럼 보이는 현상.

公 平 無 私	뜻 어느 쪽에도 치우치지 않아 공평(公平)하고 사사(私事)로움이 없음.
공평할공 평평할 평 없을 무 사사 사	平均(평균) : 부동(不同)이나 다소(多少)가 없이 균일(均一)함. 또는 그렇게 함. 연등(連等).

過 猶 不 及	뜻 모든 사물(事物)이 정도(程度)를 지나치면 미치지 못한 것과 같다는 뜻으로, 중용(中庸)이 중요(重要)함을 가리키는 말.
지날 과 오히려 유 아니 불 미칠 급	過剩(과잉) : 예정(豫定)한 수량(數量)이나 필요(必要)한 수량(數量)보다 많음. 「지나침」으로 순화.

瓜 田 不 納 履	뜻 「오이 밭 근방에서는 신발을 고쳐 신지 않는다」는 뜻으로, 의심(疑心)받을 짓은 처음부터 하지 말라는 말.
오이 과 밭 전 아니 불 들일 납 밟을 리	李下不整冠(이하부정관) : 「오얏나무 밑에서 갓을 고쳐 쓰쓰지 말라」는 뜻으로, 남에게 의심 받을 일은 아예 하지 말라는 말.

過 則 勿 憚 改	뜻 잘못인 줄 하면 즉시(卽時) 고치는 것을 주저(躊躇)하지 말아야 함.
허물 과 곧 즉 말 물 꺼릴탄 고칠 개	無所忌憚(무소기탄) : 아무 꺼릴 바가 없음. 憚服(탄복) : 두려워서 복종(服從)함.

管 鮑 之 交	뜻 옛날 중국의 관중(管仲)과 포숙아(鮑叔牙)처럼 친구 사이가 다정함을 이르는 말로, 친구 사이의 매우 다정하고 허물없는 교제(交際)나, 우정(友情)이 아주 돈독(敦篤)한 친구(親舊) 관계(關係), 허물없는 친구(親舊) 사이를 이르는 말.
대롱 관 건어 포 갈 지 사귈 교	

刮 目 相 對	뜻 눈을 비비고 다시 보며 상대를 대한다는 뜻으로, 다른 사람의 학식(學識)이나 업적(業績)이 크게 진보(進步)한 것을 말함.
긁을 괄 눈 목 서로 상 대할 대	相對(상대) : ① 서로 마주 보고 있음, 마주 겨룸. 또는 그 대상(對象). ② 서로 대립(對立)이 됨.

矯 角 殺 牛	「쇠뿔을 바로 잡으려다 소를 죽인다」라는 뜻으로, 결점(缺點)이나 흠을 고치려다 수단(手段)이 지나쳐 도리어 일을 그르침.
바로잡을 교 뿔 각 죽일 살 소 우	**矯枉過直(교왕과직)** : 구부러진 것을 바로잡으려다가 너무 곧게 한다는 뜻으로, 잘못을 바로잡으려다 지나쳐 일을 그르침을 이름.

驕 兵 必 敗	자기 군대의 힘만 믿고 교만(驕慢)하여 적에게 위엄(威嚴)을 보이려는 병정(兵丁)은 적의 군대에게 반드시 패한다는 뜻.
교만할 교 군사 병 반드시 필 패할 패	**兵士(병사)** : 하사관(下士官) 아래의 군인. 군사(軍士). 장교(將校), 준사관(准士官) 및 사관 후보생이 아닌 모든 병사.

驕 奢 淫 佚	교만(驕慢)하며 사치(奢侈)스럽고 방탕(放蕩)한 사람을 이르는 말.
교만할 교 사치할 사 음란할 음 편안할 일	**傲慢不遜(오만불손)** : 잘난 체하고 방자(放恣)하여 제 멋대로 굴거나 남 앞에 겸손(謙遜)하지 않음.

巧 言 令 色	남의 환심을 사려는 목적으로 아첨하는 교묘한 말과 보기 좋게 꾸미는 얼굴빛.
공교로울 교 말씀 언 하여금 영 빛 색	**甘言利說(감언이설)** : 「달콤한 말과 이로운 이야기」라는 뜻으로, 남의 비위에 맞도록 달콤한 말과 이로운 이야기로 남을 꾀는 말.

交 友 以 信	신라 화랑(花郞)의 다섯 가지 계율 즉, 세속오계(世俗五戒)의 하. 세속오계는 진평왕 때에 원광(圓光)이 정한 것으로, 사군이충(事君以忠)·사친이효(事親以孝)·교우이신(交友以信)·임전무퇴(臨戰無退)·살생유택(殺生有擇)을 이른다.
사귈 교 벗 우 써 이 믿을 신	

膠 柱 鼓 瑟	비파(琵琶)나 거문고의 기러기발을 아교(阿膠)로 붙여 놓으면 음조(音調)를 바꾸지 못하여 한가지 소리밖에 내지 못하듯이, 고지식하여 융통성(融通性)이 전혀 없거나, 또는 규칙(規則)에 얽매여 변통(變通)할 줄 모르는 사람을 이름.
아교 교 기둥 주 북 고 비파 슬	

膠 漆 之 心	아교(阿膠)와 옻의 사귐이라는 뜻으로, 매우 친밀(親密)한 사귐을 이르는 말.
아교 교 옻 칠 갈 지 마음 심	**水魚之交(수어지교)** : 물과 물고기의 사귐이란 뜻으로, 임금과 신하 또는 부부 사이처럼 매우 친밀한 관계를 이르는 말.

狡 兎 三 窟	「교활(狡猾)한 토끼는 굴을 세 개 파 놓는다」는 뜻으로, 사람이 교묘(巧妙)하게 잘 숨어 재난(災難)을 피함을 비유하여 이르는 말.
교활할 교 토끼 토 석 삼 굴 굴	**山兎(산토)** : 산토끼. 토낏과의 포유동물(哺乳動物).

教 學 相 長	가르침과 배움이 서로 진보시켜 준다는 뜻으로, ① 사람에게 가르쳐 주거나 스승에게 배우거나 모두 자신의 학업(學業)을 증진(增進)시킴. ② 가르치는 일과 배우는 일이 서로 자신의 공부(工夫)를 진보(進步)시킨는 말.
가르칠 교 배울 학 서로 상 긴 장	

九 曲 肝 腸	「아홉 번 구부러진 간과 창자」라는 뜻으로, 굽이 굽이 사무친 마음속 또는 깊은 마음속.
아홉 구 굽을 곡 간 간 창자 장	**懇曲(간곡)** : ① 간절(懇切)하고 곡진(曲盡)함. ② 간절(懇切)하고 마음과 정성(精誠)이 지극(至極)함.

句 句 節 節	**뜻** 한 구절(句節) 한 구절(句節). 즉 매 구절마다란 뜻.
글귀 구　　　마디 절	**句讀**(구두) : 단어(單語) 구절(句節)을 점(點)이나 부호(符號) 등으로 표하는 방법(方法). 구두점(句讀點).
	句節(구절) : 구(句)와 절(節). 말이나 글을 여러 토막으로 나눈 그 각개의 부분.

口 蜜 腹 劍	**뜻** 「입으로는 꿀같이 달콤하게 말하나 뱃속에는 음흉하고 무시무시한 칼을 감추고 있다」는 뜻으로, 겉으로는 친절하나 마음속은 음흉(陰凶)한 것.
입 구　꿀 밀　배 복　칼 검	**腹案**(복안) : 마음속에 품고 있는 계획(計劃).

九 死 一 生	**뜻** 아홉번 죽을 뻔하다 한 번 살아난다는 뜻으로, 여러 차례 죽을 고비를 겪고 간신히 목숨을 건짐. 어렵게 살아 남음.
아홉 구　죽을 사　한 일　날 생	**生死**(생사) : ① 태어남과 죽음. 삶과 죽음. 사생(死生). ② 생로병사(生老病死)의 4고(苦)의 시작(始作)과 끝.

口 尙 乳 臭	**뜻** 입에서 아직 젖내가 난다는 뜻으로, 말과 하는 짓이 아직 유치(幼稚)함을 일컬음.
입 구　오히려 상　젖 유　냄새 취	**高尙**(고상) : 몸가짐과 품은 뜻이 깨끗하고 높아 세속(世俗)된 비천(卑賤)한 것에 굽히지 아니함.

九 牛 一 毛	**뜻** 아홉 마리 소에 털 한가닥이 빠진 정도(程度)라는 뜻으로, 아주 많은 물건 속에 있는 아주 적은 물건(物件)이나, 대단히 많은 것 중의 아주 적은 것의 비유.
아홉 구　소 우　한 일　터럭 모	**牛乳**(우유) : 소의 젖.

口 禍 之 門	**뜻** 입은 재앙(災殃)을 불러들이는 문이 된다는 뜻으로, 말조심을 하라고 경계(警戒)하는 말.
입 구　재앙 화　갈 지　문 문	**殃禍**(앙화) : 죄악(罪惡)의 과보(果報)로 받는 재앙(災殃). 어떤 일로 말미암아 생기는 근심이나 재난(災難).

國 士 無 雙	**뜻** 그 나라에서 가장 뛰어난 인물은 둘도 없다는 뜻으로, 매우 뛰어난 인재(人材)를 이르는 말.
나라 국　선비 사　없을 무　쌍 쌍	**人士**(인사) : 교육(敎育)이나 사회적(社會的)인 지위(地位)가 있는 사람.

群 鷄 一 鶴	**뜻** 무리 지어 있는 닭 가운데 있는 한 마리의 학이라는 뜻으로, 여러 평범한 사람들 가운데 있는 뛰어난 한 사람을 이르는 말.
무리 군　닭 계　한 일　학 학	**養鷄**(양계) : 닭을 기르는 일. **鶴首苦待**(학수고대) : 학처럼 목을 길게 빼고 기다린다는 뜻으로, 몹시 기다림을 이르는 말.

群 盲 評 象	**뜻** 장님들이 코끼리 몸을 만져보고 제각기 말한다는 뜻으로, 어리석은 사람은 자기 주관(主觀)에만 치우쳐 큰 일을 그릇되게 판단(判斷)함을 비유.
무리 군　소경 맹　평할 평　코끼리 상	**評論**(평론) : 사물의 가치, 선악 등을 비평(批評)하여 논(論)함.

君 子 三 樂	**뜻** 군자(君子)의 세 가지 즐거움이라는 뜻으로, 첫째는 부모(父母)가 다 살아 계시고 형제(兄弟)가 무고(無故)한 것, 둘째는 하늘과 사람에게 부끄러워할 것이 없는 것, 세째는 천하(天下)의 영재를 얻어서 교육(敎育)하는 것.
임금 군　아들 자　석 삼　즐길 락	

君 子 豹 變 임금 군 아들 자 표범 표 변할 변	뜻 군자(君子)는 표범처럼 변한다는 뜻으로, 가을에 새로 나는 표범의 털이 아름답듯이, 군자(君子)는 허물을 고쳐 올바로 행함이 아주 빠르고 뚜렷하며 선(善)으로 옮겨가는 행위가 빛남을 이르는 말.
勸 善 懲 惡 권할 권 착할 선 징계할 징 악할 악	뜻 착한 행실(行實)을 권장(勸奬)하고 악(惡)한 행실을 징계(懲戒)함. 勸告(권고) : ① 하도록 권(勸)하여 말함. 　　　　　 ② 타일러 권(勸)함. 또는 그러한 말.
捲 土 重 來 말 권 흙 토 무거울 중 올 래	뜻 「흙먼지를 날리며 다시 온다」는 뜻으로, ① 한 번 실패(失敗)에 굴하지 않고 몇 번이고 다시 일어남. ② 패한 자가 세력(勢力)을 되찾아 다시 쳐들어옴. 重要(중요) : 매우 귀중(貴重)하고 소중(所重)함.
克 己 復 禮 이길 극 몸 기 다시 복 예도 례	뜻 욕망(慾望)이나 사(詐)된 마음 등을 자기자신의 의지력으로 억제(抑制)하고 예의(禮儀)에 어그러지지 않도록 함. 利己心(이기심) : 자기의 이익만을 꾀하고 남을 돌보지 아니하는 마음.
槿 花 一 日 榮 무궁화근 꽃 화 한 일 날 일 영화영	뜻 아침에 피었다 저녁에 지는 무궁화(無窮花) 같이 사람의 영화(榮華)는 덧없음. 槿花(근화) : 무궁화(無窮花). 우리나라 국화(國花). 아욱과의 낙엽(落葉) 활엽(闊葉) 관목(灌木).
金 蘭 之 契 쇠 금 난초 란 갈 지 맺을 계	뜻 「쇠처럼 단단하고 난초(蘭草) 향기처럼 그윽한 사귐의 의리를 맺는다」는 뜻으로, 사이 좋은 벗끼리 마음을 합치면 단단한 쇠도 자를 수 있고, 우정(友情)의 아름다움은 난의 향기(香氣)와 같이 아주 친밀(親密)한 친구(親舊) 사이를 이름.
金 蘭 之 交 쇠 금 난초 란 갈 지 사귈 교	뜻 「마음이 황금(黃金)과 같이 변함이 없고, 아름답기가 난초(蘭草) 향기와 같은 사귐」이라는 뜻으로, 두 사람 간에 서로 마음이 맞고 교분(交分)이 두터워서 아무리 어려운 일이라도 해나갈 만큼 우정(友情)이 깊은 사귐을 이르는 말.
錦 上 添 花 비단 금 위 상 더할 첨 꽃 화	뜻 「비단(緋緞) 위에 꽃을 더한다」는 뜻으로, 좋은 일에 또 좋은 일이 더하여짐을 이르는 말. 添削(첨삭) : ① 문자(文字)를 보태거나 뺌. ② 시문(詩文)·답안(答案) 등을 더하거나 깎거나 하여 고침. 增刪(증산).
今 昔 之 感 이제 금 옛 석 갈 지 느낄 감	뜻 지금과 옛날을 비교(比較)할 때 차이가 매우 심하여 느껴지는 감정(感情). 金石之契(금석지계) : 금이나 돌과 같이 굳은 사귐을 이르는 말. 金石之言(금석지언) : 금석(金石)과 같이 굳은 언약을 이르는 말.
金 石 爲 開 쇠 금 돌 석 할 위 열 개	뜻 「쇠와 돌을 열리게 한다」는 뜻으로, 강(强)한 의지(意志)로 전력을 다하면 어떤 일에도 성공할 수 있다는 말. 金融(금융) : ① 돈의 융통(融通). ② 경제(經濟) 상 자금(資金)의 수요(需要)와 공급(供給)의 관계(關係).

金 城 湯 池	뜻 「쇠로 만든 성(城)과 끓는 물을 채운 못」이란 뜻으로, ① 매우 견고(堅固)한 성(城)과 해자(垓子). ② 전(傳)하여, 침해(侵害)받기 어려운 장소(場所)를 비유.
쇠 금　재 성　끓을 탕　못 지	城郭(성곽) : 내성(內城)과 외성(外城)을 아울러 일컫는 말.

琴 瑟 相 和	뜻 「거문고와 비파(琵琶) 소리가 조화를 이룬다」는 뜻으로, 부부(夫婦) 사이가 다정하고 화목함을 이르는 말.
거문고 금　비파 슬　서로 상　화할 화	平和(평화) : ① 평온(平穩)하고 화목(和睦)함. ② 화합하고 안온(安穩)함. ③ 전쟁(戰爭)이 없이 세상(世上)이 평온(平穩)함.

琴 瑟 之 樂	뜻 「거문고와 비파(琵琶)의 조화로운 소리」라는 뜻으로, 부부(夫婦) 사이의 다정(多情)하고 화목(和睦)한 즐거움.
거문고 금　비파 슬　갈 지　즐길 락	奚琴(해금) : 혹이 빈 둥근 나무에 짐승의 가죽을 메우고 긴 나무를 꽂아 줄을 활 모양으로 건 민속 악기. '깡깡이'를 아악(雅樂)에서 일컫는 말.

錦 衣 夜 行	뜻 비단옷을 입고 밤길을 간다는 뜻으로, ① 아무 보람없는 행동(行動)을 비유하여 이르는 말. ② 또는 입신(立身) 출세(出世)하여 고향(故鄕)으로 돌아가지 않음을 이르는 말. ③ 남이 알아주지 않음을 이르는 말.
비단 금　옷 의　밤 야　행할 행	

錦 衣 還 鄕	뜻 「비단옷 입고 고향(故鄕)에 돌아온다」는 뜻으로, 출세하여 고향에 돌아옴을 이르는 말.
비단 금　옷 의　돌아올 환　고을 향	還甲(환갑) : ① 나이 만 60세를 가리키는 말. ② 61세 때의 생신으로 60갑자를 다 지내고 다시 낳은 해의 간지가 돌아왔다는 의미.

金 枝 玉 葉	뜻 「금 가지에 옥 잎사귀」란 뜻으로, ① 임금의 자손(子孫)이나 집안을 이르는 말. ② 귀한집 자손(子孫)을 이르는 말. ③ 아름다운 구름을 형용(形容)하여 이르는 말.
쇠 금　가지 지　구슬 옥　잎 엽	枝葉(지엽) : ① 가지와 잎. ② 중요(重要)하지 않은 부분(部分).

起 死 回 生	뜻 죽을 뻔하다가 살아남.
일어날 기　죽을 사　돌아올 회　날 생	蹶起(궐기) : (어떤 무리의 사람들이) 어떤 일에 대(對)한 각오(覺悟)를 다지거나 결심(決心)을 굳히면서 기운(氣運)차게 일어서는 것.

杞 人 之 憂	뜻 기(杞)나라 사람의 군걱정이란 뜻으로, 곧 쓸데없는 군걱정, 헛걱정, 무익(無益)한 근심을 말함.
구기자 기　사람 인　갈 지　근심 우	杞憂(기우) : 중국의 기(杞)나라 사람이 하늘이 무너질까봐 침식을 잊고 근심 걱정하였다는 뜻으로, 쓸데없는 걱정을 나타냄.

騎 虎 之 勢	뜻 「호랑이를 타고 달리는 기세(氣勢)」라는 뜻으로, 범을 타고 달리는 사람이 도중에서 내릴 수 없는 것처럼 도중(途中)에서 그만두거나 물러설 수 없는 형세(形勢)를 이르는 말. 꺾일 수 없는 기세를 말함.
말탈 기　범 호　갈 지　형세 세	

奇 貨 可 居	뜻 ① 진기(珍奇)한 물건은 사서 잘 보관(保管)해 두면 장차 큰 이득(利得)을 본다는 말. ② 좋은 기회(機會)로 이용(利用)하기에 알맞음을 이르는 말.
기이할 기　재화 화　옳을 가　살 거	貨物(화물) : 운반(運搬)할 수 있는 물품(物品)의 총칭(總稱).

洛 陽 紙 貴	「낙양의 종이가 귀해졌다」는 뜻으로, ① 문장(文章)이나 저서(著書)가 호평(好評)을 받아 잘 팔림을 이르는 말. ② 쓴 글의 평판(評判)이 널리 알려짐. ③ 혹은 저서(著書)가 많이 팔리는 것을 말할 때 쓰임.
물 낙　별 양　종이 지　귀할 귀	

暖 衣 飽 食	「옷을 따뜻이 입고 음식(飲食)을 배부르게 먹는다는 뜻으로, 의식(衣食) 걱정이 없는 편한 생활(生活)을 이르는 말. **衣食住**(의식주) : 인간(人間) 생활(生活)의 3대(三大) 요소(要素)인 옷과 음식(飲食)과 집.
따뜻할 난　옷 의　배부를 포　밥 식	

難 兄 難 弟	「누구를 형이라 아우라 하기 어렵다」는 뜻으로, ① 누가 더 낫고 못하다고 할 수 없을 정도로 서로 비슷함. ② 사물(事物)의 우열(優劣)이 없다는 말로 곧 비슷하다는 말. **兄弟姉妹**(형제자매) : 형제(兄弟)와 자매(姉妹).
어려울 난　맏 형　어려울 난　아우 제	

南 柯 一 夢	남쪽 가지에서의 꿈이란 뜻으로, 덧없는 꿈이나 한때의 헛된 부귀영화(富貴榮華)를 이르는 말. **南柯之夢**(남가지몽) : 남쪽 가지 밑에서 꾼 한 꿈이라는 뜻으로, 일생과 부귀영화가 한낱 꿈에 지나지 않음을 이르는 말.
남녘 남　가지 가　한 일　꿈 몽	

南 橘 北 枳	남쪽 땅의 귤나무를 북쪽에 옮겨 심으면 탱자 나무로 변한다는 뜻으로, 사람도 그 처해 있는 곳에 따라 선하게도 되고 악하게도 됨을 이르는 말. **柑橘**(감귤) : 귤과 밀감의 총칭(總稱).
남녘 남　귤 귤　북녘 북　탱자 지	

男 負 女 戴	남자는 지고 여자는 인다는 뜻으로, 사람들이 살 곳을 찾아 세간을 이고 지고 이리저리 떠돌아 다님을 이르는 말. **南男北女**(남남북녀) : 예전부터 우리나라에서 남쪽에선 남자가 잘나고, 북쪽에선 여자가 곱다는 뜻으로 일러 내려오는 말.
사내 남　질 부　계집 여　일 대	

囊 中 之 錐	주머니 속에 있는 송곳이란 뜻으로, 재능(才能)이 아주 빼어난 사람은 숨어 있어도 저절로 남의 눈에 드러난다는 비유적(比喩的) 의미(意味). **心囊**(심낭) : 염통주머니.
주머니 낭　가운데 중　갈 지　송곳 추	

内 憂 外 患	내부에서 일어나는 근심과 외부로부터 받는 근심이란 뜻으로, 나라 안팎의 여러 가지 어려운 사태(事態)를 이르는 말. **近憂遠慮**(근우원려) : 가까운 곳에서는 근심하고 먼 곳에서는 염려(念慮)함.
안 내　근심 우　바깥 외　근심 환	

内 助 之 賢	아내가 집안 일을 잘 다스려 남편(男便)을 돕는 일을 말함. **内助之功**(내조지공) : 안에서 돕는 공이란 뜻으로, 아내가 집안 일을 잘 다스려 남편(男便)을 돕는 일을 말함. **内助**(내조) : 아내가 남편(男便)을 도움.
안 내　도울 조　갈 지　어질 현	

老 馬 之 智	늙은 말의 지혜(智慧・知慧)라는 뜻으로, ① 연륜이 깊으면 나름의 장점(長點)과 특기(特技)가 있음. ② 저마다 한 가지 재주는 지녔다는 말. **老馬知途**(노마지도) : 늙은 말이 갈 길을 안다는 뜻.
늙을 노　말 마　갈 지　지혜 지	

論 功 行 賞	뜻 공(功)이 있고 없음이나 크고 작음을 따져 거기에 알맞은 상을 줌.
논할 논 　 공 공 　 행할 행 　 상줄 상	賞功(상공) : 세운 공에 대(對)하여 상을 줌. 褒賞金(포상금) : 칭찬하고 권장(勸獎)하여 상으로 주는 돈.

弄 瓦 之 慶	뜻 「질그릇을 갖고 노는 경사(慶事)」란 뜻으로, 딸을 낳은 기쁨.
희롱할 농 　 기와 와 　 갈 지 　 경사 경	弄瓦之喜(농와지희)도 같은 의미. 嘲弄(조롱) : (어떤 사람을) 우습거나 형편없는 존재(存在)로 여겨 비웃고 놀리는 것.

累 卵 之 危	뜻 알을 쌓아 놓은 듯한 위태로움이라는 뜻으로, 매우 위태로운 형세(形勢)를 이르는 말.
여러 누 　 알 란 　 갈 지 　 위태할 위	累卵之勢(누란지세) : 포개어 놓은 알의 형세라는 뜻으로, 몹시 위험(危險)한 형세(形勢)를 비유적으로 이르는 말.

能 書 不 擇 筆	뜻 글씨를 잘 쓰는 이는 붓을 가리지 않는다는 뜻으로, 일에 능한 사람은 도구를 탓하지 않음을 이르는 말.
능할 능 　 글 서 　 아니 불 　 가릴 택 　 붓 필	能率(능률) : 일정한 동안에 할 수 있는 일의 비율(比率). 敎科書(교과서) : 학교(學校)에서 가르치는 데 쓰는 책(冊).

陵 遲 處 斬	뜻 중죄인을 일단 죽인 뒤, 그 시신을 토막쳐서 각지에 돌려 보이는 형벌.
언덕 능 　 더딜 지 　 곳 처 　 벨 참	凌遲處死(능지처사) : 머리·손·발·몸을 토막내어 죽이는 극형의 한 가지.

多 岐 亡 羊	뜻 달아난 양을 찾다가 여러 갈래 길에 이르러 길을 잃었다는 뜻으로, ① 학문(學問)의 길이 여러 갈래로 나뉘어져 있어 진리(眞理)를 찾기 어려움. ② 방침(方針)이 많아 할 바를 모르게 됨.
만을 다 　 갈림길 기 　 망할 망 　 양 양	岐路(기로) : 여러 갈래로 갈린 길. 갈림길.

多 多 益 善	뜻 많으면 많을수록 더욱 좋다는 말.
많을 다 　 　 　 더할 익 　 착할 선	多多益辦(다다익판) : 많으면 많을수록 더 잘 처리(處理)함. 收益(수익) : ① 이익을 거두어 들임. ② 기업이 생산물(生産物)의 대상(代償)으로서 얻은 경제(經濟) 가치(價値).

多 事 多 難	뜻 여러 가지로 일도 많고 어려움도 많음.
많을 다 　 일 사 　 많을 다 　 어려울 난	困難(곤란) : ① 어떤 일을 하는 입장(立場)·상황(狀況)·조건(條件) 등이 좋지 않아 어렵거나 까다로운 상태(狀態). ② 경제적(經濟的)으로 몹시 어렵고 궁핍(窮乏)함.

多 士 濟 濟	뜻 ① 많은 선비가 모두 뛰어남. ② 훌륭한 인재(人材)가 많음. ③ 뛰어난 인물(人物)이 많음.
많을 다 　 선비 사 　 건널 제	決濟(결제) : ① 결정하여 끝맺음. ② 증권 또는 대금(代金)의 수불(受拂)에 의(依)하여 거래(去來)를 청산(淸算)하는 일.

斷 機 之 戒	뜻 베를 끊는 훈계(訓戒)란 뜻으로, 학업(學業)을 중도(中途)에 폐(廢)함은 짜던 피륙의 날을 끊는 것과 같아 아무런 이익(利益)이 없다는 훈계(訓戒). 斷機之敎(단기지교)도 같은 의미.
끊을 단 　 기틀 기 　 갈 지 　 경계할 계	決斷(결단) : 결정(決定)하여 단정(斷定) 지음.

單 刀 直 入	뜻 혼자서 칼을 휘두르고 거침없이 적진(敵陣)으로 쳐들어간다는 뜻으로, ① 문장(文章)이나 언론(言論)의 너절한 허두(虛頭)를 빼고 바로 그 요점으로 풀이하여 들어감. ② 생각과 분별과 말에 거리끼지 아니하고 진경계(眞境界)로 바로 들어감.
홑 단 칼 도 곧을 직 들 입	

簞 食 瓢 飮	뜻 「대그릇의 밥과 표주박의 물」이라는 뜻으로, 좋지 못한 적은 음식(飮食). 簞食(단사) : 도시락밥, 도시락에 담은 밥. 瓢簞(표단) : 표주박. 조롱박이나 둥근 박을 반으로 쪼개어 만든 작은 바가지.
소쿠리 단 먹이 사 바가지 표 마실 음	

談 笑 自 若	뜻 위험이나 곤란에 직면해 걱정과 근심이 있을 때라도 변함없이 평상시와 같은 태도를 가짐. 泰然自若(태연자약) : 마음에 충동(衝動)을 받아도 동요(動搖)하지 않고 천연(天然)스러운 것.
말씀 담 웃음 소 스스로 자 같을 약	

螳 螂 拒 轍	뜻 「사마귀가 수레바퀴를 막는다」는 뜻으로, 자기의 힘은 헤아리지 않고 강자(强者)에게 무모하게 함부로 덤빔. 螳螂之斧(당랑지부) : 자기 힘을 생각지 않고 강적(强敵) 앞에서 분수(分數)없이 날뛰는 것에 비유해서 씀.
사마귀 당 사마귀 랑 막을 거 바퀴자국 철	

螳 螂 在 後	뜻 사마귀가 참새가 뒤에 있는 것은 알지 못하고 매미 잡을 욕심에 구멍으로 들어간다는 뜻으로, 한갓 눈앞의 욕심(慾心)에만 눈이 어두워 덤비고, 해를 입을 것을 생각하지 않으면 재화(災禍)를 당하게 됨을 비유함.
사마귀 당 사마귀 랑 있을 재 뒤 후	

大 器 晚 成	뜻 큰 그릇은 늦게 이루어진다는 뜻으로, ① 크게 될 인물(人物)은 오랜 공적(功績)을 쌓아 늦게 이루어짐. ② 또는, 만년(晚年)이 되어 성공(成功)하는 일을 이름. 機器(기기) : 기구(器具)와 기계(機械)를 아울러 일컫는 말.
큰 대 그릇 기 늦을 만 이룰 성	

大 同 小 異	뜻 혜시(惠施)의 소동이(小同異), 대동이(大同異) 론(論)에서 비롯된 말로, ① 거의 같고 조금 다름. ② 비슷함. 五十步百步(오십보백보) : 오십보 도망한 자가 백보 도망한 자를 비웃는다라는 뜻으로, 조금 낮고 못한 차이는 있지만 본질적으로 차이가 없음.
큰 대 한가지 동 적을 소 다를 이	

大 義 滅 親	뜻 큰 의리(義理)를 위해서는 혈육(血肉)의 친함도 저버린다는 뜻으로, ① 큰 의리(義理)를 위해서는 사사(私事)로운 정의(情誼)를 버림. ② 국가(國家)의 대의를 위해서는 부모(父母) 형제(兄弟)의 정(情)도 버림.
큰 대 옳을 의 멸할 멸 친할 친	

大 義 名 分	뜻 ① 사람으로서 마땅히 지켜야 할 중대한 의리와 명분. 떳떳한 명분. ② 행동의 기준이 되는 도리. ③ 이유가 되는 명백한 근거(根據). ④ 인류의 큰 의를 밝히고 분수를 지키어 정도에 어긋나지 않도록 하는 것.
큰 대 옳을 의 이름 명 나눌 분	

道 不 拾 遺	뜻 길에 떨어진 것을 줍지 않는다는 뜻으로, ① 나라가 잘 다스려져 백성들의 풍속이 돈후(敦厚)함을 비유해 이르는 말. ② 형벌이 준엄(峻嚴)하여 백성이 법을 범하지 아니함의 뜻으로도 쓰임.
길 도 아니 불 주울 습 남길 유	

桃 園 結 義	뜻 도원에서 의형제(義兄弟)를 맺다는 뜻으로, ① 의형제(義兄弟)를 맺음. ② 서로 다른 사람들이 사욕(私慾)을 버리고 목적을 향(向)해 합심(合心)할 것을 결의(結義)함.
복숭아 도 동산 원 맺을 결 옳을 의	結義兄弟(결의형제) : 남남끼리 의리로써 형제 관계를 맺음.

道 聽 塗 說	뜻 길거리에서 들은 이야기를 곧 그 길에서 다른 사람에게 말한다는 뜻으로, ① 거리에서 들은 것을 남에게 아는 체하며 말함. ② 깊이 생각 않고 예사(例事)로 듣고 말함. ③ 길거리에 떠돌아다니는 뜬 소문(所聞).
길 도 들을 청 바를 도 말씀 설	

塗 炭 之 苦	뜻 진흙이나 숯불에 떨어진 것과 같은 고통(苦痛)이라는 뜻으로, 가혹(苛酷)한 정치(政治)로 말미암아 백성(百姓)이 심한 고통(苦痛)을 겪는 것.
바를 도 숯 탄 갈 지 쓸 고	炭素(탄소) : 비금속성(非金屬性) 화학 원소(元素)의 하나.

獨 不 將 軍	뜻 혼자서는 장군을 못한다는 뜻으로, ① 남의 의견을 무시하고 혼자 모든 일을 처리하는 사람의 비유. ② 혼자서는 다 잘할 수 없으므로 남과 협조해야 한다는 뜻을 담고 있는 말. ③ 저 혼자 잘난 체하며 뽐내다가 남에게 핀잔을 받고 고립된 처지에 있는 사람.
홀로 독 아니 불 장수 장 군사 군	

東家食西家宿	뜻 동쪽 집에서 먹고 서쪽 집에서 잔다는 뜻으로, ① 탐욕스러운 사람을 비유해 이르는 말. ② 먹을 곳, 잘 곳이 없어 떠돌아다니며 이집 저집에서 얻어먹고 지내는 사람이나 또는 그러한 일.
동녘 동 집 가 밥 식 서녘 서 집 가 잘 숙	東西南北(동서남북) ; 동쪽·서쪽·남쪽·북쪽. 곧, 사방(四方).

同 工 異 曲	뜻 같은 악공(樂工)끼리라도 곡조(曲調)를 달리한다는 뜻으로, 동등(同等)한 재주의 작가(作家)라도 문체(文體)에 따라 특이(特異)한 광채(光彩)를 냄을 이르는 말.
한가지 동 장인 공 다를 이 굽을 곡	異見(이견) : ① 서로 다른 의견(意見). ② 색다른 의견(意見).

東 問 西 答	뜻 「동쪽을 묻는 데 서쪽을 대답한다」는 뜻으로, 묻는 말에 대하여 전혀 엉뚱한 대답. 묻는 내용을 이해 못하고 하는 대답.
동녘 동 물을 문 서녘 서 대답 답	疑問(의문) : ① 의심(疑心)하여 물음. ② 의심(疑心)스러운 생각을 함, 또는 그런 일.

同 病 相 憐	뜻 같은 병자(病者)끼리 가엾게 여긴다는 뜻으로, 어려운 처지에 있는 사람끼리 서로 불쌍히 여겨 동정(同情)하고 서로 도움.
한가지 동 병 병 서로 상 불쌍히여길 련	同氣相求(동기상구) : 기풍(氣風)과 뜻을 같이하는 사람은 서로 동류를 찾아 모임.

東 山 再 起	뜻 「동산(東山)에서 다시 일어난다」는 뜻으로, 은퇴(隱退)한 사람이나 실패(失敗)한 사람이 재기(再起)하여 다시 세상에 나옴을 뜻함.
동녘 동 뫼 산 두 재 일어날 기	再檢討(재검토) : 한 번 검토(檢討)한 것을 다시 검토함.

同 床 異 夢	뜻 같은 침상(寢床)에서 서로 다른 꿈을 꾼다는 뜻으로, ① 겉으로는 같이 행동하면서 속으로는 각기 딴 생각을 함을 이르는 말. ② 비유적으로, 같은 입장, 일인데도 목표가 저마다 다름을 일컫는 말. ③ 기거(起居)를 함께 하면서 서로 다른 생각을 함.
한가지 동 평상 상 다를 이 꿈 몽	

得 龍 望 蜀 얻을 득　언덕 롱　바랄 망　나라이름촉	뜻 농(隴)나라를 얻고 나니 촉(蜀)나라를 갖고 싶다는 뜻으로, 인간의 욕심은 한이 없음을 비유해 이르는 말. 望蜀之歎(망촉지탄) : 촉(蜀) 땅을 얻고 싶어 하는 탄식이라는 뜻으로, 인간의 욕심은 한이 없음을 비유해 이르는 말.
得 魚 忘 筌 얻을 득　고기 어　잊을 망　통발 전	뜻 물고기를 잡고 나면 통발을 잊는다는 뜻으로, 바라던 바를 이루고 나면 그 목적을 달성하기 위해서 썼던 사물(事物)을 잊어버림을 비유해 이르는 말. 魚卵(어란) : ① 물고기의 알. ② 명란 따위.
登 龍 門 오를 등　용 룡　문 문	뜻 용문(龍門)에 오른다는 뜻으로, ① 입신(立身) 출세(出世)의 관문(關門)을 이르는 말. ② 또는 뜻을 펴서 크게 영달함을 비유해 이르는 말. 登場(등장) : 소설·영화 또는 무대(舞臺) 등에서 나옴.
登 泰 小 天 오를 등　클 태　적을 소　하늘 천	뜻 태산(泰山)에 오르면 천하가 작게 보인다는 말로, 큰 도리(道理)를 익힌 사람은 사물(事物)에 얽매이지 않는다는 뜻. 登泰山而小天下(등태산이소천하) : 맹자(孟子)의 진심편(盡心篇)에 나오는 말.
燈 下 不 明 등불 등　아래 하　아니 불　밝을 명	뜻 등잔 밑이 어둡다. 가까이 있는 것이나, 가까이에서 일어나는 일을 도리어 잘 모를 수 있다는 뜻의 속담. 電燈(전등) : 전구(電球)에 전력(電力)을 공급(供給)하여 광원(光源)으로 한 것.
燈 火 可 親 등불 등　불 화　옳을 가　친할 친	뜻 등불을 가까이 할 수 있다는 뜻으로,가을 밤은 시원하고 상쾌하므로 등불을 가까이 하여 글 읽기에 좋음을 이르는 말. 新涼燈火(신량등화) : 가을의 서늘한 기운이 처음 생길 무렵에 등불 밑에서 글읽기가 좋음.
磨 斧 作 鍼 갈 마　도끼 부　지을 작　침 침	뜻 도끼를 갈아 침을 만든다는 뜻으로, 아무리 어려운 일이라도 끈기 있게 노력하면 이룰 수 있음을 비유하는 말. 磨鐵杵而成針(마철저이성침) : 절구공이를 갈아서 바늘을 만든다는 말도 같은 의미.
馬 耳 東 風 말 마　귀 이　동녘 동　바람 풍	뜻 말의 귀에 동풍이라는 뜻으로, 남의 비평(批評)이나 의견을 조금도 귀담아 듣지 아니하고 흘려 버림을 이르는 말. 牛耳讀經(우이독경) : 「쇠귀에 경 읽기」란 뜻으로, 우둔한 사람은 아무리 가르치고 일러주어도 알아듣지 못함을 비유해 이르는 말.
麻 中 之 蓬 삼 마　가운데 중　갈 지　쑥 봉	뜻 삼밭 가운데서 나는 쑥이라는 뜻으로, 구부러진 쑥도 삼밭에 나면 저절로 꼿꼿하게 자라듯이 좋은 환경(環境)에 있거나 좋은 벗과 사귀면 자연히 주위(周圍)의 감화(感化)를 받아서 선인(善人)이 됨을 비유해 이르는 말.
馬 革 裹 屍 말 마　가죽 혁　쌀 과　주검 시	뜻 말의 가죽으로 자기 시체를 싼다는 뜻으로, 옛날에는 전사(戰死)한 장수(將帥)의 시체(屍體)는 말가죽으로 쌌으므로 전쟁터에 나가 살아 돌아오지 않겠다는 뜻을 말함. 屍體(시체) : ① 사람이나 생물의 죽은 몸뚱이. ② 사체(死體).

莫	逆	之	友	**뜻** 마음이 맞아 서로 거스르는 일이 없는, 생사(生死)를 같이할 수 있는 친밀(親密)한 벗.
없을 막	거스를 역	갈 지	벗 우	刎頸之友(문경지우) : ① 생사(生死)를 같이 하여 목이 떨어져도 두려워하지 않을 만큼 친(親)한 사귐. ② 또는, 그런 벗

萬	事	休	矣	**뜻** 만 가지 일이 끝장이라는 뜻으로, 모든 일이 전혀 가망(可望)이 없는 절망(絶望)과 체념(諦念)의 상태임을 이르는 말.
일만 만	일 사	쉴 휴	어조사 의	勞而無功(노이무공) : ① 애를 썼으나 공이 없음. ② 애쓴 보람이 없음.

萬	壽	無	疆	**뜻** ① 한없이 목숨이 김. ② 장수(長壽)하기를 비는 말.
일만 만	목숨 수	없을 무	지경 강	萬世無疆(만세무강) : ① 오랜 세월에 걸쳐 끝이 없음. ② 만수무강(萬壽無疆)과 같은 의미. 壽考無疆(수고무강) : ☞ 만수무강(萬壽無疆).

萬	全	之	策	**뜻** 아주 안전(安全)하거나 완전(完全)한 계책(計策).
일만 만	온전할 전	갈 지	꾀 책	萬全之計(만전지계) : 아주 안전(安全)한 계획(計劃). 完全(완전) : ① 부족이나 흠이 없음. ② 필요(必要)한 것이 모두 갖추어져 있음.

望	梅	止	渴	**뜻** 매실은 시기 때문에 이야기만 나와도 침이 돌아 해갈(解渴)이 된다는 뜻으로, ① 매실의 맛이 아주 시어서 바라만 봐도 목마름이 가심. ② 공상(空想)으로 마음의 위안을 얻음.
바랄 망	매화 매	그칠 지	목마를 갈	渴望(갈망) : 목마른 사람이 물을 찾듯이 간절(懇切)히 바람.

亡	羊	之	歎	**뜻** 달아난 양을 찾다가 여러 갈래 길에 이르러 길을 잃었다는 뜻으로, ① 학문(學問)의 길이 여러 갈래로 나뉘어져 있어 진리(眞理)를 찾기 어려움. ② 방침이 많아 할 바를 모르게 됨.
망할 망	양 양	갈 지	탄식할 탄	望洋之歎(망양지탄) : 넓은 바다를 보고 탄식한다는 뜻.

望	洋	之	歎	**뜻** 넓은 바다를 보고 탄식(歎息)한다는 뜻으로, ① 남의 원대(遠大)함에 감탄(感歎·感嘆)하고, 나의 미흡(未洽)함을 부끄러위함의 비유.
바랄 망	바다 양	갈 지	탄식할 탄	遠洋(원양) : 육지(陸地)에서 멀리 떨어진 넓은 먼 바다.

亡	子	計	齒	**뜻** 죽은 자식(子息) 나이 헤아리기라는 뜻으로, 이미 지나간 쓸데없는 일을 생각하며 애석(哀惜)하게 여김.
망할 망	아들 자	셀 계	이 치	百年大計(백년대계) : 먼 앞날까지 내다보고 먼 뒷날까지 걸쳐 세우는 큰 계획(計劃).

買	櫝	還	珠	**뜻** 상자만 사고 그 속에 든 진주는 돌려준다는 뜻으로, 화려한 겉모습에 현혹되어 중요한 본질은 놓침을 이르는 말.
살 매	함 독	돌아올 환	구슬 주	珠絡象毛(주락상모) : 임금이나 벼슬아치가 타는 말에 붉은 줄과 붉은 털로 꾸민 장식.

梅	蘭	菊	竹	**뜻** 매화(梅花)·난초(蘭草)·국화(菊花)·대나무, 즉 사군자(四君子)를 말함.
매화 매	난초 란	국화 국	대 죽	四君子(사군자) : 동양화에서, 매화·난초·국화·대나무를 그린 그림. 또는 그 소재. 고결함을 상징으로 하는 문인화의 대표적 소재이다.

附錄

麥 秀 之 歎	뜻 보리만 무성(茂盛)하게 자란 것을 탄식(歎息)함이라는 뜻으로, 고국의 멸망(滅亡)을 탄식(歎息)함.
보리 맥 빼어날 수 갈 지 탄식할 탄	麥秀黍油(맥수서유) : 보리의 이삭과 기장의 윤기라는 뜻으로, 고국의 멸망(滅亡)을 탄식(歎息)함.

孟 母 三 遷	뜻 맹자(孟子)의 어머니가 맹자를 제대로 교육(教育)하기 위하여 집을 세 번이나 옮겼다는 뜻으로, 교육(教育)에는 주위(周圍) 환경(環境)이 중요(重要)하다는 가르침.
맏 맹 어미 모 석 삼 옮길 천	孟母三遷之教(맹모삼천지교)와 같은 의미.

盲 人 直 門	뜻 소경이 정문(正門)을 바로 찾아 들어간다는 뜻으로, '어리석은 사람이 어쩌다 이치(理致)에 들어맞는 일을 함'의 비유.
소경 맹 사람 인 곧을 직 문 문	盲者正門(맹자정문) : 소경이 문을 바로 찾는다는 뜻으로, 우매(愚昧)한 사람이 우연히 이치에 맞는 일을 함을 비유해 이르는 말.

明 鏡 止 水	뜻 맑은 거울과 고요한 물이라는 뜻으로, 사념(邪念)이 전혀 없는 깨끗한 마음을 비유해 이르는 말.
밝을 명 거울 경 그칠 지 물 수	雲心月性(운심월성) : 「구름 같은 마음과 달 같은 성품(性品)」이라는 뜻으로, 맑고 깨끗하여 욕심이 없음을 이르는 말.

明 眸 皓 齒	뜻 맑은 눈동자와 흰 이라는 뜻으로, 미인(美人)을 형용(形容)해 이르는 말.
밝을 명 눈동자 모 흴 호 이 치	丹脣皓齒(단순호치) : 붉은 입술과 흰 이라는 뜻으로, 매우 아름다운 여자의 얼굴을 비유하여 이르는 말. 朱脣皓齒(주순호치).

名 山 大 川	뜻 이름난 큰 산과 큰 내, 경치 좋고 이름난 산천(山川).
이름 명 뫼 산 큰 대 내 천	立身揚名(입신양명) : ① 사회적으로 인정을 받고 출세하여 이름을 세상에 드날림. ② 후세(後世)에 이름을 떨쳐 부모를 영광(榮光)되게 해 드리는 것.

名 實 相 符	뜻 ① 이름과 실상(實相)이 서로 들어맞음. ② 알려진 것과 실제(實際)의 상황(狀況)이나 능력(能力)에 차이(差異)가 없음.
이름 명 열매 실 서로 상 부호 부	不問可知(불문가지) : 묻지 않아도 옳고 그름을 가히 알 수 있음.

明 若 觀 火	뜻 불을 보는 것 같이 밝게 보인다는 뜻으로, 더 말할 나위 없이 명백(明白)함.
밝을 명 같을 약 볼 관 불 화	觀火(관화) : ① 명약관화(明若觀火)의 준말. ② 조선(朝鮮) 시대(時代)에, 궁중(宮中)에서 벌이던 불꽃놀이.

明 哲 保 身	뜻 총명(聰明)하여 도리(道理)를 좇아 사물(事物)을 처리(處理)하고, 몸을 온전(穩全)히 보전(保全)한다는 뜻으로, 매사(每事)에 법도(法度)를 지켜 온전(穩全)하게 처신(處身)하는 태도(態度)를 이르는 말.
밝을 명 밝을 철 지킬 보 몸 신	

毛 遂 自 薦	뜻 모수(毛遂)가 스스로 천거(薦擧)했다는 뜻으로, 자기가 자기를 추천(推薦)하는 것을 이르는 말. 오늘날에는 의미가 변질되어 일의 앞뒤도 모르고 나서는 사람을 비유적으로 이르는 말.
터럭 모 이룰 수 스스로 자 천거할 천	完遂(완수) : 목적을 완전히 달성(達成)함.

目 不 識 丁	뜻 고무래를 보고도 그것이 고무래 정(丁)자인 줄 모른다는 뜻으로, 글자를 전혀 모름, 또는 그러한 사람을 비유해 이르는 말.
눈 목　아니 불　알 식　고무래 정	菽麥不辨(숙맥불변) : 콩인지 보리인지 분별(分別)하지 못한다는 뜻으로, 어리석고 못난 사람.

木 石 不 傅	뜻 나무에도 돌에도 붙일곳이 없다는 뜻으로, 가난하고 외로워서 의지(依支)할 곳이 없는 처지(處地)를 이르는 말.
나무 목　돌 석　아니 불　스승 부	木石難得(목석난득) : 나무에도 돌에도 붙일 데가 없다는 뜻으로, 가난하고 외로와 의지할 곳이 없는 경우를 이르는 말.

木 人 石 心	뜻 나무 인형(人形)에 돌 같은 마음이라는 뜻으로, 감정(感情)이 전연 없는 사람이거나, 의지(意志)가 굳어 마음이 흔들리지 않는 사람을 두고 이르는 말.
나무 목　사람 인　돌 석　마음 심	木石(목석) : 나무와 돌.

猫 項 懸 鈴	뜻 '고양이 목에 방울 달기'라는 뜻으로, 실행하지 못할 일을 공연(公然)히 의논(議論)만 한다는 말.
고양이 묘　목 항　달 현　방울 령	猫頭懸鈴(묘두현령) : 고양이 목에 방울 달기라는 속담(俗談)의 한역으로, 불가능(不可能)한 일을 의논(議論)함을 이르는 말.

武 陵 桃 源	뜻 이 세상(世上)을 떠난 별천지(別天地)를 이르는 말.
호반 무　언덕 릉　복숭아 도　근원 원	桃源(도원) : ① 중국어 '타오위안'을 우리 음으로 읽은 이름. ② 무릉도원(武陵桃源)의 준말.　鬱陵島(울릉도) : 경상북도 동쪽 동해상에 있는 섬.

巫 山 之 夢	뜻 무산(巫山)의 꿈이라는 뜻으로, 남녀의 밀회(密會)나 정교(情交)를 이르는 말, 특히 미인과의 침석(枕席)을 말하기도 함.
무당 무　뫼 산　갈 지　꿈 몽	巫山之雲(무산지운) : 남녀의 교정(交情).　巫山之雨(무산지우) : 남녀의 교정(交情).

刎 頸 之 交	뜻 「목을 벨 수 있는 벗」이라는 뜻으로, 생사(生死)를 같이 할 수 있는 매우 소중(所重)한 벗.
목벨 문　목 경　갈 지　사귈 교	高山流水(고산유수) : ① 높은 산과 흐르는 물. ② 훌륭한 음악, 특히 거문고 소리를 비유함. ③ 자신을 알아 주는 친구.

聞 一 知 十	뜻 한 가지를 들으면 열 가지를 미루어 안다는 뜻으로, 총명함을 이르는 말.
들을 문　한 일　알 지　열 십	前代未聞(전대미문) : 「지난 시대에는 들어 본 적이 없다」는 뜻으로, 매우 놀랍거나 새로운 일을 이르는 말.

門 前 成 市	뜻 「대문 앞이 저자를 이룬다」는 뜻으로, 세도가(勢道家)나 부잣집 문 앞이 방문객(訪問客)으로 저자를 이루다시피 함을 이르는 말.
문 문　앞 전　이룰 성　저자 시	門前若市(문전약시) : 「문 앞이 시장과 같다」는 뜻으로, 대문 앞에 시장(市場)이 선 것처럼 많은 사람들이 모여 들고 있다는 말.

勿 失 好 機	뜻 좋은 기회(機會)를 놓치지 말라는 뜻.
말 물　잃을 실　좋을 호　기틀 기	時不可失(시불가실) : 한 번 지난 때는 두 번 다시 오지 아니하므로, ① 때를 놓쳐서는 안 된다는 말. ② 좋은 시기(時期)를 잃어버려서는 안 된다는 말.

211

尾 生 之 信	뜻 미생(尾生)의 믿음이란 뜻으로, ① 우직(愚直)하게 약속(約束)만을 굳게 지킴. ② 또는 융통성(融通性)이 없이 약속만을 굳게 지킴을 비유.
꼬리 미 날 생 갈 지 믿을 신	尾星(미성) : 이십팔수(二十八宿)의 여섯째 별자리의 별들.

密 雲 不 雨	뜻 짙은 구름이 끼여 있으나 비가 오지 않는다는 뜻으로, ① 어떤 일의 징조(徵兆)만 있고 그 일은 이루어지지 않음. ② 은덕(恩德)이 아래까지 고루 미치지 않음을 이르는 말.
빽빽할 밀 구름 운 아니 불 비 우	密雲棗(밀운조) : 평안북도 영변에서 나는 대추.

博 而 不 精	뜻 ① 여러 방면으로 널리 아나 정통(精通)하지 못함. ② 널리 알되 능숙(能熟)하거나 정밀(情密)하지 못함.
넓을 박 말이을 이 아닐 부 정밀할 정	博而寡要(박이과요) : 아는 것은 많으나 요령(要領) 부득임. 博愛(박애) : 모든 것을 널리 평등(平等)하게 사랑함.

反 哺 之 孝	뜻 「까마귀 새끼가 자란 뒤에 늙은 어미에게 먹이를 물어다 주는 효성(孝誠)」이라는 뜻으로, 자식이 자라서 부모를 봉양(奉養)함을 이르는 말.
돌이킬 반 젖먹일 포 갈 지 효도 효	哺乳(포유) : 제 몸의 젖으로 새끼를 먹여 기름.

拔 本 塞 源	뜻 근본(根本)을 빼내고 원천(源泉)을 막아 버린다는 뜻으로, 사물(事物)의 폐단(弊端)을 없애기 위해서 그 뿌리째 뽑아 버림을 이르는 말.
뺄 발 근본 본 찾을 색 근원 원	選拔(선발) : 많은 사람 가운데서 가려 뽑음.

拔 山 蓋 世	뜻 ① 산을 뽑고, 세상을 덮을 만한 기상(氣像). ② 아주 뛰어난 기운(氣運) 또는, 놀라운 기상(氣像).
뺄 발 뫼 산 덮을 개 인간 세	蓋然性(개연성) : ① 꼭 단정할 수는 없으나 대개 그러리라고 생각되는 성질. ② 어떤 일이 일어날 수 있는 가능성(可能性).

傍 若 無 人	뜻 곁에 아무도 없는 것처럼 여긴다는 뜻으로, 주위(周圍)에 있는 다른 사람을 전혀 의식(意識)하지 않고 제멋대로 행동하는 사람을 가리켜 하는 말.
곁 방 같을 약 없을 무 사람 인	傲岸不遜(오안불손) : 행동거지가 오만불손하고 잘난 체하는 태도.

蚌 鷸 之 爭	뜻 도요새가 조개와 다투다가 다 같이 어부에게 잡히고 말았다는 뜻으로, 제3자만 이롭게 하는 다툼을 이르는 말.
방합 방 도요새 휼 갈 지 다툴 쟁	蚌蛤(방합) : 말조개과에 딸린 민물조개. 蚌蛤科(방합과) : 진정 판새류(瓣鰓類)에 딸린 한 과(科).

背 水 之 陣	뜻 「물을 등지고 진을 친다」는 뜻으로, ① 물러설 곳이 없으니 목숨을 걸고 싸울 수밖에 없는 지경(地境)을 이르는 말. ② 물을 등지고 적과 싸울 진을 치는 진법(陣法).
등 배 물 수 갈 지 진칠 진	背水陣(배수진)과 같은 뜻.

杯 中 蛇 影	뜻 술잔 속의 뱀 그림자라는 뜻으로, ① 자기 스스로 의혹(疑惑)된 마음이 생겨 고민(苦悶)하는 일. ② 아무 것도 아닌 일에 의심(疑心)을 품고 지나치게 근심을 함.
술잔 배 가운데 중 뱀 사 그림자 영	疑心暗鬼(의심암귀) : 의심이 생기면 귀신이 생긴다는 뜻.

百 年 佳 約	뜻 백년을 두고 하는 아름다운 언약(言約)이라는 뜻으로, 부부(夫婦)가 되겠다는 약속(約束).
일백 백　해 년　아름다울 가　맺을 약	百年佳期(백년가기) : 남편(男便)과 아내가 되어 한평생 같이 지내자는 아름다운 언약(言約).

百 年 大 計	뜻 먼 앞날까지 내다보고 먼 뒷날까지 걸쳐 세우는 큰 계획.
일백 백　해 년　큰 대　셀 계	百年佳偶(백년가우) : 한평생을 같이 지내는 아름다운 배필(配匹). 百年之客(백년지객) : 언제나 깍듯하게 대(對)해야 하는 어려운 손님이라는 뜻으로, 사위를 두고 이르는 말.

百 年 河 淸	뜻 백 년을 기다린다 해도 황하(黃河)의 흐린 물은 맑아지지 않는다는 뜻으로, ① 오랫동안 기다려도 바라는 것이 이루어질 수 없음을 이르는 말. ② 아무리 세월이 가도 일을 해결할 희망이 없음. ③ 아무리 기다려도 가망 없어, 사태가 바로 잡히기 어려움.
일백 백　해 년　물 하　맑을 청	

百 年 偕 老	뜻 부부(夫婦)가 서로 사이좋고 화락(和樂)하게 같이 늙음을 이르는 말.
일백 백　해 년　함께 해　늙을 로	百年偕樂(백년해락) : 부부(夫婦)가 되어 한평생을 같이 즐겁게 지냄.

伯 牙 絶 絃	뜻 백아가 친한 벗의 부음을 듣고 거문고 줄을 끊어 버렸다는 뜻으로, 자기를 알아주는 절친한 벗, 즉 지기지우(知己之友)의 죽음을 슬퍼함을 이르는 말.
맏 백　어금니 아　끊을 절　줄 현	伯牙破琴(백아파금) : ☞ 백아절현(伯牙絶絃).

百 折 不 屈	뜻 백 번 꺾여도 굴하지 않는다는 뜻으로, 어떤 어려움에도 굽히지 않음.
일백 백　꺾을 절　아니 불　굽힐 굴	百折不撓(백절불요) : 백 번 꺾여도 휘지 않는다는 뜻으로, 실패(失敗)를 거듭해도 뜻을 굽히지 않음.

百 尺 竿 頭	뜻 백 자나 되는 높은 장대 위에 올라섰다는 뜻으로, 위태로움이 극도(極度)에 달함.
일백 백　자 척　장대 간　머리 두	百尺竿頭進一步(백척간두진일보) : 이미 할 수 있는 일을 다한 것인데 또 한 걸음 나아간다 함은 더욱 노력하여 위로 향한다는 말.

百 害 無 益	뜻 해(害)롭기만 하고 하나도 이로울 것이 없음.
일백 백　해할 해　없을 무　더할 익	百害無一利(백해무일리) : 해롭기만 하고 하나도 이로울 것이 없음. 利害相半(이해상반) : 이익(利益)과 손해(損害)가 반반으로 맞섬. 이해(利害) 관계(關係)가 서로 어긋남.

封 庫 罷 職	뜻 부정(不正)을 저지른 관리(官吏)를 파면(罷免)시키고 관고(官庫)를 봉하여 잠그는 일.
봉할 봉　곳집 고　마칠 파　벼슬 직	封庫御史(봉고어사) : 악한 정사를 행하는 수령을 파직하고 관고(官庫)를 단단히 봉하여 잠그는 임무를 맡은 어사(御史).

釜 中 之 魚	뜻 솥 속의 생선(生鮮)이라는 뜻으로, 생명에 위험이 닥쳤음을 비유해 이르는 말.
가마 부　가운데 중　갈 지　고기 어	魚遊釜中(어유부중) : 고기가 솥 속에서 논다는 뜻으로, 목숨이 붙어 있다 할지라도 오래 가지 못할 것을 비유해 하는 말.

附 和 雷 同	뜻 「우레 소리에 맞춰 함께한다」는 뜻으로, 자신의 뚜렷한 소신 없이 그저 남이 하는 대로 따라가는 것을 의미함.
붙을 부 화할 화 우레 뢰 한가지 동	附同(부동) : 부화뇌동(附和雷同)의 준말. 爛漫同歸(난만동귀) : 옳지 않은 일에 부화뇌동함을 이르는 말.

焚 書 坑 儒	뜻 「책을 불태우고 선비를 생매장(生埋葬)하여 죽인다」는 뜻으로, 진(秦)나라의 시황제(始皇帝)가 학자들의 정치(政治) 비평(批評)을 금하기 위하여 경서(經書)를 태우고 학자(學者)들을 구덩이에 생매장하여 베푼 가혹한 정치를 이르는 말.
태울 분 글 서 구덩이 갱 선비 유	

不 俱 戴 天	뜻 「하늘 아래 같이 살 수 없는 원수(怨讐), 죽여 없애야 할 원수(怨讐).
아니 불 함께 구 일 대 하는 천	不俱戴天之讐(불구대천지수) : 한 하늘을 이고 살 수 없을 만큼 깊은 원수. 원래는 아버지의 원수(怨讐)를 의미(意味).

悲 憤 慷 慨	뜻 아주 슬프고 분(憤)한 느낌이 마음속에 가득 차 있음.
슬플 비 분할 분 슬플 강 슬퍼할 개	兩寡分悲(양과분비) : 「두 과부(寡婦)가 슬픔을 서로 나눈다」는 뜻으로, 같은 처지(處地)에 있는 사람끼리 서로 동정(同情)한다는 말.

髀 肉 之 嘆	뜻 넓적다리에 살이 붙음을 탄식한다라는 뜻으로, ① 자기의 뜻을 펴지 못하고 허송세월하는 것을 한탄하다가 성공할 기회를 잃고 공연히 허송세월만 보냄을 탄식하는 말. ② 영웅이 때를 만나지 못하여 싸움에 나가지 못하고 넓적다리에 헛된 살만 쪄 가는 것을 한탄한다는 말에서 나옴.
넓적다리 비 고기 육 갈 지 탄식할 탄	

非 一 非 再	뜻 「같은 일이 한두 번이 아님」이란 뜻으로, 한둘이 아님.
아닐 비 한 일 아닐 비 두 재	似是而非(사시이비) : 겉은 옳은 것 같으나 속은 다름. 似而非(사이비) : 겉으로 보기에는 비슷한 듯하지만 근본적(根本的)으로는 아주 다른 것.

氷 山 一 角	뜻 빙산의 뿔 하나라는 뜻으로, 대부분이 숨겨져 있고 외부로 나타나 있는 것은 극히 일부분에 지나지 않음을 비유한 말.
얼음 빙 뫼 산 한 일 뿔 각	氷山之戒(빙산지계) : 얼음산이 끝내 녹아 없어지듯이 권세도 오래 가지 못함을 비유하여 이르는 경계의 말.

氷炭不相容	뜻 「얼음과 불은 성질이 반대여서 만나면 서로 없어진다」는 뜻으로, ① 군자와 소인은 서로 화합하지 못함. ② 또는 상반되는 사물(事物).
얼음 빙 숯 탄 아니 불 서로 상 얼굴 용	木炭(목탄) : 숯.그림을그리는데쓰는,결이 좋고무른 나무를 태워서 만든숯.

氷 炭 之 間	뜻 얼음과 숯 사이란 뜻으로, ① 둘이 서로 어긋나 맞지 않는 사이. ② 서로 화합(和合)할 수 없는 사이.
얼음 빙 숯 탄 갈 지 사이 간	氷炭相愛(빙탄상애) : 얼음과 숯이 서로 사랑한다는 뜻으로, 세상에 그 예가 도저히 있을 수 없음을 이르는 말.

四 顧 無 親	뜻 사방을 돌아보아도 친척이 없다는 뜻으로, 의지할 만한 사람이 도무지 없다는 말.
넉 사 돌아볼 고 없을 무 친할 친	四顧無人(사고무인) : 주위(周圍)에 사람이 없어 쓸쓸함. 文房四友(문방사우) : 서재에 꼭 있어야 할 네 벗, 즉 종이, 붓, 벼루, 먹을 말함.

舍 己 從 人	
집 사 몸 기 좇을 종 사람 인	**뜻** 자기의 이전 행위를 버리고 타인의 선행을 본떠 행함. 用行舍藏(용행사장) : 일자리를 얻었을 때에는 나가서 자신이 믿는 바를 행하고, 버리면 물러나 몸을 숨긴다는 뜻으로, 나아가고 물러섬이 깨끗하고 분명함을 이르는 말.

四 面 楚 歌	
넉 사 집낯 면 초나라 초 노래 가	**뜻** 사방에서 들리는 초(楚)나라의 노래라는 뜻으로, 적에게 둘러싸인 상태나 누구의 도움도 받을 수 없는 고립 상태에 빠짐을 이르는 말. 凱歌(개가) : 승리(勝利)하여 기뻐서 부르는 노래.

四 通 五 達	
넉 사 통할 통 다섯 오 통달할 달	**뜻** 네 갈래 다섯 갈래로 나눠지고 찢어진다는 뜻으로, ① 이리저리 갈기갈기 찢어짐. ② 천하가 심히 어지러움. ③ 질서 없이 몇 갈래로 뿔뿔이 헤어지거나 떨어짐. 說三道四(설삼도사) : 되는 대로 마구 지껄임.

邪 不 犯 正	
사사 사 아니 불 범할 범 바를 정	**뜻** 바르지 못한 것은 바른 것을 감히 범하지 못한다는 뜻으로, 정의(正義)는 반드시 이긴다는 말. 秋毫不犯(추호불범) : 마음이 아주 깨끗하고 청렴(淸廉)하여 조금도 남의 것을 범(犯)하지 아니함.

砂 上 樓 閣	
모래 사 위 상 다락 누 집 각	**뜻** 모래 위에 지은 누각이라는 뜻으로, 어떤 일이나 사물의 기초가 튼튼하지 못한 것을 비유하여 이르는 말. 空中樓閣(공중누각) : 「공중에 세워진 누각(樓閣)」이란 뜻으로, 근거(根據)가 없는 가공(架空)의 사물(事物).

師 弟 同 行	
스승 사 아우 제 한가지 동 다닐 행	**뜻** ① 스승과 제자(弟子)가 함께 길을 감. ② 스승과 제자가 한 마음으로 연구(硏究)하여 나아감. 恩師(은사) : ① 은혜를 베풀어 준 스승이라는 뜻으로 스승을 감사한 마음으로 이르는 말. ② 처음 출가하여 의지하고 살 만한 승려(僧侶).

四 通 八 達	
넉 사 통할 통 여덟 팔 통달할 달	**뜻** 길이 사방 팔방으로 통해 있음. 길이 여러 군데로 막힘 없이 통함. 四通五達(사통오달) : 이리저리 여러 곳으로 길이 통한다는 뜻으로, 길이나 교통망, 통신망 등이 사방으로 막힘없이 통함. 言三語四(언삼어사) : 서로 변론(辯論)하느라고 말이 옥신각신함.

事 必 歸 正	
일 사 반드시 필 돌아갈 귀 바를 정	**뜻** 처음에는 시비 곡직(曲直)을 가리지 못하여 그릇되더라도 모든 일은 결국에 가서는 반드시 정리(正理)로 돌아감. 女必從夫(여필종부) : 아내는 반드시 남편(男便)의 뜻을 좇아야 한다는 말.

山 高 水 長	
뫼 산 높을 고 물 수 긴 장	**뜻** 산은 높고 물은 유유(悠悠)히 흐른다는 뜻으로, 군자의 덕이 높고 끝없음을 산의 우뚝 솟음과 큰 냇물의 흐름에 비유한 말. 流水高山(유수고산) : ① 지기지우를 얻기 어려움을 비유해 이르는 말. ② 악곡의 고아(高雅)하고 절묘함을 비유해 이르는 말.

山 紫 水 明	
뫼 산 자주빛 자 물 수 밝을 명	**뜻** 산빛이 곱고 강물이 맑다는 뜻으로, 산수(山水)가 아름다움을 이르는 말. 錦繡江山(금수강산) : 「비단에 수를 놓은 듯이 아름다운 산천」이라는 뜻으로, 우리나라 강산(江山)을 이르는 말.

山 戰 水 戰	뜻 산에서의 싸움과 물에서의 싸움이라는 뜻으로, 세상의 온 갖 고난(苦難)을 다 겪어 세상일에 경험이 많음을 이르는 말.
뫼 산　싸움 전　물 수　싸움 전	東山高臥(동산고와) : 동산에 높이 누워 있다는 뜻으로, 속세의 번잡함을 피하여 산중에 은거(隱居)함.

山 海 珍 味	뜻 산과 바다의 산물(産物)을 다 갖추어 아주 잘 차린 진귀(珍 貴)한 음식이란 뜻으로, 온갖 귀한 재료로 만든 맛. 좋은 음식.
뫼 산　바다 해　보배 진　맛 미	力拔山氣蓋世(역발산기개세) : ① 산을 뽑고, 세상을 덮을 만한 기상. ② 아주 뛰어난 기운 또는, 놀라운 기상(氣像).

殺 身 成 仁	뜻 자신의 몸을 죽여 인(仁)을 이룬다는 뜻으로, 자기의 몸을 희생(犧牲)하여 옳은 도리(道理)를 행함.
죽일 살　몸 신　이룰 성　어질 인	捨生取義(사생취의) : 목숨을 버리고 의리를 좇음의 뜻으로, 비록 목숨을 버릴지언정 옳은 일을 함을 일컫는 말.

三 綱 五 倫	뜻 유교 도덕의 바탕이 되는 세 가지 강령과 다섯 가지의 인륜을 이르는 말로, 삼강 (三綱)은 유교 도덕이 되는 세가지 뼈대가 되는 줄거리로서, 군위신강(君爲臣綱), 부위 부강(夫爲婦綱), 부자자강(父爲子綱)이며, 오륜(五倫)은 군신유의(君臣有義), 부자유 친(父子有親), 부부유별(夫婦有別), 장유유서(長幼有序), 붕우유신(朋友有信)을 말함.
석 삼　베리 강　다섯 오　인륜 륜	

三 顧 草 廬	뜻 유비(劉備)가 제갈공명(諸葛孔明)을 세 번이나 찾아가 군사 (軍師)로 초빙(招聘)한 데서 유래한 말로, ① 임금의 두터운 사랑 을 입다라는 뜻. ② 인재(人材)를 맞기 위해 참을성 있게 힘씀.
석 삼　돌아볼 고　풀 초　오두막집 려	顧客(고객) : 물건(物件)을 항상(恒常) 사러 오는 손님.

三 三 五 五	뜻 ① 삼사인(三四人), 또는 오륙인(五六人)이 떼를 지은 모양. ② 여기저기 몇몇씩 흩어져 있는 모양.
석 삼　　　다섯 오	三省吾身(삼성오신) : 「날마다 세 번씩 내 몸을 살핀다」라는 뜻 으로, 하루에 세 번씩 자신의 행동을 반성(反省)함.

三 旬 九 食	뜻 「삼순, 곧 한 달에 아홉 번 밥을 먹는다」는 뜻으로, 집안이 가난하여 먹을 것이 없어 굶주린다는 말.
석 삼　열흘 순　아홉 구　밥 식	孟母三遷(맹모삼천) : 맹자의 어머니가 맹자를 제대로 교육하기 위하여 집을 세 번이나 옮겼다는 뜻으로, 교육에는 주위 환경이 중요하다는 가르침.

三 十 而 立	뜻 서른 살이 되어 자립한다는 뜻으로, 학문이나 견식(見識)이 일가를 이루어 도덕 상으로 흔들리지 아니함을 이르는 말.
석 삼　열 십　말이을 이　설 립	如三秋(여삼추) : 「3년과 같이 길게 느껴진다」는 뜻으로, 무엇을 매우 애타게 기다리는 것.

三 人 成 虎	뜻 「세 사람이면 없던 호랑이도 만든다」는 뜻으로, 거짓말이라 도 여러 사람이 말하면 남이 참말로 믿기 쉽다는 말.
석 삼　사람 인　이룰 성　범 호	三秋之思(삼추지사) : 하루가 삼 년 같은 생각이라는 뜻으로, 몹시 사모(思慕)하여 기다리는 마음을 이르는 말.

三 從 之 道	뜻 여자가 따라야 할 세 가지 도리. 여자는 어려서 어버이께 순 종(順從)하고, 시집가서는 남편에게 순종하고, 남편이 죽은 뒤에 는 아들을 따르는 도리.
석 삼　좇을 종　갈 지　길 도	三可宰相(삼가재상) : 이러하든 저러하든 모두 옳다고 함.

三 日 天 下	
석 삼　날 일　하늘 천　아래 하	**뜻**「사흘 간의 천하」라는 뜻으로, ① 권세의 허무를 일컫는 말. 극히 짧은 동안 정권을 잡았다가 실권(失權)함의 비유. ② 발탁되어 어떤 지위에 기용(起用)되었다가 며칠 못 가서 떨어지는 일의 비유. ③ 갑신정변이 3일 만에 실패했으므로 이를 달리 일컫는 말.

三 遷 之 敎	
석 삼　옮길 천　갈 지　가르칠 교	**뜻** 맹자의 어머니가 아들의 교육을 위하여 3번 거처를 옮겼다는 고사(故事)로, 생활 환경이 교육에 있어 큰 영향을 미침을 말함. **如三秋**(여삼추):「3년과 같이 길게 느껴진다」는 뜻으로, 무엇을 매우 애타게 기다리는 것.

傷 弓 之 鳥	
상할 상　활 궁　갈 지　새 조	**뜻** 활에 놀란 새, 즉 활에 상처(傷處)를 입은 새는 굽은 나무만 보아도 놀란다는 뜻으로, ① 한번 놀란 사람이 조그만 일에도 겁을 내어 위축(萎縮)됨을 비유해 이르는 말. ② 어떤 일에 봉변(逢變)을 당한 뒤에는 뒷일을 경계함을 비유하는 말.

桑 田 碧 海	
뽕나무 상　밭 전　푸를 벽　바다 해	**뜻** 뽕나무밭이 푸른 바다가 되었다라는 뜻으로, 세상이 몰라 볼 정도로 바뀐 것. 세상의 모든 일이 엄청나게 변해버린 것. **滄桑之變**(창상지변):푸른 바다(滄海)가 뽕밭(桑田)이 되듯이 시절(時節)의 변화가 무상(無常)함을 이르는 말.

塞 翁 之 馬	
변방 새　늙은이 옹　갈 지　말 마	**뜻** 변방(邊方)에 사는 노인의 말이라는 뜻으로, ① 세상만사는 변화가 많아 어느 것이 화(禍)가 되고, 어느 것이 복(福)이 될지 예측하기 어려워 재앙(災殃)도 슬퍼할 게 못되고 복도 기뻐할 것이 아님을 이르는 말. ② 인생의 길흉화복은 늘 바뀌어 변화가 많음을 이르는 말.

先 見 之 明	
먼저 선　볼 견　갈 지　밝을 명	**뜻** 앞을 내다보는 안목(眼目)이라는 뜻으로, 장래(將來)를 미리 예측(豫測)하는 날카로운 견식(見識)을 두고 이르는 말. **先入之語**(선입지어):먼저 들은 이야기에 따른 고정관념(固定觀念)으로 새로운 의견(意見)을 받아들이지 않는 것을 이르는 말.

先 公 後 私	
먼저 선　공평할 공　뒤 후　사사 사	**뜻** 사(私)보다 공(公)을 앞세움이란 뜻으로, 사사(私事)로운 일이나 이익(利益)보다 공익(公益)을 앞세움. **至公無私**(지공무사):지극(至極)히 공평(公平)하여 조금도 사사(私事)로움이 없음.

雪 膚 花 容	
눈 설　살갗 부　꽃 화　얼굴 용	**뜻**「눈처럼 흰 살결과 꽃처럼 고운 얼굴」이란 뜻으로, 미인(美人)의 용모(容貌)를 일컫는 말. **雪中松柏**(설중송백):눈 속의 송백이라는 뜻으로, 소나무와 잣나무는 눈 속에서도 그 색이 변치 않는다 하여, 절조가 굳은 사람을 비유해 이르는 말.

雪 上 加 霜	
눈 설　위 상　더할 가　서리 상	**뜻** 눈 위에 또 서리가 덮인다는 뜻으로, 불행(不幸)한 일이 겹쳐서 일어남을 이르는 말. 엎친데 덮침. **螢窓雪案**(형창설안):반딧불이 비치는 창과 눈에 비치는 책상이라는 뜻으로, 어려운 가운데서도 학문에 힘씀을 비유한 말.

雪 中 松 柏	
눈 설　가운데 중　솔 송　잣 백	**뜻** 눈 속의 송백이라는 뜻으로, 소나무와 잣나무는 눈 속에서도 그 색이 변치 않는다 하여, 절조(節操)가 굳은 사람을 비유해 이르는 말. **螢雪之功**(형설지공):반딧불과 눈빛으로 이룬 공이라는 뜻으로, 가난을 이겨내며 고생 속에서 공부하여 이룬 공을 일컫는 말.

217

小	貪	大	失	
적을 소	탐할 탐	큰 대	잃을 실	

뜻 작은 것을 탐하다가 오히려 큰 것을 잃음.
明珠彈雀(명주탄작) : 「새를 잡는 데 구슬을 쓴다」는 뜻으로, 작은 것을 얻으려다 큰 것을 손해 보게 됨을 이르는 말.
隨珠彈雀(수주탄작) : 「수후(隨侯)의 구슬로 새를 잡는다」는 뜻.

束	手	無	策	
묶을 속	손 수	없을 무	꾀 책	

뜻 손을 묶인 듯이 어찌 할 방책(方策)이 없어 꼼짝 못하게 된다는 뜻으로, 뻔히 보면서 어찌할 바를 모르고 꼼짝 못한다는 뜻.
約束(약속) : ① 언약(言約)하여 정(定)함. ② 서로 언약(言約)한 내용(內容).

送	舊	迎	新	
보낼 송	예 구	맞을 영	새 신	

뜻 묵은해를 보내고 새해를 맞는다는 뜻으로, ① 묵은해를 보내고, 새해를 맞이함. ② 구관(舊官)을 보내고, 신관(新官)을 맞이함.
출전 송고영신(送故迎新)에서 나온 말로 관가에서 구관(舊官)을 보내고 신관(新官)을 맞이 했던 데서 유래(由來).

松	茂	柏	悅	
솔 송	우거질 무	잣 백	기쁠 열	

뜻 소나무가 무성(茂盛)하면 잣나무가 기뻐한다는 뜻으로, 남이 잘되는 것을 기뻐함을 비유하여 이르는 말.
松柏之茂(송백지무) : 소나무와 잣나무의 푸른빛이 변하지 않듯이 오래도록 영화(榮華)를 누림을 이르는 말.

首	丘	初	心	
머리 수	언덕 구	처음 초	마음 심	

뜻 여우는 죽을 때 구릉을 향(向)해 머리를 두고 초심으로 돌아간다라는 뜻으로, ① 근본(根本)을 잊지 않음. ② 또는 죽어서라도 고향(故鄕) 땅에 묻히고 싶어하는 마음.
胡馬望北(호마망북) : ☞ 호마의북풍(胡馬依北風).

首	鼠	兩	端	
머리 수	쥐 서	두 양	끝 단	

뜻 「구멍 속에서 목을 내민 쥐가 나갈까 말까 망설인다」는 뜻으로, ① 거취(去就)를 결정하지 못하고 망설이는 모양. ② 어느 쪽으로도 붙지 않고 양다리를 걸치는 것을 이르는 말.
首尾一貫(수미일관) : 처음부터 끝까지 변함없이 일을 해 나감.

壽	福	康	寧	
목숨 수	복 복	편안 강	편안 녕	

뜻 오래 살고 복되며 건강(健康)하고 편안(便安)함.
壽則多辱(수즉다욕) : 오래 살면 욕됨이 많다는 뜻으로, 오래 살수록 고생이나 망신(亡身)이 많음을 이르는 말.
延年益壽(연년익수) : 나이를 많이 먹고 오래오래 삶.

手	不	釋	卷	
손 수	아니 불	풀 석	책 권	

뜻 손에서 책을 놓지 않는다는 뜻으로, 늘 책을 가까이하여 학문(學問)을 열심히 함.
束手無策(속수무책) : 손을 묶인 듯이 어찌 할 방책이 없어 꼼짝 못하게 된다는 뜻으로, 뻔히 보면서 어찌할 바를 모르고 꼼짝 못한다는 뜻.

袖	手	傍	觀	
소매 수	손 수	곁 방	볼 관	

뜻 팔짱을 끼고 보고만 있다는 뜻으로, 어떤 일을 당하여 옆에서 보고만 있는 것을 말함.
兩手執餠(양수집병) : 「양손에 떡을 쥐었다」는 뜻으로, 가지기도 어렵고 버리기도 어려운 경우(境遇)를 이르는 말.

漱	石	枕	流	
양치질할 수	돌 석	베개 침	흐를 류	

뜻 돌로 양치질하고 흐르는 물을 베개 삼는다는 뜻으로, ① 말을 잘못해 놓고 그럴 듯하게 꾸며대는 것. ② 또는 이기려고 하는 고집이 셈.
枕流漱石(침류수석) : 시냇물을 베개 삼고 돌로 양치질한다는 뜻으로, 몹시 남에게 지기 싫어함을 이르는 말.

水 魚 之 交	
물 수　고기 어　갈 지　사귈 교	**뜻** 물과 물고기의 사귐이란 뜻으로, ① 임금과 신하(臣下) 또는 부부(夫婦) 사이처럼 매우 친밀한 관계를 이르는 말. ② 서로 떨어질 수 없는 친한 사이를 일컫는 말. 水積成川(수적성천) : 물이 모이면 내를 이룸.

水 滴 穿 石	
물 수　물방울 적　뚫을 천　돌 석	**뜻** 물방울이 바위를 뚫는다는 뜻으로, 작은 노력이라도 끈기 있게 계속하면 큰 일을 이룰 수 있음. 魚水之親(어수지친) : 물고기와 물처럼 친한 사이라는 뜻으로, ① 임금과 신하의 친밀한 사이.　② 서로 사랑하는 부부 사이.

守 株 待 兎	
지킬 수　그루 주　기다릴 대　토끼 토	**뜻**「그루터기를 지켜 토끼를 기다린다」는 뜻으로, 고지식하고 융통성(融通性)이 없어 구습(舊習)과 전례(前例)만 고집함. 獨守空房(독수공방) : 빈방에서 혼자 잠이란 뜻으로, 부부가 서로 별거(別居)하여 여자가 남편 없이 혼자 지냄을 뜻함.

宿 虎 衝 鼻	
잘 숙　범 호　찌를 충　코 비	**뜻**「자는 범의 코를 찌른다」는 뜻으로, 가만히 있는 사람을 건드려서 화(禍)를 스스로 불러들이는 일. 打草驚蛇(타초경사) :「풀을 쳐서 뱀을 놀라게 한다」는 뜻으로, 을(乙)을 징계(懲戒)하여 갑(甲)을 경계(警戒)함을 이르는 말.

脣 亡 齒 寒	
입술 순　망할 망　이 치　찰 한	**뜻** 입술이 없으면 이가 시리다는 뜻으로, ① 가까운 사이의 한 쪽이 망하면 다른 한쪽도 그 영향(影響)을 받아 온전(穩全)하기 어려움을 비유하여 이르는 말. 丹脣(단순) : 여자의 붉은 입술이나 연지를 바른 입술.

脣 齒 輔 車	
입술 순　이 치　도울 보　수레 거	**뜻** 입술과 이, 수레의 덧방나무와 바퀴처럼 따로 떨어지거나 협력(協力)하지 않으면 일이 성취(成就)하기 어려운 관계(關係)를 이르는 말. 脣頭(순두) : 입술 끝.

是 是 非 非	
옳을 시　　　아닐 비	**뜻** 옳은 것은 옳다, 그른 것은 그르다고 한다는 뜻으로, 사리(事理)를 공정하게 판단(判斷)함을 이르는 말. 是是非非主義(시시비비주의) : 중립적인 입장에서 옳은 것은 옳고 그른 것은 그르다고 시비를 명확히 가리는 주의(主義).

始 終 如 一	
비로소 시　마침 종　같을 여　한 일	**뜻** 처음이나 나중이 한결같아서 변(變)함없음 . 無始無終(무시무종) : 시작도 끝도 없다는 뜻으로, 불변(不變)의 진리(眞理)나 윤회(輪廻)의 무한성(無限性)을 이르는 말. 有始有終(유시유종) : 시작할 때부터 끝을 맺을 때까지 변함이 없음.

始 終 一 貫	
비로소 시　마침 종　한 일　꿸 관	**뜻** 처음부터 끝까지 한결같이 관철(貫徹) 함. 千里行始於足下(천리행시어족하) :「천릿길도 한 걸음부터 시작한다」는 뜻으로, 비록 어려운 일이라도 쉬지 않고 노력(努力)하면 성취(成就)됨을 이르는 말.

身 言 書 判	
몸 신　말씀 언　글 서　판단할 판	**뜻** 중국(中國) 당대의 관리(官吏) 전선(銓選)의 네가지 표준(標準). 곧 인물을 선택하는 네 가지 조건이란 뜻으로, 사람을 평가할 때나 선택할 때가 되면 첫째 인물이 잘났나, 즉『身』둘째 말을 잘 할 줄 아는가 즉『言』셋째 글씨는 잘 쓰는가 즉『書』넷째 사물(事物)의 판단이 옳은가 즉『判』의 네가지를 보아야 한다 하여 이르는 말.

十	伐	之	木
열 십	칠 벌	갈 지	나무 목

뜻 '열 번 찍어 안 넘어가는 나무가 없다'는 뜻으로, ① 어떤 어려운 일이라도 여러 번 계속하여 끊임없이 노력하면 기어이 이루어 내고야 만다는 뜻. ② 아무리 마음이 굳은 사람이라도 여러 번 계속하여 말을 하면 결국 그 말을 듣게 된다는 뜻.

十	匙	一	飯
열 십	숫가락 시	한 일	밥 반

뜻 열 사람이 한 술씩 보태면 한 사람 먹을 분량이 된다는 뜻으로, 여러 사람이 힘을 합하면 한 사람을 돕기는 쉽다는 말.
十年減壽(십년감수) : 수명에서 열 해가 줄어든다는 뜻으로, 몹시 위험하거나 놀랐을 때 쓰는 말.

十	中	八	九
열 십	가운데 중	여덟 팔	아홉 구

뜻 「열에 여덟이나 아홉」이란 뜻으로, ① 열 가운데 여덟이나 아홉이 된다는 뜻. 곧, 거의 다 됨을 가리키는 말. ② 거의 예외 없이 그러할 것이라는 추측(推測)을 나타내는 말.
十年知己(십년지기) : 오래 전부터 친히 사귀어 온 친구.

阿	鼻	叫	喚
언덕 아	코 비	부르짖을 규	부를 환

뜻 「아비(阿鼻) 지옥(地獄)과 규환(叫喚) 지옥(地獄)」이라는 뜻으로, 여러 사람이 비참(悲慘)한 지경(地境)에 처하여 그 고통(苦痛)에서 헤어나려고 비명(悲鳴)을 지르며 몸부림침을 형용(形容)해 이르는 말.

阿	修	羅	場
언덕 아	닦을 수	그물 라	마당 장

뜻 ① 전란이나 그밖의 일로 인해 큰 혼란 상태에 빠진 곳. 또는, 그 상태. ② 아수라왕(阿修羅王)이 제석천(帝釋天)과 싸운 마당.
修羅場(수라장) : ① 아수라왕이 제석천과 싸운 마당. ② 싸움 등으로, 혼잡하고 어지러운 상태에 빠진 곳. 또는 그런 상태.

我	田	引	水
나 아	밭 전	끌 인	물 수

뜻 자기 논에만 물을 끌어넣는다는 뜻으로, ① 자기의 이익을 먼저 생각하고 행동함. ② 또는 억지로 자기에게 이롭도록 꾀함을 이르는 말.
我田引水格(아전인수격) : 아전인수(我田引水)하는 셈.

安	貧	樂	道
편안 안	가난할 빈	즐거울 락	길 도

뜻 ① 구차(苟且)하고 궁색(窮塞)하면서도 그것에 구속(拘束)되지 않고 평안(平安)하게 즐기는 마음으로 살아감. ② 가난에 구애받지 않고 도(道)를 즐김.
安逸(안일) : ① 편안하고 한가(閑暇)함. ② 쉽게 여김.

安	心	立	命
편안 안	마음 심	설 입	목숨 명

뜻 ① 천명(天命)을 깨닫고 생사(生死)·이해(理解)를 초월(超越)하여 마음의 평안(平安)을 얻음. ② 생사(生死)의 도리(道理)를 깨달아 내세(來世)의 안심(安心)을 꾀함.
安居樂業(안거낙업) : 편안히 살면서 생업을 즐김.

眼	下	無	人
눈 안	아래 하	없을 무	사람 인

뜻 눈 아래에 사람이 없다는 뜻으로, ① 사람됨이 교만(驕慢)하여 남을 업신여김을 이르는 말. ② 태도(態度)가 몹시 거만(倨慢)하여 남을 사람같이 대하지 않는 것.
眼中無人(안중무인)도 같은 의미.

愛	人	如	己
사랑 애	사람 인	같을 여	몸 기

뜻 남을 자기 몸같이 사랑함.
敬天愛人(경천애인) : 하늘을 공경(恭敬)하고 사람을 사랑함.
節用愛人(절용애인) : 나라의 재물(財物)을 아껴 쓰는 것이 곧 백성(百姓)을 사랑함을 말함.

哀	乞	伏	乞	**뜻** 애처롭게 하소연하면서 빌고 또 빎. **喜怒哀樂** (희로애락) : 기쁨과 노여움, 슬픔과 즐거움이라는 뜻으로, 곧 사람의 여러 가지 감정(感情)을 이르는 말. **樂極哀生** (낙극애생) : 즐거움도 극에 달하면 슬픔이 생김.
슬플 애	빌 걸	엎드릴 복	빌 걸	

愛	別	離	苦	**뜻** 불교(佛敎)에서 말하는 팔고(八苦)의 하나. 사랑하는 사람과 헤어져야 하는 괴로움. **甘棠之愛** (감당지애) : 선정(善政)을 베푼 인재를 사모(思慕)하는 마음이 간절(懇切)함을 비유해 이르는 말.
사랑 애	다를 별	떠날 이	쓸 고	

愛	之	重	之	**뜻** 매우 사랑하고 소중(所重)히 여김. **舐犢之愛** (지독지애) : 지독지정(舐犢之情). 어미 소가 송아지를 핥아 주는 사랑이라는 뜻으로, 부모의 자식(子息) 사랑을 비유해 이르는 말.
사랑 애	갈 지	무거울 중	갈 지	

野	壇	法	席	**뜻** 야외(野外)에서 크게 베푸는 설법(說法)의 자리. **家鷄野鶩** (가계야목) : 「집의 닭을 미워하고 들의 물오리를 사랑한다」는 뜻으로, 일상(日常) 흔한 것을 피하고 새로운 것, 진기한 것을 존중(尊重)함을 비유해 이르는 말.
들 야	제단 단	법 법	자리 석	

藥	房	甘	草	**뜻** ① 무슨 일이나 빠짐없이 끼임. ② 반드시 끼어야 할 사물. **藥房啓辭** (약방계사) : 조선 시대에, 내의원(內醫院)에서 임금에게 올리던 상주문(上奏文). **藥房妓生** (약방기생) : ☞ 내의원의녀(內醫院醫女).
약 약	방 방	달 감	풀 초	

良	禽	擇	木	**뜻** 좋은 새는 나무를 가려서 둥지를 튼다는 뜻으로, 어진 사람은 훌륭한 임금을 가려 섬김을 이르는 말. **良識** (양식) : ① 양심적인 지식과 판단력. ② (넓은 경지(境地)에서 선악을 판단하는)뛰어난 식견과 훌륭한 판단력.
어질 양	새 금	가릴 택	나무 목	

羊	頭	狗	肉	**뜻** 「양(羊) 머리를 걸어놓고 개고기를 판다」는 뜻으로, ① 겉은 훌륭해 보이나 속은 그렇지 못한 것. ② 겉과 속이 서로 다름. ③ 말과 행동이 일치하지 않음. **犬羊之質** (견양지질) : 재능(才能)이 없는 바탕.
양 양	머리 두	개 구	고기 육	

梁	上	君	子	**뜻** 대들보 위에 있는 군자(君子)라는 뜻으로, ① 집안에 들어온 도둑. ② 도둑을 미화(美化)하여 점잖게 부르는 말. **棟梁之材** (동량지재) : 마룻대와 들보로 쓸 만한 재목이라는 뜻으로, 나라의 중임을 맡을 만한 큰 인재(人材).
들보 양	위 상	임금 군	아들 자	

良	藥	苦	口	**뜻** 좋은 약은 입에 쓰다」는 뜻으로, 충언(忠言)은 귀에 거슬린다는 말. **良好** (양호) : (성적(成績)이나 성질(性質)·품질(品質) 따위가 주(主)로 질적인 면에서) 대단히 좋음.
어질 양	약 약	쓸 고	입 구	

魚	頭	肉	尾	**뜻** 물고기는 대가리 쪽이 맛이 있고, 짐승 고기는 꼬리 쪽이 맛이 있다는 말. **魚東肉西** (어동육서) : 제사상(祭祀床)을 차릴 때에 어찬(魚饌)은 동쪽에, 육찬(肉饌)은 서쪽에 놓음.
고기 어	머리 두	고기 육	꼬리 미	

漁 夫 之 利	뜻 어부지리(漁父之利). 어부(漁夫)의 이익이라는 뜻으로, 둘이 다투는 틈을 타서 엉뚱한 제3자가 이익을 가로챔을 이르는 말.
고기잡을어 지아비 부 갈 지 이할 리	漁人得利(어인득리) : 고기 잡는 사람이 이익을 얻음을 뜻하는 말로, 쌍방이 다투는 틈을 타서, 제3자가 애쓰지 않고 이득을 보는 경우를 가리키는 말.

漁 人 之 功	뜻 조개와 황새가 서로 싸우는 판에 어부(漁夫)가 두 놈을 쉽게 잡아서 이득을 보았다는 뜻으로, '두 사람이 다툼질한 결과 아무 관계도 없는 사람이 이득을 얻게 됨'을 빗대어 하는 말.
고기잡을어 사람 인 갈 지 공 공	漁兄漁弟(어형어제) : 낚시 친구(親舊)들 두고 이르는 말.

言 語 道 斷	뜻 말할 길이 끊어졌다는 뜻으로, 곧, 너무나 엄청나거나 기가 막혀서, 말로써 나타낼 수가 없음.
말씀 언 말씀 어 길 도 끊을 단	語不成說(어불성설) : 말이 하나의 일관(一貫)된 논의(論議)로 되지 못함. 즉, 말이 이치(理致)에 맞지 않음을 뜻함.

言 中 有 骨	뜻 「말 속에 뼈가 있다」는 뜻으로, 예사(例事)로운 표현 속에 만만치 않은 뜻이 들어 있음.
말씀 언 가운데 중 있을 유 뼈 골	言中有響(언중유향) : 말 속에 울림이 있다는 뜻으로, 말에 나타난 내용 그 이상으로 깊은 뜻이 숨어있음.

易 地 思 之	뜻 처지(處地)를 서로 바꾸어 생각함이란 뜻으로, 상대방(相對方)의 처지에서 생각해보라는 말.
바꿀 역 땅 지 생각 사 갈 지	渴者易飮(갈자이음) : 「목이 마른 자는 무엇이든 잘 마신다」는 뜻으로, 곤궁한 사람은 은혜에 감복하기 쉬움을 비유해 이르는 말.

緣 木 求 魚	뜻 「나무에 인연하여 물고기를 구한다」라는 뜻으로, ① 목적이나 수단이 좋지 않아 성공이 불가능함. ② 또는 허술한 계책으로 큰 일을 도모함.
인연 연 나무 목 구할 구 고기 어	天生緣分(천생연분) : 하늘에서 정해 준 연분.

榮 枯 盛 衰	뜻 영화(榮華)롭고 마르고 성(盛)하고 쇠(衰)함이란 뜻으로, 개인이나 사회(社會)의 성하고 쇠함이 서로 뒤바뀌는 현상.
영화 영 마를 고 성할 성 쇠할 쇠	盧生之夢(노생지몽) : 노생(盧生)의 꿈이라는 뜻으로, 인생의 영고성쇠(榮枯盛衰)는 한바탕 꿈처럼 덧없다는 뜻.

五 里 霧 中	뜻 짙은 안개가 5리나 끼어 있는 속에 있다는 뜻으로, ① 무슨 일에 대하여 방향이나 상황을 알 길이 없음을 이르는 말. ② 일의 갈피를 잡기 어려움.
다섯 오 마을 리 안개 무 가운데 중	濃霧(농무) : 짙은 안개.

吾 鼻 三 尺	뜻 ① 오비체수삼척(吾鼻涕垂三尺)의 준말로, 곤경(困境)에 처해 자기 일도 해결하기 어려운 판국에 어찌 남을 도울 여지가 있겠는가라는 말.
나 오 코 비 셋 삼 자 척	吾不關焉(오불관언) : 나는 그 일에 상관하지 않는다는 말.

烏 飛 梨 落	뜻 까마귀 날자 배 떨어진다는 말로, 어떤 행동을 하여서 그 결과로 나타난 일이 있자, 공교롭게 남의 혐의를 받을 만한 딴 일이 뒤미쳐 일어남을 비유하여 이르는 말.
까마귀 오 날 비 배 이 떨어질 락	飛霜之怨(비상지원) : 뼈에 사무치는 원한(怨恨).

五 十 步 百 步	뜻 「오십 보 도망한 자가 백 보 도망한 자를 비웃는다」라는 뜻으로, 조금 낫고 못한 차이는 있지만 본질적으로 차이가 없음. 五十笑百(오십소백) : 좀 못하고 좀 나은 점의 차이(差異)는 있으나, 본질적으로는 차이가 없음을 이르는 말.
다섯 오 열 십 걸음 보 일백 백 걸음 보	

吳 越 同 舟	뜻 오(吳)나라 사람과 월(越)나라 사람이 한 배에 타고 있다라는 뜻으로, ① 어려운 상황에서는 원수라도 협력하게 됨. ② 뜻이 전혀 다른 사람들이 한자리에 있게 됨. 乘夜越牆(승야월장) : 밤을 타서 남의 집의 담을 넘어 들어감.
나라 오 넘을 월 한가지 동 배 주	

烏 合 之 卒	뜻 「까마귀가 모인 것 같은 무리」라는 뜻으로, 질서 없이 어중이떠중이가 모인 군중(群衆) 또는 제각기 보잘것없는 수많은 사람. 合議(합의) : 두 사람 이상이 모여 서로 의논(議論)함.
까마귀 오 합할 합 갈 지 마칠 졸	

溫 故 知 新	뜻 옛것을 익히고 그것을 미루어서 새것을 앎. 다시 말하면, 옛 학문(學問)을 되풀이하여 연구(研究)하고, 현실(現實)을 처리(處理)할 수 있는 새로운 학문을 이해하여야 비로소 남의 스승이 될 자격(資格)이 있다는 뜻임.
따뜻할 온 연고 고 알 지 새 신	

溫 柔 敦 厚	뜻 부드럽고 온화(溫和)하며 성실(誠實)한 인품(人品)이나 시를 짓는 데 기묘(奇妙)하기보다 마음에서 우러난 정취(情趣)가 있음을 두고 이르는 말. 溫飽(온포) : 따뜻하게 입고 배부르게 먹는다는 뜻.
따뜻할 온 부드러울 유 도타울 돈 두터울 후	

臥 薪 嘗 膽	뜻 섶에 누워 쓸개를 씹는다는 뜻으로, 원수(怨讐)를 갚으려고 온갖 괴로움을 참고 견딤을 이르는 말. 切齒腐心(절치부심) : 이를 갈고 마음을 썩이다는 뜻으로, 대단히 분(憤)하게 여기고 마음을 썩임.
누울 와 섶 신 맛볼 상 쓸개 담	

臥 龍 鳳 雛	뜻 누운 용과 봉황(鳳凰)의 새끼라는 뜻으로, 누운 용은 풍운을 만나 하늘로 올라 가는 힘을 가지고 있고, 봉황(鳳凰)의 새끼는 장차 자라서 반드시 봉황(鳳凰)이 되므로, 때를 기다리는 호걸(豪傑)을 비유해 이르는 말.
누울 와 용 룡 봉새 봉 병아리 추	

完 全 無 缺	뜻 충분하게 구비하여서 결점이나 부족한 것이 없음. 完璧(완벽) : 흔히 완전무결(完全無缺)하다는 뜻으로 사용(使用)되는 말이지만, 원래(原來)는 고리 모양(模樣)의 보옥을 끝까지 무사(無事)히 지킨다는 뜻.
완전할 완 온전 전 없을 무 이지러질 결	

王 者 之 民	뜻 왕자(王子)의 백성(百姓)이라는 뜻으로, 왕자는 덕이 크므로 정치를 베풀게 되면 백성이 모두 그 덕화(德化)를 입어 침착(沈着)하고 활달(豁達)해짐을 이르는 말. 王大姑母(왕대고모) : 아버지의 고모. 곧 할아버지의 누이.
임금 왕 놈 자 갈 지 백성 민	

外 柔 內 剛	뜻 겉으로 보기에는 부드러우나 속은 꿋꿋하고 강(强)함. 柔能勝剛(유능승강) : 「유(柔)한 것이 강(强)한 것을 이긴다」는 뜻으로, 약한 것을 보이고 적의 허술한 틈을 타 능히 강한 것을 제압(制壓)함을 비유해 이르는 말.
바깥 외 부드러울 유 안 내 굳셀 강	

樂 山 樂 水	뜻 산을 좋아하고 물을 좋아한다는 뜻으로, 산수(山水) 경치(景致)를 좋아함을 이르는 말.
좋아할 요　뫼 산　좋아할 요　물 수	仁者樂山(인자요산) : 인자(仁慈)는 의리에 만족하며 생각이 깊고 행동이 신중함이 산과 같으므로 자연히 산을 좋아함.

欲 速 不 達	뜻 ① 빨리 하고자 하면 도달(到達)하지 못함. ② 어떤 일을 급하게 하면 도리어 이루지 못함.
하고자할욕　빠를 속　아닐 부　통달할 달	速戰速決(속전속결) : 싸움을 오래 끌지 않고 될 수 있는 대로 재빨리 싸워 전국(戰局)을 결정(決定)함.

龍 頭 蛇 尾	뜻 머리는 용(龍)이고 꼬리는 뱀이라는 뜻으로, ① 시작은 좋았다가 갈수록 나빠짐의 비유. ② 처음 출발은 야단스러운데, 끝장은 보잘것없이 흐지부지되는 것을 말함.
용 용　머리 두　뱀 사　꼬리 미	念頭(염두) : ① 머리 속의 생각. ② 마음속.

愚 公 移 山	뜻 우공이 산을 옮긴다는 말로, 남이 보기엔 어리석은 일처럼 보이지만 한 가지 일을 끝까지 밀고 나가면 언젠가는 목적을 달성할 수 있다는 뜻.
오리석을우 공평할 공　옮길 이　뫼 산	塵合泰山(진합태산) : 티끌 모아 태산(泰山).

牛 耳 讀 經	뜻 「쇠귀에 경 읽기」란 뜻으로, 우둔(愚鈍)한 사람은 아무리 가르치고 일러주어도 알아듣지 못함을 비유하여 이르는 말.
소 우　귀 이　읽을 독　글 경	馬耳東風(마이동풍) : 말의 귀에 동풍이라는 뜻으로, 남의 비평이나 의견을 조금도 귀담아 듣지 아니하고 흘려 버림을 이르는 말.

雲 泥 之 差	뜻 구름과 진흙 차이란 뜻으로, ① 사정(事情)이 크게 다르다는 경우(境遇)에 쓰는 말. ② 서로의 차이가 매우 큼.
구름 운　진흙 니　갈 지　다를 차	天壤之間(천양지간) : ① 천지간(天地間). ② 「서로의 차이가 썩 심(甚)함」 또는 「썩 심한 차이」를 이르는 말.

月 下 氷 人	뜻 월하로(月下老)와 빙상인(氷上人)을 합친 말로, 혼인(婚姻)은 천생연분(天生緣分)이 있다는 고사(故事)에서 비롯됨. 남녀의 인연(因緣)을 맺어주는 사람.
달 월　아래 하　얼음 빙　사람 인	月光(월광) : 달빛. 달에서 비쳐 오는 빛.

衛 正 斥 邪	뜻 조선 시대 후기에, 정학(正學), 정도(正道)로서의 주자학(朱子學)을 지키고, 사학(邪學), 사도(邪道)로서의 천주교(天主敎)를 물리치려던 주장(主張).
지킬 위　바를 정　내칠 척　간사할 사	破邪顯正(파사현정) : 사악한 도리를 깨뜨리고 바른 도리를 드러냄.

韋 編 三 絶	뜻 종이가 없던 옛날에는 대나무에 글자를 써서 책으로 만들어 사용했었는데, 공자(孔子)가 책을 하도 많이 읽어서 그것을 엮어 놓은 끈이 세 번이나 끊어졌단 데에서 비롯된 말로, 한 권의 책을 몇 십 번이나 되풀이 해서 읽음을 비유하는 말로 쓰임.
가죽 위　엮을 편　석 삼　끊을 절	

唯 恐 有 聞	뜻 혹시나 또 무슨 말을 듣게 될까 겁난다는 뜻으로, 한가지 착한 일을 들으면 다음에 듣게 될 착한 것과 겹치기 전에 어서 다 배워 익히려는 열심(熱心)인 태도(態度)를 말함.
오직 유　두려울 공　있을 유　들을 문	唯恐不及(유공불급) : 오직 미치지 못할까 두려워함.

有 口 無 言	뜻 「입은 있으나 말이 없다」는 뜻으로, 변명(辨明)할 말이 없음.
있을유 입구 없을무 말씀언	開卷有益(개권유익) :「책을 펴기만해도 반드시 이로움이 있다」는 뜻으로, 독서(讀書)를 권장(勸獎)하는 말. 개권(開卷)은 책을 펴서 읽는 것을 말함.

有 名 無 實	뜻 이름만 있고 실상(實相)은 없음.
있을유 이름명 없을무 열매실	笑中有刀(소중유도) :「웃음 속에 칼이 들어 있다」는 뜻으로, 겉으로는 친절(親切)하지만 내심으로는 해(害)치려 함을 이르는 말.

有 備 無 患	뜻 「준비가 있으면 근심이 없다」라는 뜻으로, ① 미리 준비가 되어 있으면 우환을 당하지 아니함. ② 또는 뒷걱정이 없다는 뜻.
있을유 갖출비 없을무 근심환	德必有隣(덕필유린) : 덕이 있으면 따르는 사람이 있어 외롭지 않음을 이르는 말.

唯 我 獨 尊	뜻 ① 이 세상에 나보다 존귀한 사람은 없다는 말. ② 또는, 자기만 잘 났다고 자부하는 독선적인 태도의 비유.
오직유 나아 홀로독 높을존	唯唯諾諾(유유낙낙) : 일이 선악이나 시비에 상관없이 남의 의견에 조금도 거스르지 않고 따름, 곧 남의 말에 맹종함을 이르는 말.

柳 暗 花 明	뜻 버들은 무성(茂盛)하여 그윽이 어둡고, 꽃은 활짝 피어 밝고 아름답다는 뜻으로, 강촌(江村)의 봄 경치(景致)를 이르는 말.
버들유 어두울암 꽃화 밝을명	柳綠花紅(유록화홍) : 버들은 푸르고, 꽃은 붉다는 뜻으로, 사람의 손을 더 하지 않은 봄철의 경치(景致)를 말할 때 흔히 쓰임.

唯 一 無 二	뜻 둘이 아니고 오직 하나 뿐이라는 뜻으로, 오직 하나밖에 없음.
오직유 한일 없을무 두이	唯授一人(유수일인) : 비전(秘傳) 등을 오직 한 사람에게만 전(傳)하는 일. 또는 오직 한 사람만이 전수(傳授)받은 것.

有 害 無 益	뜻 해는 있으되 이익(利益)이 없음.
있을유 해할해 없을무 더할익	窮當益堅(궁당익견) : ① 곤궁(困窮)해질수록 그 지조(志操)는 더욱 굳어짐을 이르는 말. ② 나이가 들었어도 결코 젊은이다운 패기(覇氣)가 변하지 않고 오히려 굳건함.

隱 忍 自 重	뜻 밖으로 드러내지 아니하고 참고 감추어 몸가짐을 신중(愼重)히 함.
숨을은 참을인 스스로자 무거울중	子爲父隱(자위부은) : 자식은 아비를 위해 아비의 나쁜 것을 숨긴다는 뜻으로, 부자지간의 천륜(天倫)을 이르는 말.

陰 德 陽 報	뜻 사람이 보지 않는 곳에서 좋은 일을 베풀면 반드시 그 일이 드러나서 갚음을 받음.
그늘음 덕덕 볕양 갚을보	綠陰芳草(녹음방초) : 나무가 푸르게 우거진 그늘과 꽃다운 풀이라는 뜻으로, 여름의 아름다운 경치(景致.

泣 斬 馬 謖	뜻 「눈물을 머금고 마속의 목을 벤다」는 뜻으로, 사랑하는 신하를 법대로 처단하여 질서를 바로잡음을 이르는 말.
울읍 벨참 말마 일어날속	泣兒授乳(읍아수유) :「우는 아이에게 젖을 준다」는 뜻으로, 무엇이든 자기가 요구(要求)해야 얻을 수 있음.

意 氣 揚 揚 뜻 의　기운 기　날릴 양	뜻 ① 의기(義氣)가 드높아 매우 자랑스럽게 행동하는 모양. ② 자랑스러워 뽐내는 모양(模樣). 得意揚揚(득의양양) : 바라던 일이 이루어져서 우쭐거리며 뽐냄. 浮揚策(부양책) : 부양(扶養)할 대책(對策)이나 방법.
以 德 服 人 써 이　덕 덕　입을 복　사람 인	뜻 덕으로써 사람을 복종(服從)시킴. 以卵擊石(이란격석) : 「계란으로 돌벽을 치듯」이란 뜻으로, 약한 것으로 강한 것을 당해 내려는 일의 비유. 계란으로 바위치기. 交友以信(교우이신) : 벗을 사귐에 신의(信義)으로써 사귐.
以 心 傳 心 써 이　마음 심　전할 전　마음 심	뜻 「석가(釋迦)와 가섭(迦葉)이 마음으로 마음에 전한다」는 뜻으로, ① 말로써 설명(說明)할 수 없는 심오(深奧)한 뜻은 마음으로 깨닫는 수밖에 없다는 말. ② 마음과 마음이 통하고, 말을 하지 않아도 의사(意思)가 전달(傳達)됨.
以 熱 治 熱 써 이　더울 열　다스릴 치　더울 열	뜻 「열(熱)은 열로써 다스린다」는 뜻으로, 힘에는 힘으로 또는 강(強)한 것에는 강한 것으로 상대함을 이르는 말. 以毒制毒(이독제독) : 「독을 없애는 데 다른 독을 쓴다」는 뜻으로, 악인(惡人)을 물리치는 데 다른 악인으로써 함.
以 夷 制 夷 써 이　오랑캐 이　지을 제　오랑캐 이	뜻 적을 이용하여 다른 적을 제어함. 事君以忠(사군이충) : 삼국 통일의 원동력이 된 화랑(花郞)의 세속오계(世俗五戒)의 하나. 사친이효(事親以孝), 교우이신(交友以信), 임전무퇴(臨戰無退), 살생유택(殺生有擇).
益 者 三 友 더할 익　놈 자　석 삼　벗 우	뜻 「사귀어 자기에게 유익한 세 부류(部類)의 벗」이라는 뜻으로, 정직(正直)한 사람, 친구(親舊)의 도리(道理)를 지키는 사람, 지식(知識)이 있는 사람을 이르는 말. 損者三友(손자삼우) : 사귀면 손해보는 세 가지 친구라는 뜻.
因 果 應 報 인할 인　실과 과　응할 응　갚을 보	뜻 원인(原因)과 결과(結果)는 서로 물고 물린다는 뜻으로, ① 과거 또는 전생의 선악의 인연에 따라서 뒷날 길흉 화복(禍福)의 갚음을 받게 됨을 이르는 말. ② 좋은 일에는 좋은 결과가, 나쁜 일에는 나쁜 결과가 따름.
人 之 常 情 사람 인　갈 지　항상 상　뜻 정	뜻 사람이라면 누구나 가지는 보통의 인정(人情), 또는 생각. 貴鵠賤鷄(귀곡천계) : 고니를 귀히 여기고 닭을 천하게 여긴다는 뜻으로, 먼 데 것을 귀하게 여기고, 가까운 데 것을 천하게 여기는 것이 인지상정(人之常情)임을 말함.
一 刻 三 秋 한 일　새길 각　석 삼　가을 추	뜻 「매우 짧은 시간이 삼 년 같다」는 뜻으로, 몹시 기다려지거나 지루한 느낌을 이르는 말. 일각여삼추(一刻如三秋). 大海一滴(대해일적) : 넓고 큰 바다에 물방울 하나라는 뜻으로, 많은 것 가운데 아주 작은 것이라는 뜻.
一 擧 兩 得 한 일　들 거　두 양　얻을 득	뜻 ① 한 번 들어 둘을 얻음. ② 한 가지의 일로 두 가지의 이익(利益)을 보는 것. 大海一粟(대해일속) : 넓고 넓은 바다에 떨어뜨린 한 알의 좁쌀이란 뜻으로, 매우 작음 또는 보잘것없는 존재를 비유해 이르는 말.

一	網	打	盡
한 일	그물 망	칠 타	다할 진

뜻 「그물을 한번 쳐서 물고기를 모조리 잡는다」는 뜻으로, 한꺼번에 죄다 잡는다는 말.
一顧傾城(일고경성) : 한 번 돌아보고도 성을 기울게 한다는 뜻으로, 요염(妖艶)한 여자, 곧 절세미인을 비유해 이르는 말.

一	罰	百	戒
한 일	벌줄 벌	일백 백	경계할 계

뜻 한 사람을 벌주어 백 사람을 경계(警戒)한다는 뜻으로, 한 가지 죄와 또는 한 사람을 벌줌으로써 여러 사람의 경각심을 불러일으킴.
一字無識(일자무식) : 한 글자도 알지 못함.

一	石	二	鳥
한 일	돌 석	두 이	새 조

뜻 한 개의 돌을 던져 두 마리의 새를 맞추어 떨어뜨린다는 뜻으로, 한 가지 일을 해서 두 가지 이익을 얻음을 이르는 말.
危機一髮(위기일발) : 머리털 하나로 천균(千鈞)이나 되는 물건을 끌어당긴다는 뜻으로, 아주 위험한 순간을 비유 이르는 말.

一	場	春	夢
한 일	마당 장	봄 춘	꿈 몽

뜻 한바탕의 봄꿈처럼 헛된 영화나 덧없는 일이란 뜻으로, 인생의 허무(虛無)함을 비유하여 이르는 말.
南柯一夢(남가일몽) : 남쪽 가지에서의 꿈이란 뜻으로, 덧없는 꿈이나 한때의 헛된 부귀영화(富貴榮華)를 이르는 말.

一	觸	卽	發
한 일	닿을 촉	곧 즉	필 발

뜻 한 번 닿기만 하여도 곧 폭발한다는 뜻으로, 조그만 자극에도 큰 일이 벌어질 것 같은 아슬아슬한 상태를 이르는 말.
一絲不亂(일사불란) : 한 오라기의 실도 흐트러지지 않았다는 뜻으로, 질서나 체계 따위가 잘 잡혀 있음을 이르는 말.

日	就	月	將
날 일	나아갈 취	달 월	장차 장

뜻 「날마다 달마다 성장하고 발전한다」는 뜻으로, 학업이 날이 가고 달이 갈수록 진보함을 이름.
一脈相通(일맥상통) : 생각·성질(性質)·처지(處地) 등이 어느 면에서 한 가지로 서로 통함, 서로 비슷함.

一	片	丹	心
한 일	조각 편	붉을 단	마음 심

뜻 한 조각의 붉은 마음이란 뜻으로, ① 한결같은 참된 정성(精誠), 변치 않는 참된 마음을 이름. ② 오로지 한 곳으로 향한, 한 조각의 붉은 마음. ③ 진정에서 우러나오는 충성(忠誠)된 마음.
片道(편도) : 가고 오는 길 중 어느 한 쪽 또는 그 길.

一	攫	千	金
한 일	거둘 확	일천 천	쇠 금

뜻 「한꺼번에 많은 돈을 얻는다」는 뜻으로, 노력함이 없이 벼락부자가 되는 것.
投機商(투기상) : ① 일확천금(一攫千金)을 바라는 덧보기 장사. ② 또는 그러한 장사치.

立	身	揚	名
설 입	몸 신	말릴 양	이름 명

뜻 ① 사회적으로 인정을 받고 출세하여 이름을 세상에 드날림. ② 후세(後世)에 이름을 떨쳐 부모를 영광(榮光)되게 해 드리는 것.
立揚(입양) : 입신양명(立身揚名)을 줄여서 이르는 말.

自	家	撞	着
스스로 자	집 가	칠 당	붙을 착

뜻 자기의 언행이 전후 모순(矛盾)되어 일치하지 않음.
二律背反(이율배반) : 「두 가지 규율이 서로 반대된다」는 뜻으로, ① 동일 법전에 포함되는 개개 법문(法文) 간의 모순.
自己矛盾(자기모순) : 자기 스스로에 대한 모순(矛盾).

227

自 手 成 家	뜻 자기의 줄로 자기를 묶는다는 말로, ① 자기가 자기를 망치게 한다는 뜻. 즉, 자기의 언행으로 인하여 자신이 꼼짝 못하게 되는 일. ② 불교(佛敎)에서, 스스로 번뇌(煩惱)를 일으켜 괴로워함을 이르는 말.
스스로 자 손 수 이룰 성 집 가	

自 繩 自 縛	뜻 자기의 줄로 자기를 묶는다는 말로, ① 자기가 자기를 망치게 한다는 뜻. 즉, 자기의 언행으로 인하여 자신이 꼼짝 못하게 되는 일. ② 불교(佛敎)에서, 스스로 번뇌(煩惱)를 일으켜 괴로워함을 이르는 말.
스스로 자 노끈 승 스스로 자 얽을 박	

自 業 自 得	뜻 불교(佛敎)에서, 제가 저지른 일의 과보(果報)를 제스스로 받음을 이르는 말. 自强不息(자강불식) : 스스로 힘을 쓰고 몸과 마음을 가다듬어 쉬지 아니함.
스스로 자 업 업 스스로 자 얻을 득	

子 子 孫 孫	뜻 ① 자손의 여러 대. ② 자손의 끝까지. ③ 대대(代代)손손. 子孫萬代(자손만대) : 자자손손(子子孫孫)의 썩 많은 세대(世代). 亂臣賊子(난신적자) : 나라를 어지럽게 하는 신하(臣下)와 어버이를 해치는 자식(子息) 또는 불충(不忠)한 무리.
아들 자 손자 손	

自 畵 自 讚	뜻 자기가 그린 그림을 스스로 칭찬(稱讚)한다는 뜻으로, 자기가 한 일을 자기 스스로 자랑함을 이르는 말. 自中之亂(자중지란) : 같은 패 안에서 일어나는 싸움. 安閑自適(안한자적) : 평화롭고 한가하여 마음 내키는 대로 즐김.
스스로 자 그림 화 스스로 자 기릴 찬	

作 心 三 日	뜻 마음 먹은 지 삼일(三日)이 못간다는 뜻으로, 결심이 얼마 되지 않아 흐지부지 된다는 말. 朝改暮變(조개모변) : 「아침에 고치고 저녁에 또 바꾼다」는 뜻으로, 일정한 방침이 없이 항상 변하여 정하여지지 아니함.
지을 작 마음 심 석 삼 날 일	

張 三 李 四	뜻 장씨의 셋째 아들과 이씨의 넷째 아들이란 뜻으로, ① 성명(姓名)이나 신분이 뚜렷하지 못한 평범한 사람들. ② 사람에게 성리(性理)가 있음은 아나, 그 모양(模樣)이나 이름을 지어 말할 수 없음의 비유.
베풀 장 석 삼 오얏 리 넉 사	

賊 反 荷 杖	뜻 도둑이 도리어 몽둥이를 든다는 뜻으로, 잘못한 사람이 도리어 잘 한 사람을 나무라는 경우(境遇)를 이르는 말. 客反爲主(객반위주) : 「손님이 도리어 주인 행세를 한다」는 뜻으로, ① 주객이 전도(顚倒)됨을 이르는 말.
도둑 적 돌이킬 반 멜 하 지팡이 걸	

赤 手 空 拳	뜻 맨손과 맨주먹이란 뜻으로, 곧 아무 것도 가진 것이 없음. 近朱者赤(근주자적) : 「붉은빛에 가까이 하면 반드시 붉게 된다」는 뜻으로, 주위(周圍) 환경(環境)이 중요(重要)하다는 것을 이르는 말.
붉을 적 손 수 빌 공 주먹 권	

前 途 遙 遠	뜻 앞으로 갈 길이 아득히 멀다는 뜻으로, 목적하는 바에 이르기에는 아직도 남은 일이 많음을 이르는 말. 前途有望(전도유망) : ① 앞으로 잘 될 희망이 있음. ② 또는, 장래(將來)가 유망(有望)함.
앞 전 길 도 멀 요 멀 원	

戰	戰	兢	兢	뜻 전전(戰戰)은 겁을 먹고 벌벌 떠는 것. 긍긍(兢兢)은 조심해 몸을 움츠리는 것으로 어떤 위기감에 떠는 심정(心情)을 비유한 말.
싸움 전		떨릴 긍		戰兢(전긍) : ☞ 전전긍긍(戰戰兢兢).

輾	轉	反	側	뜻 이리 뒤척 저리 뒤척 한다는 뜻으로, ① 걱정거리로 마음이 괴로워 잠을 이루지 못함을 이르는 말. ② 원래는 미인(美人)을 사모(思慕)하여 잠을 이루지 못함을 이르는 표현(表現)임.
돌아누울전	구를 전	돌이킬 반	곁 측	寤寐不忘(오매불망) : 자나깨나 잊지 못함.

轉	禍	爲	福	뜻 화가 바뀌어 오히려 복이 된다는 뜻으로, 어떤 불행한 일이라도 끊임없는 노력과 강인(強靭)한 의지로 힘쓰면 불행을 행복으로 바꾸어 놓을 수 있다는 말.
구를 전	재앙 화	할 위	복 복	反禍爲福(반화위복) : ☞ 전화위복(轉禍爲福).

絶	世	佳	人	뜻 세상에 비할 데 없이 가장 아름다운 여자.
끊을 절	인간 세	아름다울가	사람 인	絶世代美(절세대미) : 이 세상에서는 견줄 사람이 없을 정도로 뛰어나게 아름다운 여자. 萬古絶色(만고절색) : 고금에 예가 없이 뛰어난 미색, 미인.

絶	長	補	短	뜻 긴 것을 잘라서 짧은 것에 보태어 부족함을 채운다는 뜻으로, 좋은 것으로 부족한 것을 보충함을 이르는 말.
끊을 절	긴 장	도울 보	짧을 단	斷長補短(단장보단) : 긴 것은 자르고 짧은 것은 메워서 들쭉날쭉한 것을 곧게 함을 이르는 말.

切	磋	琢	磨	뜻 옥돌을 자르고 줄로 쓸고 끌로 쪼고 갈아 빛을 낸다는 뜻으로, 학문(學問)이나 인격(人格)을 갈고 닦음.
끊을 절	갈 차	쪼을 탁	갈 마	切磋(절차) : ① 옥이나 돌 등을 깎고 닦음. ② 부지런히 학문이나 도덕을 갈고 닦음.

切	齒	腐	心	뜻 이를 갈고 마음을 썩이다는 뜻으로, 대단히 분(憤)하게 여기고 마음을 썩임.
끊을 절	이 치	썩을 부	마음 심	切齒扼腕(절치액완) : 「이를 갈고, 팔을 걷어올리며 주먹을 꽉 진다」는 뜻으로, 매우 분(憤)하여 벼르는 모습을 이르는 말.

漸	入	佳	境	뜻 「가면 갈수록 경치(景致)가 더해진다」는 뜻으로, 일이 점점 더 재미있는 지경으로 돌아가는 것을 비유하는 말.
점점 점	들 입	아름다울가	지경 경	西勢東漸(서세동점) : 서양(西洋) 세력(勢力)을 차차 동쪽으로 옮김.

頂	門	一	鍼	뜻 정수리에 침 하나를 꽂는다는 뜻으로, 상대방의 급소(急所)를 찌르는 따끔한 충고나 교훈(敎訓)을 이르는 말.
이마 정	문 문	한 일	침 침	頂門金椎(정문금추) : 쇠망치로 정수리를 친다는 뜻으로, 정신이 들도록 깨우침을 이르는 말.

頂	天	立	地	뜻 하늘을 이고 땅 위에 선다는 뜻으로, 홀로 서서 타인에게 의지하지 않음.
이마 정	하늘 천	설 입	땅 지	頂門眼(정문안) : 정수리에 있는 또 하나의 눈이란 뜻으로, 보통 사람이 가진 두 눈 외에 모든 사리를 환하게 비쳐 아는 특별한 안력(眼力).

正 正 堂 堂	뜻 태도(態度)나 처지(處地)가 바르고 떳떳함.
바를 정　　　집 당	正心誠意(정심성의) : ① 마음을 바르게 하고 뜻을 정성스레 함. ② 허식(虛飾)이 없는 진심(眞心). 正襟端坐(정금단좌) : 옷매무시를 바로 하고 단정하게 앉음.

糟 糠 之 妻	뜻 지게미와 쌀겨로 끼니를 이어가며 고생을 같이 해온 아내란 뜻으로, 곤궁(困窮)할 때부터 간고(艱苦)를 함께 겪은 본처(本妻)를 흔히 일컬음.
지게미 조　겨 강　갈 지　아내 처	饑厭糟糠(기염조강) : 배가 고플 때에는 겨와 재강도 맛있게 되는 것임.

朝 令 暮 改	뜻 「아침에 명령(命令)을 내리고서 저녁에 다시 바꾼다」는 뜻으로, ① 법령의 개정(改定)이 너무 빈번(頻煩)하여 믿을 수가 없음을 이르는 말. ② 아침에 조세(租稅)를 부과(賦課)하고 저녁에 걷어들임을 이르는 말.
아침 조　하여금 령　저물 모　고칠 개	

朝 三 暮 四	뜻 「아침에 세 개, 저녁에 네 개」라는 뜻으로, ① 당장 눈앞에 나타나는 차별만을 알고 그 결과가 같음을 모름의 비유. ② 간사(奸邪)한 꾀를 써서 남을 속임을 이르는 말.
아침 조　석 삼　저물 모　넉 사	朝三(조삼) : ☞ 조삼모사(朝三暮四).

坐 見 千 里	뜻 「앉아서 천 리를 본다」는 뜻으로, 앞일을 예견(豫見)하거나 먼 곳의 일을 내다보고 헤아림을 이르는 말.
앉을 좌　볼 견　일천 천　마을 리	坐而待死(좌이대사) : 「가만히 앉아서 죽기만을 기다린다」는 뜻으로, 처지가 몹시 궁박하여 어찌할 대책을 강구할 길이 없어 될 대로 되라는 태도로 기다림을 이르는 말.

坐 不 安 席	뜻 마음에 불안이나 근심 등이 있어 한 자리에 편안하게 오래 앉아 있지 못함.
앉을 좌　아니 불　편안 안　자리 석	坐不垂堂(좌불수당) : 마루 끝에는 앉지 않는다는 뜻으로, 위험한 일을 가까이 하지 않음을 이르는 말.

坐 井 觀 天	뜻 「우물 속에 앉아 하늘을 쳐다본다」는 뜻으로, ① 견문이 매우 좁음을 말함. ② 세상 물정(物情)을 너무 모르는 사람의 비유.
앉을 좌　우물 정　볼 관　하늘 천	郎廳坐起(낭청좌기) : 「벼슬이 낮은 낭관(郎官)이 멋대로 나서서 일을 본다」는 뜻으로, 아랫사람이 윗사람보다 더 지독함을 비유.

坐 朝 問 道	뜻 좌조(坐朝)는 천하를 통일하여 왕위(王位)에 앉은 것이고, 문도(問道)는 나라 다스리는 법(法)을 말함.
앉을 좌　아침 조　물을 문　길 도	坐食山空(좌식산공) : 벌지 않고 먹기만 하면 산도 빈다는 뜻으로, 아무리 재산이 많아도 놀고 먹기만 하면 결국 다 없어짐을 비유해 이르는 말.

左 顧 右 眄	뜻 왼쪽을 둘러보고 오른쪽을 짝눈으로 자세히 살핀다는 뜻으로, 무슨 일에 얼른 결정을 짓지 못함을 비유함.
왼 좌　돌아볼고　오른쪽 우　곁눈질할 면	右往左往(우왕좌왕) : ① 오른쪽으로 갔다 왼쪽으로 갔다하며 종잡지 못함. ② 사방으로 왔다갔다함.

左 之 右 之	뜻 왼쪽으로 돌렸다 오른쪽으로 돌렸다 한다는 뜻으로, 사람이 어떤 일이나 대상을 제 마음대로 처리하거나 다루는 것.
왼 좌　갈 지　오른쪽 우　갈 지	左達承明(좌달승명) : 왼편에 승명(承明)이 사무치니, 승명(承明)은 사기(史記)를 교열(校閱)하는 집임.

左 衝 右 突	뜻 ① 이리저리 닥치는대로 부딪침. ② 아무사람이나 구분하진 않고 함부로 맞닥뜨림.
왼 좌　찌를 충　오른쪽 우　부딪칠 돌	左脯右醢(좌포우혜) : 제사상(祭祀床)을 차릴 때에 육포(肉包) 는 왼쪽에, 식혜(食醢)는 오른쪽에 놓는 일.

晝 耕 夜 讀	뜻 낮에는 농사 짓고 밤에는 공부한다는 뜻으로, 바쁜 틈을 타 서 어렵게 공부함을 이르는 말.
낮 주　갈 경　밤 야　읽을 독	晝耕夜讀手不釋卷(주경야독수불석권) : 낮에는 밭을 갈고 밤에 는 글을 읽으며 손에서는 책을 놓지 말아야 함.

走 馬 加 鞭	뜻 달리는 말에 채찍질하기라는 속담의 한역으로, ① 형편이 나 힘이 한창 좋을 때에 더욱 힘을 더한다는 말. ② 힘껏 하는 데 도 자꾸 더 하라고 격려(激勵)함.
달릴 주　말 마　더할 가　채찍 편	南行北走(남행북주) : 제대로 되는 일도 없이 이리저리 돌아다님.

走 馬 看 山	뜻 「말을 타고 달리면서 산을 바라본다」는 뜻으로, 바빠서 자 세히 살펴보지 않고 대강 보고 지나감을 이름.
달릴 주　말 마　볼 간　뫼 산	東奔西走(동분서주) : 동쪽으로 뛰고 서쪽으로 뛴다는 뜻으로, 사방으로 이리저리 바삐 돌아다님.

酒 不 雙 杯	뜻 (주석에서)술을 마실 때 잔의 수효(數爻)가 짝수로 마침을 싫어함을 이르는 말. 곧 3·5와 같이 기수(奇數)로 마실 것이지 2·4와 같은 우수(偶數)로 마시지 않는다는 말.
술 주　아니 불　쌍 쌍　술잔 배	有酒無量(유주무량) : 주량이 커서 술을 한없이 마심.

酒 池 肉 林	뜻 「술이 못을 이루고 고기가 수풀을 이룬다」는 뜻으로,매우 호화(豪華)스럽고 방탕(放蕩)한 생활을 이르는 말.
술 주　못 지　고기 육　수풀 림	肉山脯林(육산포림) : 「고기가 산을 이루고 말린 고기가 수풀을 이룬다」는 뜻으로, 극히 호사스럽고 방탕한 술잔치를 이르는 말.

竹 馬 故 友	뜻 「대나무 말을 타고 놀던 옛 친구」라는 뜻으로, 어릴 때부터 가까이 지내며 자란 친구를 이르는 말.
대 죽　말 마　연고 고　벗 우	竹馬之友(죽마지우) ☞ 죽마고우(竹馬故友). 竹馬舊友(죽마구우) ☞ 죽마고우(竹馬故友).

竹 杖 芒 鞋	뜻 대지팡이와 짚신이라는 뜻으로, 먼 길을 떠날 때의 간편한 차림을 이르는 말.
대 죽　지팡이장　까끄라기망　신 혜	雨後竹筍(우후죽순) : 비가 온 뒤에 솟는 죽순(竹筍)이라는 뜻 으로, 어떤 일이 일시에 많이 일어남을 이르는 말.

衆 寡 不 敵	뜻 ① 적은 수효(數爻)로 많은 수효를 대적(對敵)하지 못한다 는 뜻. ② 적은 사람으로는 많은 사람을 이기지 못함.
무리 중　적을 과　아닐 부　대적할 적	隨衆逐隊(수중축대) : 자기의 뚜렷한 주견(主見)이 없이 여러 사람의 틈에 끼어 덩달아 행동을 함.

衆 口 難 防	뜻 여러 사람의 입을 막기 어렵다는 뜻으로, 막기 어려울 정도 로 여럿이 마구 지껄임을 이르는 말.
무리 중　입 구　어려울 난　막을 방	衆心成城(중심성성) : 여러 사람의 마음이 성을 이룬다는 뜻으 로, 뭇사람의 뜻이 일치하면 성과 같이 굳어짐을 이르는 말.

知 己 之 友	
알 지　몸 기　갈 지　벗 우	**뜻** ① 자기를 가장 잘 알아주는 친한 친구. ② 서로 뜻이 통하는 친한 벗. 知命之年(지명지년) : 천명을 알 나이라는 뜻으로, 나이 오십을 이르는 말.

指 東 指 西	
가리킬 지　동녘 동　가리킬 지　서녘 서	**뜻** 동쪽을 가리켰다가 또 서쪽을 가리킨다는 뜻으로, 말하는 요지도 모르고 엉뚱한 소리를 함. 之南之北(지남지북) : 남쪽으로도 가고 북쪽으로도 간다는 뜻으로, 곧, 어떤 일에 주견(主見)이 없이 갈팡질팡함을 이르는 말.

芝 蘭 之 交	
지초 지　난초 란　갈 지　사귈 교	**뜻** 지초(芝草)와 난초(蘭草) 같은 향기로운 사귐이라는 뜻으로, 벗 사이의 고상(高尙)한 교제를 이르는 말. 芝蘭之化(지란지화) : 좋은 친구와 사귀면 자연히 그 아름다운 덕에 감화됨을 이르는 말. 좋은 친구를 사겨야한다는 말.

指 鹿 爲 馬	
가리킬 지　사슴 록　할 위　말 마	**뜻** 사슴을 가리켜 말이라고 한다라는 뜻으로, ① 사실이 아닌 것을 사실인 양 만들어 강제로 인정하게 됨. ② 윗사람을 농락(籠絡)하여 권세(權勢)를 마음대로 함. 鹿皮曰字(녹비왈자) : 주견이 없이 남의 말을 좇아 이리저리 함을 이르는 말.

知 彼 知 己	
알 지　저 피　알 지　몸 기	**뜻** 적을 알고 나를 알아야 한다는 뜻으로, 적의 형편과 나의 형편을 자세히 알아야 한다는 의미. 知彼知己百戰不殆(지피지기백전불태) : 상대를 알고 자신을 알면 백 번 싸워도 위태롭지 않음.

知 行 合 一	
알 지　행할 행　합할 합　한 일	**뜻** 참 지식은 반드시 실행(實行)이 따라야 한다는 말. 行藏進退(행장진퇴) : 지식인(知識人)이 시세(時勢)에 응(應)하여 벼슬에 나아가기도 하고 물러설 줄도 아는 처신(處身)의 신중(愼重)함.

珍 羞 盛 饌	
보배 진　차반 수　성할 성　반찬 찬	**뜻** 맛이 좋은 음식으로 많이 잘 차린 것을 뜻하여, 성대하게 차린 진귀(珍貴)한 음식. 卽時一杯酒(즉시일배주) : 눈앞에 있는 한 잔의 술이라는 뜻으로, 뒷날의 진수성찬보다 당장 마실 수 있는 한 잔의 술이 나음.

進 退 兩 難	
나아갈 진　물러갈 퇴　두 양　어려울 난	**뜻** 나아갈 수도 물러설 수도 없는 궁지(窮地)에 빠짐. 進退維谷(진퇴유곡) : 앞으로도 뒤로도 나아가거나 물러서지 못하다라는 뜻으로, 궁지에 빠진 상태. 進退無路(진퇴무로) : ☞ 진퇴양난(進退兩難).

集 小 成 大	
모을 집　적을 소　이룰 성　큰 대	**뜻** 작은 것이 모여 큰 것을 이룸. 塵積爲山(진적위산) : 티끌이 모여 태산(泰山)이 된다는 뜻으로, 작은 것도 모이면 큰 것이 됨을 비유해 이르는 말. 塵合泰山(진합태산) : 티끌 모아 태산.

借 廳 借 閨	
빌릴 차　관청 청　빌릴 차　안방 규	**뜻** 마루를 빌리다가 안방으로 들어간다는 뜻으로, '사랑채 빌리면 안방까지 달라한다'는 속담과 같은 말, 남에게 의지하다가 차차 그 권리까지 넘겨다본다는 말. 借廳入室(차청입실)도 같은 의미.

滄 海 遺 珠	뜻 「큰 바다에 남아 있는 진주(眞珠)」라는 뜻으로, 세상에 알려지지 않은 현자(賢者)나 명작을 비유해 이르는 말.
푸를 창　바다 해　남길 유　구슬 주	滄海桑田(창해상전) : 푸른 바다가 변하여 뽕밭이 된다는 말이니, 곧 덧없는 세상의 변천(變遷)을 뜻함.

滄 海 一 粟	뜻 큰 바다에 던져진 좁쌀 한 톨이라는 뜻으로, ① 지극히 작거나 보잘것 없는 존재를 의미함. ② 이 세상에서의 인간 존재의 허무함을 이르는 말.
푸를 창　바다 해　한 일　조 속	九牛一毛(구우일모) : 아홉 마리 소에 털 한가닥이라는 뜻.

天 高 馬 肥	뜻 「하늘이 높고 말이 살찐다」는 뜻으로,오곡백과가 무르익는 가을이 썩 좋은 절기임을 일컫는 말. 가을이 좋은 계절임을 나타낼 때 흔히 쓰는 말이나 원래는 옛날 중국에서 흉노족의 침입을 경계(警戒)하고자 나온 말임.
하늘 천　높을 고　말 마　살찔 비	

天 方 地 軸	뜻 하늘 방향이 어디이고 땅의 축이 어디인지 모른다는 뜻으로, ① 너무 바빠서 두서를 잡지 못하고 허둥대는 모습. ② 어리석은 사람이 갈 바를 몰라 두리번거리는 모습.
하늘 천　모 방　땅 지　굴대 축	知天命(지천명) : 나이 50세를 말함.

天 崩 之 痛	뜻 「하늘이 무너지는 듯한 고통」이라는 뜻으로, 임금이나 부모나 자식을 잃은 슬픔을 이르는 말.
하늘 천　무너질 붕　갈 지　아릴 통	天不生無祿之人(천불생무록지인) : 하늘은 녹 없는 사람을 낳지 않는다는 뜻으로,사람은 누구나 태어나면서 자기가 먹을 것은 가지고 태어남을 이르는 말.

天 衣 無 縫	뜻 선녀(仙女)의 옷에는 바느질한 자리가 없다는 뜻으로, ① 성격이나 언동(言動) 등이 매우 자연스러워 조금도 꾸민 데가 없음. ② 시나 문장(文章)이 기교(技巧)를 부린 흔적이 없어 극히 자연스러움을 이르는 말.
하늘 천　옷 의　없을 무　꿰맬 봉	

天 人 共 怒	뜻 하늘과 사람이 함께 분노(憤怒)한다는 뜻으로, 누구나 분노할 만큼 증오스러움. 또는 도저히 용납될 수 없음의 비유.
하늘 천　사람 인　한가지 공　성낼 노	旭日昇天(욱일승천) : 아침 해가 떠오른다는 뜻으로, 떠오르는 아침 해처럼 세력이 성대해짐을 이르는 말.

天 災 地 變	뜻 지진(地震)・홍수(洪水)・태풍(颱風) 따위와 같이, 자연 현상에 의해 빚어지는 재앙(災殃).
하늘 천　재앙 재　땅 지　변할 변	天長地久(천장지구) : 하늘과 땅이 오래도록 변하지 않는다는 뜻으로, 사물이 오래오래 계속됨을 이르는 말.

千 篇 一 律	뜻 「여러 시문(詩文)의 격조가 변화 없이 비슷비슷하다」는 뜻으로, 여러 사물(事物)이 거의 비슷비슷하여 특색(特色)이 없음을 비유하여 이르는 말.
일천 천　책 편　한 일　법칙 률	千金(천금) : ① 엽전 천 냥. ② 많은 돈의 비유.

天 下 泰 平	뜻 천하태평(天下太平). ① 온 세상이 태평(太平)함. ② 근심 걱정이 없거나 성질이 느긋하여 세상 근심을 모르고 편안함, 또는 그런 사람.
하늘 천　아래 하　클 태　평할 평	天下一色(천하일색) : 세상에서 제일 뛰어난 미인(美人).

233

徹 頭 徹 尾	뜻 머리에서 꼬리까지 통한다는 뜻으로, ① 처음부터 끝까지. ② 처음부터 끝까지 방침을 바꾸지 않고, 생각을 철저(徹底)히 관철(貫徹)함을 이르는 말.
통할 철 머리 두 통할 철 꼬리 미	徹夜(철야) : 어떤 일을 하기 위해 잠을 자지 않고 밤을 새우는 것.

晴 耕 雨 讀	뜻 갠 날에는 밖에 나가 농사일을 하고, 비오는 날에는 책을 읽는다는 뜻으로, 부지런히 일하면서 틈나는 대로 공부함을 이르는 말.
갤 청 갈 경 비 우 읽을 독	비슷한 용어로 晝耕夜讀(주경야독)이 있다.

靑 雲 萬 里	뜻 입신출세(立身出世)를 위한 원대(遠大)한 포부(抱負)를 비유적으로 이르는 말.
푸를 청 구름 운 일만 만 마을 리	靑山流水(청산유수) : 푸른 산과 흐르는 물이라는 뜻으로, 말을 거침없이 잘하는 사람을 비유해 이르는 말.

靑 天 白 日	뜻 맑게 갠 하늘에서 밝게 비치는 해라는 뜻으로, ① 훌륭한 인물은 세상 사람들이 다 알아본다는 의미였으나 지금은 아무런 잘못도 없이 결백(潔白)한 것을 주로 비유함.
푸를 청 하늘 천 흰 백 날 일	綠水靑山(녹수청산) : 푸른 물과 푸른 산.

靑 天 霹 靂	뜻 맑게 갠 하늘에서 갑자기 떨어지는 벼락이라는 뜻으로, ① 돌발적(突發的)인 사태나 사변(事變)을 이르는 말. ② 필세(筆勢)의 세참을 이르는 말.
푸를 청 하늘 천 벼락 벽 벼락 력	二八靑春(이팔청춘) : 열여섯 살 전후의 젊은이, 젊은 나이.

靑 出 於 藍	뜻 푸른 색이 쪽에서 나왔으나 쪽보다 더 푸르다는 뜻으로, 제자(弟子)가 스승보다 나은 것을 비유하는 말.
푸를 청 날 출 어조사 어 쪽 람	獨也靑靑(독야청청) : 홀로 푸르다는 뜻으로, 홀로 높은 절개를 지켜 늘 변함이 없음을 이르는 말.

淸 風 明 月	뜻 「맑은 바람과 밝은 달」이라는 뜻으로, ① 결백하고 온건한 성격을 평하여 이르는 말. ② 풍자(諷刺)와 해학(諧謔)으로 세상사(世上事)를 논함을 비유하여 이르는 말.
맑을 청 바람 풍 밝을 명 달 월	一陣淸風(일진청풍) : 한바탕 부는 시원한 바람.

草 綠 同 色	뜻 풀빛과 녹색(綠色)은 같은 빛깔이란 뜻으로, 같은 처지의 사람과 어울리거나 기우는 것.
풀 초 푸를 록 한가지 동 빛 색	同病相憐(동병상련) : 같은 처지에 있는 사람끼리 서로 불쌍히 여겨 동정하고 서로 도움.

草 露 人 生	뜻 해가 나면 없어질 풀잎에 맺힌 이슬처럼 덧없는 인생을 이르는 말.
풀 초 이슬 로 사람 인 날 생	草木皆兵(초목개병) : 온 산의 풀과 나무까지도 모두 적병으로 보인다는 뜻으로, 적의 힘을 두려워한 나머지 하찮은 것에도 겁냄을 이르는 말.

推 己 及 人	뜻 자기 마음을 미루어 보아 남에게도 그렇게 대하거나 행동한다는 뜻으로, '제 배 부르면 남의 배 고픈 줄 모른다'는 속담과 그 뜻이 일맥상통함.
밀 추 몸 기 미칠 급 사람 인	推此可知(추차가지) : 이 일로 미루어 다른 일을 알 수 있음.

234

追	遠	報	本
쫓을 추	멀 원	갚을 보	근본 본

뜻 조상(祖上)의 덕을 추모(追慕)하여 제사를 지내고, 자기의 태어난 근본을 잊지 않고 은혜(恩惠)를 갚음.
窮寇莫追(궁구막추) : 피할 곳 없는 도적을 쫓지 말라는 뜻으로, 궁지에 몰린 적을 모질게 다루면 해를 입기 쉬우니 지나치게 다그치지 말라는 말.

秋	風	落	葉
가을 추	바람 풍	떨어질 낙	잎 엽

뜻 가을 바람에 떨어지는 나뭇잎이라는 뜻으로, 형세나 판국이 갑자기 기울어지거나, 단번에 헤어져 흩어지는 모양을 비유하여 이르는 말.
秋毫不犯(추호불범) : 도리에 어긋나는 일을 조금도 범하지 아니함.

忠	言	逆	耳
충성 충	말씀 언	거스릴 역	귀 이

뜻 「바른 말은 귀에 거슬린다」는 뜻으로, 바르게 타이르는 말일수록 듣기 싫어함을 이르는 말.
良藥苦口(양약고구) : 「좋은 약은 입에 쓰다」는 뜻으로, 충언(忠言)은 귀에 거슬린다는 말.

齒	亡	舌	存
이 치	망할 망	려 설	있을 존

뜻 단단한 이는 빠져도 부드러운 혀는 남는다는 뜻으로, 강한 자가 먼저 망하고 부드럽고 순한 자가 나중까지 남음을 이르는 말.
亡子計齒(망자계치) : 죽은 자식(子息) 나이 세기라는 뜻으로, 이미 지나간 쓸데없는 일을 생각하며 애석(哀惜)하게 여김.

七	顚	八	起
일곱 칠	엎어질 전	여덟 팔	일어날기

뜻 「일곱 번 넘어져도 여덟 번째 일어난다」는 뜻으로, 실패를 거듭하여도 굴하지 않고 다시 일어섬.
七顚八倒(칠전팔도) : 「일곱 번 넘어지고 여덟 번 엎어진다」는 뜻으로, 어려운 고비를 많이 겪음.

七	縱	七	擒
일곱 칠	세로 종	일곱 칠	사로잡을 금

뜻 제갈공명(諸葛孔明)의 전술로 일곱 번 놓아주고 일곱 번 사로잡는다는 말로, ① 자유자재로운 전술. ② 상대를 마음대로 함. ③ 무슨 일을 제 마음대로 함.
縱橫無盡(종횡무진) : 행동이 마음 내키는 대로 자유자재로 함.

快	刀	亂	麻
쾌할 쾌	칼 도	어지러울란	삼 마

뜻 헝클어진 삼을 잘 드는 칼로 자른다는 뜻으로, 복잡(複雜)하게 얽힌 사물(事物)이나 비꼬인 문제(問題)들을 솜씨 있고 바르게 처리(處理)함을 비유해 이르는 말.
快人快事(쾌인쾌사) : 쾌활(快活)한 사람의 시원스러운 행동.

他	山	之	石
다를 타	뫼 산	갈 지	돌 석

뜻 다른 산의 돌이라는 뜻으로, 다른 산에서 나는 거칠고 나쁜 돌이라도 숫돌로 쓰면 자기의 옥을 갈 수가 있으므로, 다른 사람의 하찮은 언행이라도 자기의 지덕(智德)을 닦는 데 도움이 됨을 비유해 이르는 말.

他	弓	莫	輓
다를 타	활 궁	말 막	끌 만

뜻 남의 활을 당겨 쏘지 말라는 뜻으로, ① 무익한 일은 하지 말라는 말. ② 자기가 닦은 것을 지켜 딴 데 마음 쓰지 말 것을 이르는 말.
他官萬里(타관만리) : ☞ 만리타향(萬里他鄕).

貪	官	汚	吏
탐할 탐	벼슬 관	더러울 오	아전 리

뜻 탐욕(貪慾)이 많고 부정을 일삼는 더러운 벼슬아치.
貪財好色(탐재호색) : 재물을 탐하고 여색(女色)을 즐김.
貪欲無藝(탐욕무예) : 뇌물을 탐함에 그 끝이 없음.
貪名愛利(탐명애리) : 명예를 탐내고 이익에 집착(執着)함.

兎 死 狗 烹	뜻 「사냥이 끝나면 사냥하던 개는 쓸모가 없게 되어 삶아 먹는다」는 뜻으로, ① 필요할 때 요긴하게 써 먹고 쓸모가 없어지면 가혹하게 버린다는 뜻. ② 일이 있을 때는 실컷 부려먹다가 일이 끝나면 돌보지 않고 헌신짝처럼 버리는 세정을 비유해 이르는 말.
토끼 토 죽을 사 개 구 삶을 팽	

破 邪 顯 正	뜻 불교(佛敎)에서, 부처의 가르침에 어긋나는 사악(邪惡)한 도리를 깨뜨리고 바른 도리를 드러낸다는 뜻으로, 그릇된 생각을 버리고 올바른 도리를 행함을 비유해 이르는 말. 邪惡(사악) : 도리에 어긋나고 악독함.
깨뜨릴 파 간사할 사 나타날 현 바를 정	

破 竹 之 勢	뜻 대나무를 쪼개는 기세(氣勢)라는 뜻으로, ① 곧 세력이 강대하여 대적(大敵)을 거침없이 물리치고 쳐들어가는 기세. ② 세력이 강하여 걷잡을 수 없이 나아가는 모양. 破局(파국) : 판국(版局)이 결딴남. 또는, 판국. 카타스트로프.
깨뜨릴 파 대 죽 갈 지 형세 세	

暴 虎 馮 河	뜻 「범을 맨손으로 두드려 잡고, 큰 강을 배 없이 걸어서 건넌다」는 뜻으로, 용기는 있으나 무모(無謀)하기 이를 데 없는 행위를 이르는 말. 暴飮暴食(폭음폭식) : 음식과 술 등을 한꺼번에 많이 먹음.
사나울 포 범 호 기댈 빙 물 하	

風 飛 雹 散	뜻 바람이 불어 우박(雨雹)같이 이리 저리 흩어진다는 뜻으로, 엉망으로 깨어져 흩어져 버림. 사방으로 흩어짐. 風窓破壁(풍창파벽) : 뚫어진 창과 헐린 담벼락이라는 뜻으로, 무너져 가는 가난한 집을 비유해 이르는 말.
바람 풍 날 비 우박 박 흩어질 산	

風 樹 之 歎	뜻 부모에게 효도를 다하려고 생각할 때에는 이미 돌아가셔서 그 뜻을 이룰 수 없음을 이르는 말. 風木之悲(풍목지비) : 효도하고자 하나 부모가 이미 돌아가셔서 효양할 길이 없어 한탄함을 비유해 이르는 말.
바람 풍 나무 수 갈 지 탄식할 탄	

風 前 燈 火	뜻 「바람 앞의 등불」이란 뜻으로, ① 사물(事物)이 오래 견디지 못하고 매우 위급한 자리에 놓여 있음을 가리키는 말. ② 사물의 덧없음을 가리키는 말. 風前燈燭(풍전등촉)도 같은 의미.
바람 풍 앞 전 등불 등 불 화	

風 餐 露 宿	뜻 「바람에 불리면서 먹고, 이슬을 맞으면서 잔다」는 뜻으로, 떠돌아다니며 고생스러운 생활을 함을 비유해 이르는 말. 露宿者(노숙자) : 일정한 거처(居處)없이 비바람을 가릴 수 없는 집 밖의 장소에서 잠을 자는 사람.
바람 풍 밥 찬 이슬 로 잘 숙	

皮 骨 相 接	뜻 살가죽과 뼈가 맞붙을 정도로 몹시 마름. 豹死留皮(표사유피) : 「표범은 죽어서 가죽을 남긴다」는 뜻에서, 사람은 사후에 이름을 남겨야 함의 비유. 鐵面皮(철면피) : 쇠처럼 두꺼운 낯가죽이라는 뜻.
가죽 피 뼈 골 서러 상 닿을 접	

匹 夫 匹 婦	뜻 평범한 남자와 평범한 여자를 일컫는 말. 夫唱婦隨(부창부수) : 남편이 주장(主將)하고 아내가 이에 따름. 가정(家庭)에서의 부부(夫婦) 화합(和合)의 도리(道理)를 이르는 말임.
짝 필 지아비 부 짝 필 지어미 부	

鶴	首	苦	待
학 학	머리 수	쓸 고	기다릴 대

뜻 학처럼 목을 길게 빼고 기다린다는 뜻으로, 몹시 기다림을 이르는 말.
鶴首(학수) : ① 학의 목. ② '목을 길게 빼고 간절(懇切)히 기다림'을 비유하는 말.

學	如	不	及
배울 학	같을 여	아니 불	미칠 급

뜻 학문은 미치지 못함과 같으니 쉬지 말고 노력해야 함을 이르는 말.
學而時習(학이시습) : 배우고 때로 익힌다는 뜻으로, 배운 것을 항상 복습(復習)하고 연습(練習)하면 그 참 뜻을 알게 됨.

學	如	逆	水
배울 학	같을 여	거스를 역	물 수

뜻 배움이란 마치 물을 거슬러 배를 젓는 것과 같다는 뜻으로, 앞으로 나아가지 않으면 퇴보한다는 뜻.
下學而上達(하학이상달) : 아래를 배워 위에 달한다는 뜻으로, 낮고 쉬운 것을 배워 깊고 어려운 것을 깨달음.

漢	江	投	石
한수 한	강 강	던질 투	돌 석

뜻 한강(漢江)에 아무리 돌을 많이 집어 넣어도 메울 수 없다는 뜻으로, ① 아무리 도와도 보람이 없는 것. ② 아무리 투자(投資)를 하거나 애를 써도 보람이 없음을 이르는 말.
鐵面皮漢(철면피한) : 염치(廉恥)가 없고 뻔뻔스러운 남자.

邯	鄲	之	夢
땅이름 한	땅이름 단	갈 지	꿈 몽

뜻 한단에서 꾼 꿈이라는 뜻으로, 인생의 부귀영화(富貴榮華)는 일장춘몽과 같이 허무(虛無)함을 이르는 말.
南柯一夢(남가일몽) : 남쪽 가지에서의 꿈이란 뜻으로, 덧없는 꿈이나 한때의 헛된 부귀영화(富貴榮華)를 이르는 말.

咸	興	差	使
다 함	흥할 흥	다를 차	부릴 사

뜻 ① 심부름꾼이 가서 소식이 없거나, 또는 회답(回答)이 더딜 때의 비유. ② 한번 간 사람이 돌아오지 않거나 소식이 없음.
興亡盛衰(흥망성쇠) : 흥하고 망하고 성(盛)하고 쇠(衰)하는 일.
興味津津(흥미진진) : 흥미(興味)가 넘칠 만큼 많다는 뜻.

行	雲	流	水
행할 행	구름 운	흐를 유	물 수

뜻 하늘에 떠도는 구름과 흐르는 물이라는 뜻으로, ① 다른 힘에 거스르지 않고, 자연 그대로 유유(悠悠)히 움직이는 모양. 곧 자연에 맡기어 행동함을 비유해 이르는 말. ② 마음이 유쾌(愉快)함을 비유해 이르는 말. ③ 일정한 형태가 없이 늘 변하는 것.

懸	河	之	辯
달 현	물 하	갈 지	말씀 변

뜻 도도히 흐르는 물과 같은 변설이라는 뜻으로, 거침없고 유창한 말주변을 이르는 말.
大辯如訥(대변여눌) : 워낙 말을 잘하는 사람은 함부로 지껄이지 아니하므로 도리어 말더듬이처럼 보임.

螢	雪	之	功
반딧불이 형	눈 설	갈 지	공 공

뜻 반딧불과 눈(雪)빛으로 이룬 공이라는 뜻으로, 가난을 이겨내며 반딧불과 눈빛으로 글을 읽어가며 고생 속에서 공부하여 이룬 공을 일컫는 말.
嚴冬雪寒(엄동설한) : 눈 내리는 깊은 겨울의 심한 추위.

兄	弟	投	金
맏 형	아우 제	던질 투	쇠 금

뜻 형제가 금덩이를 던졌다는 설화에서 유래하여, 형제 간의 우애를 뜻함.
外兄弟(외형제) : ① 고모(姑母)의 아들. 고종(姑從) 형제. ② 어머니는 같고 아버지가 다른 형제.

狐 假 虎 威	뜻 「여우가 호랑이의 위세(威勢)를 빌려 호기(豪氣)를 부린다」는 뜻으로, 남의 세력을 빌어 위세를 부림. 虎死留皮(호사유피) : 「범이 죽으면 가죽을 남긴다」는 뜻으로, 사람도 죽은 뒤에 이름을 남겨야 한다는 말.
여우 호　거짓 가　범 호　위엄 위	

糊 口 之 策	뜻 「입에 풀칠하다」라는 뜻으로, 겨우 먹고 살아가는 방책. 口食之計(구식지계) : ☞ 호구지책(糊口之策). 糊口之方(호구지방) : ☞ 호구지책(糊口之策). 糊口之計(호구지계) : ☞ 호구지책(糊口之策).
풀칠할호　입 구　갈 지　꾀 책	

浩 然 之 氣	뜻 ① 도의(道義)에 근거(根據)를 두고 굽히지 않고 흔들리지 않는 바르고 큰 마음. ② 하늘과 땅 사이에 가득 찬 넓고 큰 정기(精氣). ③ 공명정대(公明正大)하여 조금도 부끄럼 없는 용기(勇氣). ④ 잡다(雜多)한 일에서 벗어난 자유로운 마음.
넓을 호　그릴 연　갈 지　기운 기	

胡 蝶 之 夢	뜻 「장자(莊子)가 나비가 되어 날아다닌 꿈」으로, ① 현실과 꿈의 구별이 안 되는 것. ② 인생의 덧없음의 비유. 白日夢(백일몽) : 대낮에 꾸는 꿈이라는 뜻으로, 실현될 수 없는 헛된 공상(空想)을 이르는 말.
오랑캐 호　나비 접　갈 지　꿈 몽	

魂 飛 魄 散	뜻 넋이 날아가고 넋이 흩어지다라는 뜻으로, 몹시 놀라 어찌할 바를 모름. 魂飛中天(혼비중천) : 혼이 중천에 떴다는 말로, '정신이 없이 허둥거림'을 이르는 말. 죽은 사람의 혼이 공중에 떠돌아 다닌다는 말.
넋 혼　날 비　넋 백　흩을 산	

昏 定 晨 省	뜻 저녁에는 잠자리를 보아 드리고, 아침에는 문안을 드린다는 뜻으로, 자식이 아침저녁으로 부모의 안부를 물어서 살핌을 이르는 말. 昏庸無道(혼용무도) : 「세상이 온통 어지럽고 무도하다」라는 뜻.
어두울 혼　정할 정　새벽 신　살필 성	

弘 益 人 間	뜻 널리 인간세계를 이롭게 한다는 뜻으로, 우리나라의 건국(建國) 시조(始祖)인 단군(檀君)의 건국(建國) 이념(理念). 弘報物(홍보물) : 어떤 사실이나 제품을 널리 알리기 위하여 만든 인쇄물(印刷物)이나 그런 물건.
클 홍　더할 익　사람 인　사이 간	

畵 龍 點 睛	뜻 장승요가 벽에 그린 용에 눈동자를 그려 넣은 즉시(卽時) 용이 하늘로 올라갔다라는 뜻으로, 가장 요긴(要緊)한 부분을 마치어 완성시키다라는 뜻. 畵伯(화백) : 화가(畵家)의 높임말.
그림 화　용 룡　점점 점　눈동자 정	

花 朝 月 夕	뜻 「꽃이 핀 아침과 달 밝은 저녁」이란 뜻으로, ① 「경치(景致)가 가장 좋은 때」를 이르는 말. ② 음력 2월 보름과 8월 보름 밤. 봄과 가을. 桃花源(도화원) : 이 세상과 따로 떨어진 별천지(別天地).
꽃 화　아침 조　달 월　저녁 석	

畵 中 之 餠	뜻 그림 속의 떡이란 뜻으로, ① 바라만 보았지 소용이 닿지 않음을 비유한 말. ② 보기만 했지 실제(實際)로 얻을 수 없음. ③ 실속없는 말에 비유하는 말. 畵家(화가) : 그림을 그리는 일을 전문(專門)으로 하는 사람.
그림 화　가운데 중　갈 지　떡 병	

換骨奪胎	**뜻** 환골은 옛사람의 시문(詩文)을 본떠서 어구를 만드는 것, 탈태는 고시(古詩)의 뜻을 본떠서 원시(原詩)와 다소 뜻을 다르게 짓는 것을 말하며, 옛 사람이나 타인의 글에서 그 형식이나 내용을 모방하여 자기의 작품으로 꾸미는 일.
바꿀 환　뼈 골　빼앗을 탈　아이밸 태	

換父易祖	**뜻** 아비와 할아비를 바꾼다는 말로, 지체가 좋지 못한 사람이 지체를 높이기 위하여 옳지 못한 수단(手段)으로 자손(子孫)이 없는 양반 집의 뒤를 잇는 일.
바꿀 환　아비 부　바꿀 역　할아비 조	換腐作新(환부작신) : 낡은 것을 바꾸어 새 것으로 만듦.

會者定離	**뜻** 「만나면 언젠가는 헤어지게 되어 있다」는 뜻으로, 인생의 무상(無常)함을 인간의 힘으로는 어찌 할 수 없는 이별(離別)의 아쉬움을 일컫는 말.
모일 회　놈 자　정할 정　떠날 리	會心之友(회심지우) : 마음이 맞아 의기(義氣)가 통하는 벗.

會稽之恥	**뜻** 회계산(會稽山)에서 받은 치욕(恥辱)이라는 뜻으로, 전쟁에서 진 치욕, 또는 마음에 새겨져 잊지 못하는 치욕을 비유해 이르는 말.　切齒腐心(절치부심) : 이를 갈고 마음을 썩이다는 뜻으로, 대단히 분하게 여기고 마음을 썩임.
모일 회　상고할 계　갈 지　부끄러울 치	

後生可畏	**뜻** 젊은 후학(後學)들을 두려워할 만하다는 뜻으로, 후진(後進)들이 선배들보다 젊고 기력이 좋아, 학문을 닦음에 따라 큰 인물이 될 수 있으므로 가히 두렵다는 말.
뒤 후　날 생　옳을 가　두려워할외	後時之嘆(후시지탄) : 때늦은 한탄(恨歎).

後生角高	**뜻** 뒤에 난 뿔이 더 우뚝하다는 뜻으로, 제자나 후배(後輩)가 스승이나 선배(先輩)보다 뛰어날 때 이르는 말.
뒤 후　날 생　뿔 각　높을 고	先公後私(선공후사) : 사(私) 보다 공(公)을 앞세움이란 뜻으로, 사사로운 일이나 이익보다 공익(公益)을 앞세움.

厚顔無恥	**뜻** 얼굴이 두껍고 부끄러움이 없다라는 뜻으로, 뻔뻔스러워 부끄러워할 줄 모름.
두터울 후　얼굴 안　없을 무　부끄러울치	何厚何薄(하후하박) : 어느 쪽은 후하게 하고 어느 쪽은 박하게 한다는 뜻으로, 차별(差別)을 두어 대함을 이르는 말.

興亡盛衰	**뜻** 흥하고 망(亡)하고 성(盛)하고 쇠(衰)하는 일.
	興國强兵(흥국강병) : 나라를 일으키고 군사를 강하게 함.
흥할 흥　망할 망　성할 성　쇠할 쇠	興味索然(흥미삭연) : 흥미(興味)를 잃어 가는 모양(模樣)을 이르는 말

興盡悲來	**뜻** 즐거운 일이 지나가면 슬픈 일이 닥쳐온다는 뜻으로, ① 세상일이 순환(循環)됨을 가리키는 말. ② 세상의 온갖 일에 너무 자만(自慢)하거나 낙담(落膽)하지 말라는 뜻.
흥할 흥　다할 진　슬플 비　올 래	③ 흥망(興亡)과 성쇠(盛衰)가 엇바뀜을 일컫는 말.

喜怒哀樂	**뜻** 기쁨과 노여움, 슬픔과 즐거움이라는 뜻으로, 곧 사람의 여러 가지 감정을 이르는 말.
기쁠 희　성낼 로　슬플 애　즐거울 락	色如死灰(색여사회) : 안색(顔色)이 꺼진 잿빛과 같다는 뜻으로, 얼굴에 희로애락의 표정(表情)이 없음을 이르는 말.

Column 1

간자	정자	훈과 음	발음

2획

간자	정자	훈과 음	발음
厂	廠	헛간 창	chǎng
卜	蔔	무 복	bo, bó, bǔ
儿	兒	아이 아	ér, ní
几	幾	몇 기	jǐ, jī
了	瞭	눈 밝을 료	liǎo, liào

3획

간자	정자	훈과 음	발음
干	幹	줄기 간	gàn
干	乾	하늘 건	gān, qián
亏	虧	이지러질 휴	kuī
才	纔	겨우 재	cái
万	萬	일만 만	wàn, mò
与	與	어조사 여	yǔ, yú, yù
千	韆	그네 천	qiān
亿	億	억 억	yì
个	個	낱 개	gè, gě
么	麽	잘 마	me, má
广	廣	넓을 광	guǎng
门	門	문 문	mén
义	義	옳을 의	yì
卫	衛	호위할 위	wèi
飞	飛	날 비	fēi
习	習	익힐 습	xí
马	馬	말 마	mǎ
乡	鄉	고을 향	xiāng

4획 ―

간자	정자	훈과 음	발음
丰	豐	풍년 풍	fēng
开	開	열 개	kāi
无	無	없을 무	wú, mó
韦	韋	다룸가죽 위	wéi
专	專	오로지 전	zhuān
云	雲	구름 운	yún
艺	藝	재주 예	yì
厅	廳	관청 청	tīng
历	歷	겪을 력	lì
历	曆	세월력 력	lì
区	區	구분할 구	qū, ōu
车	車	수레 거	chē, jū

Column 2

丨

간자	정자	훈과 음	발음
冈	岡	맷동 강	gāng
贝	貝	조개 패	bèi
见	見	볼 견	jiàn, xiàn

丿

간자	정자	훈과 음	발음
气	氣	기운 기	qì
长	長	긴 장	cháng, zhǎng
仆	僕	시종꾼 복	pú, pū
币	幣	폐백 폐	bì
从	從	좇을 종	cóng
仑	侖	뭉치 륜	lún
仓	倉	곳집 창	cāng
风	風	바람 풍	fēng
仅	僅	겨우 근	jǐn, jìn
凤	鳳	새 봉	fèng
乌	烏	까마귀 오	wū, wù

丶

간자	정자	훈과 음	발음
闩	閂	빗장 산	shuān
为	爲	할 위	wéi, wèi
斗	鬥	싸울 투	dòu
忆	憶	생각 억	yì
订	訂	바로잡을 정	dìng
计	計	셀 계	jì
讣	訃	부고 부	fù
认	認	알 인	rèn
讥	譏	나무랄 기	jī

㇕

간자	정자	훈과 음	발음
丑	醜	추할 추	chǒu
队	隊	떼 대	duì
办	辦	힘쓸 판	bàn
邓	鄧	나라이름 등	dèng
劝	勸	권할 권	quàn
双	雙	쌍 쌍	shuāng
书	書	글 서	shū

5획 ―

간자	정자	훈과 음	발음
击	擊	칠 격	jī
戋	戔	나머지 잔	jiān
扑	撲	칠 박	pū

Column 3

간자	정자	훈과 음	발음
节	節	마디 절	jié, jiē
术	術	재주 술	shù, zhú
龙	龍	용 룡	lóng
厉	厲	갈 려	lì
灭	滅	멸할 멸	miè
东	東	동녘 동	dōng
轧	軋	삐걱거릴 알	yà, gá, zhá

丨

간자	정자	훈과 음	발음
卢	盧	화로 로	lú
业	業	일 업	yè
旧	舊	예 구	jiù
帅	帥	장수 수	shuài
归	歸	돌아갈 귀	guī
叶	葉	잎 엽	yè, yié
号	號	부르짖을 호	hào, háo
电	電	번개 전	diàn
只	隻	외짝 척	zhī
祇	祇	공경할 지	zhī
叽	嘰	조금 먹을 기	jī
叹	嘆	탄식할 탄	tàn

丿

간자	정자	훈과 음	발음
们	們	무리 문	mén
仪	儀	거동 의	yí
丛	叢	떨기 총	cóng
尔	爾	너 이	ěr
乐	樂	즐거울 락	lè, yào, yuè
处	處	살 처	chù, chǔ
冬	鼕	북소리 동	dōng, tóng
鸟	鳥	새 조	niǎo, diǎo
务	務	힘쓸 무	wù
刍	芻	꼴 추	chú
饥	饑	주릴 기	jī

丶

간자	정자	훈과 음	발음
邝	鄺	성씨 광	kuàng
冯	馮	성씨 풍	féng, píng
闪	閃	번쩍할 섬	shǎn
兰	蘭	난초 란	lán
汇	滙	물 합할 회	huì

Column 4

간자	정자	훈과 음	발음
汇	彙	무리 휘	huì
头	頭	머리 두	tóu, tou
汉	漢	한수 한	hàn
宁	寧	편안할 녕	níng, nìng
讦	訐	들추어낼 알	jié
讧	訌	무너질 홍	hòng
讨	討	칠 토	tǎo
写	寫	베낄 사	xiě
让	讓	사양할 양	ràng
礼	禮	예도 례	lǐ
讪	訕	헐뜯을 산	shàn
讫	訖	이를 흘	qì
训	訓	가르칠 훈	xùn
议	議	의논할 의	yì
讯	訊	물을 신	xùn
记	記	기록 기	jì

㇕

간자	정자	훈과 음	발음
辽	遼	멀 료	liáo
边	邊	가 변	biān
出	齣	단락 척	chū
发	發	필 발	fā
发	髮	터럭 발	fà, fǎ
圣	聖	성인 성	shèng
对	對	대답할 대	duì
台	臺	돈대 대	tái, tāi
台	檯	등대 대	tái
台	颱	태풍 태	tái
纠	糾	꼴 규	jiū
驭	馭	말 부릴 어	yù
丝	絲	실 사	sī

6획 ―

간자	정자	훈과 음	발음
玑	璣	구슬 기	jī
动	動	움직일 동	dòng
执	執	잡을 집	zhí
巩	鞏	묶을 공	gǒng
圹	壙	광중 광	kuàng
扩	擴	넓힐 확	kuò
扪	捫	어루만질 문	mén

扫	掃	쓸 소	sǎo, sào
扬	揚	날릴 양	yáng
场	場	마당 장	chǎng, cháng
亚	亞	버금 아	yà
芗	薌	곡식 냄새 향	xiāng, xiǎng
朴	樸	통나무 박	pǔ, piáo, pō
机	機	기틀 기	jī
权	權	권세 권	quán
过	過	지날 과	guò, guō, guò
协	協	화할 협	xié
压	壓	누를 압	yā, yà
厌	厭	싫을 염	yàn
库	庫	곳집 고	kù
页	頁	머리 혈	yè
夸	誇	자랑 과	kuā
夺	奪	빼앗을 탈	duó
达	達	통달할 달	dá, tà
夹	夾	곁 협	jiā, gā, jié
轨	軌	길 궤	guǐ
尧	堯	임금 요	yáo
划	劃	그을 획	huà, huá
迈	邁	갈 매	mài
毕	畢	마칠 필	bì

亅

贞	貞	곧을 정	zhēn
师	師	스승 사	shī
当	當	당할 당	dāng, dàng
汔	噹	방울 당	dāng
尘	塵	티끌 진	chén
吁	籲	부를 유	yù
吓	嚇	노할 혁	xià, hè
虫	蟲	벌레 충	chóng
曲	麴	누룩 국	qū
团	團	둥글 단	tuán
团	糰	경단 단	tuán
吗	嗎	꾸짖을 마	mà, mǎ, má
屿	嶼	섬 서	yǔ
岁	歲	해 세	suì
回	廻	돌 회	huí
岂	豈	어찌 기	qǐ, kǎi
则	則	곧 즉	zé
刚	剛	굳셀 강	gāng

网	網	그물 망	wǎng

丿

钆	釓	쇠뇌고동 구	gá
钇	釔	이트륨 을	yǐ
朱	硃	주사 주	zhū
迁	遷	옮길 천	qiān
乔	喬	높을 교	qiáo
伟	偉	클 위	wěi
传	傳	전할 전	chuán, zhuàn
伛	傴	구부릴 구	yǔ
优	優	넉넉할 우	yōu
伤	傷	상할 상	shāng
伥	倀	갈팡질팡할 창	chāng
价	價	값 가	jià, jiè, jiè
伦	倫	인륜 륜	lún
凑	傖	놈 창	cāng, chèn
华	華	화려할 화	huá, huà
伙	夥	많을 과	huǒ
伪	偽	거짓 위	wěi
向	嚮	향할 향	xiàng
后	後	뒤 후	hòu
会	會	모일 회	huì, kuài
杀	殺	죽일 살	shā, shài
合	閤	쪽문 합	hé, gǎo, gé
众	眾	무리 중	zhòng, zhōng
爷	爺	아비 야	yé
伞	傘	우산 산	sǎn
创	創	비롯할 창	chuàng, chuāng
杂	雜	섞일 잡	zá
负	負	질 부	fú
犷	獷	사나울 광	guǎng
凫	鳧	오리 부	fú
邬	鄔	땅이름 오	wū, wǔ
饦	飥	수제비 탁	tuō
饧	餳	엿 당	xíng, táng

丶

壮	壯	장할 장	zhuàng
冲	衝	찌를 충	chōng, chòng
妆	妝	꾸밀 장	zhuāng
庄	莊	씩씩할 장	zhuāng
庆	慶	경사 경	qìng
刘	劉	성씨 류	liú

齐	齊	가지런할 제	qí, jì, zhāi
产	產	낳을 산	chǎn
闭	閉	닫을 폐	bì
问	問	물을 문	wèn
闯	闖	뛰쳐나오는땅 틈	chuǎng
关	關	빗장 관	guān
灯	燈	등불 등	dēng
汤	湯	끓을 탕	tāng, shāng
忏	懺	뉘우칠 참	chàn
兴	興	일 흥	xīng, xìng
讲	講	논할 강	jiǎng
讳	諱	꺼릴 휘	huì
讴	謳	노래할 구	ōu
军	軍	군사 군	jūn
讵	詎	어찌 거	jù
讶	訝	맞이할 아	yà
讷	訥	말 더듬을 눌	nè
许	許	허락할 허	xǔ
讹	訛	그릇될 와	é
欣	訢	기뻐할 흔	xīn, xī, yín
论	論	논의할 론	lùn, lún
讻	訩	송사할 흉	xiōng
讼	訟	송사 송	sòng
讽	諷	욀 풍	fěng
农	農	농사 농	nóng
设	設	베풀 설	shè
访	訪	찾을 방	fǎng
诀	訣	이별할 결	jué

⼓

寻	尋	찾을 심	xún
尽	盡	다할 진	jìn, jǐn
尽	儘	다할 진	jìn, jǐn
导	導	이끌 도	dǎo
孙	孫	손자 손	sūn
阵	陣	줄 진	zhèn
阳	陽	볕 양	yáng
阶	階	섬돌 계	jiē
阴	陰	그늘 음	yīn
妇	婦	며느리 부	fù
妈	媽	어미 마	mā
戏	戲	탄식할 희	xì, hū
观	觀	볼 관	guān, guàn

欢	歡	기쁠 환	huān
买	買	살 매	mǎi
纡	紆	굽을 우	yū
红	紅	붉을 홍	hóng, gōng
纣	紂	말고삐 주	zhòu
驮	馱	짐 실을 타	tuò, duò, tuó
纤	縴	헌 솜 견	quàn
纤	纖	가늘 섬	xiān, qiàn
纥	紇	질낮은 명주실 흘	gē, hé
驯	馴	길들 순	xùn
纨	紈	흰 비단 환	wán
约	約	언약 약	yuē, yāo
级	級	등급 급	jí
纩	纊	솜 광	kuàng
纪	紀	벼리 기	jì, jǐ
驰	馳	달릴 치	chí
纫	紉	새끼 인	rèn

7획 一

寿	壽	목숨 수	shòu
麦	麥	보리 맥	mài
玛	瑪	마노 마	mǎ
进	進	나아갈 진	jìn
远	遠	멀 원	yuǎn
违	違	어길 위	wéi
韧	韌	질길 인	rèn
刬	剗	깎을 잔	chàn, chǎn
运	運	운전 운	yùn
抚	撫	어루만질 무	fǔ
坛	壇	단 단	tán
坛	罈	목긴 항아리담	tán
抟	摶	뭉칠 단	tuán, tuǎn
坏	壞	무너질 괴	huài
抠	摳	끌 구	kōu
坜	壢	구덩이 력	lì
扰	擾	어지러울 요	ráo, nào, rǎo
坝	壩	방죽 패	bà
贡	貢	바칠 공	gòng
㧏	掆	들어올릴강	gāng
折	摺	접을 접	zhé, zhě
抡	掄	가릴 륜	lūn, lún
抢	搶	닿을 창	qiǎng, qiāng, qiàng
坞	塢	둑 오	wù

坟	墳	무덤 분	fén	呒	嘸	어리둥절할 무	mú	肠	腸	창자 장	cháng, chǎng	沨	渢	물소리 풍	fēng, éng, fàn

坟	墳	무덤 분	fén
护	護	호위할 호	hù
壳	殼	껍질 각	qiào, ké
块	塊	흙덩이 괴	kuài
声	聲	소리 성	shēng
报	報	갚을 보	bào
拟	擬	흡사할 의	nǐ
㧐	㩳	움츠릴 송	sǒng, shuǎng
芜	蕪	거칠 무	wú
苇	葦	갈대 위	wěi
芸	蕓	평지 운	yún
苈	藶	개냉이 력	lì
苋	莧	비름 현	xiàn, huǎn
苁	蓯	육종 종	cōng
苍	蒼	푸를 창	cāng
严	嚴	엄할 엄	yán
芦	蘆	갈대 로	lú, lǔ
劳	勞	일할 로	láo
克	剋	반드시 극	kè, kēi
苏	蘇	차조기 소	sū
苏	嚕	군소리할 소	sū
极	極	극진할 극	jí
杨	楊	버들 양	yáng
两	兩	두 량	liǎng
丽	麗	고울 려	lì, lí
医	醫	의원 의	yī
励	勵	힘쓸 려	lì
还	還	돌아올 환	hái, huán
矶	磯	물가 기	jī
奁	奩	화장품 상자 렴	lián
歼	殲	다 죽일 섬	jiān
来	來	올 래	lái, lài
欤	歟	어조사 여	yú
轩	軒	집 헌	xuān
连	連	이을 련	lián
轫	軔	쐐기나무 인	rèn

「

卤	鹵	소금 로	lǔ
卤	滷	쓸 로	lǔ
邺	鄴	땅 이름 업	yè
坚	堅	굳을 견	jiān
时	時	때 시	shí

呒	嘸	어리둥절할 무	mú
县	縣	매달 현	xiàn
里	裏	속 리	lǐ
呓	囈	잠꼬대 예	yì
呕	嘔	노래할 구	ōu, ǒu, òu
园	園	능 원	yuán
呖	嚦	소리 력	lì
旷	曠	빛 광	kuàng
围	圍	에울 위	wéi
吨	噸	톤 톤	dūn
旸	暘	해돋이 양	yáng
邮	郵	역참 우	yóu
困	睏	졸릴 곤	kùn
员	員	인원 원	yuán, yún, yùn
呗	唄	찬불 패	bài
听	聽	들을 청	tīng
呛	嗆	새 먹을 창	qiāng, qiàng
鸣	鳴	울 명	míng
别	彆	활 뒤틀릴 별	biè
财	財	재물 재	cái
囵	圇	온전할 륜	lún
帏	幃	휘장 위	wéi
岖	嶇	험할 구	qū
岗	崗	등성이 강	gǎng, gāng
岘	峴	재 현	xiàn
帐	帳	휘장 장	zhàng
岚	嵐	남기 람	lán

丿

针	針	바늘 침	zhēn
钉	釘	못 정	dīng, dìng
钊	釗	사람 이름 쇠	zhāo
钋	鈲	금광 박	pō
钌	釕	대구 료	liào, liǎo
乱	亂	어지러울 란	luàn
体	體	몸 체	tǐ, tī
佣	傭	품팔이꾼 용	yōng
㑇	㑇	고용살이할 추	zhòu
彻	徹	통할 철	chè
余	餘	남을 여	yú
佥	僉	다 첨	qiān
谷	穀	곡식 곡	gǔ
邻	鄰	이웃 린	lín

肠	腸	창자 장	cháng, chǎng
龟	龜	거북 구	guī, jūn, qiū
犹	猶	오히려 유	yóu
狈	狽	이리 패	béi
鸠	鳩	비둘기 구	jiū
条	條	가지 조	tiáo
岛	島	섬 도	dǎo
邹	鄒	나라 이름 추	zōu
饨	飩	찐만두 돈	tún
饩	餼	보낼 희	xì
饪	飪	익힐 임	rèn
饫	飫	물릴 어	yù
饬	飭	신칙할 칙	chì
饭	飯	밥 반	fàn
饮	飲	마실 음	yǐn
系	係	맬 계	xì
系	繫	맬 계	xì, jì

丶

冻	凍	얼 동	dòng
状	狀	형상 장	zhuàng
亩	畝	밭이랑 무	mǔ
庑	廡	집 무	wǔ
库	庫	곳집 고	kù
疖	癤	부스럼 절	jiē
疗	療	병 나을 료	liáo
应	應	응할 응	yīng
这	這	이 저	zhè
庐	廬	초막 려	lú
闰	閏	윤달 윤	rùn
闱	闈	대궐 작은 문 위	wéi
闲	閑	막을 한	xián
间	間	사이 간	jiān, jiàn
闵	閔	우려할 민	mǐn
闷	悶	번민할 민	mēn, mèn
灿	燦	빛날 찬	càn
灶	竈	부엌 조	zào
炀	煬	녹을 양	yáng
沣	灃	물 이름 풍	fēng
沤	漚	담글 구	òu, ōu
沥	瀝	거를 력	lì
沦	淪	빠질 윤	lún
沧	滄	찰 창	cāng

沨	渢	물소리 풍	fēng, éng, fàn
沟	溝	개천 구	gōu
沩	潙	물 이름 규	guī, jūn, wéi
沪	滬	강 이름 호	hù
渖	瀋	즙낼 심	shěn
怃	憮	예쁠 무	wǔ
怀	懷	품을 회	huái
怄	慪	아낄 우	òu
忧	憂	근심 우	yōu
忾	愾	탄식할 개	kài, xì, qì
怅	悵	한스러워할 창	chàng
怆	愴	슬플 창	chuàng
穷	窮	궁할 궁	qióng
证	證	증거 증	zhèng
诂	詁	주낼 고	gǔ
诃	訶	꾸짖을 가	hē
启	啓	열 계	qǐ
评	評	평론할 평	píng
补	補	기울 보	bǔ
诅	詛	저주할 저	zǔ
识	識	알 식	shí, zhì
诇	詗	염탐할 형	xiòng
诈	詐	속일 사	zhà
诉	訴	호소할 소	sù
诊	診	볼 진	zhěn
诋	詆	꾸짖을 저	dǐ, dī
诌	謅	농담할 초	zhōu, zōu, chōu
词	詞	말씀 사	cí
诎	詘	굽힐 굴	qū, chù
诏	詔	고할 조	zhào
译	譯	번역 역	yì
诒	詒	보낼 이	yí, dài

一

灵	靈	신령 령	líng
层	層	층 층	céng
迟	遲	늦을 지	chí
张	張	베풀 장	zhāng
际	際	사이 제	jì
陆	陸	뭍 륙	lù, liù
陇	隴	고개 이름 롱	lóng
阵	陣	줄 진	zhèn
坠	墜	떨어질 추	zhuì

陉	陘	지렛목 형	jìng, xíng
姁	嫗	할미 구	yù
妩	嫵	아리따울 무	wǔ
妫	嬀	성씨 규	guī
刭	剄	목 벨 경	jǐng
劲	勁	굳셀 경	jìn, jìng
鸡	鷄	닭 계	jī
纬	緯	씨 위	wěi
纭	紜	어지러울 운	yún
驱	驅	몰 구	qū
纯	純	순수할 순	chún
纰	紕	가선 비	pī
纱	紗	깁 사	shā
网	網	그물 망	wǎng
纳	納	드릴 납	nà
纴	紝	짤 임	rèn
驳	駁	얼룩말 박	bó
纵	縱	늘어질 종	zòng
纶	綸	낚싯줄 륜	lún, guān
纷	紛	어지러울 분	fēn
纸	紙	종이 지	zhǐ
纹	紋	무늬 문	wén, wèn
纺	紡	자을 방	fǎng
驴	驢	나귀 려	lú
纼	紖	고삐 진	zhèn
纽	紐	끈 뉴	niǔ
纾	紓	느슨할 서	shū

8획 一

玮	瑋	옥 이름 위	wěi
环	環	고리 환	huán
责	責	꾸짖을 책	zé
现	現	나타날 현	xiàn
表	錶	시계 표	biǎo
玱	瑲	옥소리 창	qiāng
规	規	법 규	guī
匦	匭	상자 궤	guǐ
拢	攏	누를 롱	lóng
拣	揀	가릴 간	jiǎn
垆	壚	흑토 로	lú
担	擔	멜 담	dān, dǎn, dàn
顶	頂	이마 정	dǐng
拥	擁	안을 옹	yōng, wěng

势	勢	형세 세	shì
拦	攔	막을 란	lán
㧟	擓	긁을 회	kuǎi
拧	擰	어지러울 녕	níng, nǐng, nìng
拨	撥	다스릴 발	bō
择	擇	가릴 택	zé, zhái
茏	蘢	개여뀌 롱	lóng, lǒng, lòng
苹	蘋	네가래 빈	píng, pín
茑	蔦	담쟁이넝쿨 조	niǎo
范	範	모범 범	fàn
茔	塋	무덤 영	yíng
茕	煢	외로울 경	qióng
茎	莖	줄기 경	jīng
枢	樞	밑둥 추	shū
枥	櫪	말구유 력	lì
柜	櫃	궤 궤	guì
㭎	棡	강나무 강	gāng
枧	視	홈통 견	jiǎn
枨	棖	문설주 정	chéng, cháng
板	闆	문안에서볼 반	bǎn
枞	樅	전나무 종	cōng, zōng
松	鬆	더벅머리 송	sōng
枪	槍	나무창 창	qiāng
枫	楓	단풍나무 풍	fēng
构	構	얽을 구	gòu
丧	喪	죽을 상	sāng, sàng
画	畫	그림 화	huà
枣	棗	대추 조	zǎo
卖	賣	팔 매	mài
郁	鬱	답답할 울	yù
矾	礬	백반 반	fán
矿	礦	쇳돌 광	kuàng, gǒng
砀	碭	무늬있는돌탕	dàng
码	碼	옥돌 마	mǎ
厕	厠	뒷간 측	cè, sī
奋	奮	떨칠 분	fèn
态	態	태도 태	tài
瓯	甌	사발 구	ōu
欧	歐	때릴 구	ōu
殴	毆	때릴 구	ōu
垄	壟	언덕 롱	lǒng

郏	郟	고을 이름 겹	jiá
轰	轟	울릴 굉	hōng
顷	頃	이랑 경	qǐng
转	轉	구를 전	zhuǎn, zhuàn
轭	軛	멍에 액	è
斩	斬	벨 참	zhǎn
轮	輪	바퀴 륜	lún
软	軟	연할 연	ruǎn
鸢	鳶	솔개 연	yuān

丨

齿	齒	이 치	chǐ
虏	虜	포로 로	lǔ
肾	腎	콩팥 신	shèn
贤	賢	어질 현	xián
昙	曇	구름낄 담	tán
国	國	나라 국	guó
畅	暢	화창할 창	chàng
咙	嚨	목구멍 롱	lóng
虮	蟣	서캐 기	jǐ, jī, qí
黾	黽	힘쓸 민	mǐn, miǎn
鸣	鳴	울 명	míng
咛	嚀	간곡할 녕	níng
咝	噝	총알 나는 소사	sī
罗	羅	벌일 라	luó
岽	崠	산등성이 동	dōng
岿	巋	높고험한모규	kuī
帜	幟	깃대 치	zhì
岭	嶺	고개 령	lǐng
刿	劌	상처입힐 귀	guì
剀	剴	큰 낫 개	kǎi, gài
凯	凱	싸움이긴풍개	kǎi
峄	嶧	산 이름 역	yì
败	敗	패할 패	bài
账	賬	휘장 장	zhàng
贩	販	팔 판	fàn
贬	貶	떨어뜨릴 폄	biǎn
贮	貯	쌓을 저	zhù
图	圖	그림 도	tú
购	購	살 구	gòu

丿

钍	釷	토륨 토	tǔ
钎	釺	팔찌 천	chuàn

钐	釤	낫 삼	shàn
钓	釣	낚시 조	diào
钒	釩	떨칠 범	fán
钔	鍆	멘델레븀 문	mén
钕	釹	네오디뮴 녀	nǚ
锡	錫	주석 석	xī
钗	釵	비녀 차	chāi
制	製	지을 제	zhì
刮	颳	모진 바람 괄	guā
侠	俠	의기 협	xiá
侥	僥	거짓 요	jiǎo, yáo
侦	偵	정탐꾼 정	zhēn
侧	側	곁 측	cè, zè, zhāi
凭	憑	기댈 빙	píng
侨	僑	붙어살 교	qiáo
侩	儈	거간 쾌	kuài
货	貨	재화 화	huò
侪	儕	무리 제	chái
侬	儂	나 농	nóng
质	質	바탕 질	zhì
徵	徵	부를 징	zhēng, zhǐ
径	徑	지름길 경	jìng
舍	捨	버릴 사	shě, shè
刽	劊	자를 회	guì
郐	鄶	나라이름회	kuài
怂	慫	권할 종	sǒng
籴	糴	쌀 사들일 적	dí, zhuó
觅	覓	찾을 멱	mì
贪	貪	탐할 탐	tān
戗	戧	비롯할 창	qiāng, qiàng
肤	膚	살갗 부	fū
脿	膞	저민 고기 전	zhuān
肿	腫	부스럼 종	zhǒng
胀	脹	배부를 창	zhàng
肮	骯	살찔 항	āng
胁	脅	갈비뼈 협	xié
迩	邇	가까울 이	ěr
鱼	魚	물고기 어	yú
狞	獰	흉악할 녕	níng
备	備	갖출 비	bèi
枭	梟	올빼미 효	xiāo
饯	餞	전별할 전	jiàn

饰	飾	꾸밀 식	shì
饱	飽	물릴 포	bǎo, bào, páo
饲	飼	먹일 사	sì
饴	飴	엿 이	yí

变	變	변할 변	biàn
庞	龐	높은 집 방	páng
庙	廟	사당 묘	miào
疟	瘧	학질 학	nüè, yào
疠	癘	창질 려	lì
疡	瘍	종기 양	yáng
剂	劑	조절할 제	jì
废	廢	폐할 폐	fèi
闸	閘	수문 갑	zhá
闹	鬧	시끄러울 뇨	nào
郑	鄭	나라 이름 정	zhèng
卷	捲	주먹 쥘 권	juǎn, juàn
单	單	홑 단	dān, chán
炜	煒	빨갈 위	wěi, huī
炝	熗	데칠 창	qiàng
炉	爐	화로 로	lú
浅	淺	얕을 천	qiān, jiān
泷	瀧	젖을 롱	lóng, shuāng
涞	淶	강 이름 락	luò, lù, pō
泸	瀘	강 이름 로	lú
泞	濘	진창 녕	nìng
泻	瀉	쏟을 사	xiè, xiě
泼	潑	물 뿌릴 발	pō
泽	澤	못 택	zé
泾	涇	통할 경	jīng
怜	憐	불쌍히여길 련	lián
㤘	憪	고집스러울 추	zhòu
怿	懌	기뻐할 역	yì
峃	嶨	돌산 학	xué
学	學	배울 학	xué
宝	寶	보배 보	bǎo
宠	寵	괼 총	chǒng
审	審	살필 심	shěn
帘	簾	발 렴	lián
实	實	열매 실	shí
诓	誆	속일 광	kuāng
诔	誄	뇌사 뢰	lěi

试	試	시험 시	shì
诖	詿	그르칠 괘	guà
诗	詩	글 시	shī
诘	詰	힐문할 힐	jié, jí
诙	詼	조롱할 회	huī
诚	誠	정성 성	chéng
衬	襯	속옷 친	chèn
祎	禕	아름다울 의	yī
视	視	볼 시	shì
诛	誅	벨 주	zhū
话	話	말씀 화	huà
诞	誕	태어날 탄	dàn
诠	詮	설명할 전	quán
诡	詭	속일 궤	guǐ
询	詢	물을 순	xún
诣	詣	이를 예	yì
诤	諍	간할 쟁	zhèng
该	該	그 해	gāi
详	詳	자세할 상	xiáng
诧	詫	자랑할 타	chà, xià
诨	諢	농담할 원	hùn
诩	詡	자랑할 후	xǔ

肃	肅	엄숙할 숙	sù
隶	隸	종 례	lì
录	錄	기록 록	lù
弥	彌	활 부릴 미	mí
陕	陝	땅 이름 합	jiá, xiá
驽	駑	둔할 노	nú
驾	駕	멍에 가	jià
参	參	석 삼	cān, cēn, shēn
艰	艱	어려울 간	jiān
绀	紺	감색 감	gàn
绁	紲	고삐 설	xiè
绂	紱	인끈 불	fú
练	練	익힐 련	liàn
组	組	끈 조	zǔ
驵	駔	준마 장	zǎng
绅	紳	큰 띠 신	shēn
绅	紬	명주 주	chōu, chóu
细	細	가늘 세	xì

驶	駛	달릴 사	shǐ
驸	駙	곁마 부	fù
驷	駟	사마 사	sì
驹	駒	망아지 구	jū
终	終	마칠 종	zhōng
织	織	짤 직	zhī
驺	騶	말 먹이는 사람 추	zōu
绉	縐	주름질 추	zhòu
驻	駐	머무를 주	zhù
绊	絆	줄 반	bàn
驼	駝	낙타 타	tuó
绋	紼	얽힌 삼 불	fú, fèi
绌	絀	물리칠 출	chù
绍	紹	이을 소	shào
驿	驛	역 역	yì
绎	繹	풀어낼 역	yì
经	經	글 경	jīng, jìng
骀	駘	둔마 태	tái, dài
绐	紿	속일 태	dài
贯	貫	꿸 관	guàn

9 획

贰	貳	둘 이	èr
帮	幫	도울 방	bāng
珑	瓏	옥소리 롱	lóng
预	預	대머리 안	hān, àn
辄	韍	폐슬 불	fú
垭	埡	작은 방죽 오	yà
挜	掗	흔들 아	yà
挝	撾	칠 과	zhuā, wō
项	項	목 항	xiàng
挞	撻	매질할 달	tà
挟	挾	낄 협	jiá, xiá
挠	撓	흔들 요	náo
赵	趙	나라 이름 조	zhào
贲	賁	클 분	bì, bēn
挡	擋	처리할 당	dǎng, dàng
垲	塏	높고 건조한 땅개	kǎi
挢	撟	들 교	jiǎo
垫	墊	빠질 점	diàn
挤	擠	밀 제	jǐ
挥	揮	뿜낼 휘	huī

挦	撏	딸 잠	xián
荐	薦	천거할 천	jiàn
荚	莢	풀 열매 협	jiá
贳	貰	세낼 세	shí
荛	蕘	풋나무 요	ráo
荜	蓽	콩 필	bì
带	帶	띠 대	dài
茧	繭	고치 견	jiǎn
荞	蕎	메밀 교	qiáo
荟	薈	무성할 회	huì
荠	薺	납가새 자	jì, qí
荡	蕩	쓸어버릴 탕	dàng
垩	堊	백토 악	è
荣	榮	영화 영	róng
荤	葷	매운 채소훈	hūn, xūn
荥	滎	실개천 형	xíng, yíng
荦	犖	얼룩소 락	luò
荧	熒	등불 반짝거릴 형	yíng
荨	蕁	지모 담	xún, qián
胡	鬍	수염 호	hú
荩	藎	조개풀 신	jìn
荪	蓀	향풀 이름 손	sūn
荫	蔭	그늘 음	yìn, yīn
荬	蕒	택사 속	xù
荭	葒	개여뀌 홍	hóng
荮	葤	꾸러미 주	zhòu
药	藥	약 약	yào
标	標	표할 표	biāo
栈	棧	잔도 잔	zhàn
栉	櫛	빗 즐	zhì
栊	櫳	우리 롱	lóng
栋	棟	동자기둥 동	dòng
栌	櫨	두공 로	lú
栎	櫟	가죽나무 력	lì
栏	欄	난간 란	lán
柠	檸	레몬 녕	níng
柽	檉	능수버들 정	chēng
树	樹	나무 수	shù
郦	酈	땅 이름 리	lì
咸	鹹	짤 함	xián
砖	磚	돌떨어지는소리 전	zhuān
砗	硨	조개 이름 차	chē

244

简	繁	뜻·음	병음
砚	硯	벼루 연	yàn
面	麵	밀가루 면	miàn
牵	牽	끌 견	qiān
鸥	鷗	갈매기 구	ōu
奁	龕	고명할 엄	yǎn
残	殘	남을 잔	cán
殇	殤	일찍 죽을 상	shāng
轱	軲	수레 고	gū, kū
轲	軻	굴대 가	kē, kě
轳	轤	도르래 로	lú
轴	軸	굴대 축	zhóu, zhòu
轶	軼	앞지를 일	yì, zhé
轸	軫	수레 뒤턱나무 진	zhěn
轹	轢	삐걱거릴 력	lì
轺	軺	수레 초	yáo, diāo
轻	輕	가벼울 경	qīng
鸦	鴉	갈가마귀 아	yā
虿	蠆	전갈 채	chài, tà

」

简	繁	뜻·음	병음
战	戰	싸움 전	zhàn
觇	覘	엿볼 점	hān
点	點	점 점	diǎn
临	臨	임할 림	lín
览	覽	볼 람	lǎn
竖	豎	더벅머리 수	shù
尝	嘗	일찍 상	cháng
眍	瞘	움펑눈 구	kōu
眬	矓	어스레할 롱	lóng
哑	啞	벙어리 아	yā, yǎ
显	顯	나타날 현	xiǎn
哒	噠	오랑캐이름 달	dā, tà
哓	嘵	두려워할 효	xiāo
哔	嗶	울 필	bì
贵	貴	귀할 귀	guì, guǐ
虾	蝦	새우 하	xiā, xià, há
蚁	蟻	개미 의	yǐ
蚂	螞	말거머리 마	mǎ, mà, mà
虽	雖	비록 수	suī
骂	罵	꾸짖을 매	mà
哕	噦	딸국질 얼	yuě, huì
剐	剮	살 바를 과	guǎ
勋	勛	공훈	xūn

简	繁	뜻·음	병음
郧	鄖	나라이름 운	yún
哗	嘩	떠들썩할 화	huá, huā
响	響	울릴 향	xiǎng
哙	噲	목구멍 쾌	kuài
哝	噥	소곤거릴 농	nóng
哟	喲	감탄하는 어조사 약	yō, yo
峡	峽	골짜기 협	xiá
峣	嶢	높은 모양 요	yáo
帧	幀	책 꾸밀 정	zhèng
罚	罰	벌 줄 벌	fá
峤	嶠	뾰족하게높은산 교	jiào
贱	賤	천할 천	jiàn
贴	貼	붙을 첩	tiē
贶	貺	줄 황	kuàng
贻	貽	끼칠 이	yí

」

简	繁	뜻·음	병음
钘	鈃	주기 형	xìng, jiān
钙	鈣	칼슘 개	gài
钚	鈈	날있는창 피	pī
钛	鈦	티타늄 태	tài
钚	釾	칼 이름 야	yé
钝	鈍	둔할 둔	dùn
钞	鈔	노략질할 초	chāo, chào
钟	鐘	쇠북 종	zhōng
钟	鍾	종 종	zhōng
钡	鋇	쇠뭉치 패	bèi
钢	鋼	강철 강	gāng, gàng
钠	鈉	메 납	nà, ruì
钥	鑰	자물쇠 약	yào, yué
钦	欽	공경할 흠	qīn
钧	鈞	서른 근 균	jūn
铃	鈴	비녀장 검	qián
钨	鎢	작은 가마솥 오	wù
钩	鈎	갈고리 구	gōu
钪	鈧	스칸듐 항	kàng
钫	鈁	준 방	fāng
钬	鈥	홀뮴 화	huǒ
钭	鈄	성씨 두	dòu, tǒu
钮	鈕	인끈 뉴	niǔ, chǒu
钯	鈀	병거 파	pá
毡	氈	담자리 전	zhān
氢	氫	수소 경	qīng

简	繁	뜻·음	병음
选	選	가릴 선	xuǎn
适	適	갈 적	shì
种	種	씨 종	zhǒng, zhòng
秋	鞦	그네 추	qiū
复	復	돌아올 복	fù
复	複	겹칠 복	fù
笃	篤	도타울 독	dǔ
俦	儔	짝 주	chóu
俨	儼	공경할 엄	yǎn
俩	倆	재주 량	liǎ, liǎng
俪	儷	아우를 려	lì
贷	貸	빌릴 대	dài
顺	順	순할 순	shùn
俭	儉	검소할 검	jiǎn
剑	劍	칼 검	jiàn
鸧	鶬	왜가리 창	cāng, qiāng
须	須	모름지기 수	xū
须	鬚	수염 수	xū
胧	朧	달빛 훤히 비칠 롱	lóng
庐	臚	살갗 려	lú, lǔ
胆	膽	쓸개 담	dǎn
胜	勝	이길 승	shèng, shēng
胫	脛	정강이 경	jìng
鸨	鴇	능에 보	bǎo
狭	狹	좁을 협	xiá
狮	獅	사자 사	shī
独	獨	홀로 독	dú
狯	獪	교활할 회	kuài
狱	獄	옥 옥	yù
狲	猻	원숭이 손	sūn
贸	貿	무역할 무	mào
饵	餌	먹이 이	ěr
饶	饒	넉넉할 요	ráo
蚀	蝕	좀먹을 식	shì
饷	餉	건량 향	xiǎng
饸	餄	떡 협	hé
饺	餃	경단 교	jiǎo
饼	餅	떡 병	bǐng

·

简	繁	뜻·음	병음
峦	巒	뫼 만	luán
弯	彎	활 굽을 만	wān
孪	孿	쌍둥이 련	lián

简	繁	뜻·음	병음
娈	孌	아름다울 련	lián
将	將	장수 장	jiàng, jiàng
奖	獎	장려할 장	jiǎng
疠	癘	연주창 려	lì
疮	瘡	부스럼 창	chuāng
疯	瘋	두풍 풍	fēng
亲	親	친할 친	qīn, qìng
飒	颯	바람소리 삽	sà
闺	閨	도장방 규	guī
闻	聞	들을 문	wén
闼	闥	문 달	tà
闽	閩	종족이름 민	mǐn
闾	閭	이문 려	lú
闿	闓	열 개	kǎi, kāi, kài
阀	閥	공훈 벌	fá
阁	閣	집 각	gé, gǎo
阂	閡	밖에서문 잠글 애	hé
养	養	기를 양	yǎng
姜	薑	생강 강	jiāng
类	類	무리 류	lèi
娄	婁	별자리 이름 루	lóu
总	總	거느릴 총	zǒng, cōng
炼	煉	쇠 불릴 련	liàn
炽	熾	불 활활 붙을 치	chì
烁	爍	빛날 삭	shuò
烂	爛	촛불빛 란	làn
烃	烴	누린내 경	tīng
洼	窪	웅덩이 와	wā
洁	潔	깨끗할 결	jié
洒	灑	뿌릴 쇄	sǎ
浇	澾	미끄러울 달	tà
浃	浹	사무칠 협	jiā
浇	澆	물 댈 요	jiāo
浈	湞	물 이름 정	zhēn, chéng
浉	溮	물 이름 사	shī
浊	濁	흐릴 탁	zhuó
测	測	헤아릴 측	cè
浍	澮	밭고랑 회	kuài, huì
浏	瀏	물 맑을 류	liú
济	濟	건널 제	jì, jǐ
浐	滻	물 이름 산	chǎn
浑	渾	흐릴 혼	hún

간체	번체	뜻	병음
浒	滸	강 이름 호	xǔ, hǔ
浓	濃	짙을 농	nóng
浔	潯	물가 심	xún
浕	濜	급히 흐를 진	jìn
恸	慟	애통해할 통	tòng
恹	懨	편안할 염	yān
恺	愷	편안할 개	kǎi
恻	惻	슬퍼할 측	cè
恼	惱	괴로워할 뇌	nǎo
恽	惲	중후할 운	yùn
举	舉	들 거	jǔ
觉	覺	깨달을 각	jué, jiào
宪	憲	법 헌	xiàn
窃	竊	훔칠 절	qiè
诫	誡	경계할 계	jiè
诬	誣	무고할 무	wū
语	語	말씀 어	yǔ, yù
袄	襖	윗옷 오	ǎo
诮	誚	꾸짖을 초	qiào
祢	禰	아비사당 녜	nǐ
误	誤	그릇칠 오	wù
诰	誥	고할 고	gào
诱	誘	달랠 유	yòu
诲	誨	가르칠 회	huì
诳	誑	속일 광	kuáng
鸩	鴆	짐새 짐	zhèn
说	說	말씀 설	shuō, shuì, yuè
诵	誦	욀 송	sòng
诶	誒	탄식할 희	āi, ǎi, ē, ě

ㄱ

간체	번체	뜻	병음
垦	墾	밭갈 간	kěn
昼	晝	낮 주	zhòu
费	費	쓸 비	fèi, bì
逊	遜	겸손 손	xùn
陨	隕	떨어질 운	yǔn, yuán
险	險	험할 험	xiǎn
贺	賀	하례 하	hè
怼	懟	원망할 대	duì
垒	壘	보루 루	lěi
娅	婭	동서 아	yà
浇	澆	물댈 요	jiāo
娇	嬌	아리따울 교	jiāo

간체	번체	뜻	병음
绑	綁	동여맬 방	bǎng
绒	絨	융 융	róng
结	結	맺을 결	jié, jiē
绔	絝	바지 고	kù
骁	驍	날랠 효	xiāo
绕	繞	두를 요	rào
绖	絰	질 질	dié
骄	驕	교만할 교	jiāo
骅	驊	준마 화	huá
绘	繪	그림 회	huì
骆	駱	낙타 락	luò
骈	駢	나란히 할 병	pián
绞	絞	목맬 교	jiǎo
骇	駭	놀랄 해	hài
统	統	큰 줄기 통	tǒng
绗	絎	바느질할 행	háng
给	給	줄 급	gěi, jǐ
绚	絢	무늬 현	xuàn
绛	絳	진홍 강	jiàng
络	絡	이을 락	luò, lào
绝	絕	끊을 절	jué

10획 **一**

간체	번체	뜻	병음
艳	艷	고울 염	yàn
顼	頊	삼갈 욱	xū
珲	琿	아름다운 옥 훈	hún, huī
蚕	蠶	누에 잠	cán
顽	頑	완고할 완	wán
盏	盞	술잔 잔	zhǎn
捞	撈	잡을 로	lāo
载	載	실을 재	zài, zǎi
赶	趕	달릴 간	gǎn, ián, qué
盐	鹽	소금 염	yán
埘	塒	홰 시	shí
损	損	덜 손	sǔn
埙	塤	질나팔 훈	xūn
埚	堝	도가니 과	guō
贽	贄	폐백 지	zhì
捡	撿	잡을 검	jiǎn
挚	摯	잡을 지	zhì
热	熱	더울 열	rè
捣	搗	찧을 도	dǎo
壶	壺	항아리 호	hú

간체	번체	뜻	병음
聂	聶	소곤거릴 섭	niè, yiè
莱	萊	명아주 래	lái
莲	蓮	연꽃 연	lián
莳	蒔	모종낼 시	shì, shí
莴	萵	상추 와	wō
获	獲	얻을 획	huò
获	穫	거둘 확	huò
莸	蕕	누린내풀 유	yóu
恶	惡	악할 악	è, ě, wū, wù
恶	噁	성낼 오	ě, wū, wǔ
䓖	藭	궁궁이 궁	qióng
莹	瑩	귀막이옥 영	yíng
莺	鶯	꾀꼬리 앵	yīng
莼	蒓	순채 순	chún
鸪	鴣	자고 고	gū
桡	橈	꺾일 요	ráo, náo
桢	楨	단단한나무 정	zhēn
档	檔	의자 당	dàng
桤	榿	기나무 기	qī
桥	橋	다리 교	qiáo
桦	樺	벚나무 화	huà
桧	檜	전나무 회	guì, huì
桩	樁	말뚝 장	zhuāng
样	樣	모양 양	yàng
贾	賈	값 가	gǔ, jiǎ
逦	邐	이어질 리	lí
砺	礪	거친 숫돌 려	lì
砾	礫	조약돌 력	lì
础	礎	주춧돌 초	chǔ
砻	礱	갈 롱	lóng
顾	顧	돌아볼 고	gù
轼	軾	쉐얼턱가로나무 식	shì
轾	輊	수레앞기울지	zhì
轿	轎	가마 교	jiào
辂	輅	수레 로	lù
较	較	비교 교	jiào
鸫	鶇	콩새 동	dōng
顿	頓	조아릴 돈	dùn, dú
趸	躉	거룻배 돈	dǔn
毙	斃	넘어질 폐	bì
致	緻	밸치	zhì

Ｊ

간체	번체	뜻	병음
齔	齔	이 갈 촌	chèn
鸬	鸕	가마우지 로	lú
虑	慮	생각 려	lǜ
监	監	볼 감	jiān, jiàn
紧	緊	요긴할 긴	jǐn
党	黨	무리 당	dǎng
唛	嘜	음역자 마	mǎ
晒	曬	쬘 쇄	shài, shà, shì
晔	曄	빛날 엽	yè
晕	暈	무리 운	yūn, yùn
鸮	鴞	부엉이 효	xiāo
唢	嗩	호적 쇄	suǒ
喎	喎	입 비뚤어질 와	wāi
蚬	蜆	가막조개 현	xiǎn
鸯	鴦	원앙 앙	yāng
崂	嶗	산 이름 로	láo
崃	崍	산 이름 래	lái
罢	罷	파할 파	bà
圆	圓	둥글 원	yuán
觊	覬	넘겨볼 기	jì, xì
贼	賊	도적 적	zéi
贿	賄	뇌물 회	huì
赂	賂	뇌물줄 뢰	lù
赃	臟	장물 장	zāng
赅	賅	족할 해	gāi, gài
赆	贐	전별할 신	jìn, xìn

丿

간체	번체	뜻	병음
钰	鈺	보배 옥	yù
钱	錢	돈 전	qián
钲	鉦	징 정	zhēng
钳	鉗	칼 겸	qián
钴	鈷	다리미 고	gǔ, gū
钵	鉢	바리때 발	bō
钶	鈳	작은 도끼 아	kē
钹	鈸	방울 발	bó, bà
钺	鉞	도끼 월	yuè
钻	鑽	끌 찬	zuān, zuàn
钼	鉬	몰리브덴 목	mù
钽	鉭	탄탈 탄	tǎn
钾	鉀	갑옷 갑	jiǎ
铀	鈾	우라늄 유	yóu

钿	鈿	비녀 전	diàn, tián
铁	鐵	쇠 철	tiě
铂	鉑	금박 박	bó
铃	鈴	방울 령	líng
铄	鑠	녹일 삭	shuò
铅	鉛	납 연	qiān, yán
铆	鉚	질좋은쇠류	liǔ
铈	鈰	세륨 시	shì
铉	鉉	솥귀 현	xuàn
铊	鉈	짧은 창 사	tā, tuó
铋	鉍	창자루 필	bì
铌	鈮	니오브니	ní
铍	鈹	베릴륨 피	pī
铍	鏺	쌍날 낫 발	pō, bō
铎	鐸	방울 탁	duó
氩	氬	아르곤 아	yá
牺	犧	희생 희	xī
敌	敵	대적할 적	dí
积	積	쌓을 적	jī
称	稱	일컬을 칭	chēng, chèn
笕	筧	대 홈통 견	jiǎn
笔	筆	붓 필	bǐ
债	債	빚 채	zhài
借	藉	깔개 자	jiè, jí
倾	傾	기울 경	qīng
赁	賃	품삯 임	lìn
颀	頎	헌걸찬 모양 기	qí, kěn
徕	徠	올 래	lái, lài
舰	艦	싸움배 함	jiàn
舱	艙	선창 창	cāng
耸	聳	귀머거리 용	sǒng
爱	愛	사랑 애	ài
鸰	鴒	할미새 령	líng
颁	頒	나눌 반	bān
颂	頌	기릴 송	sòng
脍	膾	회 회	huì
脏	臟	오장 장	zàng, zāng
脐	臍	배꼽 제	qí
脑	腦	뇌 뇌	nǎo
胶	膠	아교 교	jiāo
脓	膿	고름 농	lóng
鸱	鴟	솔개 치	chī

玺	璽	도장 새	xǐ
鱽	魛	웅어 도	dāo
鸲	鴝	구관조 구	qú
猃	獫	오랑캐이름 험	xiǎn
鸵	鴕	타조 타	tuó
袅	裊	낭창거릴 뇨	niǎo
鸳	鴛	원앙 원	yuān
皱	皺	주름 추	zhòu
饽	餑	떡 발	bō
饿	餓	주릴 아	è
馁	餒	주릴 뇌	něi

`丶`

栾	欒	란나무 란	luán
挛	攣	걸릴 련	luán
恋	戀	그리워할 련	liàn, lián
桨	槳	상앗대 장	jiǎng
症	癥	적취 징	zhēng
痈	癰	악창 옹	yōng
斋	齋	집 재	zhāi
痉	痙	힘줄 당길 경	jìng
离	離	떠날 리	lí
颃	頏	새 날아내릴 항	háng
资	資	재물 자	zī
竞	競	다툴 경	jìng
阃	閫	문지방 곤	kǔn
阄	鬮	제비 구	guì
阆	閬	망량 량	láng, làng
阅	閱	검열할 열	yuè
郸	鄲	조나라서울단	dān
烦	煩	번거로울 번	fán
烧	燒	태울 소	shāo
烛	燭	촛불 촉	zhú
烨	燁	번쩍번쩍빛날엽	yè
烩	燴	모아 끓일 회	huì
烬	燼	깜부기불 신	jìn
递	遞	갈마들 체	dì
涛	濤	물결 도	tāo
涝	澇	큰 물결 로	lào
涞	淶	강이름 래	lái
涟	漣	물놀이칠련	lián
涠	潿	땅 이름 위	wéi

涢	溳	강 이름 운	yún, yǔn
涡	渦	웅덩이 와	wō, guō
涂	塗	진흙 도	tú
涤	滌	씻을 척	dí
润	潤	불을 윤	rùn
涧	澗	도랑물 간	jiàn
涨	漲	불을 창	zhǎng
烫	燙	데울 탕	tàng
涩	澀	떫을 삽	sè
涩	澁	떫을 삽	sè
悭	慳	아낄 간	qiān
悯	憫	민망할 민	mǐn
宽	寬	너그러울 관	kuān
家	傢	세간살이 가	jiā
宾	賓	손 빈	bīn
窍	竅	구멍 규	qiào
窎	窵	그윽할 조	diào
请	請	청할 청	qǐng
诸	諸	모든 제	zhū
诹	諏	꾀할 추	zōu
诺	諾	응답할 낙	nuò
诼	諑	헐뜯을 착	zhuó
读	讀	읽을 독	dú, dòu
诽	誹	헐뜯을 비	fēi
袜	襪	버선 말	wà, mò
祯	禎	상서 정	zhēn
课	課	매길 과	kè
诿	諉	번거롭게할위	wěi
谀	諛	아첨할 유	yú
谁	誰	누구 수	shéi, shuí
谂	諗	고할 심	shěn
调	調	고를 조	diào, tiáo
谄	諂	아첨할 첨	chǎn
谅	諒	믿을 량	liàng, liáng
谆	諄	타이를 순	zhūn
谇	誶	욕할 수	suì
谈	談	말씀 담	tán
谉	讅	살필 심	shěn

`乛`

恳	懇	정성 간	kěn
剧	劇	심할 극	jù
娲	媧	여와씨 와	wā

娴	嫻	우아할 한	xián
难	難	어려울 난	nán, nàn, nuó
预	預	미리 예	yù
绠	綆	두레박줄 경	gěng, bǐng
骊	驪	가라말 려	lí
绡	綃	생사 초	shāo, xiāo
骋	騁	달릴 빙	chěng
绢	絹	비단 견	juàn
绣	繡	수놓을 수	xiù
验	驗	증험할 험	yàn
绥	綏	편안할 수	suí
继	繼	이을 계	jì
绨	綈	깁 제	tí, tì
骎	駸	말달릴 침	qīn
骏	駿	준마 준	jùn
鸶	鷥	해오라기 사	sī

11획 **`一`**

焘	燾	덮일 도	dào, tāo
琎	璡	옥돌 진	jīn
琏	璉	호련 련	liǎn
琐	瑣	옥소리 쇄	suǒ
麸	麩	밀기울 부	fū
掳	擄	사로잡을 로	lǔ
掴	摑	칠 괵	guó
鸷	鷙	맹금 지	zhì
掷	擲	던질 척	zhì
掸	撣	부딪칠 탄	dǎn, shàn
壶	壺	항아리 호	hú
悫	愨	삼갈 각	què
据	據	의거할 거	jù, jū
掺	摻	섬섬할 섬	chān, càn, shǎn
掼	摜	익숙해질 관	guàn
职	職	직분 직	zhí
聍	聹	귀지 녕	níng
萚	蘀	낙엽 탁	tuò
勚	勩	수고로울 예	yì
萝	蘿	나무 라	luó
萤	螢	개똥벌레 형	yíng
营	營	경영할 영	yíng
萦	縈	얽힐 영	yíng
萧	蕭	맑은 대쑥 소	xiāo
萨	薩	보살 살	sà

梦	夢	꿈 몽	mèng
觋	覡	박수 격	xí
检	檢	검사할 검	jiǎn
棂	欞	격자창 령	líng
啬	嗇	아낄 색	sè
匮	匱	상자 궤	kuì, guì
酝	醞	술 빚을 온	yùn, yǔn
厣	厴	조개껍질 염	yàn
硕	碩	클 석	shuò
硖	硤	고을이름 협	xiá
硗	磽	메마른 땅 교	qiāo
硙	磑	맷돌 애	wèi, wéi
硚	礄	땅 이름 교	qiáo, jiāo
鸸	鴯	제비 이	ér
聋	聾	귀머거리 농	lóng
龚	龔	삼갈 공	gōng
袭	襲	엄습할 습	xí
䴕	鴷	딱따구리 렬	liè
殒	殞	죽을 운	yǔn
殓	殮	염할 렴	liàn
赉	賚	줄 뢰	lài
辄	輒	문득 첩	zhé
辅	輔	덧방나무 보	fǔ
辆	輛	수레 량	liàng
堑	塹	구덩이 참	qiàn, jiǎn

丿

颅	顱	머리뼈 로	lú
啧	嘖	외칠 책	zé
悬	懸	매달 현	xuán
啭	囀	지저귈 전	zhuán
跃	躍	뛸 약	yuè
啮	嚙	씹을 요	niè
跄	蹌	추창할 창	qiàng, qiāng
蛎	蠣	굴 려	lì
蛊	蠱	독 고	gǔ
蛏	蟶	긴맛 조개 정	chēng
累	纍	갇힐 류	léi
啸	嘯	휘파람 불 소	xiào
帻	幘	망건 책	zé
崭	嶄	높을 참	zhǎn
逻	邏	순행할 라	luó
帼	幗	여인머리장식 귁	guó, guāi

赈	賑	구휼할 진	zhèn
婴	嬰	갓난아이 영	yīng
赊	賒	외상으로 살 사	shē

丿

铏	鉶	국그릇 형	xíng
铐	銬	쇠고랑 고	kào
铑	銠	로듐 로	lǎo
铒	鉺	갈고리 이	ěr
铓	鋩	서슬 망	máng
铕	銪	유로퓸 유	yǒu
铗	鋏	집게 협	jiá
铙	鐃	작은 징 뇨	náo, nào
铛	鐺	쇠사슬 당	dāng, tāng
铝	鋁	줄 려	lǚ
铜	銅	구리 동	tóng
铟	銦	인듐 인	yīn
铠	鎧	갑옷 개	kǎi
铡	鍘	작두 찰	cà
铢	銖	무게 단위 수	zhū
铣	銑	끌 선	xiǎn, xǐ
铥	銩	툴륨 주	diū
铤	鋌	쇳덩이 정	dìng
铧	鏵	가래 화	huá
铨	銓	저울질할 전	quán
铩	鎩	창 살	shā, shài
铪	鉿	하프늄 합	hā
铫	銚	쟁개비 요	diào, yáo
铭	銘	새길 명	míng
铬	鉻	깎을 락	gè
铮	錚	쇳소리 쟁	zhēng, zhèng
铯	銫	세슘 색	sè
铰	鉸	가위 교	jiǎo
铱	銥	이리듐 의	yī
铲	鏟	대패 산	chǎn, chàn
铳	銃	총 총	chòng
铵	銨	암모늄 안	ān
银	銀	은 은	yín
矫	矯	바로잡을 교	jiǎo, jiáo
鸹	鴰	재두루미 괄	guā
秽	穢	더러울 예	huì
笺	箋	찌지 전	jiān
笼	籠	대그릇 롱	lóng, lǒng

笾	籩	제기 이름 변	biān
偾	僨	넘어질 분	fèn
鸺	鵂	수리부엉이 휴	xiū
偿	償	갚을 상	cháng
偻	僂	구부릴 루	lóu, lǚ
躯	軀	몸 구	qū
皑	皚	흴 애	āi
鸻	鴴	참새 행	xīng
衔	銜	받들 함	xián
舻	艫	배 잇댈 로	lù
盘	盤	소반 반	pán
龛	龕	감실 감	kān
鸽	鴿	집비둘기 합	gē
敛	斂	거둘 렴	liǎn
领	領	거느릴 령	lǐng
脶	腡	손금 라	luó
脸	臉	뺨 검	liǎn, jiǎn
猎	獵	사냥 렵	liè
猡	玀	오랑캐이름 라	luó
猕	獼	원숭이 미	mí
馃	餜	떡 과	guǒ
馄	餛	떡 혼	hún
馅	餡	소 함	xiàn, kàn
馆	館	집 관	guǎn

丶

鸾	鸞	난새 란	luán
庼	廎	작은 마루 경	qǐng
痒	癢	가려울 양	yǎng
鹒	鵁	해오라기 교	jiāo
镟	鏇	술그릇 선	xuàn, xuán
阈	閾	문지방 역	yù
阉	閹	내시 엄	yān
阊	閶	천문 창	chāng
阋	鬩	다툴 혁	xì
阌	閿	내리깔고 볼 문	wén
阍	閽	문지기 혼	hūn
阎	閻	이문 염	yán
阏	閼	막을 알	è, yān
阐	闡	열 천	chǎn
羟	羥	경기 간	kēng, qiān
盖	蓋	덮을 개	gài, gě
粝	糲	현미 려	lì

断	斷	끊을 단	duàn
兽	獸	짐승 수	shòu
焖	燜	뜸들일 민	mèn
渍	漬	담글 지	zì
鸿	鴻	기러기 홍	hóng
渎	瀆	도랑 독	dú
渐	漸	점점 점	jiàn, jiān
渑	澠	못 이름 민	miǎn
渊	淵	못 연	yuān
渔	漁	고기 잡을 어	yú
淀	澱	앙금 전	diàn
渗	滲	스밀 삼	shèn
惬	愜	쾌할 협	qiè
惭	慚	부끄러울 참	cán
惨	慘	슬플 참	cǎn
惧	懼	두려울 구	jù
惊	驚	놀랄 경	jīng
惮	憚	꺼릴 탄	dān
惯	慣	익숙할 관	guàn
祷	禱	빌 도	dǎo
谌	諶	정성 심	chén
谋	謀	꾀 모	móu
谍	諜	염탐할 첩	dié
谎	謊	잠꼬대 황	huǎng
谏	諫	간할 간	jiàn
皲	皸	발 터질 군	jūn
谐	諧	화할 해	xié
谑	謔	농지거리할 학	xuè
裆	襠	잠방이 당	dāng
祸	禍	재앙 화	huò
谒	謁	아뢸 알	yè
谓	謂	이를 위	wèi
谔	諤	곧은 말할 악	è
谕	諭	고지할 유	yù
谖	諼	속일 원	xuān
谗	讒	참소할 참	chán
谘	諮	물을 자	zī
谙	諳	욀 암	ān
谚	諺	상말 언	yàn
谛	諦	살필 체	dì
谜	謎	수수께끼 미	mí, mèi
谝	諞	말교묘히할 편	piǎn

简	繁	훈음	병음
诿	諝	슬기 서	xū

一

简	繁	훈음	병음
弹	彈	탄알 탄	dàn, tán
堕	墮	떨어질 타	duò, huī
随	隨	따를 수	suí
棠	糶	쌀내다팔 조	chàn
隐	隱	숨을 은	yǐn
婳	嫿	정숙할 획	huà
婵	嬋	고울 선	chán
媕	嬸	숙모 심	shēn
颇	頗	자못 파	pō
颈	頸	목 경	jǐng, gěng
绩	績	길쌈 적	jì
绪	緒	실마리 서	xù
绫	綾	비단 릉	líng
骐	騏	털총이 기	qí
续	續	이을 속	xù
绮	綺	비단 기	qǐ
骑	騎	말탈 기	qí
绯	緋	붉은빛 비	fēi
骒	騍	암말 과	kè
绲	緄	띠 곤	gǔn
绳	繩	줄 승	shéng
骓	騅	오추마 추	zhuī
维	維	바 유	wéi
绵	綿	솜 면	mián
绶	綬	인끈 수	shòu
绷	繃	묶을 붕	bēng, běng
绸	綢	얽힐 주	chóu
绺	綹	끈목 류	liǔ
绻	綣	정다울 권	quǎn
综	綜	잉아 종	zōng, zèng
绽	綻	옷 터질 탄	zhàn
绾	綰	얽을 관	wǎn
绿	綠	푸를 록	lǜ, lù
骖	驂	곁마 참	cān, cǎn
缀	綴	꿰맬 철	zhuì
缁	緇	검은 비단 치	zī

12 획 一

简	繁	훈음	병음
靓	靚	단장할 정	jìng
琼	瓊	옥경	qióng
辇	輦	손수레 련	niǎn
鼋	黿	큰 자라 원	yuán
趋	趨	달릴 추	qū
揽	攬	잡을 람	lǎn
颉	頡	곧은 목 힐	xié, jié
揿	撳	삽 흔	qìn
搀	攙	찌를 참	chān, hán, chàn
蛰	蟄	벌레 칩	zhé
絷	縶	맬 집	jí
搁	擱	놓을 각	gē, gé
搂	摟	끌 루	lǒu, lōu
搅	攪	어지러울 교	jiǎo
联	聯	연이을 련	lián
蒇	蕆	경계할 천	chǎn
蒉	蕢	상할 괴	kuì
蒋	蔣	줄 장	jiǎng
蒌	蔞	쑥 루	lóu
韩	韓	나라 한	hán
椟	櫝	함 독	dú
椤	欏	울타리 라	luó, luǒ, luò
赍	賫	집어줄 재	jī
椭	橢	둥글길죽할 타	tuǒ
鹁	鵓	집비둘기 발	bó
鹂	鸝	꾀꼬리 리	lí
觌	覿	볼 적	dí, dú
硷	礆	소금기 감	jiǎn
确	確	굳을 확	què
詟	讋	두려워할 섭	shè, tà, zhé
殚	殫	다할 탄	dān
颊	頰	뺨 협	jiá
雳	靂	벼락 력	lì
辊	輥	빨리 구를 곤	gǔn
辋	輞	바퀴테 망	wǎng
椠	槧	판 참	qiàn
暂	暫	잠깐 잠	zàn
辍	輟	그칠 철	chuò
辎	輜	짐수레 치	zī
翘	翹	들 교	qiáo, qiào

丨

简	繁	훈음	병음
辈	輩	무리 배	bèi
凿	鑿	뚫을 착	záo
辉	輝	빛날 휘	huī
赏	賞	상줄 상	shǎng
睐	睞	한눈 팔 래	lài, lái
睑	瞼	눈꺼풀 검	jiǎn
喷	噴	뿜을 분	pēn, pèn
畴	疇	밭두둑 주	chóu
践	踐	밟을 천	jiàn
遗	遺	끼칠 유	yí, wèi
蛱	蛺	나비 협	jiá
蛲	蟯	요충 요	náo
蛳	螄	다슬기 사	sī
蛴	蠐	굼벵이 제	qí
鹃	鵑	두견새 견	juān
喽	嘍	시끄러울 루	lóu, lóu
嵘	嶸	높고 험할 영	róng
嵌	嵌	산높고험할 금	qīn
嵝	嶁	봉우리 루	lǒu
赋	賦	부세 부	fù
腈	腈	받을 청	qíng
赌	賭	걸 도	dǔ
赎	贖	속 바칠 속	shú
赐	賜	줄 사	cì
赒	賙	진휼할 주	zhōu
赔	賠	물어줄 배	péi
赕	賧	속 바칠 담	dǎn

丿

简	繁	훈음	병음
铸	鑄	쇳물부어만들 주	zhù
铹	鐒	로렌슘 로	láo
铺	鋪	펼 포	pū, pù
铼	錸	레늄 래	lái
铽	鋱	테르븀 특	tè
链	鏈	쇠사슬 련	liàn, lián
铿	鏗	금옥소리 갱	gēng
销	銷	녹일 소	xiāo
锁	鎖	자물쇠 쇄	suǒ
锃	鋥	칼 갈 정	zèng
锄	鋤	호미 서	chú
锂	鋰	리튬 리	lǐ
锅	鍋	노구솥 과	guō
锆	鋯	지르코늄 고	gào
锇	鋨	오스뮴 아	é
锈	銹	녹슬 수	xiù
锉	銼	가마 좌	cuò
锋	鋒	칼끝 봉	fēng
锌	鋅	굳을 자	xīn
锏	鐧	굴대덧방쇠 간	jiǎn, jiàn
锐	銳	날카로울 예	ruì
锑	銻	안티모니 제	tī
锒	鋃	쇠사슬 랑	láng
锓	鋟	새길 침	qīn
锔	鋦	쇠로 동일 국	jū, jú
铛	鐺	가마솥 아	ā
犊	犢	송아지 독	dú
鹄	鵠	고니 곡	hú, gǔ
鹅	鵝	거위 아	é
颋	頲	곧을 정	chēng
筑	築	쌓을 축	zhù
筚	篳	울타리 필	bì
筛	篩	체 사	shāi
牍	牘	편지 독	dú
傥	儻	빼어날 당	dǎng
傧	儐	인도할 빈	bīn
储	儲	쌓을 저	chǔ
傩	儺	역귀쫓을 나	nuó
惩	懲	징계할 징	chéng
御	禦	막을 어	yù
颌	頜	아래턱 합	gé, hé
释	釋	풀 석	shì
鹆	鵒	구관조 욕	yù
腊	臘	납향 납	là
腘	膕	오금 괵	guó
鱿	魷	오징어 우	yóu
鲁	魯	노둔할 노	lǔ
鲂	魴	방어 방	fáng
颍	潁	강 이름 영	yǐng
飓	颶	폭풍 구	jù
觞	觴	잔 상	shāng
惫	憊	고달플 비	bèi
馈	饋	먹일 궤	kuì
馉	餶	고기만두 골	gǔ
馊	餿	밥 뭉개질 수	sōu
馋	饞	탐할 참	chán

丶

简	繁	훈음	병음
亵	褻	더러울 설	xiè
装	裝	꾸밀 장	zhuāng
蛮	蠻	오랑캐 만	mán

脔	臠	저민고기 련	lián
痨	癆	중독될 로	láo, lào
痫	癇	간기 간	jiān
赓	賡	이을 갱	gēng
颏	頦	턱 해	kē, ké
鹇	鷴	솔개 한	xián
阑	闌	가로막을 란	lán, làn
阒	闃	조용할 취	qù
阔	闊	트일 활	kuò
阕	闋	문닫을 결	què
粪	糞	똥 분	fèn
鹈	鵜	사다새 제	tí
窜	竄	숨을 찬	cuàn
窝	窩	움집 와	wō
嗀	嚳	급히 고할 곡	kù
愤	憤	분할 분	fèn
愦	憒	어지러울 궤	kuì
滞	滯	막힐 체	zhì
湿	濕	젖을 습	shī
溃	潰	무너질 궤	kuì, huì
溅	濺	흩뿌릴 천	jiān
溇	漊	비 계속 내릴 루	lóu
湾	灣	물굽이 만	wān
谟	謨	꾀 모	mó
裢	褳	전대 련	lián
裣	襝	행주치마 첨	chán
裤	褲	바지 고	kù
裥	襉	치마 주름 간	jiǎn, jiàn
禅	禪	선 선	chán, shàn
谠	讜	곧은 말 당	dǎng, dàng, tàng
谡	謖	일어날 속	sù
谢	謝	사례 사	xiè
谣	謠	노래 요	yáo
谤	謗	헐뜯을 방	bàng
谥	謚	웃을 익	shì
谦	謙	겸손 겸	qiān
谧	謐	고요할 밀	mì

ノ

属	屬	붙일 속	shǔ, zhǔ
屡	屢	여러 루	lǚ
骘	騭	수말 즐	zhì
毵	毿	털 길 삼	sān

翚	翬	훨훨 날 휘	huī
缂	緙	꿰맬 격	kè
缃	緗	담황색 상	xiāng
缄	緘	봉할 함	jiān
缅	緬	가는 실 면	miǎn
缆	纜	닻줄 람	lǎn
缇	緹	붉은 비단 제	tí
缈	緲	아득할 묘	miǎo
缉	緝	낮을 집	jī, qī
缊	縕	헌솜 온	yùn, yūn
缌	緦	시마복 시	sī
缎	緞	비단 단	duàn
缑	緱	칼자루 감을 구	gōu
缓	緩	느릴 완	huǎn
缒	縋	주름질 추	zhuì
缔	締	맺을 체	dì
缕	縷	실 루	lǚ, lóu
骗	騙	속일 편	piàn
编	編	엮을 편	biān
骚	騷	시끄러울 소	sāo
缘	緣	인연 연	yuán
飨	饗	잔치할 향	xiǎng

12획 一

耢	耮	고무래 로	láo
鹉	鵡	앵무새 무	wǔ
鹊	鶄	해오라기 청	jīng
韫	韞	감출 온	yùn, yún, wēn
骜	驁	준마 오	ào, áo
摄	攝	추스를 섭	shè
摅	攄	펼 터	shū
摆	擺	열릴 파	bǎi
裰	褫	치마 피	bǎi, bei, pèi
赪	赬	붉을 정	chēng
摈	擯	물리칠 빈	bìn
毂	轂	바퀴통 곡	gǔ, gū
摊	攤	열 탄	tān
鹊	鵲	까치 작	què
蓝	藍	쪽 람	lán
蓦	驀	말 탈 맥	mò
蓟	薊	삽주 계	jì, jiē, jiè
蒙	矇	청맹과니 몽	mēng, méng
蒙	濛	가랑비 올 몽	méng

蒙	懞	후할 몽	méng
颐	頤	턱 이	yí
献	獻	드릴 헌	xiàn
蓣	蕷	참마 여	yù
榄	欖	감람나무 람	lǎn
榇	櫬	널 츤	chèn, qīn, hèn
榈	櫚	종려나무 려	lǘ
楼	樓	다락 루	lóu
榉	櫸	느티나무 거	jǔ
赖	賴	힘입을 뢰	lài
碛	磧	서덜 적	qì
碍	礙	거리낄 애	ài
碜	磣	모래 섞일 참	chěn
鹌	鵪	암순 암	ān, yiā
尴	尷	껄끄러울 감	gān
雾	霧	안개 무	wù
辏	輳	모일 주	còu
辐	輻	바퀴살 복	fú
辑	輯	모을 집	jí
输	輸	보낼 수	shū

丨

频	頻	자주 빈	pín
龃	齟	어긋날 저	jǔ
龄	齡	나이 령	líng
龅	齙	귀절포	pāo
龆	齠	이 갈 초	tiáo
鉴	鑒	거울 감	jiàn
韪	韙	바를 위	wěi
嗫	囁	소곤거릴 섭	zhé
跷	蹺	발돋움할 교	qiāo
跸	蹕	길 치울 필	bì
跻	躋	오를 제	jī, jì
跹	躚	춤출 선	xiān
蜗	蝸	달팽이 와	wō
嗳	噯	딸국질 애	āi, ǎi, ài
赗	賵	부의 보낼 봉	fèng

ノ

锗	鍺	바퀴통쇠 타	zhě, duǒ
错	錯	섞일 착	cuò
锘	鍩	취할 첨	tiǎn
锚	錨	닻 묘	máo
锛	錛	자귀 분	bēn

锝	鍀	테크네튬 득	dé
锞	錁	띠치장 과	kè
锟	錕	붉은 쇠 곤	kūn
锡	錫	주석 석	xī
锢	錮	땜질할 고	gù
锣	鑼	징 라	luó
锤	錘	저울 추 추	chuí
锥	錐	송곳 추	zhuī
锦	錦	비단 금	jǐn
锧	鑕	모루 질	zhì
锨	鍁	삽 흠	xiān
锫	錇	대못 부	péi
锭	錠	제기이름 정	dìng
键	鍵	열쇠 건	jiàn
锯	鋸	톱 거	jù, jū
锰	錳	망간 맹	měng
锱	錙	저울눈 치	zī
辞	辭	말씀 사	cí
颓	頹	무너질 퇴	tuí
穇	穇	쭉정이이삭 삼	cǎn
筹	籌	투호용화살 주	chóu
签	簽	농 첨	qiān
签	籤	제비 첨	qiān
简	簡	대쪽 간	jiǎn
觎	覦	넘겨다볼 유	yú
颔	頷	턱 함	hàn
腻	膩	매끄러울 니	nì
鹏	鵬	대붕새 붕	péng
腾	騰	오를 등	téng
鲅	鮁	물고기헤엄칠 발	bà
鲆	鮃	넙치 평	píng
鲇	鮎	메기 점	nián
鲈	鱸	농어 로	lú
鲊	鮓	젓갈 자	zhǎ
鲋	鮒	붕어 부	fù
鲍	鮑	절인 어물 포	bào
鲐	鮐	복 태	tái
颖	穎	이삭 영	yǐng
飔	颸	선선한바람 시	sī, chī
飕	颼	바람소리 수	sōu
触	觸	닿을 촉	chù
雏	雛	병아리 추	chú

傅	傅	수제비 박	bó
饃	饝	찐빵 막	mò
餾	餾	밥뜸들 류	liú
饈	饈	드릴 수	xiū

酱	醬	젓갈 장	jiàng
鹑	鶉	메추라기 순	chún
瘅	癉	앓을 단	dàn, dān
瘆	瘆	놀라서 떨 참	shèn
鹒	鶊	꾀꼬리 경	gēng
阖	闔	문짝 합	hé
阗	闐	성할 전	tián, diàn
阙	闕	대궐 궐	quē, què
誊	謄	베낄 등	téng
粮	糧	양식 량	liáng
数	數	셈 수	shù, shǔ, shuò
溻	澉	강 이름 섭	shè
满	滿	찰 만	mǎn
滤	濾	거를 려	lǜ
滥	濫	넘칠 람	làn
滗	潷	거를 필	bì
漤	灤	새어흐를 란	luán
漓	灕	물 이름 리	lí
滨	濱	물가 빈	bīn
滩	灘	여울 탄	tān
溆	漵	강 이름 여	yù
慑	懾	두려워할 섭	shè, zhé
誉	譽	기릴 예	yù
鲎	鱟	참게 후	hòu
骞	騫	말 배앓을 건	qiān
寝	寢	잠잘 침	qǐn
窥	窺	엿볼 규	kuī
窦	竇	구멍 두	dòu
谨	謹	삼갈 근	jǐn
谩	謾	속일 만	màn, mán
谪	謫	귀양갈 적	zhé
谫	譾	얕을 전	jiǎn
谬	謬	그릇될 류	miù

辟	闢	열 벽	pì
嫒	嬡	계집 애	ài

嫔	嬪	아내 빈	pín
缙	縉	꽂을 진	jìn
缜	縝	삼실 진	zhěn
缚	縛	묶을 박	fù
缛	縟	화문 놓을 욕	rù
辔	轡	고삐 비	pèi
缝	縫	꿰맬 봉	féng, fèng
骝	騮	월다말 류	liú
缞	縗	상복이름 최	cuī
缟	縞	명주 호	gǎo
缠	纏	얽힐 전	chán
缡	縭	신 꾸미개리	lí
缢	縊	목맬 액	yì
缣	縑	합사 비단 겸	jiān
缤	繽	어지러울 빈	bīn, pín
骟	騸	거세한 말 선	shàn

14 획 —

瑷	璦	아름다운옥 애	ài
赘	贅	혹 췌	zhuì
觏	覯	만날 구	gòu, hóu, hòu
暧	曖	구름 낄 애	ài, ǎi
墙	墻	담 장	qiáng
撄	攖	다가설 영	yīng, yíng
蔷	薔	장미 장	qiáng
蔑	蠛	모독할 멸	miè
蔹	蘝	가위톱 렴	liǎn
蔺	藺	골풀 린	lìn
蔼	藹	열매많이달릴애	ǎi
鹕	鶘	사다새 호	hú
槚	檟	개오동나무가	jiǎ
槛	檻	죄인타는수레함	jiàn, kǎn
槟	檳	빈랑나무 빈	bīn, bīng
槠	櫧	종가시나무저	zhū
酽	釅	초 엄	yàn
醢	釄	거를 시	xǐ
酿	釀	술 빚을 양	niàng, niáng
霁	霽	갤 제	jì
愿	願	원할 원	yuàn
殡	殯	염할 빈	bìn
辕	轅	끌채 원	yuán
辖	轄	비녀장 할	xiá

辗	輾	구를 전	zhǎn, niǎn

丨

龇	齜	이 갈림 재	chā, xià
龈	齦	잇몸 은	yín, kěn
鹡	鶪	때까치 격	jú
颗	顆	낱알 과	kē
瞜	瞜	주시할 루	lōu
曖	曖	가릴 애	ài
鹖	鶡	할단 할	hé
踌	躊	머뭇거릴 주	chóu
踊	踴	뛸 용	yǒng
蜡	蠟	밀랍	là
蝈	蟈	청개구리 괵	guō
蝇	蠅	파리 승	yíng
蝉	蟬	매미 선	chán
鹗	鶚	물수리 악	è
嘤	嚶	새소리 앵	yīng
罴	羆	큰곰 비	pí, bì, peī
赙	賻	부의 부	fù
罂	罌	양병 앵	yīng
赚	賺	속일 잠	zhuàn, zuàn
鹘	鶻	송골매 홀	gú

丿

锲	鍥	낫 결	jié, qì, qié
锴	鍇	쇠 개	jiē, jiě
锶	鍶	무쇠그릇 송	sōng
锷	鍔	칼날 악	è
锹	鍬	가래 초	qiū
锸	鍤	가래 삽	chá
锻	鍛	쇠 불릴 단	duàn
镂	鏤	아로새길 수	sōu
锾	鍰	무게 단위 환	huǎn, huán
锵	鏘	금옥소리 장	qiāng, hēng
镀	鍍	도금할 도	dù
镁	鎂	마그네슘 미	měi
镂	鏤	새길 루	lòu
镃	鎡	호미 자	zī
镄	鐨	페르뮴 비	bì
鹙	鶖	무수리 추	qiū
稳	穩	평온할 온	wěn
箦	簀	살평상 책	zé, zhài
箧	篋	상자 협	qiè

箨	籜	대꺼풀 탁	tuò
箩	籮	키 라	luó
箪	簞	대광주리 단	dān
箓	籙	책상자 록	lù
箫	簫	통소 소	xiāo
舆	輿	수레 여	yú
膑	臏	종지뼈 빈	bìn, bǐn, pǐn
鲑	鮭	복 규	guī
鲒	鮚	대합 길	jié, jí, qiè
鲔	鮪	다랑어 유	yǒu
鲖	鮦	가물치 동	tóng
鲗	鰂	오징어 즉	zéi
鲙	鱠	회 회	kuài
鲚	鱭	제어 제	jī
鲛	鮫	상어 교	jiāo
鲜	鮮	고울 선	xiān, xiǎn
鲟	鱘	칼철갑상어 심	xún
馑	饉	흉년들 근	jǐn
馒	饅	만두 만	mán

銮	鑾	방울 란	luán
瘗	瘞	묻을 예	yì
瘘	瘻	부스럼 루	lòu
阚	闞	바라볼 감	kàn, kǎn
鲞	鯗	건어 상	xiǎng
糁	糝	나물죽 삼	shēn, sǎn, sǎn
鹚	鷀	가마우지 자	zē
潇	瀟	비바람칠 소	xiāo
潋	瀲	물 벌창할 렴	liàn
潍	濰	물 이름 유	wéi
赛	賽	굿할 새	sài
窭	窶	가난할 구	jù
谭	譚	이야기 담	tán
谮	譖	참소할 참	jiàn, zèn
禖	禓	끈 괴	kuì, huì
褛	褸	남루할 루	lǚ
谯	譙	꾸짖을 초	qiáo, qiào, huí
谰	讕	헐뜯을 란	làn, lān, lǎn
谱	譜	족보 보	pǔ
谲	譎	속일 휼	jué

鹛	鶥	왜가리 미	méi

嫱	嬙	궁녀 장	qiáng
鹜	鶩	집오리 목	wù
缥	縹	옥색 표	piāo
缦	縵	비단 만	màn
骡	騾	노새 라	luó
缨	纓	갓끈 영	yīng
骢	驄	총이말 총	cōng
缩	縮	다스릴 축	suō, sù
缪	繆	얽을 무	móu, miào
缫	繅	고치 켤 소	xiāo

15획 一

耧	耬	농기구 루	lóu
璎	瓔	구슬 목걸이 영	yīng
叇	靆	구름 낄 체	dài
撵	攆	쫓을 련	nián
撷	擷	딸 힐	xié
撺	攛	던질 찬	cuān, cuàn
聩	聵	배냇귀머거리 외	kuì
聪	聰	귀밝을 총	cōng
觐	覲	뵈올 근	jìn
鞑	韃	종족 이름 달	dá, tà
鞒	鞽	장대 교	jiāo
蕲	蘄	풀 이름 기	qí
蕴	蘊	쌓을 온	yùn
樯	檣	돛대 장	qiáng
樱	櫻	앵두 앵	yīng
飘	飄	회오리바람 표	piāo
靥	靨	보조개 엽	yiè
魇	魘	가위눌릴 염	yàn
餍	饜	물릴 염	yàn, yián, yiàn
霉	黴	곰팡이 미	méi
辘	轆	도르래 록	lù

丨

齬	齬	어긋날 어	yǔ
龊	齪	악착할 착	chuò
觑	覷	볼 처	qù
瞒	瞞	속일 만	mán
题	題	제목 제	tí
颙	顒	공경할 옹	yóng
踬	躓	넘어질 지	zhí, zhì
踯	躑	머뭇거릴 척	zhí
蝾	蠑	영원 영	róng

蝼	螻	땅강아지 루	lóu, lòu, lú
噜	嚕	아까워할 로	lū
嘱	囑	부탁할 촉	zhǔ
颛	顓	전단할 전	zhuān

丿

镊	鑷	족집게 섭	niè
镇	鎮	진압할 진	zhèn
镉	鎘	다리굽은솥 력	lì
镗	钂	창 당	tǎng
镍	鎳	니켈 얼	niè
镏	鎦	죽일 류	liú
镐	鎬	호경 호	gǎo, hào
镑	鎊	깎을 방	bàng, bǎng, pàng
镒	鎰	중량 일	yì
镓	鎵	갈륨 가	jiā
镔	鑌	정련한 쇠 빈	bīn
簣	簣	삼태기 궤	kuì, kuài
篓	簍	대 채롱 루	lǒu, lóu, lú
鹈	鷈	농병아리 체	tī
鹡	鶺	할미새 척	jí
鹞	鷂	새매 요	yào, yáo
鲠	鯁	생선뼈 경	gěng
鲡	鱺	뱀장어 리	lí, lǐ
鲢	鰱	연어 련	lián
鲣	鰹	큰 가물치 견	jiān
鲥	鰣	준치 시	shí
鲤	鯉	잉어 리	lǐ
鲦	鰷	피라미 조	tiáo, xiǎo
鲧	鯀	물고기 이름 곤	gǔn
鲩	鯇	잉어 환	huán, huǎn
鲫	鯽	붕어 즉	jì, zé
馔	饌	반찬 찬	zhuàn

丶

瘪	癟	날지 못할 별	biě, biē, blě
瘫	癱	사지 틀릴 탄	tān
齑	齏	회 제	jí
颜	顏	얼굴 안	yán
鹣	鶼	비익조 겸	jiān
鲨	鯊	상어 사	shā, sà
澜	瀾	큰 물결 란	lán
额	額	이마 액	é

谳	讞	평의할 얼	yàn, ní, yǎn
褴	襤	누더기 람	lán
谴	譴	꾸짖을 견	qiǎn
鹤	鶴	학 학	hè, háo, mò
谵	譫	헛소리 섬	tà, zhé, zhàn

乛

屦	屨	신발 구	jù
缬	纈	홀치기염색 힐	xié
缭	繚	감길 료	liáo
缮	繕	기울 선	shàn
缯	繒	비단 증	zēng, zèng

16획 一

撒	撒	차릴 수	sǒu, sòu
颞	顳	관자놀이 섭	niè
颟	顢	얼굴 클 만	mán
薮	藪	늪 수	sǒu
颠	顛	정수리 전	diān
橹	櫓	큰 방패 로	lǔ
橼	櫞	연나무 연	yuán
鹥	鷖	갈매기 예	yī, yì
赝	贗	가짜 안	yān
飙	飆	폭풍 표	biāo
飙	飚	폭풍 표	biāo
豮	豶	거세한돼지 분	fén
錾	錾	끌 참	jiàn, zhàn
辙	轍	수레바퀴자국 철	zhé
辚	轔	수레소리 린	lín

丨

醝	醝	소금 차	cuó, cǎ, cāi
鹦	鸚	앵무새 앵	yīng
赠	贈	보낼 증	zèng

丿

锗	鐯	괭이 작	zhuó
镖	鏢	칼끝 표	biāo
镗	鏜	종고 소리 당	tāng
镘	鏝	흙손 만	màn
镚	鏰	동전 붕	bēng
镛	鏞	큰 종 용	yōng
镜	鏡	거울 경	jìng
镝	鏑	화살촉 적	dī, dí
镞	鏃	화살촉 족	zú

氇	氌	모직물 로	lú
瓒	瓚	도울 찬	zàn
穑	穡	거둘 색	sè
篮	籃	큰 등롱 람	lán
篱	籬	울타리 리	lí
魉	魎	도깨비 량	liǎng
鲭	鯖	청어 청	qīng, zhēng
鲮	鯪	천산갑 릉	líng
鲰	鯫	뱅어 추	qū
鲱	鯡	곤이 비	fēi
鲲	鯤	곤이 곤	kūn
鲳	鯧	병어 창	chāng
鲵	鯢	도롱뇽 예	ní
鲶	鯰	메기 점	niàn
鲷	鯛	도미 조	diāo
鲸	鯨	고래 경	jīng
鲻	鯔	숭어 치	zī
獭	獺	수달 달	tǎ

丶

鹧	鷓	자고 자	zhè
瘿	癭	혹 영	yǐng, yīng
瘾	癮	두드러기 은	yǐn
斓	斕	아롱질 란	lán
辩	辯	말 잘할 변	biàn
濑	瀨	여울 뢰	lài
濒	瀕	물가 빈	bīn
懒	懶	게으를 라	lǎn
黉	黌	글방 횡	hēng

乛

鹨	鷚	종달새류	liáo, liú, liù
颡	顙	이마 상	sǎng, sāng
缰	繮	고삐 강	jiāng
缳	繯	곡진할 견	juān
缲	繰	비단 조	qiāo, sāo, zǎo
缳	繯	엷은 비단 환	huán
缴	繳	주살의 줄 격	jiǎo, jǐ, juè

17획 一

藓	蘚	이끼 선	xiǎn
鹩	鷯	뱁새 료	liáo, liào

丨

龋	齲	충치 우	qǔ

矚	矚	볼 촉	zhǔ
蹣	蹒	비틀거릴 반	mán, pán
躡	蹑	밟을 섭	niè
蠨	蟏	갈머리 소	xiāo
嘫	㘎	으르렁거릴 함	gǎn
羈	羁	굴레 기	jī
贍	赡	넉넉할 섬	shàn

ノ

鐐	镣	은 료	liáo
鏷	镤	무쇠 박	pú
鑪	鑪	루테튬 로	lú
鐵	镦	창고달 대	dūn, duì
鑭	镧	금채색 란	lán, làn
鐥	鐥	낫 선	shān, shàn
鐠	镨	모포 보	pǔ
鏹	镪	돈 강	qiāng, jiǎng
鐙	镫	등자 등	dēng
斷	断	통발 단	duàn
鷦	鹪	뱁새 초	jiāo
鰆	鰆	물고기이름 춘	chūn
鰈	鲽	가자미 접	dié, diē, qiē, tà
鱨	鲿	자가사리 상	cháng
鰓	鳃	아가미 새	sāi
鰮	鳁	정어리 온	wēn
鰐	鳄	악어 악	è
鰍	鳅	미꾸라지 추	qiū
鰒	鳆	전복 복	fù
鰉	鳇	용상어 황	huáng
鰌	鰌	미꾸라지 추	qiū, qiú
鯿	鳊	방어 편	biān

丶

鷲	鹫	수리 취	jiù
辮	辫	땋을 변	biàn
贏	赢	이익 남을 영	yíng
懣	懑	번민할 만	mèn, mán

一

鷸	鹬	도요새 휼	yù
驟	骤	달릴 취	zhòu

18 획　一

鰲	鳌	자라 오	áo
韉	鞯	언치 천	jiān

黶	黡	검정사마귀 염	yǎn, yàn

ノ

顥	颢	클 호	hào
鷺	鹭	해오라기 로	lū
嚻	嚣	들낼 효	xiāo
髏	髅	해골 루	lóu

ノ

鑊	镬	가마 확	huò
鐳	镭	병 뢰	léi
鐶	镮	고리 환	huán
鐲	镯	방울 탁	zhuó
鐮	镰	낫 겸	lián
鐿	镱	이테르븀 의	yì
雠	讐	짝 수	chóu
雔	雠	짝 수	chóu, shòu
鰥	鳏	환어 환	guān
鰭	鳍	지느러미 기	qí
鰯	鳎	가자미 탑	tǎ, tà, nà
鰜	鳒	넙치 겸	jiān

丶

鸇	鹯	새매 전	zhān, zhen
鷹	鹰	매 응	yīng
癩	癞	약물중독 라	lài
囅	冁	웃는 모양 천	chǎn
讌	讌	잔치 연	yàn

一

䴙	䴙	농병아리 벽	pì, bò

19 획　一

攢	攒	모일 찬	zǎn, zuān, cuán
靄	霭	아지랑이 애	ǎi

丨

鱉	鳖	금계 별	biē
躦	蹿	솟을 찬	cuān
巓	巅	산꼭대기 전	diàn
髖	髋	허리뼈 관	kuān, kūn
髕	髌	종지뼈 빈	bìn

ノ

鐔	镩	동발 찰	chá
籟	籁	세구멍통소 뢰	lài
鼈	鳘	대구 민	mǐn
鰳	鰳	준치 륵	lè

鰾	鳔	부레 표	biào
鱈	鳕	대구 설	xuě
鰻	鳗	뱀장어 만	mán
鱅	鳙	전어 용	yóng
鰼	鳛	미꾸라지 습	xí

丶

顫	颤	놀랄 전	chàn, zhàn
癬	癣	마른 옴 선	xuǎn
譏	谶	참서 참	chán

一

驥	骥	천리마 기	jì
纘	缵	이을 찬	zuǎn

20 획　一

瓚	瓒	제기 찬	zàn
鬢	鬓	살쩍 빈	bìn
顬	颥	관자놀이 움직일 유	rú

ノ

鼉	鼍	악어 타	tà
黷	黩	더럽힐 독	dú

ノ

鑣	镳	재갈 표	biāo
鑞	镴	땜납 랍	là
臜	臢	언청이 잠	zān
鱖	鳜	쏘가리 궤	guì, jué, wǎn
鱔	鳝	두렁허리 선	shàn
鱗	鳞	비늘 린	lín
鱒	鳟	송어 준	zūn, zùn

一

驤	骧	머리 들 양	xiāng

21 획

顰	颦	찡그릴 빈	pín
躪	躏	짓밟을 린	lìn
鱧	鳢	가물치 례	lǐ
鱣	鳣	철갑상어 전	zhān
癲	癫	미칠 전	diān
贛	赣	줄 공	gàn, gǎn
灝	灏	넓을 호	hào

22 획

鸛	鹳	황새 관	huān, huán

鑲	镶	거푸집 속 양	xiāng, niáng

23 획

趲	趱	놀라흩어질 찬	zǎn, zàn
顴	颧	광대뼈 관	quán
躜	躜	걸터앉을 찬	zuān, cuó

25 획

钁	镢	괭이 곽	jué
饢	馕	처먹을 낭	nǎng, áng
戇	戆	어리석을 당	zhuàng, gàng

附録

가	家佳街可歌加價假架暇嘉嫁稼賈駕伽迦柯呵哥枷珂痂苛茄袈訶跏軻哿斝舸珈坷斚榎檟笳牁葭謌
각	各角脚閣却覺刻珏恪殼慤(愨)卻咯埆推擱桷
간	干間看刊肝幹簡姦懇艮侃杆(桿)玕竿揀諫墾栞奸柬澗磵稈艱矸偘癎(癇)慳斡秆忓茛衎赶迁齦
갈	渴葛乫喝曷碣竭褐蝎羯噶楬秸羯蠍
감	甘減感敢監鑑(鑒)勘堪瞰坎嵌憾戡柑橄疳紺邯龕玲坩埳嵁弇憨撼欲歛泔淦澉矙轗酣鹻
갑	甲鉀匣岬胛閘
강	江降講強(强)康剛綱鋼(鎠)杠堈岡(崗)姜橿疆慷畺疆糠絳羌腔舡薑鱇嫝跭襁(襁)玒顜茳鏹僵僵壃忼悾扛殭矼穅繈罡羫豇韁
개	改皆個(箇)開介慨概蓋(盖)价凱愷漑塏恺疥芥豈鎧玠剴匃揩槩磕闓
객	客喀
갱	更坑粳羹硜賡鏗
갸	釅
거	去巨居車擧距拒據渠遽鉅炬倨据祛踞鋸駏呿昛秬筥胠腒苣莒蕖蘧祛裾
건	建(建)乾(漧)件健巾虔楗鍵愆腱騫蹇搴湕踺搟犍腱褰謇鞬
걸	傑(杰)乞桀朅朅榤
검	儉劍(劒)檢瞼鈐黔撿芡
겁	劫怯法刦刼
게	揭偈憩

격	格擊激隔檄膈覡挌毄闃骼鬲鵙
견	犬見堅肩絹遣牽鵑甄繭譴狷畎筧縛繾羂蠲鰹
결	決結潔(潔)缺訣抉契焆迼玦鐍觖闋
겸	兼謙鎌慊箝鉗嗛槏傔岒拑歉縑蒹黚鼸
경	京(京)景(暻)經庚耕敬輕驚慶競竟境鏡頃傾硬警徑卿(卿)倞鯨坰耿更炅梗憬璟(璄)擎瓊儆俓逕
경	莖勁逕潁冏(囧)勍烱璥痙磬絅脛冂檠(橛)頸鶊逕憼至曔奛到哽惸扃熒熒畊競綆罄褧謦穎駉鯁黥
계	癸季界(堺)計溪鷄系係戒械繼契桂啓階繫誡烓屆悸棨稽谿(磎)堦瘈禊綮綮罽薊雞嵆
고	古故固苦高考(攷)告枯姑庫孤敲稿顧叩敲暠呱皋(皐)尻拷槁沽痼睾羔股膏苽菰藁蠱袴誥賈辜錮雇杲敲估凅刳栲槀槀牯鹽瞽鴣槀箛蒿糕罟羖翱胯觚詁郜酤鈷靠鴣
곡	谷曲穀哭斛梏鵠嚳槲縠觳轂
곤	困坤昆崑琨錕梱棍滾袞(衮)鯤堃崐悃捆緄裍褌閫髡鵾鵾齫
골	骨汩滑搰榾鶻
공	工功空共公孔供恭攻恐貢拱控拱蚣鞏龔倥崆椌箜蚣蛬贛跫釭槓
곳	串
과	果課科過誇寡菓跨鍋顆戈瓜侉堝夥夸撾猓稞窠蝌裹踝銙騍
곽	郭廓槨藿椁癨霍鞹
관	官觀關館(舘)管貫慣冠寬(寛)款琯錧灌瓘梡串棺罐菅涫輨艸爟盥祼窾
관	筦綰鑵雚顴顴鸛

괄	括刮恝适佸栝筈聒鬈鴰
광	光(爮·眖)廣(广)鑛狂侊洸珖桄匡曠壙筐胱恇框爌獷磺絖纊茪誆誑
괘	掛卦罫咼挂罣詿
괴	塊愧怪壞乖傀拐槐魁媿廥瑰瓌剮檜
괵	馘
굉	宏紘肱轟浤觥訇閎
교	交校橋敎(教)郊較巧矯僑喬嬌膠咬嶠攪狡皎絞翹蕎蛟轎餃驕鮫姣佼嘐憍鄗嘐嗥嚆撟晈暞榷磽窖趭蹻鉸骹鵁皦
구	九口求救究久句舊具俱區驅苟拘狗丘(坵)懼龜構球玖矩邱銶溝購鳩軀枸仇勾咎嘔垢寇嶇樞歐毆毬灸瞿絿臼舅衢謳述鉤駒昫者(耈)鷗廏(廐)颶佝俅傴媾劬匶宄句均姤媾嫗屨岣瞉戤扣捄摳昫桏漚
구	璆甌疚痀瘒褎簆糗朐蒟蚯裘覯詬遘釦韝韭韮鷇鸜
국	國(国)菊局鞠鞫麴箘匊掬踘麯
군	君郡軍群窘裙捃裠皸
굴	屈窟堀掘倔崛淈詘
궁	弓宮窮躬穹芎躳
권	券權(権)勸卷拳圈眷倦捲淃劵惓棬睠綣蜷
궐	厥闕獗蕨蹶
궤	軌机櫃潰詭饋佹几劂匱憒撅橛氿簋繢跪闠餽麂
귀	貴歸鬼句晷鎇龜(龜)
규	叫規糾(糺)圭奎珪揆逵窺葵槻硅竅赳閨邽嬰湀茥烓刲嫣蘬暌楏樛潙睽虬跬闚頍馗
균	均菌畇鈞筠勻(匀)覷困龜(龜)麏
귤	橘
극	極克劇剋隙戟棘亟尅屐郄
근	近勤根斤僅謹墐墐槿瑾嫤筋劤懃芹董覲饉蓳廑劬跟釿靳
글	契劼
금	金今禁錦禽琴衾襟昑妗擒檎芩衿唫噤欽芩黅
급	及給急級汲伋扱圾岌皀礏笈芨
긍	肯亘(亙)兢矜殑
기	己記起其期基氣技幾旣紀忌旗欺奇騎寄豈棄祈企畿飢器機淇琪璂祺錤棋(碁)騏麒玘杞埼崎琦綺錡箕岐汽沂坼耆磯畿磯(璣)冀驥嗜暣伎夔妓朞畸祁祇羈機肌饑稘橖嶔低儭剞墍屺庋弃忮惎掎攲旂曁萁歧炁猉禨綦緭羇肵芰芪蕲虁蟣蟣覬跂隑頎鬐鰭
긴	緊
길	吉佶桔姞拮蛣
김	金
낏	喫
나	那奈奈娜拏儺喇懦拿挱胗挐挪拏梛糯誦
낙	諾
난	暖難煖偄愞板餪
날	捺捏
남	南男楠湳枏喃
납	納衲
낭	娘囊曩
내	內乃奈耐柰奶嬭迺鼐
녀	女
녁	惄
년	年(秊)撚碾
념	念恬拈捻
녑	惗

255

녕	寧(寗)獰佞儜嚀濘
노	怒奴努弩瑙駑譳呶笯猺猱筊膲
농	農膿濃儂噥穠醲
뇌	腦惱餒
뇨	尿鬧撓嫋嬲淖鐃
누	耨啂
눈	嫩
눌	訥呐肭
뉴	紐鈕杻衵忸
뉵	衄
능	能
니	泥尼柅濔膩蚭憵呢怩袮禰
닉	匿溺
닐	昵暱
다	多(夛)茶爹案梥茤觰
단	丹但單短端旦段壇檀斷團緞鍛亶彖湍簞蛋袒鄲煓疸担愽椴溥癉耑胆腶蟡
달	達撻澾獺疸妲怛闥靼韃
담	談淡擔譚膽澹覃啖坍儋曇湛痰聃蕁錟潭倓噡埮炎儋啗噉壛墰毯禫罎舊郯黮黲
답	答畓踏沓遝
당	堂當唐糖黨塘鐺撞幢戇棠螳倘儻搪檔溏瑭瑒瞠礑螗襠讜鐋餳餹
대	大代待對帶臺(坮)貸隊垈玳袋戴擡(抬)旲岱黛昃瞕儓懟汰碓鐓
댁	宅
덕	德(悳·惪)
도	刀到度道島(嶋)徒圖倒都桃挑跳逃渡陶途稻導盜塗堵棹濤燾禱鍍蹈屠悼掉搗櫂淘滔睹萄覩賭韜祹裪鈎夲稌叨壔弢忉慆掏搯擣檮洮涂裻菟酴闍綯韜饕

독	讀獨毒督篤瀆牘犢禿纛櫝黷
돈	豚敦墩惇暾燉頓旽沌焞 弴潡躉
돌	突乭咄堗
동	同(仝)洞童冬東動銅凍棟董潼峒瞳蝀憧疼胴桐朣曈彤烔橦勭恫硐洚䡷苳茼菄
두	斗豆頭杜料兜痘竇荳讀逗阧抖斁肚脰蚪蠹陡
둔	鈍屯遁臀芚遯窀迍
둘	乧
득	得
등	等登燈騰藤膽鄧嶝橙凳鐙縢磴籐滕螣鐜
라	羅螺喇懶癩蘿裸邏剆覶摞菈鑼儸砢贏倮囉曪瘰騾贏
락	落樂絡珞酪烙駱洛酪犖
란	卵亂蘭欄瀾珊丹欒鸞爛鑾嬾幱攔欒襴闌
랄	剌辣垃䜛
람	覽濫嵐攬(寧·㝝)欖籃纜襤藍婪灆婪㜪爁瓓惏
랍	拉臘蠟鑞
랑	浪郎(郞)廊琅瑯狼朗烺蜋(螂)庾駺榔閬硠稂莨
래	來(来·逨)崍萊徠淶騋
랭	冷
략	略掠畧
량	良兩量涼(凉)梁糧(粮)諒亮倆樑粱輛駺俍喨悢踉魎
려	旅麗慮勵呂侶閭黎儷廬戾梠濾礪藜蠣驢驪曬儢厲唳柖癘糲膂臚蠡邌鑢
력	力歷曆瀝礫轢靂攊櫟櫪癧轣酈
련	連練鍊憐聯戀蓮煉璉攣漣輦變攣楝湅楝鏈

련	鍊鏈
렬	列烈裂劣洌冽捩挒颲
렴	廉濂簾斂殮瀲磏
렵	獵躐鬣
령	令領嶺零靈伶玲姈呤鈴齡怜囹笭羚翎聆逞泠澪岭(岺)呤另欞齢秢苓蛉軨鴒
례	例禮(礼)隷澧醴隸鱧
로	路露老勞爐魯盧鷺撈攎櫓潞濾蘆輅鹵嚧璐虜(虜)櫨蕗潦璷澇壚滷旅癆牢鸕艪艫轤鐪鑪顱髗鱸
록	綠祿錄鹿彔碌菉麓淥漉簏轆騄
론	論
롱	弄瀧瓏籠壟朧聾儱攏曨礱蘢隴
뢰	雷賴(頼)瀨儡牢磊賂賚耒攂礌礧籟纇礨蕾誄酹
료	料了僚遼寮廖燎療瞭聊蓼嘹嫽撩暸潦獠繚膋醪鐐飂飀
룡	龍(竜)龗
루	屢樓累淚漏壘婁瘻縷蔞褸鏤陋慺嶁耬熡僂嘍螻髏
류	柳留流類琉(瑠)劉硫瘤旒榴溜瀏謬楢縲纍遛鶹
륙	六陸戮勠
륜	倫輪侖崙(崘)綸淪錀圇掄
률	律栗率慄崒稤瑮溧
륭	隆癃窿
륵	勒肋泐
름	廩凛(凜)菻澟
릉	陵綾菱稜凌楞(楞)倰薐
리	里理利梨李吏離(离)履裏(裡)俚莉璃俐(悧)唎浬狸痢籬罹贏鯉涖釐(厘)斄犂(犁)摛勑

리	哩嫠苙蜊螭貍邐魑黐漓
린	鄰(隣)潾璘麟(鱗)吝燐藺躪鱗撛鏻獜橉麐粦轔繗嶙恪磷驎躙轥
림	林臨琳霖淋棽琳琳玲痳
립	立笠粒砬岦
마	馬麻磨瑪摩痲碼魔媽劘螞蟇麼
막	莫幕漠寞膜邈瞙鏌
만	萬(万)晚滿慢漫曼蔓鏋卍娩巒彎挽灣瞞輓饅鰻蠻墁嫚幔縵謾蹣鏝鬘
말	末茉秣抹沫襪靺秫帕
망	亡忙忘望(朢)茫妄罔網芒輞邙惘汒莽(莽)漭魍
매	每買賣妹梅埋媒寐昧枚煤罵邁魅苺呆楳沬玫眛莓酶霉
맥	麥脈貊陌驀狛貘
맹	孟猛盟盲萌氓甍甿虻
멱	冪覓幎
면	免勉面眠綿冕棉沔眄緬麫(麵)偭湎緜
멸	滅蔑篾蠛
명	名命明鳴銘冥溟暝榠皿瞑茗蓂螟酩慏洺朙鳾
몌	袂
모	母毛暮某謀模貌募慕冒侮摸牟謨姆帽摹牡瑁眸耗芼茅矛橅耄慔侔姥媢嫫悴旄皃眊髦蝥蟊氂
목	木目牧睦穆鶩沐苜
몰	沒歿
몽	夢蒙朦幪懞曚濛濛萺矒饛雺鸏
묘	卯妙(玅)苗廟墓描錨畝昴杳渺猫淼眇藐貓
무	戊茂武務無(无)舞貿霧拇珷畝撫懋巫憮楙毋繆蕪誣鵡橆儛嘸廡膴鶩

묵	墨默嘿
문	門問聞文汶炆紋們刎吻紊蚊雯抆悗懣捫璊
물	勿物沕
미	米未味美尾迷微眉渼薇彌(弥)嵄媄媚嵋梶楣湄謎靡黴躾媺瀰煝娓浘侎瑂寐溦冞蘼亹弭敉麋瀰獼糜縻苿蘼
민	民敏憫玟旻旼閔珉敃岷愍暋慜(瑉·砇·碈)頣潣忞(忟)泯悶緡頤鈱脗閩敃罠瑉琘緍苠鰵黽
밀	密蜜謐樒滵
박	泊拍迫朴博薄珀撲璞鉑舶剝樸箔粕縛膊雹駁亳欂牔鎛駮髆
반	反飯半般盤班返叛伴畔頒潘磐拌搬攀斑槃泮瘢盼磻礬絆蟠豳攽媻扳擎肦胖頖鞶
발	發拔髮潑鉢渤勃撥跋醱魃炦哱浡脖鈸鵓
방	方房防放訪芳傍妨倣邦坊彷昉龐榜尨旁枋滂磅紡肪膀舫蒡蚌謗幫(幇)仿厖徬搒旊梆牓艕螃鎊髣魴
배	拜杯(盃)倍培配排輩背陪裴(裵)湃俳徘焙胚褙賠北蓓貝坏扒琲棓
백	白百伯佰帛魄柏(栢)苩趙珀
번	番煩繁飜(翻)蕃幡樊燔磻藩繙膰蘩袢
벌	伐罰閥筏橃罸
범	凡犯範帆杋氾范梵泛汎釩渢滼笵訉颿
법	法琺
벽	壁碧璧闢僻劈擘檗(蘗)癖霹辟擗甓甂襞鷿鼊
변	變辯辨邊卞弁便釆忭抃籩胼賆辮騈骿鴘
별	別瞥鼈(鱉)襒鼈莂鷩鷩勛炦彆
병	丙病兵竝(並)屛幷(幷) 倂甁軿鉼(鉼)炳柄(棅)秉昞(昺)餠騈 抦絣缾迸鈵

보	保步(歩)報普補譜堡甫輔菩潽洑寶(宝·琺·珤)輔菩潽洑湺褓俌珤脯簠簠葆靌鴇黼
복	福伏服復腹複卜覆馥鍑僕匐宓茯蔔輹輻鰒墣幞扑濮箙菔蝠蝮鵩
본	本
볼	乶
봉	奉逢峯(峰)蜂封鳳俸捧琫烽棒蓬鋒熢縫漨(浲)芃丰夆篷綘菶鴌
부	夫扶父富部婦否浮付符附府腐負副簿赴賦孚芙傅溥敷復不俯剖咐埠孵斧缶腑艀莩訃賻趺釜阜駙鳧膚俘媍抔拊掊桴榑涪玞祔筟罘罦胕芣苻蔀蚨蜉袝裒跗鈇頫鮒麩
북	北
분	分紛粉奔墳憤奮汾芬盆吩噴忿扮盼焚糞賁雰体坌砏枌棼棻氛湓濆犇畚砏笨肦膹蕡轒黺鼢
불	不佛拂彿弗黻祓紱艴茀韍髴黻
붕	朋崩鵬棚硼繃堋髼漰
비	比非悲飛鼻備批卑婢碑妃肥費庇祕(秘) 枇琵扉譬丕匕匪憊斐榧毖沸泌毗(毘)痺砒秕粃緋翡脾臂菲蜚裨誹鄙棐庀斐霏俾騑伾仳剕圮埤妣屁庳悱椑沘淝淠濞狒狉痞痹睥箆紕羆腓芘芾萆蓖蚍貔贔轡邳郫閟陴鞴騑騛髀鼙
빈	貧賓頻彬(份)斌濱嬪穦儐璸玭嚬檳殯浜瀕牝邠繽豳霦贇鑌擯髕臏臏蘋顰鬢
빙	氷聘憑騁凭娉
사	四巳士仕寺史使舍射謝師死私絲思事司詞蛇捨邪賜斜詐社沙似査寫辭斯祀泗砂糸紗娑徙奢嗣赦乍些伺俟傞唆柶梭渣瀉獅祠肆莎蓑裟飼駟麝篩傞剚卸咋姒楂榭汜痧皶皻笥蜡覗駛魦鯊鰤
삭	削朔數索爍鑠搠槊蒴

산	山産散算珊傘刪汕疝蒜霰酸産祘懧刬姍孿橵澘潸狻撒訕鏟	손	孫損遜巽蓀飧(飱)
		솔	率帥乺遵衛窣蟀
살	殺薩乷撒煞	송	松送頌訟誦宋淞悚竦愯鬆
삼	三參蔘杉衫滲芟森糝釤鬖	쇄	刷鎖(鏁)殺灑碎曬瑣
삽	揷(插)澁鈒颯卅唼歃翣鍤雪霅	쇠	衰釗
상	上尙常賞商相霜想傷喪嘗裳詳祥象像床桑狀償庠湘箱翔爽塽孀峠廂橡觴樣牀悵漺徜晑殤甞緗緉顙鬺	수	水手受授首守收誰須雖愁壽(寿)樹數修(脩)秀囚需帥殊隨輸獸睡遂垂搜洙琇銖粹穗(穂)繡隋髓袖嗽嫂岫峀戍漱燧狩璲瘦綏綬羞茱蒐篲藪邃酬銹隧鬚鵐睟豎(竪)睢雦(讐)睢(灘)驪宿汙瑪曳售廋晬戍泅溲瞍祟籔睟膸陲飀饈
새	塞璽賽鰓	숙	叔淑宿孰熟肅塾琡璹橚夙潚菽倏俶儵婌驌鷫
색	色索嗇穡塞槭濇瀒		
생	生牲甥省笙甡鉎	순	順純旬殉循脣瞬巡洵珣荀筍舜淳焞錞醇徇恂栒楯橓蓴蕣詢馴盾峋姁眴盹徲肫眴紃肕駒鬊鶉
서	西序書署敍(叙·敘)徐庶恕(忞)署緒誓逝抒舒瑞曙棲(栖·捿)壻(婿)惰墅犀諝(謂)嶼(與)筮絮胥(縃)薯鉏黍鼠藇揟忞湑偦稰哯遾噬撕澨紓耡芧鉏		
		술	戌述術鉥沭絉
		숭	崇嵩崧菘
		쉬	倅淬焠
석	石夕昔惜席析釋碩奭汐淅晳晳(晰)祏鉐錫潟蓆舄鼫褯矽腊蜥	슬	瑟膝璱蝨虄虱
		습	習拾濕襲褶慴槢隰
선	先仙線鮮善船選宣旋禪扇渲瑄愃墡膳(饍)繕琁璿璇羨嫙銑珗嫙僎敾煽癬腺蘚蟬詵跣鐥洒亘譔暶瑢洗跹企歆筅綫譱鏇蟮騸鱓	승	乘承勝昇僧丞陞(阩)繩蠅升榺永塍氶陹曻
		시	市示是時詩施試始矢侍視柴恃匙嘶媤尸屎屍弑猜翅蒔著諟豕豺偲媞諟媞柹(柿·枾)愢禔絁沶諰眡漦兕厮啻塒廝枲澌緦翤豉釃鍉顋
설	雪說設舌薛楔屑泄洩渫藝齧蔎契禼(卨)偰揳媟揲蕒碟稧絏		
섬	纖暹蟾剡殲贍閃陝孅憸摻睒譫銛韱	식	食式植識息飾栻埴殖湜軾寔拭熄篒蝕媳
섭	涉攝燮葉欆紲躞躡囁懾灄囁鑷顳	신	身申神臣信辛新伸晨愼紳莘薪迅訊侁呻娠宸燼腎藎蜃辰璶哂囟姺汛矧脤贐頤駪
성	姓性成城誠盛省聖(聖)聲星城娍瑆惺醒宬猩筬腥晟胜成城誠盛瞫騂晟(晟·晠)		
		실	失室實(実)悉蟋
		심	心甚深尋審沁沈瀋芯諶潯燖葚鐔鱏
세	世洗稅細勢歲貰笹說帨洒涗娍銴彗帨繐蛻		
소	小少所消素笑(唉)召昭蘇騷燒訴掃疏(疎)蔬沼炤紹邵韶巢遡(溯)柖玿嘯塑宵搔梳瀟瘙篠簫蕭逍銷愫穌(甦)卲劭衛璅霄(穘)傃繅捎樔泝筱篠艘蛸酥魈鮹	십	十什拾
속	俗速續束粟屬涑謖贖洬遬		

259

쌍	雙(双)	엔	円
씨	氏	여	余餘如汝與予輿歟璵礖舁茹轝好忬舉
아	兒(児)我牙芽雅亞(亜)餓娥峨(莪)衙妸俄啞莪蛾訝鴉鵝阿婀(嬰)哦硪娥砑婭椏啊妿猗枒丫疴芽迓錏鵶	역	亦易逆譯驛役疫域暘繹嶧懌淢閾
악	惡岳樂堊嶽幄愕握渥鄂鍔顎鰐齷偓鄂咢喔噩腭蕚覨諤鸑齶	연	然煙(烟)研延燃燕沿鉛宴軟(輭)演緣衍淵(渊)妍(姸)娟(娟)涓沇筵瑌婗嚥堧捐挻椽涎縯鳶臙硯(硱)燃醼兗(兖)嬿莚瓀均戭困埏悁掾櫞涊臙蜵蠕讌
안	安案(桉)顔眼岸雁(鴈)晏按鞍鮟鴈姲婩矸侒餲犴	열	熱悅閱說咽渷噎
알	謁斡軋閼嘎揠空訐遏頞藹	염	炎染鹽琰艷(艶)厭焰苒閻髥冄懕尿槏魘黶魘
암	暗巖(岩)庵菴唵癌闇啽媕崟俺腤蓭庵諳頷馣黯	엽	葉燁曄煠曅爗擪
압	壓押鴨狎	영	永英迎榮(栄·荣)泳詠營影映(暎)漢煐瑛瑩瀯(濚)盈楹鍈嫛穎瓔咏塋嶸潁瀛纓霙贏憴蠑腴涅睓秾漾瘿韺碤縈贏郢
앙	仰央殃鴦快秧昂(昻)卬坱盎泱	예	藝(埶·芸)豫譽銳預芮乂叡(睿·睿·壑)倪刈曳汭濊猊穢裔詣霓堄榮珝嫕藝蕊(蘂)蓺艾蓺羿瘱郳弊帠况兒囈嫕拽捯柄獩睨臀緊翳葤蚋蜺鯢鷖麑
애	愛哀涯厓崖艾埃曖隘靄睚礙(碍)焕唉優唾噯娭崕挨捱欸溰欸皚睚曖礑薆譪靉欸	오	五吾悟午誤烏汚嗚娛傲伍吳旿珸
액	厄額液扼掖縊腋呝戹搤阨	오	晤奧悟塢墺窹惡懊敖熬獒筽鼇澳梧鰲(鰲)浯燠顤仵俁唔嗷噁圬鏊忏傲捂汙窹聱莫襖謷迕迃遨鼇鼇隩驁鼯
앵	鶯櫻罌鸚嚶娑罃	옥	玉屋獄沃鈺
야	也夜野(埜)耶冶倻惹椰爺若挪(揶)	온	溫瑥媼穩(稳)瘟縕蘊榲盜(昷)榅穩馧媼慍氳熅轀醞韞蘊
약	弱若約藥躍葯蒻爚禴篛篛鑰鶸龠	올	兀杌嗢膃
양	羊洋養揚(敭)陽(昜)讓壤樣楊襄孃漾佯恙攘暘瀁煬痒瘍禳穰釀椋徉漮烊癢眻蘘暢鑲颺驤	옹	翁擁雍壅瓮甕癰邕饔喁雝滃瘫禺罋蓊雖顒
어	魚漁於語御圉瘀禦馭齬唹衘圄敔淤飫	와	瓦臥渦窩窪蛙蝸訛哇囮婐枙洼猧宖萵譌
억	億憶抑檍臆繶	완	完緩玩垸浣莞琓琬婠婉宛梡椀碗翫脘腕豌阮頑妧岏鋺抏杬刓忨惋涴盌
언	言焉諺彦(彥)偃堰嫣傿匽讞鄢鼴	왈	曰
얼	孼蘖糱(蘗)乻臬	왕	王往旺汪枉迬迋
엄	嚴(嚴)奄俺掩儼淹曮崦曮罨醃閹广		
업	業嶪嶫鄴		
에	恚曀		

260

왜	倭娃歪矮媧	율	聿燏汨建潏矞霱颭
외	外畏嵬巍猥偎嵬嵔渨煨碨魂聵隈	융	融戎瀜絨狨
요	要腰搖遙謠夭堯饒曜耀瑤樂姚僥凹妖嶢拗擾橈燿窈窯繇繞嶢邀暚偠喓坳墝嬈幺徭徼殀澆祅突窅蕘遶鷂	은	恩銀隱垠殷闇(誾)溵珢慇濦听璁訢億圻蘟檼檼蒑憖圁嶾嶾檼濦罶垽狺癮誾鄞斷
욕	欲浴慾辱縟褥溽蓐	을	乙圪钇
용	用勇容庸溶鎔(熔)瑢榕蓉涌(湧)埇踊鏞茸墉甬俑傭湧聳俗槦穴(宂)戜嵱慵舂硧舂蛹踴	음	音吟飲陰淫蔭愔馨暗崟廕霪
		읍	邑泣揖悒挹浥
		응	應凝膺鷹曋
우	于宇右牛友雨(冞)憂又尤遇羽郵愚偶優佑祐禹瑀寓堣隅玗釪迂雺旴盂祤紆芋藕虞雩扜圩慪燠愚俁邘猛亮偊吁碅庽杅疣盱竽耦櫌譃踽鍝麀齵齲	의	衣依義議矣醫意宜儀疑倚誼毅擬懿椅犧薏蟻妷猗儗澄劓嶷欹漪礒饐螠
		이	二以已耳而異移夷珥伊易弛怡爾彝(彛)頤姨痍肆苡荑眙邇飴貳婴杝胹姻珆鴯美咠佴廙咿尔栮洟訑迤隶
욱	旭昱煜郁頊彧勖栯燠稶稶(稶)		
운	云雲運韻沄澐秐暉夽暈橒殞熉芸蕓隕篔篔(篹)賱員郧頵惲紜賱韵	익	益翼翊瀷謚翌熤弋鷁
		인	人引仁(忈·㐽)因忍認寅印姻咽湮絪茵蚓刃芢沏牣璌韌(靭)紳(䅃)氤臏儿諲濥稇戭仞堙裀嫺洇禋裀
울	蔚鬱乯菀		
웅	雄熊		
원	元原願遠園怨圓員(貟)源援院袁垣洹沅瑗媛嫄愿苑轅婉湲爰猿阮鴛褑朊杬鋺冤(寃)笎邍俒楥芫薗 蜿謜騵鵷黿猨	일	一日逸(逸)溢鎰馹佾佚壹劮泆軼
		임	壬任賃妊(姙)稔恁荏託誀絍衽銋餁
		입	入廿(卅)
		잉	剩仍孕芿媵
월	月越鉞刖粵	자	子字自者姊(姉)慈兹(玆)紫資姿恣刺仔滋磁藉瓷咨孜炙煮疵茨蔗諮雌秄襀呰孳孖孶柘泚牸眦眥籽胾疵莿好觜訾貲赭鎡頿髭鮓鷓鴜粢
위	位危爲偉威胃謂圍衛違委慰僞緯尉韋瑋暐渭魏萎葦蝟禕衞韡唩幃熨痿葳諉透闈趫餧覣		
		작	作昨酌爵灼芍雀鵲勺嚼斫炸綽舃岝怍斮柞汋焯犳碏
유	由油酉有猶唯遊柔遺幼幽惟維乳儒裕誘愈悠侑洧宥庾喩兪(俞)楡瑜猷濡(㲃)釉愉柚攸釉瑈孺揄栖游癒臾黃諛諭踰蹂逾鍮鄃矮囿牖逌婑勜蔜羱渘珛需揉帷尢呦壝泑鼬顬瘐痩瘐窬籲糅綏腴莠蕕蚴蚰蟒褕黝讉輮鮪	잔	殘屏棧潺盞剗驏
		잠	潛(潜)暫箴岑簪蠶涔
		잡	雜卡囃眨磼襍
육	肉育堉毓儥	장	長章場將(将)壯(壮)丈張帳粧掌藏莊(庄)裝奬(獎)葬墻(牆)臟障
윤	閏(閠·閏)潤尹允玧鈗阭胤(亂)奫贇昀芶鋆橍沇		

장	腸匠杖奘漳樟璋暲薔蔣仗檣欌漿狀獐臧贓醬偉妝嬙嶂廧戕牂瘴粧胖脹郭鏘餦鬤
재	才材財在栽再哉災裁載宰梓縡齋溨滓齌捚賊溨条恖圸榟灾纔
쟁	爭錚箏諍崢狰琤鎗
저	著貯低底抵苧邸楮沮佇儲咀姐杵樗渚狙猪疽箸紵菹諸趄這雎齟宁岨杼柢氐瀦瀦牴置羝苴蛆衹褚觝詆陼
적	的赤適敵滴摘寂籍賊跡積績迪勣吊嫡狄炙翟荻謫迹鏑笛蹟樀磧糴菂覿逖馰
전	田全典前展戰電錢傳專轉殿佺栓詮銓琠甸塡奠荃雋顚佃剪塼塵悛甎澱煎畑癲荃箋箭篆纏輾鈿鐫顫餞吮囀嫥屇巓戩揃旃栴湔澶牋甀敪痊癜磚箲羶翦腆膞躔輇邅郾錪錪靛靦顢飦餰鬋鱣鷏
절	節絕(絶)切折竊哲截浙癤㠪
점	店占點(点·点)漸岾粘霑鮎佔墊玷笘簟苫蔪蛅蜆颭黏
접	接蝶摺椄楪蜨跕蹀鰈
정	丁頂停井正政定貞精情靜(静)淨庭亭訂廷程征整汀玎町呈桯珵娗偵湞幀楨禎珽挺綎鼎晶晸柾鉦淀錠鋌鄭靖靚鋥疔釘淳涏穎婧㫌檉瀞晴碇穽艇諪酊霆彭崢佂姃梃朾眐虰杇侹掟頲叮婧怔桱疒筳莛証醒遉
제	弟第祭帝題除諸製提堤制際齊濟(済)悌梯瑅劑啼臍薺蹄醍媞儕禔偙娣哳娣擠猘睇梯緹踶蹢躋鏑隄齏鮧鯷
조	兆早造鳥調朝助弔燥操照條潮租組祖彫措晁窕祚趙肇詔釣曹(曺)遭眺俎凋嘲棗(枣)槽漕爪璪稠粗糟繰藻蚤躁阻雕昭嶆佻傮刁厝嘈噪耀徂懆找殂澡琱皁祧竈笊糙糶絩條胙朝艚蔦蜩誂譟鈟銚錭鯛鵰鼂
족	足族簇鏃瘯
존	存尊拵
졸	卒拙猝
종	宗種鐘終從縱悰琮淙倧綜瑽鍾慫腫椶(棕)踵柊蹤(踪)伀慒樅瘇螽
좌	左坐佐座挫剉痤莝髽
죄	罪
주	主注住朱宙走酒晝舟周株州洲柱奏珠鑄冑湊炷註疇週遒(酒)駐姝澍侏侜做呪喙廚籌紂紬綢蛛誅幬輳酎燽鉒拄惆邾賙絑肚椆晭珘紸調晭丢倜儔尌幬硃籒鼀拊腠蔟蛀裯說賙趎輈霌霔
죽	竹粥
준	準(准)俊遵峻浚畯焌竣晙駿准雋儁濬(容)埻隼寯樽蠢逡純葰嶟僔睃餕陵(埈)逈惷儁憁鐏俊妭埻撙綧罇鱒踆蹲駿
줄	茁乼
중	中重衆仲衆
즉	卽(即)喞
즐	櫛騭
즙	汁楫葺檝戢
증	曾增證憎贈症蒸烝甑拯繒嶒矰罾
지	只支枝止之知(矧)地指志至紙持池誌智(嬨)遲旨沚址祉趾衹芝摯誌脂咫枳漬肢砥芷蜘識贄沴坻泜吱馶扻坁坻搘禔觚坻墀楮泜痣秪簏舐踟躓軹阯鮨鷙抵
직	直職織稙稷禝
진	辰眞(真)進盡(尽)振鎭陣陳瑱津珍(鉁)震晉(晋)瑨(瑨)璡秦紾塵禛診縉塡賑溱抮唇嗔搢桭榛殄疹畛瞋瞚縝臻蓁袗袗趁蓁殄杓槇縝儘瑨侲昣昣侲珒趁贐
질	質秩疾姪瓆侄叱嫉帙桎窒膣蛭跌迭垤絰苵郅鑕
짐	斟朕鴆
집	集執什潗(潗)輯楫鏶緝咠戢

262

징	徵懲澄潵瀓癥瞪
차	且次此借差車叉瑳佽嗟嵯磋箚茶蹉遮硨釽姹鹺伬岔借槎
착	着錯捉搾窄鑿齪戳擉斲
찬	贊(賛)讚(讃)撰纂粲澯燦璨瓚纘鑽竄篡(簒)餐饌攢巑儹(儧)欑瓉剗爨趲
찰	察札刹擦紮扎
참	參慘慚(慙)僭塹懺斬站讒譖儳嶄巉憯攙槧毚譖塹鑱饞驂驄
창	昌唱窓倉創蒼暢菖昶彰敞廠倡娼愴槍漲猖瘡脹艙滄淐淌唱倀傖凔
창	刱悵惝猖氅瑲窻蹌鋹闛氅鶬
채	菜採彩債采埰寀蔡綵寨砦釵埰責棌婇睬茝
책	責冊(册)策柵嘖幘磔簀簣蚱
처	妻處凄悽淒萋覷郪
척	尺斥拓戚陟倜刺剔擲滌瘠脊蹠隻堉(坧)慼(慽)墌惕捗摭蜴跖蹢
천	天千川泉淺賤踐遷薦仟阡喘擅玔穿舛釧闡韆茜倩僢僤洊濺祅辿芊荐蒨荈舛蘚
철	鐵(鉄)哲(喆)徹澈轍撤綴凸輟悊瞮剟啜埑悷掇歠銕錣飻餮
첨	尖添僉瞻沾簽籤詹諂幨甜(恬)忝惉檐櫼瀸簷襜
첩	妾帖捷堞牒疊睫諜貼輒倢呫喋怗疊
청	靑(青)淸(清)晴(晴)請(請)廳聽菁鯖淸圊蜻鶄婧
체	體替遞滯逮締諦切剃涕諟呰棣彘殢砌蒂髢蔕疐
초	初草(艸)招肖超抄礎秒樵焦蕉楚剿哨憔梢椒炒硝礁稍苕貂酢醋醮岧釗鈔俏髫愀偢佮勦噍憔峭嶕怊悄愀杪燋綃秒誚譙趠軺迢鈔鍬鍫鞘頩髫鷦韶

촉	促燭觸囑矗蜀矚爥矚薥躅髑
촌	寸村(邨)忖吋
총	銃總(総)聰(聡)寵叢恖憁摠蔥蔥葱叢家(塚)縱驄
촬	撮
최	最催崔嗺摧榱漼璀磪縗脧
추	秋追推抽醜楸樞鄒錐錘墜椎湫皺芻萩諏趨酋鎚雛騶鰌(鰍)僦啾娵帚惆捶搥搖揫瘳箠簉縋緅菆陬隹 鞦騅魋雓鶖鶩麤穲
축	丑祝蓄畜築逐縮軸竺筑蹙蹴妯舳豕踀鼀
춘	春椿瑃賰
출	出朮黜秫
충	充忠蟲(虫)衝珫沖(冲)衷忡
췌	萃悴膵贅惴揣瘁顇
취	取吹就臭醉趣翠聚嘴娶 炊脆驟鷲冣橇毳
측	側測仄惻廁(厠)昃
층	層
치	治致齒値置恥熾峙雉馳侈嗤幟梔淄痔癡(痴)緇緻蚩輜稚(穉)卮哆寘時痊絺菑薙褫多跱錙阤鯔鴟鴙鶪
칙	則勅飭敕
친	親櫬襯
칠	七漆柒
침	針侵浸寢沈枕琛砧鍼棽寖忱椹梫鋟駸
칩	蟄
칭	稱秤
쾌	快夬噲
타	他打妥墮咤唾惰拖朶舵陀馱駝佗坨橢(楕)拕柁沱詑詫跢躱馳鮀鴕鼉

附錄

탁	濁托濯卓度倬豹琸晫託擢鐸拓啄坼柝琢踔拆沰橐(槖)涿矺籜蘀逴
탄	炭歎彈誕呑坦灘嘆憚綻暺憻攤殫癱驒
탈	脫奪侻
탐	探貪耽眈噴忐酖
탑	塔榻傝塌搨
탕	湯宕帑糖蕩燙盪碭盪
태	太泰怠殆態汰兌台胎邰笞苔跆颱鈦珆鮐脫娧迨埭抬駘
택	宅澤擇垞
탱	撑撐牚
터	攄
토	土吐討兎(兔)
톤	噋
통	通統痛桶慟洞筒恫樋筩
퇴	退堆槌腿褪頹隤
투	投透鬪偸套妬妒渝骰
퉁	佟
특	特慝忒
틈	闖
파	破波派播罷頗把巴芭琶坡杷婆擺爬跛叵妑岥怕灞爸玻皤笆簸耙菠葩鄱
판	判板販版阪坂辦瓣鈑
팔	八叭捌朳汃
패	貝敗浿佩牌唄悖沛狽稗霸(覇)孛旆珮霈
팽	彭澎烹膨砰祊蟚蟛
퍅	愎
편	片便篇編遍偏扁翩鞭騙匾徧惼緶艑萹蝙褊諞
폄	貶砭窆
평	平評坪枰泙萍怦抨苹蓱鮃
폐	閉肺廢弊蔽幣陛吠嬖斃敝狴獘癈
포	布抱包胞飽浦捕葡褒砲鋪佈匍匏咆哺圃怖暴泡疱脯苞蒲袍逋鮑抛(拋)儤庖晡曝炮烋誧鉋鞄餔鯆
폭	暴爆幅曝瀑輻
표	表票標漂杓豹彪驃俵剽慓瓢飄飆(飇)膘僄勡嘌嫖摽殍熛縹裱鏢鑣髟鰾
품	品稟
풍	風豐(豊)諷馮楓瘋
피	皮彼疲被避披陂詖鞁髲
픽	腷
필	必匹筆畢弼泌珌苾馝鉍佖疋罼斁咇滭篳蹕韠韡鵯駜
핍	乏逼偪
하	下夏(昰)賀何河荷霞瑕廈(厦)蝦遐鰕呀赮碬閜嚇椵讀煆蕸哬抲嗬岈懗瘕罅鍜
학	學(学)鶴壑虐謔嗃狢瘧皬确郝鷽
한	閑寒恨限韓漢旱汗澣瀚翰閒悍罕澗讋僩嫺橺閑扞忓邗嫻捍暵閈駻鷳鼾
할	割轄瞎
함	咸含陷函涵艦喊檻緘鹹銜(啣)菡莟諴轞闞
합	合哈盒蛤閤闔陜匌嗑柙榼溘盍郃
항	恒(恆)巷港項抗航亢沆姮(嫦)伉杭桁缸肛行降夯炕缿頏
해	害海(海)亥解奚該偕楷諧咳垓孩懈瀣蟹邂駭骸咍瑎澥祄晐嶰廨欬獬痎薤醢頦鮭
핵	核劾翮覈
행	行幸杏倖荇涬悻
향	向香鄕響享珦嚮餉饗麐曏薌

허	虛許墟噓獻			
헌	軒憲獻櫶轅憓旰獻 憲攇			
헐	歇			
험	險驗嶮獫玁			
혁	革赫爀奕焱侐烞虩嚇弈洫鬩			
현	現賢玄絃縣懸顯(顕)見峴晛泫炫玹鉉眩眴絢呟俔睍衒弦儇譞怰俔鋗弲玪嬛娊炫灦橌睍痃繯翾蜆誢			
혈	血穴子頁絜趐		혐	嫌
협	協脅(脇)俠挾峽浹夾狹莢鋏頰洽匧叶埉愶恔悏篋			
형	刑形亨螢衡型邢珩泂兄炯瑩瀅馨熒滎濙荊鎣侀逈(逈)夐娙詗陘			
혜	惠(恵)慧兮蕙彗憓憲憓暳蹊醯鞋譓鏸匸匧傒嘒傒槥盻謑			
호	戶乎呼好虎號(号)湖互胡浩(澔)毫豪護晧皓昊淏濠灝祜琥瑚顥護扈鎬壕壺濩澔帖弧狐瓠糊縞葫蒿蝴皞婋芐(芦)犒部熇婷怙瓳薃傸沍嘷鬍嫮沍滈滬猢皓餬聕醐			
혹	或惑酷熇			
혼	婚混昏魂渾琿俒顐圂溷焜閽			
홀	忽惚笏囫			
홍	紅洪弘鴻泓烘虹鉷哄汞訌哄澒澒鬨			
화	火化花貨和話畫(畵)華禾禍嬅樺譁靴澕俹嘩驊龢			
확	確(碻)穫擴廓攫矍籰碻鑊			
환	歡患丸換環還喚奐渙煥院幻桓鐶驩宦紈鰥圜皖洹寰懽擐瓛睆絙豢轘鍰鬟			
활	活闊(濶)滑猾豁蛞			
황	黃皇況荒凰堭媓晃(晄)滉榥煌璜熀幌徨恍惶慌湟潢篁簧蝗遑隍楻喤怳瑝肓貺鎤			

회	回會(会)悔懷廻恢晦檜澮繪(絵)誨匯徊淮獪膾茴蛔賄灰個洄盔詼迴頮鱠			
획	獲劃画嚄		횡	橫鐄宏澋鈜鱑
효	孝效(効)曉涍爻驍效哮嚆梟淆肴酵皛歊窙謼傚洨庨虓熇烋婋囂崤骹餚			
후	後厚(垕)侯候后逅吼嗅帿朽煦珝喉堠欻姁芋吽煦垕猴篌詡譃酗餱			
훈	訓勳(勛·勲)焄熏(熏)燻薰(勲)壎(塤)鑂暈纁煇薰曛獯葷			
훌	欻		훙	薨
훤	喧暄萱煊愃旰烜諠諼			
훼	毀喙毁卉(卉)燬芔虺			
휘	揮輝彙徽暉煇諱麾煒撝翬			
휴	休携烋畦虧庥咻隳髹鵂			
휼	恤譎鷸卹			
흉	凶胸兇匈洶恟胷		흑	黑
흔	欣炘昕痕忻很掀惞釁			
흘	屹吃紇訖仡汔疙迄齕			
흠	欽欠歆鑫廞			
흡	吸洽恰翕噏歙潝翖		흥	興
희	希喜稀戲(戲)姬(姫)晞僖禧禧嬉憙熹(憘)熙義爔曦俙囍憘犠噫熙(熙·凞)烯嘻譆嫼咥唏嘻悕欷燨豨饎			
힐	詰犵纈襭頡黠			

주:1. 위 한자는 이 표에 지정된 발음으로만 사용할 수 있다. 그러나 첫소리(初聲)가 "ㄴ" 또는 "ㄹ"인 한자는 각각 소리 나는 바에 따라 "ㅇ" 또는 "ㄴ"으로 사용할 수 있다.
2. 동자(同字)·속자(俗字)·약자(略字)는 ( )내에 기재된 것에 한하여 사용할 수 있다.
3. "示"변과 "礻" 변, "艹" 변과 "艹" 변은 서로 바꾸어 쓸 수 있다.
예 : 福=福, 蘭=蘭

약자	정자	음 훈
3획		
万	萬	일만 만
与	與	어조사 여
4획		
欠	缺	이지러질 결
区	區	구분할 구
仏	佛	부처 불
予	豫	미리 예
圓	圓	둥글 원
卆	卒	군사 졸
双	雙	쌍 쌍
5획		
旧	舊	예 구
台	臺	대 대
仝	同	한가지 동
礼	禮	예도 례
弁	辯	말 잘할 변
払	拂	떨칠 불
写	寫	베낄 사
圧	壓	누를 압
処	處	살 처
庁	廳	관청 청
弁	瓣	오이씨 판
号	號	부르짖을 호

약자	정자	음 훈
6획		
仮	假	거짓 가
缶	罐	두레박 관
気	氣	기운 기
団	團	둥글 단
当	當	당할 당
灯	燈	등불 등
迈	邁	갈 매
辺	邊	가 변
両	兩	두 량
弐	貳	두 이
壮	壯	장할 장
争	爭	다툴 쟁
伝	傳	전할 전
尽	盡	다할 진
虫	蟲	벌레 충
冲	沖	빌 충
会	會	모일 회
后	後	뒤 후
兴	興	일 흥
7획		
対	對	대답할 대
図	圖	그림 도
乱	亂	어지러울 란
来	來	올 래

약자	정자	음 훈
励	勵	힘쓸 려
灵	靈	신령 령
労	勞	수고로울 노, 로
売	賣	팔 매
麦	麥	보리 맥
状	狀	모양 상
声	聲	소리 성
寿	壽	목숨 수
亜	亞	버금 아
児	兒	아이 아
余	餘	남을 여
芸	藝	재주 예
応	應	응당 응
医	醫	의원 의
囲	圍	에울 위
壱	壹	한 일
条	條	가지 조
体	體	몸 체
沢	澤	못 택
択	擇	가릴 택
8획		
価	價	값 가
拠	據	의지할 거
杰	傑	호걸 걸
茎	莖	줄기 경

약자	정자	음 훈
径	徑	지름길 경
拐	拐	유인할 괴
欧	歐	때릴 구
国	國	나라 국
券	券	문서 권
担	擔	멜 담
突	突	갑자기 돌
炉	爐	화로 로
弥	彌	활부릴 미
拝	拜	절 배
宝	寶	보배 보
歩	步	걸음 보
舍	舍	집 사
参	參	석 삼
実	實	열매 실
岳	嶽	큰 산 악
岩	巖	바위 암
尭	堯	임금 요
斉	齊	가지런할 제
従	從	좇을 종
青	靑	푸를 청
抱	抱	안을 포
学	學	배울 학
侠	俠	의기 협
画	畵	그림 화
拡	擴	넓힐 확

약자	정자	음 훈
画	劃	그을 획

9 획

약자	정자	음 훈
脛	脛	정강이 경
単	單	홑 단
胆	膽	쓸개 담
独	獨	홀로 독
発	發	필 발
変	變	변할 변
砕	碎	부술 쇄
乗	乘	탈 승
栄	榮	영화 영
為	爲	할 위
荘	莊	씩씩할 장
専	專	오로지 전
窃	竊	훔칠 절
点	點	점 점
浄	淨	조촐할 정
昼	晝	낮 주
浅	淺	얕을 천
臭	臭	냄새 취
漆	柒	칠할 칠
胞	胞	태보 포
県	縣	매달 현
狭	狹	좁을 협
峡	峽	골짜기 협
挟	挾	낄 협

약자	정자	음 훈
姫	姬	아씨 희

10 획

약자	정자	음 훈
挙	擧	들 거
倹	儉	검소할 검
剣	劍	칼 검
帰	歸	돌아갈 귀
悩	惱	괴로워할 뇌
党	黨	무리 당
帯	帶	띠 대
涛	濤	물결 도
恋	戀	그리워할 련
竜	龍	용 룡
涙	淚	눈물 루
浜	濱	물가 빈
殺	殺	죽일 살
捜	搜	찾을 수
粋	粹	순수할 수
唖	啞	벙어리 아
桜	櫻	앵두 앵
益	益	더할 익
逸	逸	편할 일
残	殘	남을 잔
桟	棧	잔도 잔
蚕	蠶	누에 잠
将	將	장수 장
剤	劑	조절할 제

附錄

약자	정자	음 훈
從	從	좇을 종
真	眞	참 진
逓	遞	갈마들 체
称	稱	일컬을 칭
砲	砲	돌 쇠뇌 포
陥	陷	빠질 함
恵	惠	은혜 혜
桧	檜	전나무 회

11 획

약자	정자	음 훈
渇	渴	목마를 갈
葛	葛	칡 갈
喝	喝	꾸짖을 갈
強	強	굳셀 강
経	經	글 경
蓋	蓋	덮을 개
渓	溪	시내 계
亀	龜	거북 구
倦	倦	게으를 권
脳	腦	뇌 뇌
断	斷	끊을 단
祷	禱	빌 도
猟	獵	사냥 렵
隆	隆	높을 륭
捨	捨	버릴 사
渋	澁	떫을 삽
釈	釋	풀 석

약자	정자	음 훈
渉	涉	건널 섭
巣	巢	새 집 소
属	屬	붙일 속
粛	肅	엄숙할 숙
湿	濕	젖을 습
視	視	볼 시
悪	惡	악할 악
訳	譯	번역 역
偽	僞	거짓 위
剰	剩	남을 잉
斎	齋	집 재
転	轉	구를 전
情	情	뜻 정
済	濟	건널 제
酔	醉	취할 취
虚	虛	빌 허
険	險	험할 험
蛍	螢	개똥벌레 형
壷	壺	항아리 호

12 획

약자	정자	음 훈
覚	覺	깨달을 각
検	檢	검사할 검
軽	輕	가벼울 경
捲	捲	주먹 쥘 권
勤	勤	부지런할 근
隊	隊	떼 대

약자	정자	음 훈
煉	煉	쇠 불릴 련
禄	祿	녹봉 록
屢	屢	여러 루
塁	壘	보루 루
湾	灣	물 굽이 만
満	滿	찰 만
蛮	蠻	오랑캐 만
博	博	넓을 박
随	隨	따를 수
遂	遂	드디어 수
営	營	경영할 영
温	溫	따뜻할 온
揺	搖	흔들 요
雑	雜	섞일 잡
装	裝	꾸밀 장
証	證	증거 증
遅	遲	늦을 지
畳	疊	거듭 첩
歯	齒	이 치
堕	墮	떨어질 타
弾	彈	탄알 탄
廃	廢	폐할 폐
割	割	벨 할
絵	繪	그림 회

13 획

약자	정자	음 훈
褐	褐	털옷 갈

약자	정자	음 훈
継	繼	이을 계
鉱	鑛	쇳돌 광
勧	勸	권할 권
楽	樂	즐거울 락
暖	暖	따뜻할 난
滝	瀧	젖을 롱
楼	樓	다락 루
辞	辭	말씀 사
禅	禪	선 선
摂	攝	추스를 섭
聖	聖	성인 성
歳	歲	해 세
焼	燒	사를 소
続	續	이을 속
数	數	셈 수
塩	鹽	소금 염
虞	虞	헤아릴 우
溢	溢	넘칠 일
跡	蹟	자취 적
戦	戰	싸움 전
填	塡	메울 전
靖	靖	꾀할 정
賎	賤	천할 천
践	踐	밟을 천
鉄	鐵	쇠 철
滞	滯	막힐 체

약자	정자	음 훈
触	觸	닿을 촉
寝	寢	잠잘 침
豊	豐	풍년 풍
漢	漢	한수 한
献	獻	바칠 헌
暁	曉	새벽 효
熙	熙	빛날 희

14 획

약자	정자	음 훈
頸	頸	목 경
関	關	빗장 관
駆	驅	몰 구
徳	德	덕 덕
稲	稻	벼 도
読	讀	읽을 독
蝋	蠟	밀 랍
歴	歷	겪을 력
暦	曆	세월 력
練	練	익힐 련
緑	綠	푸를 록
髪	髮	터럭 발
様	樣	모양 양
駅	驛	역 역
隠	隱	숨을 은
雑	雜	섞일 잡
銭	錢	돈 전
精	精	정할 정

약자	정자	음 훈
静	靜	고요 정
憎	憎	미울 증
増	增	불을 증
徴	徵	부를 징
遮	遮	막을 차
総	總	거느릴 총
聡	聰	귀밝을 총
層	層	층 층
飽	飽	물릴 포

15 획

약자	정자	음 훈
撹	攪	어지러울 교
麹	麴	누룩 국
権	權	권세 권
霊	靈	신령 령
敷	敷	펼 부
賓	賓	손 빈
選	選	가릴 선
穂	穗	이삭 수
縄	繩	줄 승
蝿	蠅	파리 승
諸	諸	모든 제
鋳	鑄	쇳물 부어만들 주
賛	贊	도울 찬
請	請	청할 청
嘱	囑	부탁할 촉

약자	정자	음 훈
頬	頰	뺨 협
歓	歡	기쁠 환
戱	戲	기 희

16 획

약자	정자	음 훈
壊	壞	무너질 괴
錬	鍊	단련할 련
録	錄	기록 록
頼	賴	힘입을 뢰
薄	薄	엷을 박
獣	獸	짐승 수
籔	藪	늪 수
薬	藥	약 약
壌	壤	흙덩이 양
嬢	孃	계집애 양
穏	穩	평온할 온
謡	謠	노래 요
静	靜	고요 정
縦	縱	늘어질 종
懐	懷	품을 회

17 획

약자	정자	음 훈
覧	覽	볼 람
齢	齡	나이 령
繊	纖	가늘 섬
繍	繡	수놓을 수
厳	嚴	엄할 엄
醤	醬	젓갈 장

약자	정자	음 훈
聴	聽	들을 청
犠	犧	희생 희

18 획

약자	정자	음 훈
観	觀	볼 관
騒	騷	시끄러울 소
鎖	□	자물쇠 쇄
顔	顔	얼굴 안
贈	贈	보낼 증
鎮	鎭	진압할 진
懲	懲	징계할 징
闘	鬪	싸울 투
験	驗	증험할 험
顕	顯	나타날 현

19 획

약자	정자	음 훈
鶏	鷄	닭 계
懶	懶	게으를 라
瀬	瀨	여울 뢰
髄	髓	골수 수
臓	臟	오장 장
顛	顚	정수리 전
覇	霸	으뜸 패

20 획

약자	정자	음 훈
欄	欄	난간 란
巌	巖	바위 암
譲	讓	사양할 양
醸	釀	술 빚을 양

약자	정자	음 훈
響	響	울릴 향
饗	饗	잔치할 향
蘭	蘭	난초 란

21 ~ 25 획

약자	정자	음 훈
纉	纘	이을 찬
讃	讚	기릴 찬
欝	鬱	답답할 울

훈 음	한 자
降 내릴 강	降等(강등)
항복할 항	降服(항복)
更 다시 갱	更新(갱신)
고칠 경	變更(변경)
車 수레 거	車馬費(거마비)
탈것 차	自動車(자동차)
乾 하늘 건	乾坤(건곤)
마를 간	乾淨(간정)
見 볼 견	見學(견학)
나타날 현	謁見(알현)
句 글귀 구	文句(문구)
글귀 귀	句節(귀절)
龜 거북 귀	龜趺(귀부)
터질 균	龜裂(균열)
金 쇠 금	金屬(금속)
금 금	金銀(금은)
성씨 김	金氏(김씨)
茶 차 다	茶菓(다과)
차 차	茶禮(차례)
丹 붉을 단	丹靑(단청)
꽃이름 란	牡丹(모란)
宅 집 댁	宅內(댁내)
살 택	住宅(주택)
度 법도 도	制度(제도)
꾀할 탁	度地(탁지)
讀 읽을 독	讀書(독서)
구두 두	句讀(구두)
洞 골 동	洞里(동리)
뚫을 통	洞察(통찰)
樂 즐거울 락	娛樂(오락)
즐길 요	樂山(요산)
음악 악	音樂(음악)
復 돌아올 복	復歸(복귀)
회복할 복	復舊(복구)
다시 부	復活(부활)
否 아닐 부	否定(부정)
막힐 비	否運(비운)

	훈 음	한 자
北	북녘 북	南北(남북)
	달아날 배	敗北(패배)
不	아니 불	不能(불능)
	아니 부	不在(부재)
沸	끓을 비	沸騰(비등)
	용솟음칠 불	沸水(불수)
寺	절 사	寺院(사원)
	내관 시	司僕寺(사복시)
殺	죽일 살	殺人(살인)
	감할 쇄	相殺(상쇄)
參	석 삼	參拾(삼십)
	참여할 참	參加(참가)
狀	모양 상	狀態(상태)
	문서 장	賞狀(상장)
塞	변방 새	要塞(요새)
	막을 색	閉塞(폐색)
		索源(색원)
說	말씀 설	說明(설명)
	달랠 세	遊說(유세)
	기쁠 열	說樂(열락)
省	살필 성	反省(반성)
	덜 생	省略(생략)
率	거느릴 솔	統率(통솔)
	비례 률	比率(비율)
數	셈 수	數學(수학)
	자주 삭	頻數(빈삭)
宿	잘 숙	宿所(숙소)
	별자리 수	房宿(방수)
拾	주울 습	拾得(습득)
	열 십	拾萬(십만)
食	먹을 식	食事(식사)
	먹일 사	簞食(단사)
識	알 식	識見(식견)
	기록할 지	標識(표지)
惡	악할 악	惡魔(악마)
	미워할 오	憎惡(증오)
於	어조사 어	於是乎(어시호)
	아 오	於乎(오호)

	훈 음	한 자
易	바꿀 역	貿易(무역)
	쉬울 이	容易(용이)
咽	목구멍 인	咽喉(인후)
	목멜 열	嗚咽(오열)
炙	고기구울 자	炙鐵(자철)
	냄새피울 적	散炙(산적)
		炙果器(적과기)
		炙鐵(적철)
刺	찌를 자	刺客(자객)
	찌를 척	刺殺(척살)
	수라 라	水刺(수라)
抵	막을 저	抵抗(저항)
	칠 지	抵掌(지장)
切	끊을 절	切斷(절단)
	온통 체	一切(일체)
辰	별 진	辰宿(진수)
	때 신	生辰(생신)
拓	개척할 척	開拓(개척)
	밀 탁	拓本(탁본)
則	법칙 칙	規則(규칙)
	곧 즉	然則(연즉)
沈	잠길 침	沈沒(침몰)
	성씨 심	沈氏(심씨)
便	편할 편	便利(편리)
	오줌 변	便所(변소)
暴	사나울 폭	暴風(폭풍)
	사나울 포	暴惡(포악)
行	갈 행	行軍(행군)
	행할 행	執行(집행)
	항렬 항	行列(항렬)
畵	그림 화	畵室(화실)
	그을 획	畵數(획수)
		畵一(획일)
滑	미끄러울 활	滑降(활강)
		圓滑(원활)
	어지러울 골	滑稽(골계)
		滑混(골혼)

잘못 읽기 쉬운 한자

한 자	맞 음	틀 림
苛斂	가렴	가검
恪別	각별	격별
角逐	각축	각추
艱難	간난	가난
干涉	간섭	간보
看做	간주	간고
間歇	간헐	간홀
甘蔗	감자	감서
降下	강하	항하
腔血	강혈	공혈
槪括	개괄	개활
改悛	개전	개준
坑夫	갱부	항부
更生	갱생	경생
釀出	양출	거출
車馬費	거마비	차마비
惌過	건과	연과
怯懦	겁나	겁유
揭示	게시	계시
譴責	견책	유책
更張	경장	갱장
更迭	경질	갱질
驚蟄	경칩	경첩
股肱	고굉	고공
袴衣	고의	과의
膏盲	고황	고맹
麴子	곡자	국자
滑稽	골계	활계
汨沒	골몰	일몰
誇張	과장	오장
刮目	괄목	활목
乖離	괴리	승리

한 자	맞 음	틀 림
敎唆	교사	교준
攪亂	교란	각란
攪拌	교반	각반
狡獪	교쾌	교회
交驩	교환	교관
口腔	구강	구공
句讀	구두	구독
口碑	구비	구패
拘碍	구애	구득
句節	구절	귀절
狗吠	구폐	구견
救恤	구휼	구혈
詭辯	궤변	위변
龜鑑	귀감	구감
龜裂	균열	구열
琴瑟	금슬	금실
奇恥	기치	기심
旗幟	기치	기식
喫燃	끽연	계연
儺禮	나례	난례
懦弱	나약	유약
內人	나인	내인
裸體	나체	과체
懶怠	나태	뢰태
拿捕	나포	합포
烙印	낙인	각인
難澁	난삽	난습
捺印	날인	내인
捏造	날조	구조
拉致	납치	입치
狼藉	낭자	낭적
內帑	내탕	내노

한 자	맞 음	틀 림
內訌	내홍	내공
鹿茸	녹용	녹이
壟斷	농단	용단
賂物	뇌물	각물
漏泄	누설	누세
漏洩	누설	누예
凜然	늠연	품연
賂物	뇌물	각물
牢約	뇌약	우약
訥辯	눌변	내변
凜凜	늠름	품품
茶菓	다과	차과
茶店	다점	차점
團欒	단란	단락
簞食	단사	단식
曇天	담천	운천
遝至	답지	환지
撞着	당착	동착
對峙	대치	대지
宅內	댁내	택내
蹈襲	도습	답습
陶冶	도야	도치
跳躍	도약	조약
瀆職	독직	속직
獨擅	독천	독단
屯困	둔곤	돈곤
臀部	둔부	전부
鈍濁	둔탁	순탁
遁走	둔주	순주
滿腔	만강	만공
萬朶	만타	만내
罵倒	매도	마도

한 자	맞 음	틀 림
魅力	매력	미력
邁進	매진	만진
驀進	맥진	막진
盟誓	맹서	맹세
萌芽	맹아	명아
明晳	명석	명철
明澄	명징	명등
牡丹	모란	목단
牡牛	모우	두우
木瓜	모과	목과
木鐸	목탁	목택
蒙昧	몽매	몽미
夢寐	몽매	몽침
杳然	묘연	향연
巫覡	무격	무현
巫羈	무기	무현
毋論	무론	모론
無聊	무료	무류
拇印	무인	모인
紊亂	문란	사란
未洽	미흡	미합
撲滅	박멸	복멸
撲殺	박살	복살
剝奪	박탈	약탈
反駁	반박	반교
頒布	반포	분포
半截	반절	반재
潑剌	발랄	발자
拔萃	발췌	발취
拔擢	발탁	발요
跋扈	발호	발읍
發揮	발휘	발혼
勃興	발흥	역흥
妨碍	방애	방의

한 자	맞 음	틀 림
幇助	방조	봉조
拜謁	배알	배갈
背馳	배치	배야
範疇	범주	범수
便秘	변비	편비
兵站	병참	병첨
報酬	보수	보주
布施	보시	포시
補塡	보전	보진
不斷	부단	불단
不得已	부득이	부득기
復活	부활	복활
敷衍	부연	부행
浮沈	부침	부심
分泌	분비	분필
不朽	불후	불구
沸騰	비등	불등
匕首	비수	칠수
妃嬪	비빈	기빈
否塞	비색	부색
頻數	빈삭	보수
嚬蹙	빈축	빈촉
憑藉	빙자	빙적
詐欺	사기	작기
些少	사소	차소
使嗾	사주	사족
獅子吼	사자후	사자공
娑婆	사바	사파
社稷	사직	사목
奢侈	사치	사다
索莫	삭막	색막
數數	삭삭	수수
索然	삭연	색연
撒布	살포	산포

한 자	맞 음	틀 림
三昧	삼매	삼미
商賈	상고	상가
相殺	상쇄	상살
上梓	상재	상자
省略	생략	성략
生辰	생신	생진
棲息	서식	처식
逝去	서거	절거
先塋	선영	선형
閃光	섬광	민광
星宿	성수	성숙
星辰	성신	생진
洗滌	세척	세조
遡及	소급	삭급
甦生	소생	갱생
騷擾	소요	소우
蕭條	소조	숙조
贖罪	속죄	독죄
殺到	쇄도	살도
戍樓	수루	술루
睡眠	수면	수민
竪說	수설	견설
數爻	수효	수차
馴致	순치	훈치
豺狼	시랑	재랑
猜忌	시기	청기
柴糧	시량	자량
十方	시방	십방
示唆	시사	시준
十月	시월	십월
諡號	시호	익호
辛辣	신랄	신극
迅速	신속	빈속
呻吟	신음	신금

한 자	맞 음	틀 림
齷齪	악착	악족
軋轢	알력	알륵
斡旋	알선	간선
謁見	알현	알견
哀悼	애도	애탁
隘路	애로	익로
冶金	야금	치금
惹起	야기	약기
掠奪	약탈	경탈
円貨	엔화	원화
濾過	여과	노과
役割	역할	역활
軟膏	연고	난고
軟弱	연약	나약
厭惡	염오	염악
領袖	영수	영유
囹圄	영어	영오
誤謬	오류	오교
惡心	오심	악심
嗚咽	오열	오인
惡辱	오욕	악욕
惡寒	오한	악한
訛傳	와전	화전
渦中	와중	과중
緩和	완화	난화
歪曲	왜곡	외곡
外艱	외간	외난
邀擊	요격	격격
樂山	요산	낙산
要塞	요새	요색
樂水	요수	낙수
窯業	요업	강업
凹凸	요철	요돌
容喙	용훼	용탁

한 자	맞 음	틀 림
雨雹	우박	우포
誘拐	유괴	수호
誘發	유발	수발
遊說	유세	유설
六月	유월	육월
隱匿	은닉	은약
吟味	음미	금미
凝結	응결	의결
義捐	의연	의손
以降	이강	이항
罹病	이병	나병
移徙	이사	이도
弛緩	이완	치완
已往	이왕	기왕
罹災	이재	나재
罹患	이환	나환
溺死	익사	약사
湮滅	인멸	연멸
一括	일괄	일활
一擲	일척	일정
一切	일체	일절
剩餘	잉여	승여
自矜	자긍	자금
孜孜	자자	고고
藉藉	자자	적적
綽綽	작작	탁탁
箴言	잠언	함언
這間	저간	언간
沮止	저지	조지
積阻	적조	적저
塡充	전충	전통
傳播	전파	전번
截斷	절단	재단
點睛	점정	점청

한 자	맞 음	틀 림
接吻	접문	접물
正鵠	정곡	정고
靜謐	정밀	정일
稠密	조밀	주밀
造詣	조예	조지
措置	조치	차치
躊躇	주저	수저
駐箚	주차	주탑
蠢動	준동	춘동
浚渫	준설	준첩
櫛比	즐비	절비
憎惡	증오	증악
支撐	지탱	지장
眞摯	진지	진집
桎梏	질곡	지고
叱責	질책	칠책
斟酌	짐작	심작
什器	집기	십기
什物	집물	십물
執拗	집요	집유
茶禮	차례	다례
捉來	착래	촉래
慙愧	참괴	참귀
斬新	참신	점신
懺悔	참회	섬회
暢達	창달	양달
漲溢	창일	장익
闡明	천명	단명
喘息	천식	단식
掣肘	철주	제주
鐵槌	철퇴	철추
尖端	첨단	열단
蒼氓	창맹	창민
悵然	창연	장연

한 자	맞 음	틀 림	한 자	맞 음	틀 림	한 자	맞 음	틀 림
貼付	첩부	첨부	跛行	파행	피행	絢爛	현란	순란
諦念	체념	제념	辨償	판상	변상	孑遺	혈유	자유
涕泣	체읍	제립	稗官	패관	비관	孑孑	혈혈	자자
憔悴	초췌	초졸	覇權	패권	파권	嫌惡	혐오	겸악
忖度	촌탁	촌도	敗北	패배	패북	荊棘	형극	형자
寵愛	총애	용애	沛然	패연	시연	亨通	형통	향통
撮影	촬영	최영	膨脹	팽창	팽장	好惡	호오	호악
追悼	추도	추탁	便利	편리	편이	呼吸	호흡	호급
醜態	추태	취태	平坦	평탄	평단	渾然	혼연	군연
秋毫	추호	추모	閉塞	폐색	폐한	忽然	홀연	총연
衷心	충심	애심	鋪道	포도	보도	花瓣	화판	화변
充溢	충일	충익	褒賞	포상	보상	花卉	화훼	화에
贅言	췌언	취언	暴惡	포악	폭악	滑走	활주	골주
脆弱	취약	궤약	標識	표지	표식	豁達	활달	곡달
熾烈	치열	식열	捕捉	포착	포촉	恍惚	황홀	광홀
沈沒	침몰	심몰	暴惡	포악	폭악	灰燼	회신	회진
鍼術	침술	함술	輻輳	폭주	복주	膾炙	회자	회화
蟄居	칩거	집거	漂渺	표묘	표사	劃數	획수	화수
拓本	탁본	척본	標識	표지	표식	橫暴	횡포	횡폭
度支	탁지	도지	稟議	품의	표의	嚆矢	효시	고시
綻露	탄로	정로	風靡	풍미	풍비	嗅覺	후각	취각
坦坦	탄탄	단단	虐政	학정	확정	薨去	훙거	붕거
彈劾	탄핵	탄효	割引	할인	활인	毁謗	훼방	회방
探究	탐구	심구	陜川	합천	협천	毁損	훼손	회손
耽溺	탐닉	탐익	行列	항렬	행렬	彙報	휘보	과보
攄得	터득	여득	肛門	항문	홍문	麾下	휘하	마하
慟哭	통곡	동곡	降服	항복	강복	恤兵	휼병	혈병
洞察	통찰	동찰	降將	항장	강장	欣快	흔쾌	흠쾌
推敲	퇴고	추고	偕老	해로	개로	訖然	흘연	걸연
堆積	퇴적	추적	楷書	해서	개서	恰似	흡사	합사
偸盜	투도	유도	解弛	해이	해야	洽足	흡족	합족
偸安	투안	유안	諧謔	해학	개학	詰難	힐난	길난
派遣	파견	파유	享樂	향락	형락			
破綻	파탄	파정	享有	향유	형유			

部首(부수)이름

1 획

一	한 일
丨	뚫을 곤
、	점 주
丿	삐침 별
乙(乚)	새 을
亅	갈고리 궐

2 획

二	두 이
亠	두돼지해밑 두
人(亻)	사람 인(사람인 변)
儿	어진 사람 인
入	들 입
八	여덟 팔
冂	먼데 경
冖	덮을 멱(민갓머리)
冫	얼음 빙(이수변)
几	안석 궤
凵	입 벌릴 감
刀(刂)	칼 도(선칼도방)
力	힘 력
勹	쌀 포
匕	비수 비
匚	상자 방
匸	감출 혜
十	열 십
卜	점 복
卩(㔾)	병부 절
厂	기슭 엄
厶	사사 사(마늘모)
又	또 우

3 획

口	입 구
囗	나라 국(큰입구몸)
土	흙 토
士	선비 사
夂	뒤져서 올 치
夊	천천히 걸을 쇠

夕	저녁 석
大	큰 대
女	계집 녀
子	아들 자
宀	집 면(갓머리)
寸	마디 촌
小	작을 소
尢	절름발이 왕
尸	주검 시
屮	왼손 좌
山	뫼 산
巛(川)	개미허리(내 천)
工	장인 공
己	몸 기
巾	수건 건
干	방패 간
幺	작을 요
广	엄호 밑
廴	길게 걸을 인
廾	두손으로 받들 공
弋	주살 익
弓	활 궁
彐(彑)	고슴도치머리 계
彡	터럭 삼
彳	조금 걸을 척(두인변)

4 획

心(忄/㣺)	마음 심(심방변)
戈	창 과
戶	지게 호
手(扌)	손 수(재방변)
支	지탱할 지
攴(攵)	칠 복(등글월문방)
文	글월 문
斗	말 두
斤	도끼 근
方	모 방
无	없을 무(이미기방)
日	날 일
曰	가로 왈
月	달 월

木	나무 목
欠	하품 흠
止	그칠 지
歹	죽을 사
殳	창 수
毋	말 무
比	견줄 비
毛	터럭 모
氏	각시 씨
气	기운 기
水(氵/氺)	물 수(삼수변, 아래물수)
火(灬)	불 화(연화발)
爪(爫)	손톱 조
父	아비 부
爻	점괘 효
爿	나무조각 장
片	조각 편
牙	어금니 아
牛(牜)	소 우
犬(犭)	개 견(개사슴록 변)

5 획

玄	검을 현
玉(王)	구슬 옥(구슬옥 변)
瓜	오이 과
瓦	기와 와
甘	달 감
生	날 생
用	쓸 용
田	밭 전
疋	짝 필
疒	병들어 기댈 녁(병질)
癶	등질 발
白	흰 백
皮	가죽 피
皿	그릇 명
目	눈 목
矛	창 모
矢	화살 시
石	돌 석
示(礻)	보일 시

内	짐승 발자국 유
禾	벼 화
穴	구멍 혈
立	설 립

6 획	
竹	대 죽
米	쌀 미
糸	실 사
缶(缶)	장군 부
网(罒/四/冈)	그물 망
羊(⺶)	양 양
羽	깃 우
老(耂)	늙을 로
而	말이을 이
耒	쟁기 뢰
耳	귀 이
聿	붓 율
肉(月)	고기 육
臣	신하 신
自	스스로 자
至	이를 지
臼	절구 구
舌	혀 설
舛	어그러질 천
舟	배 주
艮	어긋날 간
色	빛 색
艸(⺾)	풀 초(초두)
虍	호피 무늬 호
虫	벌레 충
血	피 혈
行	갈 행
衣(衤)	옷 의(옷의변)
襾(西)	덮을 아

7 획	
見	볼 견
角	뿔 각
言	말씀 언
谷	골 곡
豆	콩 두

豕	돼지 시
豸	발 없는 벌레 치
貝	조개 패
赤	붉을 적
走	달릴 주
足(⻊)	발 족
身	몸 신
車	수레 거
辛	매울 신
辰	별 진
辵(辶)	쉬엄쉬엄 갈 착(책받침)
邑(⻏)	고을 읍(우부방)
酉	닭 유
釆	분별할 변
里	마을 리

8 획	
金	쇠 금
長(镸)	길 장
門	문 문
阜(⻏)	언덕 부(좌부방)
隶	미칠 이
隹	새 추
雨	비 우
靑	푸를 청
非	아닐 비

9 획	
面	낯 면
革	가죽 혁
韋	가죽 위
韭	부추 구
音	소리 음
頁	머리 혈
風	바람 풍
飛	날 비
食(飠)	밥 식
首	머리 수
香	향기 향

10 획	
馬	말 마
骨	뼈 골

高	높을 고
髟	머리털 드리워질 표
鬥	싸울 투
鬯	울창주 창
鬲	막을 격(솥 력)
鬼	귀신 귀

11 획	
魚	물고기 어
鳥	새 조
鹵	소금 로
鹿	사슴 록
麥	보리 맥
麻	삼 마

12 획	
黃	누를 황
黍	기장 서
黑	검을 흑
黹	바느질할 치

13 획	
黽	힘쓸 민
鼎	솥 정
鼓	북 고
鼠	쥐 서

14 획	
鼻	코 비
齊	가지런할 제

15 획	
齒	이 치

16 획	
龍	용 롱
龜	거북 귀

17 획	
龠	피리 약

附錄

韓國姓氏

姓氏	貫 鄉
金	김해(金海) 경주(慶州) 광산(光山) 안동(安東) 의성(義城) 강릉(江陵)
李	전주(全州) 경주(慶州) 성주(星州) 광주(廣州) 연안(延安) 전의(全義)
朴	밀양(密陽) 반남(潘南) 함양(咸陽) 순천(順天) 무안(務安) 죽산(竹山)
崔	경주(慶州) 전주(全州) 해주(海州) 강릉(江陵) 탐진(耽津) 수성(隋城)
鄭	동래(東萊) 경주(慶州) 진주(晉州) 연일(延日) 하동(河東) 해주(海州)
姜	진주(晉州) 금천(衿川)
趙	한양(漢陽) 함안(咸安) 풍양(豊壤) 배천(白川) 옥천(玉川) 평양(平壤)
尹	파평(坡平) 해남(海南) 칠원(漆原) 남원(南原) 해평(海平) 무송(茂松)
張	인동(仁同) 흥덕(興德) 단양(丹陽) 안동(安東) 덕수(德水) 목천(木川)
林	나주(羅州) 평택(平澤) 부안(扶安) 예천(醴泉) 조양(兆陽)
韓	청주(淸州) 곡산(谷山)
吳	해주(海州) 동복(同福) 보성(寶城) 함양(咸陽) 나주(羅州)
徐	달성(達城) 이천(利川) 대구(大邱) 부여(扶餘) 장성(長城) 연산(連山)
申	평산(平山) 고령(高靈) 아주(鵝洲)
權	안동(安東) 예천(醴泉)
黃	창원(昌原) 장수(長水) 평해(平海) 우주(紆州) 회덕(懷德)
安	순흥(順興) 죽산(竹山) 광주(廣州) 강진(康津)
宋	여산(礪山) 은진(恩津) 진천(鎭川) 신평(新平) 연안(延安) 홍주(洪州)
柳	문화(文化) 전주(全州) 진주(晉州) 고흥(高興) 서산(瑞山) 풍산(豊山)

全	천안(天安) 정선(旌善) 옥천(沃川) 전주(全州)
洪	남양(南陽) 풍산(豊山) 부계(缶溪) 홍주(洪州)
高	제주(濟州) 장흥(長興) 개성(開城) 횡성(橫城)
文	남평(南平)
梁	제주(濟州) 남원(南原)
孫	밀양(密陽) 경주(慶州) 일직(一直) 평해(平海)
裵	성주(星州) 분성(盆城) 대구(大邱) 흥해(興海) 경주(慶州)
曺	창녕(昌寧)
白	수원(水原) 남포(藍浦) 대흥(大興) 부여(扶餘)
許	양천(陽川) 김해(金海) 하양(河陽) 태인(泰仁)
劉	강릉(江陵) 거창(居昌) 배천(白川) 충주(忠州)
南	의령(宜寧) 영양(英陽) 고성(固城)
沈	청송(靑松) 삼척(三陟) 풍산(豊山) 부유(富有)
盧	광주(光州) 교하(交河) 풍천(豊川) 장연(長淵)
丁	나주(羅州) 영광(靈光)
河	진주(晉州)
郭	현풍(玄風) 청주(淸州)
成	창녕(昌寧)
車	연안(延安)
鞠	담양(潭陽)
余	의령(宜寧)
秦	풍기(豊基)
魚	함종(咸從) 충주(忠州) 경흥(慶興)
殷	행주(幸州)
片	절강(浙江)
丘	평해(平海)
龍	홍천(洪川)
庾	무송(茂松) 평산(平山)
芮	의흥(義興)
慶	청주(淸州)
奉	하음(河陰)
程	하남(河南)
昔	경주(慶州)
史	청주(淸州)
夫	제주(濟州)
皇甫	영천(永川) 황주(黃州)
賈	소주(蘇州) 태안(泰安)
卜	면천(沔川)

太	영순(永順) 협계(陜溪) 남원(南原)
睦	사천(泗川)
晋	남원(南原)
邢	진주(晉州)
桂	수안(遂安)
朱	신안(新安) 능성(綾城) 나주(羅州)
禹	단양(丹陽)
具	능성(綾城) 창원(昌原)
辛	영산(靈山) 영월(寧越)
任	풍천(豊川) 장흥(長興)
羅	나주(羅州) 금성(錦城) 안정(安定)
田	담양(潭陽)
閔	여흥(驪興)
兪	기계(杞溪) 창원(昌源) 무안(務安)
陳	여양(驪陽) 삼척(三陟)
池	충주(忠州)
嚴	영월(寧越)
蔡	평강(平康) 인천(仁川)
元	원주(原州)
千	영양(潁陽)
方	온양(溫陽)
孔	곡부(曲阜)
康	신천(信川) 곡산(谷山)
玄	연주(延州)
咸	강릉(江陵) 양근(楊根)
卞	초계(草溪) 밀양(密陽)
廉	파주(坡州)
楊	청주(淸州) 남원(南原) 중화(中和)
邊	원주(原州) 황주(黃州)
呂	함양(咸陽) 성주(星州)
秋	추계(秋溪)
魯	함평(咸平) 강화(江華)
都	성주(星州)
蘇	진주(晉州)
愼	거창(居昌)
石	충주(忠州)
宣	보성(寶城)
薛	순창(淳昌)
馬	장흥(長興) 목천(木川)
吉	해평(海平)
周	상주(尙州) 초계(草溪)
延	곡산(谷山)
房	남양(南陽)
魏	장흥(長興)
表	신창(新昌)

明	연안 (延安) 서촉 (西蜀)	唐	밀양(密陽)	曲	용궁(龍宮)
奇	행주 (幸州)	陶	순천(順天)	邱	은진(恩津)
潘	거제 (巨濟) 광주 (光州)	化	진양(晉陽)	夜	직산(稷山)
王	개성 (開城)	昌	거창(居昌) 창녕(昌寧)	葉	경주(慶州)
琴	봉화 (奉化)	龐	개성(開城)	慈	요양(遼陽)
玉	의령 (宜寧)	邕	순창(淳昌)	淳	금구(金溝)
陸	옥천 (沃川)	韋	강화(江華)	謝	한산(韓山)
印	교동 (喬桐) 연안 (延安)	昇	남원(南原)	連	나주(羅州)
孟	신창 (新昌)	荀	홍산(鴻山)	包	풍덕(豊德)
諸	칠원 (漆原)	強	충주(忠州) 괴산(槐山)	箕	행주, 평양
牟	함평 (咸平)	氷	경주(慶州)	畢	한양(漢陽)
蔣	아산 (牙山)	于	목천(木川)	譚	등주(登州)
南宮	함열 (咸悅)	鍾	영암(靈岩)	舍	태안(泰安)
卓	광산 (光山)	馮	임구(臨朐)	菊	담양(潭陽)
催	경주 (慶州) 전주 (全州)	大	밀양(密陽)	釋	수원(水原), 한양(漢陽)
皮	괴산 (槐山) 단양 (丹陽) 홍천 (洪川)	葉	경주(慶州)	戰	한양(漢陽)
杜	두릉 (杜陵) 만경 (萬頃)	弓	토산(兎山)	增	연일(延日)
智	봉산 (鳳山)	阿	나주(羅州) 양주(楊州)	賀	소사(素砂)
甘	창원 (昌原)	平	충주(忠州)	雷	교동(喬桐)
章	거창 (居昌)	獨孤	남원(南原)	國	담양(潭陽)
諸葛	남양 (南陽)	袁	비안(比安)	初	마산(馬山)
陰	괴산 (槐山) 죽산 (竹山)	公	김포(金浦)	道	성주(星州)
賓	대구 (大邱)	梁	남양(南陽)	郝	산동(山東)
董	광천 (廣川)	莊	금천(衿川)	隋	한양(漢陽)
溫	금구 (金溝)	堅	해주(海州) 여주(驪州)	顧	한양(漢陽)
司空	효령 (孝寧)	毛	광주(廣州)	鳳	경주(慶州), 제주(濟州)
扈	신평 (新平)	乃	개성(開城)	森	부여(扶餘)
景	태인 (泰仁) 해주 (海州)	異	밀양(密陽)	艾	전주(全州)
范	금성 (錦城)	浪	양주(楊州)	傅	양근, 한양
錢	문경 (聞慶)	判	해주(海州)	伊	경주(慶州)
鮮于	태원 (太原)	邦	무안(務安)	奈	나주(羅州)
左	청주 (清州) 제주 (濟州)	麻	상곡(上谷)	伍	가평(加平)
楔	경주 (慶州)	路	개성(開城)	苗	성산(星山)
彭	절강 (浙江) 용강 (龍江)	梅	충주(忠州)	芸	전주(全州)
承	연일 (延日) 광산 (光山)	楚	성주(星州)	苑	진양(晋陽)
簡	가평 (加平)	倉	아산(牙山)	單	한양(漢陽)
夏	달성 (達城)	喬	청주(清州)	燕	전주(全州)
尙	목천 (木川)	東方	청주(清州) 진주(晋州)	京	황간, 금화
施	절강 (浙江)	墨	광녕(廣寧) 요동(遼東)	米	재령(載寧)
柴	태인 (泰仁)	斤	청주(清州)	丕	농서(隴西)
葛	남양 (南陽) 청주 (清州)	彬	대구(大邱)	黎	부산(釜山)
西門	안음 (安陰)	班	창원(昌原) 진주(晋州)	榮	영천(永川)
陣	여양 (驪陽)	占	한산(韓山)	采	여산(礪山)
段	강음 (江陰) 강릉 (江陵) 연안 (延安) 대흥 (大興) 서촉 (西蜀)	彈	진주(晉州) 해주(海州)	恩	고부(古阜)
胡	파릉 (巴陵)	舜	순흥(順興) 파주(坡州)	候	충주(忠州)
邵	평산 (平山)	海	김해(金海)	齊	한양(漢陽)
甄	전주 (全州)	天	충주(忠州)	剛	괴산(槐山)
		弼	대흥(大興)		
		頓	목천(木川)		
		雲	함흥(咸興)		

이 자료는 2015년 DAUM에서 발췌. 498개 姓氏. 순서는 인구순. 관향 미상은 제외됐음.